정신분석 미술치료

이수진 저

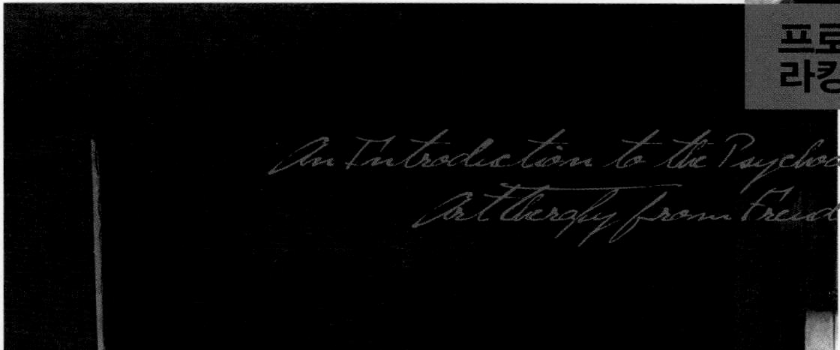

프로이트부터 라캉까지

An Introduction to the Psychoanalytic Art therapy from Freud to Lacan

학지사

진정한 존재 회복을 위한 미술치료

미술치료는 미술활동을 매개로 인간의 내면(감정, 기억, 욕망, 갈등)을 표현하고 들여다보면서, 우리를 괴롭히는 정신적 고통의 본질을 이해하고 해결하는 심리치료의 한 분야이다. 미국에서 1960년대에 이미 미술치료협회가 만들어질 정도로 역사가 오래되었기 때문에 그간 상담치료 노하우나 이와 연관된 다양한 성과가 축적되었고, 효과나 유용성도 실제 현장에서 많이 입증되고 있다. 우리나라에서도 1990년대 이후 미술치료가 본격적으로 소개되고 저변이 넓어지면서 많은 상담자가 관심을 가지고 미술치료의 길에 들어서고 있으며 지금도 여러 곳에서 교육을 받으며 활동하고 있다. 미술치료는 말로 자기 내면을 설명하는 데 서툴고 어려움이 많은 아동에게 특히 적합하다. 자기 성찰이나 표현의 기회를 제대로 가져 보지 못한 노인들, 대인관계에 어려움을 겪는 성인들에게도 적용할 수 있으며, 이른바 장애가 없다고 믿는 보통 사람들에게도 큰 거부감 없이 진단과 상담 도구로 활용할 만한 유용성이 있다. 중증 정신장애가 아니라 우울증이나 기분장애 혹은 이런 증상이 전혀 없어도 자신을 돌아볼 필요를 느끼는 사람들이 부담감을 주는 정신의학에 호소하지 않고 쉽게 다가설 수 있는 분야가 미술치료이다. 이런 맥락에서 음악, 시, 연극, 철학 등 다양한 매체치료의 한 장르로 역할을 하면서 정신의학, 심리학, 정신분석과 함께 치유와 치료의 또 다른 역할을 담당하고 있다. 매체치료 중에서도 미술활동은 누구나 할 수 있고, 복잡한 장비나 시설도 필요 없기 때문에 쉽게 대중화될 수 있는 장점을 지니고 있다. 실제로 최근 일반 병실에 오래 입원해 심신이 상한 환자들에게도 미술치료를 많이 하고 있다.

하지만 미술치료가 대중화될수록 전문적으로 종사할 사람들에게는 매우 엄격한 교육과 훈련이 필요하다. 정신의학을 포함하여 인간의 정신적 문제를 다루고 치료하는 모든 분야는 그 영향력이 큰 만큼 관련 종사자들은 철저한 직업윤리와 자질(훈련)이 필요하고 무엇보다 자신의 임상을 점검하고 뒷받침할 수 있는 이론적 기반을 갖춰야 한다. 초기 미술치료도 프로이트 정신분석학에 기대어 치료와 분석의 원리를 끌어내면서 미술치료의 방법론과 고유성을 발전시켜 왔다. 저자가 밝힌 것처럼 미술치료의 출발점 자체는 정신분석 미술치료였다. 정신분석은 겉으로 나타난 증상 자체가 아니라 내재된 무의식적 욕망과 갈등에 더 초점을 맞추면서 이를 통해 증상 진단뿐 아니라 인간 존재가 안고 있는 실존적 문제들을 정신의학이나 심리학과는 다르게 설명하면서, 진정한 자기 성찰로 이끄는 차별성이 있다. 정신분석 미술치료의 효과를 극대화하기 위해서는 먼저 정신분석의 기본 이론을 제대로 이해해야 한다. 정신분석뿐 아니라 인간의 정신 문제를 다루는 임상과 상담은 치료 기법의 연수와 적용 못지않게 이론적 근거와 관련 학문 연구를 확실히 해야 한다. 마음을 다루려면 소크라테스가 말한 것처럼 마음에 대해 잘 알고, 이를 충분히 설명할 수도 있어야 하기 때문이다.

그런데 미술치료가 확산되면서 언제부터인가 학문 연구나 이론의 축적은 소홀히 되고, 일종의 치료 기법처럼 노하우 습득에 초점을 맞춰 양성되는 측면이 없지 않았다. 미술치료 관련 서적도 꽤 많이 나왔지만 주로 치료 기법과 사례 연구에 많은 비중을 두고 있고, 미술치료 이론은 기존에 정리된 기본 이론 소개에 기초적으로 머물고 있는 것이 현실이다. 미술치료 자체가 대중적이라고 해서 이에 종사하는 분석가들도 대중적 수준에 머물면 안 된다. 분석가적 지식과 치료 기술의 체화가 필요하고, 그러기 위해서는 임상과 함께 체계적 이론 연구를 병행하는 것이 절실하다. 그러나 국내에서는 아직 심화된 미술치료 연구 서적이 많이 나오지는 않았다. 그러던 차에 이수진 박사의『정신분석 미술치료: 프로이트부터 라캉까지』가 이번에 나오게 되어 독자의 한 사람으로 반가운 마음이다.

이 책은 미술치료 초기부터 미술치료의 가장 중요한 이론적 토대 역할을 한 정신분석학의 개념이 어떻게 미술치료에 접목되고 활용되었는지 이론적 배경을 잘 소개하고 있다. 그리고 정신분석 미술치료 이론을 더 공부하기 위해 이 분야의 미술치료 연구서를 필요로 하는 전문가를 위한 연구서로 활용될 수 있다는 장점을 가지고 있다. 사실 한국에 미술치료가 도입된 역사를 고려하면 정신분석 미술치료 소개서는 늦은 감이 있다. 기존의 미술치료 서적은 심리학 이론에 기초한 미술치료, 예컨대 게슈탈트 미술치료, 행동주의 미술치료 등의 한 갈래로 정신분석 미술치료를 언급하면서 정신분석을 하나의 기법처럼 오해한 것이 특징이다. 하지만 이 책은 국내에서 최초로 정신분석 관점을 프로이트와 라캉 이론에 기반해 이해하고 거기에 초점을 맞추면서 정신분석 미술치료의 원리와 장점을 소개함으로써 이를 실천적으로 적용할 수 있는 방법론(정신분석 미술치료 가이드)까지 보여 주는 장점이 있다. 한 마디로 정신분석 미술치료의 원리와 차별성이 무엇인지, 프로이트부터 라캉까지 주요 이론적 논쟁점이 무엇인지 소개하는 것은 물론, 일선 현장에서 이를 실천적으로 적용할 수 있는 실천 지침까지 아우르고 있다.

저자에 따르면 정신분석 미술치료는 기존의 미술치료와 달리 '일상 중에서 자신의 모습에 관심을 기울이면서 진정한 존재 물음을 던지는 것, 증상을 계기로 자신과 타자의 욕망을 이해하는 것, 그리고 사랑과 행복만큼 미움과 고통의 의미를 발견함으로써 자신과 사회를 이해하고 치유해 나가는 태도'라고 강조한다. 앞에서 언급했듯이 기존 미술치료 서적들은 정신분석을 심리학의 한 분과 정도로 그 의미를 축소시키면서 기법 소개에 치중하는 데 반해 이 책은 정신분석 자체를 전면화하면서 인간 존재의 의미와 실존적 고통의 원인을 욕망의 관점에서 이해하고 진정한 존재를 회복하면서 내 삶의 주인이 될 것을 더 강조한다. 이 점은 라캉의 정신분석이 욕망의 윤리를 강조하면서 분석의 끝을 자기 존재의 진실을 드러내고 삶의 주체로 되는 것을 권하는 것과 통한다.

또 정신분석학의 창시자 프로이트 정신분석 이론에 머물지 않고 자아심리학 미술치료, 대상관계 미술치료, 자기심리학 미술치료, 라캉 정신분석 미술치료들을 이론과 실제로 나누어 꼼꼼하게 천착한 II부는 실질적인 현대 미술치료의 새로운 흐름과 쟁점을 소개한 중요한 부분이다. 정신분석 미술치료만 하더라도 저자가 보여 준 것처럼 현대 정신분석 이론의 분화와 계보에 따라 각각 다른 원리와 목표를 가지고 있기 때문에 이를 뭉뚱그려 한 분야처럼 소개하는 것은 치명적 오류라 할 수 있다. 예컨대, 인간의 마음을 이해하고, 갈등의 성격을 규정하면서 문제를 해결하는 과정에서 같은 정신분석 흐름에 위치하더라도 자아심리학 미술치료나 라캉 정신분석 미술치료는 극명하게 대립될 수밖에 없다. 그러므로 정신분석 미술치료를 하나의 통일된 이론처럼 이해하는 것은 위험하다. 실질적으로 임상의 효과를 극대화하기 위해서는 학파들의 이론적 구분을 강조하기보다는 때로 이론적 차이를 과감하게 넘어야 한다. 분석가 스스로 특정한 입장을 지지하더라도 실제 현장에서는 특정 정신분석 이론에 치우치기보다는 상황에 따라 미술치료 방법론을 적용해야 한다는 말이다. 예컨대, 자기애성 피분석자를 분석하고 치료하기 위해서는 자기심리학 미술치료 원리의 활용이 훨씬 효과적일 수 있다. 코헛의 자기심리학 미술치료는 변형적 내재화를 통한 건강한 자기애 구축을 목표로 하여 자기애의 점진적이고 통합적인 발달 그리고 대상 사랑의 확장을 추구한다. 이것은 자아의 본성을 상상계적 나르시시즘 이미지로 규정하면서 부정하는 라캉 이론과는 대립되지만 과도한 자기애성 피분석자에게는 치료의 원리로 더 좋을 수도 있다. 치료자가 상황에 맞게 이론과 방법론을 유동적으로 활용할 수 있기 위해서는 현대 정신분석 이론의 흐름과 논쟁에 대한 철저한 이해와 나름의 판단 기준이 있어야 한다.

이런 점에서 이 책은 프로이트로부터 시작되는 정신분석 이론의 흐름을 미술치료와 접목시키면서 실천적 노하우를 현장에서 구현하려고 할 때 좋은 길잡이가 될 수 있다. 라캉 정신분석 미술치료 소개 부분도 국내에서는 처음이다. 건강한 자기애나 대상관계의 정립을 강조하는 흐름과 달리 라캉 정신분석 미술치료는 현실 적응이나 증상의 완화가 아니라 분석주체가 자신의 욕망에 대한 진실을 말할 수 있도록 이끌어 주는 것을 겨냥한다. 실천적 현장에서는 이런 최신 이론을 잘 이해하면서 상황과 본인 역량에 맞게 미술치료 방법론과 목표를 심화시켜야 한다. 그래서 현대 정신분석 미술치료의 흐름에 대한 이해는 아주 중요하다.

이 책은 전체적으로 정신분석 미술치료의 이론적 배경과 원리, 그리고 실제 적용에 대한 지침을 얻고 심화시키기 위한 길잡이로 쓰였다고 할 수 있다. 특히 이미 미술치료에 입문하고, 이론적 깊이를 심화시키기 위한 전문가들이나 정신분석 미술치료의 원리와 특이성을 공부하고 싶은 분들에게는 유용성이 클 것이다. 다만 이런 점에서 최초 정신분석 미술치료의 태동 과정에 어떤 이론적 · 실천적 고민이 있었고, 논쟁점이 무엇인지를 1장에서 역사와 더불어 좀 더 세밀하게 다루었더라면 하는 아쉬움은 남는다. 미술치료와 관련된 부분과 미술치료 정립 과정에서의 문제점 및 이론적 대립의 배경이 무엇이었는지, 왜 정신분석 이론을 발전시켜 정신분석 미술치료 사례를 만들게 되었는지 소개한 부분이 기술되었다면 정신분석 미술치료의 특성을 이해하는 데 도움이 되었을 것이다. 그리고 중간중간 저자가 다룬 실제 사례를 소개하고 있지만 상담 현장에서 얻을 수 있는 많은 경험과 사례 분석을 좀 더 독립적인 장에서 풍부하게 다루었더라면 상담자들에게 큰 도움이 되었을 것이다. 저자가 서문과 결론에 밝힌 것을 보면 추후 더 많은 실제 사례를 접목해 정신분석 미술치료의 대상 가이드(개인, 집단, 가족)를 확장하려는 계획을 가지고 있을 것이라 본다.

한국 사회는 세계 1위의 자살률에서 보듯 정신적 문제와 고통이 많은 사회이다. 또 한국전쟁과 분단 이후 한국인의 심리를 구조적으로 지배하는 식민 트라우마, 분단 트라우마의 영향력이 매우 커서 한국인의 집단 정체성과 심리에 지금도 생채기를 내고 있다. 특히 분단 트라우마는 한국 사회의 역사와 정치를 진영 논리와 극한 대립으로 왜곡시키고 사회 발전을 위한 생산적 논쟁과 대립을 억압하면서 왜곡시키는 주범이기도 하다. 이런 상황에서 정신의학과 심리학뿐 아니라 인간 내면의 무의식적 욕망과 갈등을 강조하는 정신분석 임상과 미술치료에 관한 연구와 교육을 더 활발하게 알리고 발전시킬 필요가 있다. 프로이트는 "우리 모두는 신경증자다"라는 유명한 말을 남겼다. 이것은 정신분석이 신경증 환자의 장애나 심리적 구조 분석에 과도하게 치중하기보다는 이른바 정상인의 삶을 강요받으면서 수많은 스트레스와 억압을 참고 살 수밖에 없는 보통 사람들의 마음을 이해하고 치료하는 것을 겨냥하면서 외연을 넓혀야 한다는 말이다. 모두를 위한 정신분석, 대중을 위한 미술치료가 필요하다. 19세기가 히스테리의 시대, 20세기가 정신병의 시대(편집증과 정신분열증)였다면 현대인들은 삶의 근저에 침잠해 있는 구조적이고 실존적인 불안과 정서장애에 시달리고 있다. 만연하는 우울장애나 섭식장애, 자살충동 등이 그것이다. 정신분석 임상이 여전히 제한적으로 실천되고 있는 실정에서 음악, 문학, 연극, 미술 같은 매체를 접목시킨 정신분석 치료는 기존 정신의학이나 상담심리와 경쟁적 관계이기보다는 보완 분야로 작용하면서 소외된 부분에서 역할을 할 수 있다. 인간 이해와 치료를 위해 상담자의 길로 나서는 사람들에게 이 책이 영감과 지적 자극을 주고 한국의 심리치료를 발전시킬 수 있는 디딤돌이 되기를 기대한다.

건국대학교 철학과 교수 김석

• 서문

주체적 실현의 한 걸음, 정신분석 미술치료

이 책은 우리 삶의 정신건강을 위한 학문이자 치료 서비스 분야인 미술치료학을 정신분석을 중심으로 설명하는 교재이다. 이 교재는 미술치료학의 이론적 체계화와 임상적 전문화 과정을 위한 가이드를 제공하는 데 그 목적이 있다.

미술치료학의 초기 이론가이자 임상가인 마가렛 나움버그(Margaret Naumburg)와 이디트 크레이머(Edith Kramer), 그리고 엘리너 울만(Elinor Ulman)은 프로이트의 정신분석과 그 이후의 현대 정신분석을 중심적 토대로 하여 미술치료를 정의하고 그 체계를 마련한다. 이처럼 미술치료의 발생 중심에 정신분석이 있다. 그럼에도 국내에는 정신분석 미술치료를 소개하는 전문적인 교재가 아직 마련되어 있지 않아, 여러 미술치료 연구자 및 임상가가 정신분석 본연의 뜻을 이해하고 전문적인 역할을 하는 데 적잖은 한계를 지닌다. 따라서 이 책은 정신분석의 원전에 기초하여 정신분석 미술치료를 설명함으로써, 미술치료학의 이론적 체계화와 임상적 전문화를 이루어 나가고자 기술된 것이다.

지그문트 프로이트(Sigmund Freud)는 19세기를 시대적 배경으로 하여 다윈의 진화론, 에너지 불변의 법칙, 항상성 이론의 자연과학적 기초 위에서 정신분석을 창시한다. 그의 탐구는 20세기를 거쳐 복잡하고 역설적이기도 한 인간의 정신생활에 대해 해명하면서 정신분석을 진일보시킨다. 이러한 정신분석은 무의식을 무대화하는 유일한 '문화 · 학문적 패러다임'으로서 21세기인 오늘날에도 여전히 유효한 무의식에 대한 탐구 방법, 치료 방법, 그리고 심리학적이고 정신병리학적 이론의 총체이다. 따라서 오늘날의 개인과 사회의 무의식을 탐구하고 치료하기 위해서 정신분석에 기초한 미술치료의 이해가 필요하다.

프로이트는 무의식을 '다른 장면'으로 기록한다. 이는 우리가 무의식의 실체를 가늠할 수 없기에 늘 낯선 것처럼 경험되는 무의식의 특성을 은유하는 것이다. 이러한 무의식을 발견하기 위해 우리는 필수 불가결하게 타자를 경유할 수밖에 없다. 무의식은 본질적으로 대타자와의 관계에서 비롯되는 억압된 무엇인 동시에, 개인 고유의 알 수 없는 x이기 때문이다. 따라서 무의식에 대한 탐구는 우리 자신에 대한 탐구인 동시에 대타자에 대한 탐구이다. 더 나아가 우리 사회에서 억압된 것, 배제된 것, 즉 실재(the real)에 대한 탐구이기도 하다. 이처럼 개인과 사회의 무의식에 대한 탐구, 그리고 증상의 치유를 가능하게 하는 것이 정신분석이다. 그 과정에서 예술의 언어를 사용하는 것이 정신분석 미술치료이다.

정신분석 미술치료를 올바르게 이해하기 위해서는 정신분석의 여러 패러다임에 대한 이해가 선행되어야 한다. 프로이트의 고전 정신분석은 이드, 자아, 초자아 그리고 대상과 같은 기본 개념들이 이후 학자들의 강조점에 따라 다르게 수렴되면서 여러 현대 정신분석 학파를 배태한다. 이 책은 고전 정신분석과 현대 정신분석 가운데 국내에서 주로 소개 및 전개되면서 현대인의 정신건강을 촉진하는 치료 패러다임을 중점적으로 다룬다. 구체적으로 프로이트의 고전 정신분석(Freud's Classical Psychoanalysis), 현대 정신분석 가운데 자아심리학(Ego Psychology), 대상관계이론(Object Relations Theories), 자기심리학(Self Psychology), 라캉의 정신분석(Lacan's Psychoanalysis)을 소개하고 이에 기초한 미술치료를 설명한다.

이러한 다섯 가지의 정신분석 패러다임은 상이한 분석의 목표를 갖는다. 프로이트의 정신분석은 피분석자의 '최선의 심리적 조건'을 분석의 목표로 한다. 자아심리학은 '자아 기능의 강화 및 재구조화'를, 대상관계이론은 '온전한 대상관계 형성'을 분석의 목표로 한다. 또한 자기심리학은 '응집성 있는 자기 구조 구축을 통한 건강한 자기애와 대상애의 확장'을, 라캉의 정신분석은 '주체적 실현'을 분석의 목표로 삼는다. 따라서 이러한 정신분석에 기초한 정신분석 미술치료는 피분석자의 정신 구조와 증상에 대한 진단 이후 분석의 목표에 따라 상이한 치료적 접근을 한다. 이때 프로이트의 정신분석 미술치료는 한편으로는 현대 정신분석 미술치료의 모체(母體)로서의 기능을, 다른 한편으로는 현대 정신분석 미술치료와 동등한 치료 패러다임으로서의 기능을 한다. 이러한 내용은 이 책 전체의 내용을 통해 설명된다.

이 책은 Ⅲ부로 구성된다. Ⅰ부는 '정신분석 미술치료'로서 프로이트의 고전 정신분석에 기초한 미술치료를 설명한다. Ⅱ부는 '현대 정신분석 미술치료'로서 구체적으로는 자아심리학 미술치료, 대상관계 미술치료, 자기심리학 미술치료, 라캉 정신분석 미술치료를 설명한다. Ⅲ부는 '정신분석 미술치료 가이드'로서 Ⅰ부와 Ⅱ부에서 설명한 정신분석 미술치료를 이론과 임상 측면에서 다룰 때 반드시 유념해야 할 개념들을 발췌하여 비교하고 설명한다. 또한 마지막 부분에서는 개인·집단·가족에 따른 대상별 정신분석 미술치료에서 반드시 유념해야 할 치료적 원리를 제시한다. 따라서 이 책을 여행하는 독자에 따라 Ⅰ부와 Ⅱ부를 이해하는 과정에서 Ⅲ부를 병행하여 읽어 나가도 좋고, Ⅰ부, Ⅱ부, Ⅲ부를 순서대로 탐구하여도 좋다.

정신분석 미술치료를 설명하는 Ⅰ부와 Ⅱ부는 큰 맥락에서 이론과 임상 실제 부분으로 구성한다. 이론 부분은 각 정신분석 미술치료의 기초가 되는 정신분석의 정의, 대표 학자, 기본 개념 그리고 학파의 의의를 중심으로 설명한다. 임상 실제 부분에서는 각 정신분석 미술치료의 과정과 목표, 분석가의 의미와 역할, 예술에 토대를 둔 미술치료의 주요 기법들을 설명한다. 이처럼 이론과 임상을 구분한 후 세부적인 장을 구성한 것은 학문적인 구분이라기보다는 독자들의 이해를 돕기 위한 교육적 구분이다.

또한 이 책에서 정신분석 미술치료 임상과 관련하여 미술치료자(the art therapist)와 내담자(the client)보다는 분석가(the analyst)와 피분석자(the analysand), 분석주체(the subject)의 용어를 주로 사용한다. 이는 정신분석 미술치료가 반드시 정신분석의 이론적 기초 위에서 이루어져야 하고, 미술치료 연구자 및 임상가의 정신분석적 전문성을 강조하기 위한 것이다. 이러한 점에서 이 책은 정신분석에서 예술을 활용하는 '치료에서의 미술(Art in Therapy)' 또는 '미술심리치료(Art Psychotherapy)'의 견해와 한 맥락을 이룬다. 따라서 정신분석 미술치료의 이론의 장에서 고찰되는 문헌은 원전의 내용을 강조하고자 주로 원전 발간 연도만을 기록하고, 국역서의 경우에만 번역 연도를 병기한다. 또한 정신분석 미술치료 실제의 장에서 소개되는 미술치료 기법은 각 정신분석 학파의 기본 개념에 근거하여 필자가 임상적으로 고안한 것이다. 따라서 기법의 적용은 여러 분석가의 임상적 견해에 따라 다양한 확장 가능성을 열어 둔다. 정신분석 미술치료의 사례는 필자의 기존 사례연구와 후속 작업으로 보충하고자 한다. 이는 사례 보호는 물론 한 가지 사례가 내포하는 여러 정신분석 학파의 교차적 분석 가능성을 고려하기 위함이며, 간접적인 측면에서는 정신분석 윤리를 위한 실천적 노력이기도 하다.

이 책을 통해 독자들은 고전 정신분석 미술치료를 원류로 하여 현대 정신분석 미술치료의 여러 패러다임이 분석 목표와 과정, 그리고 분석가의 태도에서 상당 부분 차이가 있음을 구체적으로 이해하게 될 것이다. 각 패러다임의 상이한 관점은 피분석자의 정신 구조와 증상, 그리고 욕망에 대해 현대 정신분석 학파의 상이한 분석적 가치가 다차원적으로 맞물려지기 때문에 발생한다. 따라서 분석가는 정신분석 치료의 여러 패러다임에 대한 분석적이고도 종합적인 사고를 해야 한다. 또한 정신분석의 각 패러다임이 갖는 특성은 물론 이론과 실천적 측면에서의 이점과 한계를 합리적으로 인식해야 한다. 그리고 여러 패러다임 가운데 좀 더 분석가 자신의 가치에 맞는 치료를 선택하여 자신을 성장시키고 점차적으로 전문성을 축적해 나가야 한다. 이러한 과정은 피분석자를 좀 더 온전히 이해하는 과정이 되고, 분석가 스스로도 좀 더 자기다운 행복한 분석의 길로 향하는 여정이 된다. 더 나아가 분석가가 각 패러다임을 독립적이면서도 연결성 있게 사고하는 것은 인간의 삶과 정신분석 치료의 의미에 대해 좀 더 실존적으로 숙고할 수 있는 얼개가 된다.

프로이트는 1895년 『히스테리 연구(*Studies on Hysteria*)』에서 정신분석 치료의 목표를 '증상으로 인한 극심한 고통을 일상의 불행 정도로 변화시키는 것'으로 기록한다. 또한 그는 오랜 임상 경험 후에 정신분석 치료에서 '종결할 수 있는 분석과 종결할 수 없는 분석'이 있음을 밝힌다. 이는 정신분석 치료가 지니는 성과와 함께 한계를 인정하는 겸손하고도 진실한 태도이다. 프로이트와 그를 잇는 여러 현대 정신분석학자들의 유산(遺産)을 통해 우리는 정신분석이 개인과 사회를 이해하고 치료하는 눈부신 성과를 인정해야 한다. 동시에 정신분석만이 유일한 해결책이라는 정신분석 중심주의에서 벗어나 진실하고 겸손한 태도로 인간의 정신 과정을 탐구해야 한다.

이 책을 준비하는 과정에서 많은 분께 감사의 마음을 갖는다. 필자에게 정신분석의 가르침을 이론과 임상으로 전해 주시면서 오늘도 정신분석의 길을 가고 계신 여러 선생님, 그리고 자기만의 고유한 삶의 모습으로 인간의 진실을 보여 준 피분석자(분석주체)들께 감사의 인사를 전하고 싶다. 라캉의 가르침으로부터 귀한 추천사에 이르기까지 소중한 사제의 연(緣)을 이어 가게 해 주시는 김석 선생님께 감사의 마음을 전해 드린다. 필자가 한 사람으로 서고 성장할 수 있도록 생(生)에서 언어로 다 표현할 수 없는 소중한 존재가 되어 주시는 어머니, 그리고 사랑과 헌신으로 따뜻한 세상을 경험하게 해 주는 남편에게 가슴속 깊은 감사의 마음을 전해 드린다. 이 책이 발간되기까지 묵묵히 믿고 기다려 주신 학지사 김진환 대표이사님과 정승철 상무님, 그리고 책을 잘 정돈해 주신 편집진께도 감사의 인사를 드린다.

이 교재가 자신과 타인, 사회의 진실을 탐구하고 마주하고자 하는 독자들, 그리고 정신분석과 정신분석 미술치료에 관심을 갖고 성장하고자 하는 독자들께 마중물이 되기를 바란다. 또한 정신분석 미술치료 분야에서 임상과 교육의 전문적인 역할을 하고자 하는 독자들께 좋은 안내자이자 동행자가 되기를 바란다. 이 교재의 부족한 부분은 앞으로 독자 여러분의 귀한 비판과 충고에 귀를 기울임으로써 다듬어 갈 것이다.

디에고 벨라스케스(Diego Velázquez)의 〈시녀들(Las Meninas)〉은 캔버스의 영역을 관람자에게까지 확장한, 미술사에서 기념비적인 17세기의 작품이다. 자크 라캉(Jacques Lacan)은 『세미나 13: 정신분석의 대상(*L'objet de la psychanalyse*)』에서 이 작품을 분석한다. 이 작품은 우리로 하여금 '화가(벨라스케스) 앞의 저 캔버스에는 무엇이 그려지는가?'라는 질문을 하게 만든다. 이는 시선과 응시의 분열을 통해 욕망의 변증법 가운데 있는 우리로 하여금 자신의 무의식에 질문하게 만드는 스크린의 기능에서 연유한다. 따라서 우리는 이 작품을 보는 동시에 보이는 존재가 됨으로써 스스로에게 질문을 던지는 주체가 된다. 이처럼 주체적 실현은 우연한 만남(遭遇)이다. 이 책이 여러 독자께 분석주체로서, 분석가로서, 좀 더 본질적으로는 한 사람으로서 자신과 삶의 진실 탐구를 위해 질문하게 만든다면 필자로서는 큰 보람이 될 것이다. 그로써 독자들이 주체적 실현의 한 걸음을 더 내딛게 되고, 나아가 윤리적 주체의 길을 가게 된다면 저자로서는 더없는 기쁨이 될 것이다.

2020년 봄에…….

• 차례

III부 정신분석 미술치료 가이드

I부

정신분석 미술치료

I부에서는 지그문트 프로이트에 기초한 정신분석 미술치료를 설명한다. 구체적으로 정신분석 미술치료의 정의와 역사, 정신분석 미술치료의 이론, 정신분석 미술치료의 실제, 그리고 정신분석 미술치료의 기법과 사례에 대해 살펴본다.

정신분석 미술치료의 정의는 프로이트의 정신분석의 정의로부터 출발한다. 이는 정신분석 미술치료가 단순히 피분석자의 무의식을 의식화하는 예술 치료 분야로 설명되는 범위를 넘어 프로이트에 정초함으로써 독자적인 인간에 대한 탐구 방법이자 치료 방법이며 이론이 될 수 있음을 설명하는 것이기도 하다. 따라서 정신분석 미술치료의 정의에 이어 정신분석의 역사에 대해서도 살펴본다.

정신분석 미술치료의 이론에서는 프로이트의 정신분석의 기본 개념을 살펴본다. 구체적으로 꿈-작업과 꿈의 해석, 무의식 · 전의식 · 의식과 이드 · 자아 · 초자아, 충동, 오이디푸스 콤플렉스, 승화, 반복, 그리고 전이이다. 이러한 이론은 정신분석 미술치료의 실제를 위한 중요한 토대가 된다.

정신분석 미술치료의 실제는 프로이트의 정신분석 임상에 기초하되, 현대 정신분석가인 낸시 맥윌리엄스의 정신분석 진단과 치료적 견해를 보충한 미술치료를 설명한다. 이는 프로이트의 정신분석이 19~20세기에 기초함으로써 그의 관점을 현대에서 좀 더 유용한 치료 방식으로 적용하기 위함이다. 구체적으로 미술치료의 실제는 치료의 과정과 목표, 그리고 분석가의 의미와 역할에 대해서 설명한다.

정신분석 미술치료의 기법과 사례에서는 정신분석의 기본 개념에 근거한 미술치료 기법을 설명하고, 신경증의 대표적인 증상인 히스테리, 강박증, 공포증의 프로이트 사례를 근거로 하여 정신분석 치료에 대한 이해를 돕는다.

이상과 같은 I부의 내용은 정신분석 미술치료의 한 패러다임을 구성하는 동시에 II부의 현대 정신분석 미술치료의 네 가지 패러다임을 설명하는 근간이자 원형이 된다.

1장 정신분석 미술치료의 정의와 역사

1. 정신분석 미술치료의 정의

정신분석 미술치료(Psychoanalytic Art Therapy)의 정의는 정신분석의 정의로부터 출발한다. 지그문트 프로이트(Sigmund Freud, 1856~1939)는 『두 편의 백과사전 논문(*Two Encyclopaedia Articles*)』에서 '정신분석(psychoanalysis)'에 대해 다음과 같이 정의한다.

> 정신분석학은 ① 어떤 다른 방식으로는 접근이 거의 불가능한 정신적 과정의 탐구 절차에 대한 이름이고, ② (조사 방법에 기초하여) 신경증 질환을 치료하기 위한 방법의 이름이며, ③ 새로운 과학 분야 속으로 점차적으로 축적되고 있는, 그러한 노선을 따라서 획득된 심리학적 정보 집합의 이름이다(Freud, 1923a: 235).

이러한 프로이트의 정의에 기초하여 장 라플랑슈(Jean Laplanche)와 장 베르트랑 퐁탈리스(Jean-Bertrand Pontalis)는 『정신분석사전(*Vocabulaire de la*

Psychanalyse)』(Laplanche & Pontalis, 1967/2005: 416)에서 정신분석을 세 가지 차원으로 구분한다.

① 어떤 주체의 말, 행동, 상상적 산물(꿈, 환상, 망상)의 무의식적인 의미 작용을 밝히는 데 본질이 있는 조사 방법이다. 그 방법은 주로 해석 타당성의 보증인 주체의 자유 연상에 의거하고 있다. 정신분석적 해석은 자유 연상을 사용할 수 없는 인간의 산물에까지 확대될 수 있다.

② 그러한 조사를 토대로 저항, 전이, 욕망에 대한 검토된 해석을 특징으로 하는 정신치료 방법이다. 정신분석을 정신분석 치료의 동의어로 사용하는 것은 이러한 의미와 결부되어 있다.

③ 정신분석적인 조사와 치료 방법이 가져온 자료들이 체계화된, 심리학적이고 정신병리학적인 이론의 총체이다.

이처럼 정신분석은 인간의 무의식에 관한 탐구 방법, 치료 방법, 양자가 체계화된 심리학적이고 정신 병리학적인 이론의 총체로 정의된다. 따라서 정신분석을 19세기의 구시대적 학문이거나 범성욕주의 학문, 혹은 행동치료 · 인간 중심치료 · 실존치료와 같은 일련의 심리치료 패러다임 중 하나로 이해하는 것은 정신분석에 대한 오해나 지엽적인 접근이다. 프로이트의 정의에 따라 정신분석은 개인과 사회의 무의식을 무대화하여 탐구하는 유일한 학문이다. 또한 신경증과 정신증을 이해하고 치료하는 방법이다. 더 나아가 무의식의 탐구와 치료 방법이 축적된 이론으로 그 자체로서 독자적인 문화 · 학문적 패러다임이다.

그렇다면 무의식은 무엇인가? "알지 못하는 지식"(김석, 2010: 21), 혹은 다른 장면(ein anderer Schauplatz)으로 일컬어지는 무의식을 우리는 일상생활 중에서 어렵지 않게 발견할 수 있다. '너무나 우연히 일어난 일이야.', '나는 이것을 의도하지 않았는데, 왜 이렇게 되었는지 모르겠어…….', '나의 실수야!'와 같은 생각이나 말은 우리가 자신도 모르게 한 행동에 대해 놀라고, 현실적으로 합리화하는 모습을 잘 보여 준다. 이처럼 인간 자신의 모습이지만 자아 통제 밖의 알 수 없는 x로 만나는 "표상[idea(presentation), Vorstellung]"(Freud, 1915c: 174)이 무의식이다.

표상은 일종의 생각, 관념, 아이디어, 이미지 등을 의미하는 말이다. 데이비드 베레즈(David Beres, 1960)는 인간의 '지각 경험의 위계'를 감각(sensation), 지각(perception), 정신적 표상(mental presentation)으로 설명한다. 감각은 외부 환경이 인간에게 미치는 영향을 알아차리는 것이라면, 지각은 감각이 뇌와 연관되어 형태나 색 등의 기억 흔적을 남김으로써 뇌의 작용과 연결된 대상 인식 능력이다. 정신적 표상은 뇌에 기억 흔적을 남기는 생각 또는 이미지이다. 정신적 표상은 감각과 지각에 의해 형성되지만, 감각과 지각으로부터 독립된 채 형성될 수도 있다. 감각과 지각이 동물에게서 가능한 것인 데 비해, 정신적 표상은 인간에게서만 가능한 것이다. 따라서 정신적 표상인 무의식에 대한 탐구는 인간에 대한 고유한 탐구가 된다.

인간의 무의식은 개인뿐만 아니라 집단에서도 발견된다. 프로이트는 『집단 심리학과 자아 분석(*Group Psychology and the Analysis of the Ego*)』(Freud, 1921b)에서 개인 심리학과 연동된 사회 심리학(집단 심리학)에 대해 설명한다. 즉 개인 심리학과 사회 심리학을 연결하는 핵심에 무의식이 존재하는데, 개인 무의식은 동일시를 통해 집단 무의식을 형성하기 때문이다. 따라서 개인 심리학은 사회 심리학과 불가분의 관계에 있다. 프로이트가 제시한 "집단의 리비도적 구조에 관한 도표"(Freud, 1921b/1997: 129)는 양자의 연결성을 잘 보여 준다.

프로이트는 "집단은 개인이 자아에서 분화된 자아 이상을 하나의 공통된 대상으로 대치하고, 그 결과 자아 속에서 서로 동일시하게 된 개인들의 집합이다"

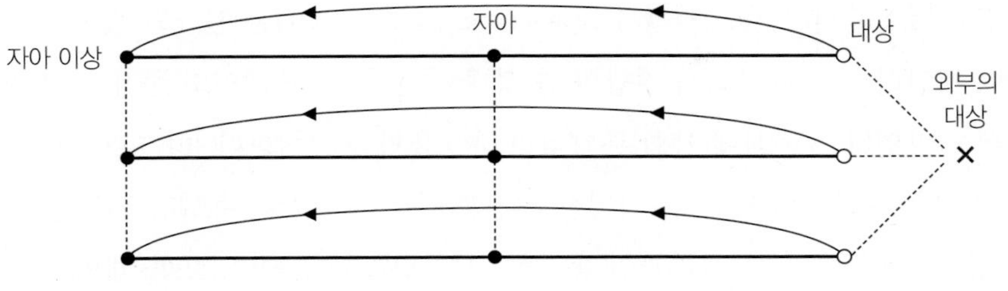

[그림 1-1] 집단의 리비도적 구조에 관한 도표

(Freud, 1921a: 116)라고 기록함으로써, 동일시를 통해 개인 심리와 사회 심리의 연결성을 설명한다. 즉 개인 내에서 분화된 자아 이상은 사회생활 중 타인에게 대치되는데, 주로 집단의 리더에게 대치된다. 그 후 개인은 타인(집단 리더)에게 대치한 측면을 다시 동일시하면서, 여러 사람이 공통의 심리를 갖는 사회 심리(집단 심리)가 형성된다.

개인 심리와 사회 심리는 불가분의 관계에 있지만, 집단 심리(사회 심리)는 개인 심리에 비해 '감정의 강화와 지성의 억제' 특성이 있다. 프로이트는 이를 '교양 있는 사람이 집단 속으로 들어가면 야만인이 되는 것'에 비유한다. 이는 평소 윤리 의식이 높은 학자가 집단 속에 있을 때에는 익명성을 핑계로 충동적인 행동을 하는 것과 같은 예를 통해 볼 수 있다. 프로이트는 집단 심리가 개인 심리에 비해 충동적이어서 거친 정열과 감정을 드러내고, 행동이 극단적이며, 성급한 판단을 내리는 등 불안정하고 일관성이 없음을 지적한다. 또한 집단 심리의 특성은 원시적 종족, 어린아이, 신경증 환자의 심리 상태와 유사함을 밝힌다. 이 같은 특성을 통해 집단 심리를 단순히 폄하할 수는 없다. 다만 동일한 사람이 개인으로서 하는 행동과 집단 내에서 하는 행동이 다를 수 있고, 후자가 집단 심리의 특성에 따라 좀 더 퇴행적일 수 있음이 고려 가능하다.

이상과 같이 개인은 자신인 동시에 가족, 사회, 국가 등 다양한 집단의 구성원으로서 집단 리더나 혹은 다른 집단원에 대한 동일시를 통해 사회 심리를 형성한다. 사회 심리는 개인 심리의 또 다른 얼굴이다. 따라서 무의식을 탐구하는 정신분석은 개인 심리와 사회 심리를 동시에 탐구하는 학문이 된다. 철학, 인류학, 언어학 등의 인문학적 지식을 바탕으로 프로이트의 정신분석을 재해석한 프랑스의 정신분석가 자크 라캉(Jacques Lacan, 1901~1981)은 인간의 욕망을 포함하여 개인의 증상을 사회적 결합의 한 형태로 본다. 이는 개인의 증상이 개인 무의식을 반영하는 동시에 사회 무의식의 파생물임을 의미한다. 따라서 정신분석의 핵심에 무의식이 있고, 무의식은 개인과 사회의 억압된 측면을 연결함에 따라 정신분석학은 개인 심리학인 동시에 사회 심리학이 된다. 또한 개인의 증상은 사회적 증상과 맞물려 있기 때문에 좀 더 본질적인 증상의 이해와 치료를 위해서는 개인적 노력과 사회적 노력이 함께 이루어져야 한다.

현대 사회에서의 정신분석의 의미와 가치는 프로이트의 『문명 속의 불만(*Civilization and Its Discontents*)』(Freud, 1930)에서 잘 나타난다. 프로이트는 문명 발달에 따른 현대인의 운명을 다음과 같이 기록한다. "문명 발달이 갖는 의미는 분명해졌다고 생각한다. 문명은 인류를 무대로, 에로스와 죽음, 삶의 충동과 죽음(파괴) 충동 사이의 투쟁이라는 형태를 띠고 있는 게 분명하다. 이 투쟁은 모든 생명의 본질적인 요소이고, 따라서 문명의 진보는 인류의 생존을 위한 투쟁이라고 간명히 서술될 수 있다"(Freud, 1930: 122). 이처럼 현대를 살아가는 우리는 필수 불가결하게 충동을 억압하며 살아간다. 억압이 있는 한 우리는 모두 신경증자이다. 또한 억압이 있는 한 우리는 증상을 수반하며 살아갈 수밖에 없는데, 중요한 것은 우리가 증상을 어떻게 바라보고 치유하며 무엇을 목표로 살아가는가 하는 점이다. 그 지점에서 정신분석 미술치료가 혜안을 제공할 수 있다. 이에 정신분석 미술치료는 다음과 같이 정의된다.

> 정신분석 미술치료는 예술을 통해 주체의 무의식적인 의미 작용을 밝히는 탐구 방법이고, 욕망과 전이의 해석을 특징으로 하는 정신치료 방법이다. 그리고 정신분석적인 탐구와 치료 방법이 체계화된 심리학적이고 정신 병리학적인 이론이다.

이처럼 정신분석 미술치료는 인간의 무의식에 대한 탐구 방법, 치료 방법, 그리고 양자가 체계화된 이론이다. 따라서 정신분석 미술치료는 현대 사회에서 정신의학, 심리학, 사회학, 문화학, 예술학, 문학, 철학 등의 다른 학문과 만나는 가운데 인간 무의식에 대한 질문과 대답을 통해 삶의 진실을 마주하는 실천 학문이 된다. 이는 정신분석 미술치료의 정의를 통해 심리치료학의 분과 학문이나 하나의 응용기법 정도로 해석되어 온 현재까지의 미술치료학의 한계를 넘어서는 것이기도 하다.

우리가 일상 중에서 자신의 모습에 관심을 기울이면서 진정한 존재 물음을 던지는 것, 증상을 계기로 자신과 타자의 욕망을 이해하는 것, 그리고 사랑과 행복만큼 미움과 고통의 의미를 발견함으로써 자신과 사회를 이해하고 치유해 나가는 것은 정신분석 미술치료를 탐구하는 태도와 연결된다. 요컨대 정신분석 미술치료는 현대인으로 하여금 예술을 통해 진정한 자기 존재와 연관된 욕망에 질문을 던짐으로써 자신에 대한 전복적 깨달음을 주는 이론이다. 그리고 그곳에서부터 의미 있는 치유와 성장의 걸음을 내딛게 하는 학문이다.

2. 정신분석의 역사

1) 정신분석의 창시자, 지그문트 프로이트

지그문트 프로이트

정신분석의 역사는 지그문트 프로이트(Sigmund Freud, 1856~1939)의 삶으로부터 시작한다. 그는 1856년 오스트리아 중산층 유대인 가정에서 출생했다. 모피 상인인 아버지의 사업이 어려워지자, 4세 때 가족이 빈으로 이주하면서 프로이트는 그곳에서 성장한다. 어린 시절의 가정 형편은 궁핍했으나, 그의 아버지는 총명한 아들에 대한 지원을 아끼지 않았다. 프로이트는 9세의 나이로 김나지움에 입학하고, 우수한 성적을 유지한다. 김나지움을 졸업할 무렵, 그는 괴테의 자연에 관한 시에 감동을 받고, 1873년 17세의 나이로 의대에 진학한다. 이후 프로이트는 생물학, 생리학, 해부학 탐구를 통해 자신의 연구 관심을 이어 간다. 그는 1881년 26세로 의학 박사 과정을 졸업한 후, 빈 종합병원에 근무하면서 신경 해부학과 신경 병리학에 더욱 몰두한다.

프로이트는 1885년 프랑스 살페트리에르 병원에서 샤르코의 지도 아래 히스테리의 최면술 관찰 경험을 통해 일대 전환기를 맞고 인간 정신 탐구의 첫걸음을 내딛는다. 프로이트는 1886년 신경성 질환을 치료하는 의사로서 개인 병원을 연다. 그는 의학계에서 자신의 위치와 명성을 쌓는 가운데 대학 교수에 대한 꿈을 갖고 있었으나, 오래 미루어 둔 약혼자와의 결혼 이후 가계에 대한 책임감으로 평생 임상의로서의 길을 걷는다.

프로이트의 임상과 연구에서 중요한 지지자가 두 명 있다. 요제프 브로이어(Josef Breuer)와 빌헬름 플리스(Wilhelm Fliess)이다. 내과 의사인 브로이어는 그의 히스테리 여자 환자에 대한 임상 경험을 토대로 프로이트와 1895년『히스테리 연구(*Studies on Hysteria*)』(Breuer & Freud, 1893–1895)를 공동 집필함으로써 정신분석의 초기 연구에 큰 영향을 준다. 이비인후과 의사인 플리스는 인간 생태학과 생명 과정에 관한 전반적인 관심을 가진 이로서 1887년부터 1902년까지 15년 동안 프로이트와 서신을 교환하면서 정신적 후원자가 되어 준다. 평생 자기 분석을 통해 정신분석의 발전을 심화시킨 프로이트에게 플리스는 '전이적 대상'으로서 역할을 한 것이다.

임상 경험에 이어 샤르코와 브로이어의 영향으로 히스테리를 깊게 탐구한 프로이트는 인간 의식 이면의 무의식적인 정신 과정이 있음을 발견하고, "심리적 외상 이론 시기(1856~1897)"(이무석, 2003: 16-35)로서 정신분석의 제1기 역사를 쓴다. 이 시기 가운데 1896년 그는「방어 정신 신경증에 대한 새로운 고찰(Further Remarks on the Neuro-Psychoses of Defence)」(Freud, 1896: 162) 논문에서 정신분석의 용어를 처음 사용한다.

정신분석학의 주창 이후, 프로이트는 인간의 정신 과정에 대한 탐구를 진일보시킨다. 구체적으로 그는 1900년『꿈의 해석(*The Interpretation of Dreams*)』을 통해 인간의 의식, 전의식, 무의식을 설명하면서 정신 구조에 관한 장소적 의미를 제공하는 제2기의 '지형학설 시기(1897~1923)'를 연다. 이 시기에는 프로이트가 꿈을 통해 무의식의 실체에 접근함으로써, 정신분석은 인간의 병리적인 상태뿐 아니라 정상적인 상태의 정신생활을 설명하는 과학으로 자리매김한다.

이처럼 정신분석을 진일보시킨 원동력 중 하나는 프로이트의 자기 분석(the self analysis) 경험이다. 1896년에 프로이트의 아버지는 81세의 나이로 사망한다. 그 이후 프로이트는 알 수 없는 죄책감과 신경증에 시달리면서 자기 분석을 시작한다. 그에게 자기 분석의 중요한 도구는 꿈이었다. 프로이트는 자신의 꿈의 분석을 통해 어머니를 사랑하고 아버지를 살해하고자 하는 소망을 갖는 '오이디푸스 콤플렉스(the Oedipus Complex)' 개념을 구상하고, 이를 신경증의 근본 원인으로 밝힌다. 그 이후 프로이트는 정신분석의 2기 동안 왕성한 임상과 저작 활동으로 꿈, 나르시시즘, 충동, 억압, 승화, 반복 강박, 전이, 집단 심리학 등 핵심적인 개념들을 구체화한다. 그가 성(性)을 중심으로 정신분석을 설명하는 독자성은 카를 구스타프 융(Carl Gustav Jung, 1875~1961)이나 알프레트 아들러(Alfred Adler, 1870~1937)와 같은 동료들과 결별하는 원인이 된다.

정신분석 제3기로 일컬어지는 '구조론 시기(1923~1939)'에는 프로이트가 경험하는 고통스러운 개인사가 정신분석 이론에 영향을 미친다. 슬하에 3남 3녀의 자녀를 둔 프로이트는 개인적으로는 좋은 남편이자, 자녀를 사랑하는 따뜻한 아버지였다. 이런 그에게 사랑하는 둘째 딸과 손자의 죽음은 큰 고통이 된다. 또한 1923년 67세부터 발병한 구강암은 16년 동안 30여 차례의 수술을 할 정도로 그를 매우 고통스럽게 한다.

시대적으로는 제1차 세계대전 발발 이후 정신분석의 국제적 확산이 중단된다. 1933년에는 베를린에서 프로이트의 저서들이 공개 소각되는가 하면, 히틀러의 오스트리아 침공 후 프로이트의 일가는 유대인 학살을 피하기 위해 1938년 런던으로 망명한다. 프로이트는 1939년 런던에서 『정신분석학 개요(*An Outline of Psycho-Analysis*)』를 미완성한 채, 오노레드 발자크(Honoré de Balzac)의 『죽음의 피부(*La Peau de chagrin*)』를 읽으며 안락사 한다. 이러한 프로이트의 개인과 시대적 고통은 구조론 시기에 이드, 자아, 초자아와 같은 정신 기구 외에도 죽음충동, 신경증과 정신증, 문명 속의 불만과 같은 개념들을 구체화하도록 이끈다.

프로이트는 개인적으로나 사회적으로나 행복과 고통을 두루 경험하면서 83년의 생을 살았다. 그에 대한 평가는 엄격한 도덕주의자, 원칙주의자, 독선자 같은 비판적인 부분과 다정하고 사려 깊은 사람, 유머 감각을 지닌 사람, 가족에게 헌신적 애정을 기울인 사람이라고 하는 긍정적인 부분이 있다. 무엇보다 그가 정신분석을 과학으로 정립하기 위해 평생 동안 노력하고, 학문적 이견(異見)

앞에서는 매우 엄격한 태도를 보인 측면에서 비판적인 평가가 따르지만, 자신을 도구 삼아 인간의 정신 과정을 끊임없이 탐구하고 가족에 대한 사랑과 헌신을 보인 측면에서는 긍정적인 평가가 있다. 따라서 어떤 한 가지 평가로만 프로이트를 대표할 수 없으며, 그의 개인적 · 시대적 삶이 정신분석학의 발생과 발전에 큰 영향을 준 것으로 볼 수 있다.

이처럼 정신분석 미술치료를 탐구하는 우리 또한 자신을 제1의 도구로 삼아야 한다. 프로이트에게서 개인과 이론이 분리되지 않듯 우리의 개인적 삶의 탐구와 정신분석의 탐구는 연속선상에 있다. 따라서 자신에 대한 탐구가 살아 있는 정신분석의 연구이고, 그 과정이 개인과 사회적 삶에서 진정한 치료와 성장을 모색하는 전문가가 되는 방법이다. 자신을 정신분석의 도구이자 동력으로 삼고 진실함을 동반한다면 이 탐구는 반드시 값진 여정이 될 것이다.

2) 제1기: 심리적 외상 이론의 시기

정신분석의 역사로 좀 더 깊이 들어가 보자. 심리적 외상 이론의 시기(the affect-trauma frame of reference, 1856~1897)는 프로이트의 출생부터 1897년 그가 지형학설 시기의 이론을 전개하기 전까지이다. 그는 이 시기에 심리적 외상이 신체적 증상으로 나타나는 히스테리를 관찰하면서 정신분석의 초석을 세운다.

중요한 계기는 프로이트가 1885년부터 1886년까지 참여한 프랑스 파리 살페트리에르 병원(Hôpital de la Salpétrière)에서의 4개월간의 연수이다. 그는 히스테리 환자에 대한 장 마르탱 샤르코(Jean Martin Charcot)의 실험에서 핵심적인 두 가지 발견을 한다. "첫째, 정신 질환이 심리적인 원인에서 발생하는 것, 둘째, 정신이 두 가지 다른 측면을 갖는 것"(이무석, 2003: 25)이다. 프로이트는 이 실험에서 히스테리 환자가 최면과 암시에 의해 신체적 증상을 유발하거나 제거하는 현상, 다른 환자에게 증상이 옮겨지는 현상, 그리고 남자 히스테리 환자를 관찰한다. 이 배움으로 그는 정신 질환이 심리적 원인으로부터 발생함을 가정한다. 또한 그는 히스테리 환자의 의식 상태가 최면을 통해 나뉘는 것(해리)을 보면서 정신이

[그림 1-2] 샤르코 박사의 히스테리 환자에 대한 최면 실험 장면[1]

다른 두 측면인 의식과 무의식의 정신 과정이 있음을 발견한다.

히스테리에 관한 프로이트의 연구는 그의 친구이자 후원자인 브로이어와의 공동 작업을 통해 심화된다. 프로이트와 브로이어는 히스테리 임상 사례들을 연구하여 1895년『히스테리 연구』를 공동 집필한다.

브로이어의 환자였던 안나 O(Anna O) 사례는 1880년부터 1882년까지 진행되는데, 이 사례는 브로이어와 프로이트의 히스테리 연구를 발전시킨다. 베르타 파펜하임(Bertha Pappenheim), 이른바 안나 O는 빈의 중산층 가정 출신의 지적인 21세 여자 환자이다. 그녀는 늑막염을 앓고 있는 아버지를 헌신적으로 치료하는 가운데 두통, 시각 장애, 팔의 마비, 환각, 공수증(hydrophobia), 언어 장애의 증상을 나타내어 브로이어로부터 2년 동안 분석을 받는다. 정신분석 치료에서 안

1) 존 휴스턴(John Huston) 감독의 영화 〈Freud: The Secret Passion〉(1962) 중의 몇 가지 장면이다. 이 영화에서 다리에 마비가 있어 휠체어를 타고 실험실에 들어온 히스테리 여자 환자는 샤르코의 최면과 암시로 일어서서 걷게 된 후, 팔의 경련 증상을 얻게 된다. 이 실험을 관찰한 후 프로이트는 히스테리의 신체적 증상이 심리적 원인에서 비롯됨을 발견한다.

나 O는 억압했던 것을 말한 이후 증상이 회복된다. 구체적으로 그녀는 최면 상태에서 증상의 원인을 찾고 그에 대한 이야기를 한 후에는 증상에서 벗어난다. 안나는 이러한 정신분석 치료 과정을 "굴뚝 청소(chimney-sweeping)" 혹은 "대화 치료(talking cure)"(Breuer & Freud, 1893–1895: 30)라고 일컫는다. 브로이어는 환자에게 정동(감정)이 얽혀 있는 외상적 사건을 환기시켜 다시 체험하게 함으로써 그 정동을 해소하는 정신치료 방법을 "카타르시스법 혹은 정화 요법(cathartic method)"(Laplanche & Pontalis, 1967/2005: 423)으로 명명한다. 그 가운데 안나의 치료 과정에서 문제가 된 것은 치료자에 대한 환자의 성적 전이이다. 안나 O는 치료가 진행되면서 점차 브로이어에게 성적인 전이를 형성하고 가임신(假妊娠) 증상을 나타냄으로써 분석은 중단된다.

이와 같은 히스테리 환자의 성적(sexual) 측면은 프로이트와 브로이어가 결별하는 원인이 된다. 프로이트는 히스테리 사례들의 분석 결과, 신경증이 단순한 정서적 흥분이 아닌 성적 원인에 근거한 것, 즉 '성적 유혹설'을 가정하고, 브로이어는 이 견해에 동의하지 않음에 따라 두 사람은 결별한다. 두 사람의 인연은 지속되지 못했지만 『히스테리 연구』는 정신분석 발달사에서 중요한 저작이 된다. 이 저서에서 프로이트는 "감정이 얽힌 관념에서 비롯된 흥분은 신체적 현상으로 전환된다"(Breuer & Freud, 1893–1895: 206)고 밝힘으로써 히스테리 원리와 심리치료에 대한 함의를 도출한다.

이후 프로이트는 히스테리 증상에 대한 치료 방법으로 최면술, 압박법, 자유 연상법을 적용한다. 세 가지 방법은 점진적인 치료법이다. 그는 최면술과 압박법의 한계 발견 이후, 자유 연상법을 사용한다.

히스테리 환자에게 처음으로 사용했던 최면술은 다음의 "세 가지 한계"(이무석, 2003: 32)를 갖는다. 첫째, 모든 사람에게 최면을 적용할 수 없다. 즉 최면에 걸리는 사람과 최면에 걸리지 않는 사람이 있다. 둘째, 최면술로 치료한 환자의 경우, 최면이 풀리면 치료 성과가 지속되는 데 한계가 있다. 셋째, 최면술은 치료자에 대한 환자의 성적 전이가 빈번히 발생한다. 이러한 최면술의 한계로 프로이트는 대안적 치료 방법인 압박법을 사용한다.

압박법은 치료자가 환자의 이마에 압박을 가하고, 압박이 계속되는 동안 환자의 눈앞에 그려진 광경이나 관념을 숨김없이 말하게 하는 것이다. 그러나 압박법 역시 환자의 생각이 중단되는 경우 다시 생각을 지속하게 하는 데 어려움이 있고, 환자의 의식적 · 무의식적 측면을 함께 발견하는 데는 한계가 있었다. 이에 프로이트는 정신분석 치료에서 자유 연상법을 사용하게 된다.

자유 연상법(the free association technique)은 "마음에 떠오르는 모든 생각—특정한 요소인 단어, 숫자, 꿈의 이미지, 어떤 표상으로부터 출발한 생각이든 자발적인 생각이든—을 선별하지 않고 표현하는 방법"(Laplanche & Pontalis, 1967/2005: 376)이다. 이 방법은 피분석자의 자유로운 생각을 검열하지 않고 말로 표현하는 것으로 모든 피분석자에게 적용할 수 있는 이점이 있다. 따라서 자유 연상법은 정신분석 치료에서 중심적으로 사용되고, 현재에도 정신분석 미술치료의 유효한 치료 기법이 된다. 이른바 "자발적 예술(the spontaneous art)"(Naumburg, 1958: 516)은 피분석자의 의식적 · 무의식적 측면을 검열하지 않고 자유롭게 예술 작업으로 표현하는 기법으로서 여러 피분석자의 무의식을 발견하도록 촉진한다.

프로이트의 정신분석 역사 가운데 제1기인 심리적 외상 이론 시기는 그가 제2기인 지형학설 시기에 구상하는 정신 기구 1차 모델 전까지 정신분석 사고의 초석을 다진 시기로서 의미를 지닌다. 이 시기에 프로이트는 신경학자에서 정신 병리학자로 전환하고, 정신의 두 측면인 의식과 무의식을 설명한다. 또한 증상을 유발하는 심리적 원인의 핵심에는 성적 측면이 있음을 발견하여 초기 '성적 유혹설'을 밝힌다. 그러나 프로이트는 모든 피분석자가 성적 외상을 갖고 있기보다는 성적 외상에 대한 피분석자의 기억이 점차 변화하고, 그 기억에 따라 증상이 나타남을 발견한다. 따라서 그는 초기의 성적 유혹설을 이후 '성적 환상설'로 수정한다. 또한 증상 발생 핵심의 성적 원인과 이를 토대로 한 '오이디푸스 콤플렉스' 개념을 구상한다. 그는 이 개념을 정신분석의 중심에 위치시킨다.

프로이트의 철학과 자연과학적 배경에는 에너지 불변의 법칙, 항상성 이론, 그리고 찰스 다윈(Charles Darwin)의 진화론이 있다. 즉 그의 이론은 19세기 자연

과학적 배경에 기초한 것이다. 이처럼 프로이트의 이론이 19세기를 시대적 배경으로 하여 탄생한 학문이지만 오늘의 정신분석 미술치료를 올바르게 적용하기 위해서는 정신분석의 역사에 대한 이해가 반드시 뒷받침되어야 한다.

3) 제2기: 지형학설 시기

지형학설 시기(the topographical frame of reference, 1897~1923)는 프로이트가 심리적 외상 이론을 포기하고 1897년부터 1923년 『자아와 이드(*The Ego and the Id*)』를 저작하기 전까지의 시기이다. 그는 1기의 의식과 무의식의 발견에 이어 2기에는 의식, 전의식, 무의식을 통해 인간의 정신 과정을 설명한다. 여기서 지형학의 의미는 '토포스(topos)'라는 그리스어에서 유래한 것으로 인격에 장소적 의미를 부여한 것이다. 예컨대, 산과 바다가 어우러져 하나의 지형을 만들 듯 프로이트는 인간의 정신 구조가 일정한 위치를 갖고 기능하는 것으로 여기고 인격 구조를 지형학적으로 설명한다.

프로이트는 이 시기에 의식 · 전의식 · 무의식 외에도 나르시시즘, 충동, 억압, 승화, 반복, 전이와 같은 핵심 개념들을 체계적으로 설명함으로써 정신분석학의 학문적 토대를 세운다. 특히 그는 꿈의 메커니즘 발견을 통해 무의식의 실체에 접근함으로써, 정신분석을 신경증의 병리적인 측면뿐만 아니라 일반인의 보편적인 정신 과정을 설명하는 이론으로 자리매김한다.

지형학설 시기 프로이트의 대표적인 저작으로는 『꿈의 해석(*The Interpretation of Dreams*)』(Freud, 1900), 『일상생활의 정신 병리학(*The Psychopathology of Everyday Life*)』(Freud, 1901), 『성욕에 관한 세 편의 에세이(*Three Essays on the Theory of Sexuality*)』(Freud, 1905b), 『토템과 터부(*Totem and Taboo*)』(Freud, 1913), 「나르시시즘 서론(On Narcissism: An Introduction)」(Freud, 1914b), 「초심리학의 논문들(Papers on Metapsychology)」(Freud, 1915), 그리고 『쾌락 원칙을 넘어서(*Beyond the Pleasure Principle*)』(Freud, 1920)와 『집단 심리학과 자아 분석(*Group Psychology and the Analysis of the Ego*)』(Freud, 1921a) 등이 있다. 이러한

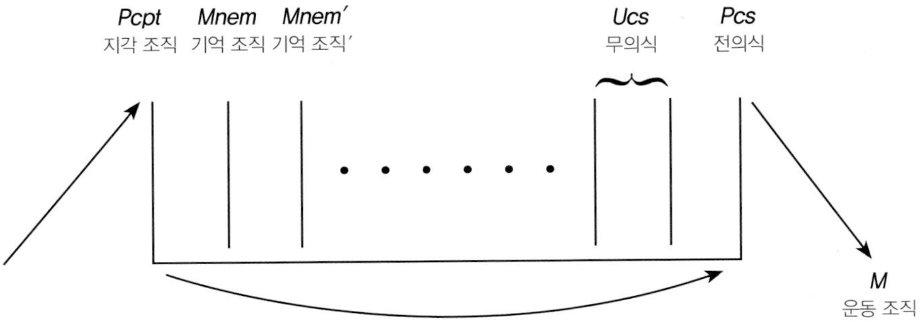

[그림 1-3] 정신 기구 1차 모델 (서술적 무의식)

저작들을 통해 전개된 정신분석의 역사는 다음과 같다.

1900년의 『꿈의 해석』은 정신분석의 역사에서 가장 대표적인 저서이다. 프로이트는 "꿈의 해석은 정신의 무의식적 활동을 알게 하는 왕도이다"(Freud, 1900: 608)라는 명제를 통해 무의식의 실체에 접근한다. 이른바 꿈의 메커니즘을 토대로 인간의 정신 과정인 의식, 전의식, 무의식을 설명한 것이 '정신 기구 1차 모델'(Freud, 1900: 541)인데 그 도식은 [그림 1-3]과 같다.

정신 기구의 1차 모델은 왼편의 정신 기구로 들어오는 '지각 조직(the sensory)', 중간의 여러 기억 조직으로 구성된 '정신 기구', 정신 기구로부터 오른쪽으로 나가는 '운동 조직(the motor)'으로 구성된다. 지각으로부터 들어온 자극들은 인간의 정신 기구 내에서 여러 기억 흔적을 남기고 일부분은 운동 조직으로 나간다. 정신 기구 내부를 좀 더 상세히 살펴보면, 여러 기억 조직이 있고, 그 기억 조직들 사이의 심연이 "무의식(the unconscious: Ucs)"(앞의 책, 541)이다. 그리고 무의식 가운데 일부분만을 "의식(the conscious: Cs)"(앞의 책, 539, 541)으로 보내는데 수문장(守門將)과 같은 역할을 하는 "전의식(the preconscious: Pcs)"(앞의 책, 541)이 있다. 전의식은 운동 조직으로서 비판하는 심급이다. 비판받는 심급인 무의식은 비판하는 심급인 전의식의 검열에 따라 외부로 나가 의식이 되는가 하면, 일부분은 내부에서 무의식 상태 그대로 남아 있게 된다. 정신 과정이 왼쪽에서 오른쪽으로 흐르면 진보적인 상태, 반대로 오른쪽에서 왼쪽으로 흐르면 퇴행적인 상태가 된다. 이처럼 정신 기구 1차 모델은 꿈의 메커니즘을 통해 인간의 정신 구조를 의식, 전의식, 무의식으로 설명한다. 이러한 설명은 세 가지 심급[2)]에 장소적 의미를 부여하고 정신 기구를 서술적으로 설명할 수 있는 점에서 '서술적 무의식'으로도 일컬어진다. 『꿈의 해석』은 인간의 심리적 삶의 보편적 토대로 무의식을 수용할 수 있도록 하는 점에서 학문적 의미가 크다.

이 저작에 이어 프로이트는 『일상생활의 정신 병리학』(Freud, 1901)을 통해 정신분석이 일반인의 정상적인 생활에까지 확대하여 적용될 수 있음을 보여 준다. 그는 고유 명사 · 외국어 · 단어의 망각, 잘못 말하기 · 읽기 · 쓰기, 망각, 우연 행위, 착오의 일상생활에서 발생하는 여러 실수 행위의 의미를 설명한다. 즉 실수 행위는 그 자체로서 실수를 하는 사람의 무의식적 사고를 반영한다.

『성욕에 관한 세 편의 에세이』(Freud, 1905b)는 프로이트가 유아 성욕론, 성 충동의 발달, 오이디푸스 콤플렉스, 승화를 구체적으로 설명한 저작이다. 그는 이 저서에서 유아부터 성인에 이르기까지 인간의 성적 충동의 발전 과정을 추적한다. 그 결과 인간의 정신생활에서 성욕이 차지하는 역할의 중요성을 강조하고, 신경증의 핵심을 "오이디푸스 콤플렉스"(Freud, 1905b: 226)로 밝힌다. 또한 인간의 성 충동은 일부분만이 성생활에 이용되고, 남은 부분은 사회적인 목적으로 활용되는 '승화' 개념을 밝힌다. 인간의 충동을 사회적으로 바람직한 예술로 표출하는 승화는 정신분석 미술치료의 중요한 이론적 근거가 되는 점에서 이 저작의 가치는 높다.

이때부터 성적 요소를 정신 신경증의 원인으로 보는 프로이트의 가설은 이후의 여러 임상 사례에서 피력된다. 구체적으로 도라의 히스테리 사례(Freud, 1905a), 꼬마 한스의 공포증 사례(Freud, 1909a)와 쥐 인간의 강박증 사례(Freud,

---

2) 정신 기구를 설명하는 '심급'의 용어에 대해 살펴보자. 프로이트는 "정신 기관을 조립된 기구로 생각하고, 그 구성 성분들을 '심급(agencies)' 아니면 알기 쉽게 '조직(systems)'이라고 부른다"(Freud, 1900: 537). 여기서 심급을 의미하는 'agency' 더 정확하게 'instance'는 프로이트가 사용한 'instanz'의 영역어이다. 'instanz'는 원래 법률 용어로서 1심과 2심과 같은 심급(審級)을 가리키는 말이다. 『정신분석사전』에서 라플랑슈와 퐁탈리스는 이 용어에 대해 "인간 정신 구조 내에서 심리적 힘이 작용하는 위계적 장치의 부분들"(Laplanche & Pontalis, 1967/2005: 223)이라는 의미가 포함되어 있음을 설명한다. 이에 기초하여, 이 책에서는 심리적 힘이 작용하는 위계적 장치의 부분들 또는 심적 영역을 지칭하는 표현으로 '심급'을 사용한다.

1909c), 늑대 인간의 유아기 신경증 사례(Freud, 1918) 등이 있다. 또한 『레오나르도 다 빈치의 유년의 기억(*Leonardo Da Vinci and a Memory of His Childhood*)』(Freud, 1910)을 통해 프로이트는 레오나르도의 삶과 예술 작품을 정신분석적 관점에서 분석한다.

『토템과 터부』(Freud, 1913)는 프로이트가 정신분석학을 문화인류학, 언어학, 민속학의 인류학 분야에 적용한 저서이다. 그는 정신분석을 통해 드러난 신경증 환자의 심리와 원시 민족의 심리를 연결하여 해석함으로써, 정신분석이 인류 문화에 기여할 수 있는 성과를 밝힌다. 프로이트의 이러한 노력은 정신분석의 범위를 확장하는 동시에, 정신분석학이 개인 심리학과 사회 심리학으로서 기능하는 토대를 마련한다.

「나르시시즘 서론」(Freud, 1914b)은 지형학설 시기의 중요한 논문 중 하나이다. 프로이트가 1909년 빈에서 개최된 정신분석학회에서 "자가성애와 대상성애의 중간 단계로 나르시시즘 개념의 도입 필요성"(Freud, 1914b: 69)을 주장한 데에서 이 논문은 출발한다. 프로이트는 이 논문에서 융의 비성적(非性的)인 개념의 리비도와 아들러의 남성 항거 개념을 대체할 의도로 나르시시즘 개념을 제시한다. 이를 계기로 프로이트는 정신분석을 함께 연구해 오던 두 동료와 결별한다. 프로이트는 정신분석학의 중요한 이정표로서 ① 무의식적인 정신 과정의 인정, ② 저항과 억압 이론의 인정, ③ 성욕과 오이디푸스 콤플렉스의 중요성을 주장한다. 이러한 관점에 이견을 가진 아들러는 1911년, 융은 1914년에 프로이트와 결별한다. 그 후 아들러는 '개인 심리학(Individual Psychology)'을, 융은 '분석심리학(Analytical Psychology)'을 주창하고 독립적인 학파를 세운다.

이후 프로이트는 정신분석에 대한 관점을 더욱 공고히 하고 중심적인 논문들을 써 나간다. 대표적인 논문이 1915~1917년의 「초심리학의 논문들」이다. 이 논문은 총 5편의 논문으로 구성되는데, 1915년에 출간된 「충동과 그 운명(Instincts and their Vicissitudes)」, 「억압에 관하여(Repression)」, 「무의식에 관하여(The Unconscious)」와 1917년에 출간된 「꿈-이론과 초심리학(A Metapsychological Supplement to the Theory of Dreams)」과 「애도와 멜랑콜리아

(Mourning and Melancholia)」가 있다. 이 논문들을 좀 더 살펴보자.

「충동과 그 운명」은 프로이트가 본능(instinct)과 구분된 충동(drive) 개념을 정리하고, 충동의 유기적 변화 과정을 설명한 논문이다. 본능은 동물의 욕구와 연관된 개념인 데 비해, 충동은 "정신과 육체 사이의 경계 개념"(Freud, 1915a: 121-122)으로서 인간의 욕망과 연관된 개념이다. 인간의 정신 과정과 밀접한 관련이 있는 측면에서 충동은 본능과 엄밀히 구분된다. 프로이트는 충동을 자기 보존 충동과 성적 충동 두 가지로 구분한다. 그러나 인간이 자신을 성적 대상처럼 사랑하는 나르시시즘 개념이 도입되면서 충동의 운용 양상은 점차 복잡해진다. 이는 『쾌락 원칙을 넘어서』의 충동 논의로 이어진다.

「억압에 관하여」에서 프로이트는 억압의 의미와 양상에 따른 증상의 메커니즘을 설명한다. 프로이트는 억압을 "의식의 정신 활동과 무의식의 정신 활동 사이에 생기는 간극"(Freud, 1915b: 147)으로 정의하고, 억압의 본질은 '어떤 것을 의식과 거리를 두게 하는 데 있음'으로 설명한다. 긴요한 점은 억압에 따른 대체 형성물인 증상은 "억압된 것이 되돌아온 것"(앞의 책, 154)이다. 이를테면 공포증은 억압된 것의 전치(전위), 히스테리는 억압된 것의 압축과 퇴행, 강박증은 억압된 것의 반동 형성이다. 이러한 점에서 볼 때 억압된 것은 무의식에서 항존적으로 남아 있는 것이 아니라, 회귀하여 증상으로 발현된다. 우리는 정신분석 미술치료에서 이러한 증상의 메커니즘 이해에 주의를 기울여야 한다.

「무의식에 관하여」에서 프로이트는 "억압을 통해 어떤 표상이 의식의 전면에 나타나지 않을 때 우리는 그 표상이 '무의식'의 상태에 있다고 말한다"(Freud, 1915c: 166)고 기록함으로써, 무의식의 개념을 정당화한다. 또한 그는 이 저작에서 의식 · 전의식 · 무의식의 구분은 각 심급의 위치뿐만 아니라 기능적 측면에서도 다른 활동을 하는 것을 밝힘으로써, 서술적 · 기능적 · 체계적 측면에서의 무의식의 다의성(多義性)을 설명한다. 특히 "무의식의 표상은 존재하지만, 무의식의 감정은 존재하지 않는다"(앞의 책, 178)고 기록함으로써, 무의식이 표상임을 분명히 밝힌다. 이 논문은 무의식의 실체를 구명한 점에서 중요한 논문으로 평가된다.

다음으로 1917년에 출간된 「꿈-이론과 초심리학」에서 프로이트는 꿈의 논의로부터 정상적 상태에서 환상과 현실을 구분할 수 있는 문제에까지 귀착한다. 그는 꿈이 일종의 투사로서 '내면 과정의 외현화'임을 밝힌다. 또한 그는 "소원성취의 환상이 형성되면서 그것이 환각으로 퇴행한다는 것, 이것이 꿈-작업의 가장 본질적인 부분이다"(Freud, 1917a: 229)라고 기록함으로써 궁극적으로 소원성취의 목적을 갖는 꿈을 설명한다. 이러한 꿈은 나르시시즘적인 수면 상태가 불완전하게 이루어진 정신 활동의 잔재임을 밝힌다.

「초심리학의 논문들」의 마지막 논문인 「애도와 멜랑콜리아」에서 프로이트는 정상적인 애도(Mourning)와 증상으로서의 멜랑콜리아(Melancholia), 즉 우울증을 구분하여 설명한다. 애도는 "보통 사랑하는 사람의 상실, 혹은 사랑하는 사람의 자리에 들어선 어떤 추상적인 것, 즉 조국, 자유, 이상(理想) 등의 상실에 대한 반응"(Freud, 1917b: 243)이다. 그에 비해 우울증은 상실의 반응이 병리적으로 이어지는 경우로서 "심각할 정도로 고통스러운 낙심, 외부 세계에 대한 관심의 중단, 사랑할 수 있는 능력의 상실, 모든 행동의 억제, 그리고 자신을 비난하고 자신에게 욕설을 퍼부을 정도로 자기 비하감을 느끼면서, 결국 자신을 누가 처벌해 주었으면 하는 징벌에 대한 망상적 기대를 갖는 것"(앞의 책, 244)이다. 애도가 의식적인 대상 상실인 데 비해, 우울증은 무의식적인 대상 상실이다. 결국 우울증을 경험하는 사람들은 자기와 관련된 상실감을 수반하는데, 우울증의 메커니즘은 "① 대상의 상실, ② 애증 병존(양가감정), 그리고 ③ 자아로의 리비도 퇴행"(앞의 책, 258)으로 이루어진다. 프로이트는 이 논문에서 병적 우울증에 대한 설명을 통해 자아 구조에 관한 면밀한 연구를 이어 간다. 즉 자아 내에서 자신을 처벌하는 역할을 하는 자아 이상이 존재함을 발견한다. 이러한 그의 연구는 『쾌락 원칙을 넘어서』에서 일대 전환기를 맞으며, 이후 구조론의 시기로의 도약을 위한 초석을 세운다.

1920년의 논문 『쾌락 원칙을 넘어서』는 이른바 죽음 충동의 개념이 처음 등장한 논문이다. 이 글에서 프로이트는 임상 장면에서 관찰되는 피분석자의 반복 강박을 둘러싼 쾌락 원칙을 넘어서는 역설적인 심리적 운용에 주목한다. 그 결과로 인간의 쾌락 원칙 너머에 있는 죽음 충동을 상정한다. 그는 초기에 자기 보존 충동과 성적 충동으로 구분하였던 충동 개념을 후기에 삶의 충동(Eros)과 죽음 충동(Thanatos)으로 구분한다. 충동의 복잡한 양상에 따라 충동 개념은 변화하지만, 충동의 원천적 힘인 리비도 일원론은 고수되어 정신분석 역사에서 '리비도 일원론과 충동 이원론'은 유지된다.

1921년에 발표된『집단 심리학과 자아 분석』은『쾌락 원칙을 넘어서』에 이어 프로이트가 자아에 대해 체계적이고도 분석적인 연구에 착수한 저작이다. 이 저작에서 프로이트는 한편으로는 개인 심리에서 발생하는 변화들을 토대로 집단 심리를 설명한다. 다른 한편으로는 정신의 해부학적 구조에 대한 연구를 진전시킨다. 이른바 자아(ego)와 자아 이상(ego ideal)의 분화가 이루어지고, 자아 내의 이상향의 기능을 하는 자아 이상은 동일시를 통해 집단의 지도자에게 전이될 수 있음을 설명한다. 또한 양심과 법의 기능을 하는 자아 이상은 이후 구조론 시기의 초자아의 전신(前身)으로서 이드, 자아, 초자아에 대한 개념을 구체화해 나간다.

이상과 같이 지형학설 시기 프로이트의 연구들은 정신분석 역사에서 중요한 위치를 차지한다. 그는 이 시기에 무의식의 개념으로부터 출발하여 꿈, 오이디푸스 콤플렉스, 충동, 억압, 우울증, 쾌락의 원칙을 넘어서는 반복 강박, 집단 심리학 등 정신분석의 핵심적인 개념들을 설명한다. 특히 꿈을 통해 무의식의 실체를 밝힘으로써, 정신분석을 인간의 보편적 정신과학으로 자리매김한다. 구조론 시기의 이론들이 지형학설 시기의 이론들을 정교하게 다듬고 발전시킨 것임을 감안할 때, 정신분석 역사에서 이 시기가 갖는 의미는 크다. 프로이트는 평생 동안 정신분석을 과학으로 정립하기 위해 노력한다. 그의 꾸준한 노력은 후기로 갈수록 인간 무의식의 역동성에 주목하고, 자신의 초기 이론을 끊임없이 수정해 나간다. 이러한 프로이트의 노력은 다음에서 이어진다.

4) 제3기: 구조론 시기

구조론 시기(the structural theory of reference, 1923~1939)는 프로이트가 『자아와 이드』를 저작한 1923년부터 생을 마감하는 1939년까지를 가리킨다. 그는 지형학설 시기의 서술적 무의식의 관점이 임상적 한계에 봉착함에 따라, 이드 · 자아 · 초자아의 역동적 무의식의 관점으로 구조론 시기를 엶으로써 자신의 이론을 보충한다. 1, 2기의 개념들이 상당 부분 보완된 제3기는 정신분석의 완숙기라 할 수 있다.

구조론 시기의 대표적인 저작으로는 『자아와 이드』(Freud, 1923b)를 위시하여, 『억압, 증상 그리고 불안(*Inhibitions, Symptoms and Anxiety*)』(Freud, 1926)과 『문명 속의 불만』(Freud, 1930)이 있다. 또한 『새로운 정신분석 강의(*New Introductory Lectures on Psycho-Analysis*)』(Freud, 1933a)와 마지막 저서인 『정신분석학 개요』(Freud, 1940)가 있다. 이러한 저작들의 개괄적인 내용을 살펴보면 다음과 같다.

프로이트는 『자아와 이드』(Freud, 1923b)에서 지형학설 시기의 정신 기구에서 진일보한 구조론 시기의 정신 기구를 설명한다. 이른바 "정신 기구 2차 모델"

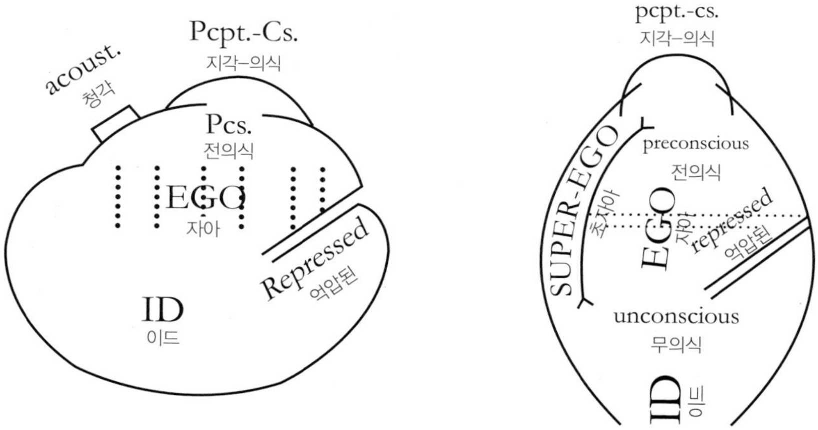

[그림 1-4] 정신 기구 2차 모델 (역동적 무의식)

(Freud, 1923b: 24)로서 그가 이 저작에서 제시한 이드와 자아에 관한 도식은 [그림 1-4]의 왼쪽 그림이다. 이 도식을 발전시켜 그가 『새로운 정신분석 강의』(Freud, 1933a)에서 제시한 "이드 · 자아 · 초자아에 대한 도식"(Freud, 1933a: 78)이 바로 오른쪽 그림이다.

프로이트는 『자아와 이드』(Freud, 1923b)에서 마음의 구조를 무의식, 전의식, 지각-의식(의식)의 배경 위에 이드와 자아를 설정한다. 이처럼 이드와 자아는 정신 기구 1차 모델의 무의식 · 전의식 · 의식을 역동적으로 보완한 개념이다. 프로이트에 따르면, 이드(id)는 무의식의 저장소이다. 자아(ego)는 지각-의식을 통해 외부 세계의 영향을 받아 "수정된 이드의 부분"(Freud, 1923b: 25)이다. 이러한 정신 기구 2차 모델은 『새로운 정신분석 강의』(Freud, 1933a)에서 이드, 자아, 초자아로 좀 더 상세히 설명된다. 인간의 정신 구조는 무의식, 전의식, 의식을 바탕으로 한 이드, 자아, 초자아로 구성된다. 이드와 자아에서 분화된 초자아(super-ego)는 "자기 비판과 양심의 기능"(앞의 책, 26)을 하는 심급이다. 이처럼 정신 기구 2차 모델은 이드 · 자아 · 초자아의 개념을 상정함으로써, 끊임없는 갈등과 상호 협력이 이루어지는 인간의 정신 과정의 역동성을 강조한다. 구조론 시기의 모델은 지형학설 시기의 모델을 더욱 보완한 노력의 산물로서, 이는 인간의 정신 구조에 관한 깊은 통찰과 이해를 가능하게 한다.

『억압, 증상 그리고 불안』(Freud, 1926)은 프로이트가 제시한 구조론의 역동적 관점에 기초하여 억압, 증상 그리고 불안을 설명한 저작이다. 그에 따르면, 자아는 하나의 조직으로서 이드와 초자아 그리고 현실과의 사이에서 호혜적인 관계를 형성하기 위해 지속으로 노력하는 심급이다. 따라서 자아의 불가피한 기능은 억압인데, 억압 과정의 결과로 증상이 발생한다. 증상은 억압된 것이 되돌아온 것이다. 이러한 증상은 이드 · 자아 · 초자아 사이의 타협 형성물로서 그 모습은 '혼합 주둔지의 전방 초소'와 같다. 즉 증상은 안전한 동시에 위태로우며, 정신 심급 사이의 상대적 힘에 따라 변화가 가능하다. 프로이트는 이 저작에서 대표적인 증상인 불안에 대한 초기 관점을 수정한다. 초기에는 억압이 불안을 일으키는 원인으로 해석했으나, 이 시기에는 대상 없는 불안이 억압을 발생시키는 것으로 수정한다(초기: 억압 → 불안, 후기: 불안 → 억압).

『문명 속의 불만』(Freud, 1930)은 프로이트가 문명사회에 사는 인류에 대한 통찰을 실은 저작이다. 그는 이 저서에서 다음과 같이 기록한다.

> 문명은 인류를 무대로, 에로스와 죽음, 삶의 충동과 파괴 충동 사이의 투쟁이라는 형태를 띠고 있는 게 분명하다. 이 투쟁은 모든 생명의 본질적 요소이며, 따라서 문명의 진보는 인류의 생존을 위한 투쟁이라고 간명히 서술될 수 있다(Freud, 1930: 122).

이처럼 프로이트는 충동의 투쟁의 장(場)인 문명사회를 살아가는 인간의 삶 자체가 고통일 수밖에 없음을 피력한다. 삶의 충동과 죽음 충동 사이에서 끊임없이 갈등하며 매일의 삶을 살아가는 것이 우리의 숙명이다. 즉 인간의 삶은 떨어질 것을 알면서도 산 위로 바위를 올리는 일을 끊임없이 반복하는 시시포스(Sisyphus)의 운명과도 같다. 따라서 불만을 내포하는 문명사회에서 운명적 삶을 인정하되, 그곳에서부터 어떻게 자신의 삶을 변화시켜 나가는가가 우리의 중요한 과제이다.

1933년 『새로운 정신분석 강의』는 프로이트가 1915년부터 1917년까지 집필한 『정신분석 강의』 내용을 보충하고, 여러 개념에 대한 최종적인 견해를 피력한 저작이다. 구체적으로 그는 꿈-이론의 수정, 심리적 인격의 해부, 불안과 본능적 삶, 여성성, 그리고 세계관에 대한 자신의 원숙한 견해를 담아낸다. 이 저작에서 중요하게 기억할 내용은 두 가지이다. 첫째, 이드 · 자아 · 초자아의 상호 관계와 각 심급에 연관되는 불안 개념이다. 둘째, 정신분석 목표에 관한 기록이다.

프로이트는 서른한 번째 강의 「심리적 인격의 해부」에서 이드 · 자아 · 초자아를 좀 더 상세하게 설명한다.

> 자아는 엄격한 주인 셋을 섬겨야 한다. 자아가 섬기는 세 주인은 외부 세계, 초자아, 그리고 이드이다. 이러한 세 주인을 동시에 만족시키려는 자아의 노력을 따라가다 보면 〔각 개인의 특수한 인격이 설명된다.〕〔…〕 자아가 자신의 약함을 인정하지 않을 수 없을

때 그것은 불안으로 촉발된다. 외부 세계에 대한 현실적 불안, 초자아에 대한 도덕적 불안, 이드 안에 있는 억누를 수 없는 열정에 대한 신경증적 불안 등이 그것이다(Freud, 1933a: 77–78).

여기에서 프로이트는 외부 현실과 초자아와 이드 사이에서 갈등을 조절하고 타협해야 하는 자아의 기능을 '세 주인을 섬기는 자아'로 표현한다. 이러한 자아의 기능에 따라 개인의 특수한 인격이 형성되고, 외부 현실, 초자아, 이드의 압력에 따라 현실적 불안, 도덕적 불안, 신경증적 불안이 형성됨을 설명한다.

또한 이 저작에서 중요하게 다룰 내용은 프로이트의 정신분석 목표에 관한 명제이다. 그는 정신분석의 목표를 독일어 원전에 'Wo Es war, soll Ich werden'으로 제시한다. 이 문장은 제임스 스트레이치(James Strachey)에 의해 "Where id was, there ego shall be"(Freud, 1933a: 80)로 옮겨진다. 이 문장은 프로이트의 이후 현대 정신분석학자들의 이견에 따라 상이하게 해석된다. 자아심리학과 대상관계이론가는 '이드가 있는 곳에 자아가 생성되어야 한다'로 옮김으로써, 정신분석 치료의 목표를 '무의식의 의식화' 또는 '자아 기능의 공고화'로 삼는다. 이는 자아(자아 기능)를 강조하는 견해이다. 이에 비해 라캉은 프로이트의 명제를 "Where it was, there must I come to be as a subject"(Lacan, 1966b/2006: 734)로 옮겨 '그것(이드)이 있는 곳에서 내가 주체가 되어야 한다'로 해석함으로써, 정신분석 치료의 목표를 분석주체의 욕망에 대한 제자리 잡기, 즉 '주체적 실현'으로 표명한다. 이는 이드의 절대성을 인정하고 그곳에서부터 주체로서 나아갈 것을 강조하는 견해이다. 이처럼 프로이트의 정신분석 목표에 관한 명제는 이후 학자들의 상이한 해석에 따라 현대 정신분석의 여러 학파가 발생하는 분기점이 된다. 이 저작이 그 중심에 위치한다.

프로이트가 구조론 시기에 마지막으로 집필한 『정신분석학 개요』(Freud, 1940a)에는 정신분석에 대한 그의 원숙한 관점이 드러난다. 그 가운데 특히 중요한 논문으로는 「종결할 수 있는 분석과 종결할 수 없는 분석(Analysis Terminable and Interminable)」(Freud, 1937a)과 「방어 과정에서 나타난 자아의 분열(Splitting of the Ego in the Process of Defence)」(Freud, 1940b)이다.

「종결할 수 있는 분석과 종결할 수 없는 분석」에서 프로이트는 정신분석 치료의 종결에 관한 깊은 통찰을 싣는다. 그는 이 저작에서 다음과 같이 기록한다.

> 정신분석 치료는 긴 숨을 요하는 작업이다. 분석의 힘은 무한한 것이 아니라 제한적이기 때문에, 최종 결과는 항상 서로 싸우는 심급들의 상대적인 힘에 달려 있다. 분석은 끝이 없는 과정이 아니라 분석가가 능력과 인내를 갖고 있다면, 자연스러운 종결에 이를 수 있는 것이다(Freud, 1937a: 216, 230, 247).

그는 이 기록을 통해 정신분석 치료에서 종결할 수 있는 분석과 종결할 수 없는 분석이 존재함을 인정한다. 또한 종결할 수 있는 분석은 피분석자의 이드·자아·초자아 사이의 균형과 조화의 여부(싸우는 심급들의 상대적 힘)에 따라 결정된다고 말한다. 더불어 치료는 끝이 있는 과정이기에 분석가의 전문적인 능력과 인내가 요구되는, 긴 호흡을 필요로 하는 작업임을 가르쳐 준다.

1940년의 「방어 과정에서 나타난 자아의 분열」은 자아의 분열에 대한 프로이트의 통찰을 담고 있다. 그는 후기에 이르러 자아의 합리적 측면보다는 비합리적 측면을 더욱 강조한다. 이는 우리의 삶에서 상당 부분 합리적이라고 믿는 자아가 사실은 이드의 부분으로서 매우 비합리적일 수 있음을 피력한다. 이러한 프로이트의 통찰은 그가 『새로운 정신분석 강의』에서 기록한 정신분석 목표와 맥을 같이한다. 즉 이드와 자아의 힘과 운용을 어떻게 바라보는가는 정신분석 치료의 목표를 무엇으로 삼는가와 직접적으로 연관된다.

이상과 같이 제3기 구조론 시기를 검토하였다. 이 시기는 이드·자아·초자아로 구성되는 정신 기구 2차 모델을 통해 인간의 정신 과정의 역동성이 강조된다. 무의식의 역동성은 우리가 합리적이라고 믿어 왔던 자아가 본질적으로는 수정된 이드의 부분으로서 매우 가변적이고 비합리적일 수 있음을 가르쳐 준다. 또한 이 시기의 관점은 문명사회 내 증상과 정신분석 치료에 대한 깊은 통찰을 제공한다. 인류의 투쟁 과정에서 필수 불가결하게 증상이 발생하고, 그 증상을 어떻게 바라보는가에 따라 치료의 견해가 나온다. 프로이트는 정신분석의 목표에 대해 "분석은 자아의 기능을 위하여 최선의 심리적 조건을 세우는 것"(Freud, 1937a: 250)이라고 밝힌다. '최선의 심리적 조건'은 개인과 사회마다 다르다. 따라서 우리는 자신과 사회의 가장 좋은 심리적 조건에 대해 고민해야 하는데, 그 과정에서 정신분석 미술치료는 프로이트의 승화 개념을 채택한다. 프로이트는 "우리의 사회적 가치가 수용되는 일종의 목표 수정과 대상 변화를 '승화'라 기술한다"(Freud, 1933b: 97). 즉 피분석자가 예술을 통해 충동의 목표 수정과 대상 변화를 가져옴으로써, 최선의 심리적 조건을 찾는 과정이 정신분석 미술치료이다. 이러한 미술치료를 위해, 프로이트의 정신분석의 역사가 가르쳐 주는 함의가 크며 구조론의 시기는 인간과 치료에 대한 깊은 통찰을 제공한다.

이 장의 서두에서 정신분석 미술치료를 정의하였다. 또한 심층적인 탐구를 위해, 정신분석 미술치료의 이론적 기초로서 프로이트의 생애와 정신분석의 역사를 살펴보았다. 정신분석의 역사는 제1기 심리적 외상 이론의 시기(1856~1897), 제2기 지형학설 시기(1897~1923), 제3기 구조론 시기(1923~1939)로 구성된다. 프로이트는 심리적 외상 이론의 시기에는 히스테리의 증상으로 무의식을 발견한다. 지형학설 시기에는 꿈의 메커니즘을 통해 무의식의 실체에 다가서고, 무의식 · 전의식 · 의식으로 서술적 무의식을 설명한다. 구조론의 시기에는 인간의 쾌락 원칙을 넘어서는 복잡한 정신 과정을 관찰하면서 이드 · 자아 · 초자아로 역동적 무의식을 설명한다.

이러한 역사적 개괄은 정신분석이 '심층심리학(depth-psychology)'인 동시에 '메타심리학(metapsychology)'임을 입증한다. 메타(meta)는 '~넘어', '~를 초월하여'의 뜻을 지닌 그리스어로 의식을 넘어선, 혹은 의식을 초월한 무의식을 탐구하는 의미를 지닌다. 프로이트는 메타심리학의 세 가지 조건으로 경제적 관점, 지형학적 관점, 역동적 관점을 둔다. 이러한 세 조건은 정신분석의 발전의 시기와 연결하여 이해할 수 있다.

첫째, 경제적 관점은 리비도의 운용 원리와 관련된다. 인간은 리비도의 에너지를 갖고 있고, 이 에너지는 일정량을 유지하고자 하는 항상성의 원리를 지닌다. 중요한 점은 하나의 리비도 에너지를 각 심급들이 나누어 사용함에 따라, 심급 간의 에너지 과잉과 결핍으로 차이가 발생하는 점이다. 에너지의 과잉은 증상이 됨으로써 그 흐름은 적절해야 한다. 즉 에너지가 과잉되면 방출해야 하고, 결핍되면 채워야 한다. 이것이 경제적인 관점이다.

둘째, 지형학적 관점은 정신 기구 1차 모델을 설명하는 지형학설 시기와 연관된다. 무의식 · 전의식 · 의식 각각의 심급들이 장소적 의미를 갖고 그 위치에 따라 상이한 정신 과정의 원리를 지니는 것이 특징이다.

셋째, 역동적 관점은 정신 기구 2차 모델을 설명하는 구조론 시기와 좀 더 연관된다. 이드 · 자아 · 초자아는 고정되어 있는 심급이 아닌 변화하는 심급이다. 각 심급은 하나의 리비도 에너지를 나누어 사용함에 따라, 끊임없는 갈등과 협력의 과정에 있다. 이러한 정신 과정의 역동성을 지시하는 것이 역동적 관점이다. 이처럼 프로이트는 메타심리학의 세 가지 전제를 명시함으로써, 정신분석을 다른 심리학과 구분지어 특권화한다.

프로이트의 정신분석은 19~20세기의 유산으로서 현대 사회에서도 무의식에 대한 탐구 방법, 치료 방법, 이론으로서 우리에게 많은 가르침을 준다. 이는 일생 동안 정신분석을 과학으로 자리매김하기 위해 지속적인 임상과 연구를 병행한 프로이트의 노력의 결과이기도 하다. 따라서 정신분석 미술치료의 진정한 탐구를 위해서는 반드시 프로이트부터 출발하여 프로이트로 복귀해야 한다. 그리고 그곳에서부터 우리는 한 걸음 더 나가야 한다. 이것이 정신분석이 여전히 우리에게 "미완의 혁명"(김서영, 2009: 64)이 되는 이유이다. 또한 정신분석의 이론은 "근육"(이택광, 2010: 5)으로서 우리가 진정한 힘을 내도록 하기 때문이다.

2장 정신분석 미술치료의 이론

1. 꿈-작업과 꿈의 해석

프로이트는 『꿈의 해석』(Freud, 1900)을 통해 무의식의 실체에 접근한다. 그는 꿈을 통해 꿈을 꾼 사람의 무의식을 발견한다. 이 저작은 ① 꿈 문제에 관한 학문적 문헌, ② 꿈 해석의 방법: 꿈 사례 분석, ③ 꿈은 소원 성취다, ④ 꿈 왜곡, ⑤ 꿈 재료와 출처, ⑥ 꿈-작업, ⑦ 꿈-과정의 심리학의 일곱 개의 장으로 구성된다. 이 가운데 중요한 내용이 여섯 번째 장과 일곱 번째 장이다. 프로이트는 '꿈-작업'을 통해 꿈꾸는 과정에서 발생하는 작업을 설명하고, '꿈-과정의 심리학'을 통해서는 무의식, 전의식, 의식의 정신 기구 1차 모델을 설명한다. 꿈-작업은 이른바 꿈의 메커니즘에 관한 설명이고, 꿈-과정의 심리학은 꿈의 메커니즘을 통해 발견한 무의식에 관한 설명이다. 이 장에서는 꿈의 메커니즘에 대해 상세히 이해하고자 한다. 프로이트가 설명한 꿈-작업과 꿈의 해석을 종합한 꿈의 메커니즘은 [그림 2-1]과 같다.

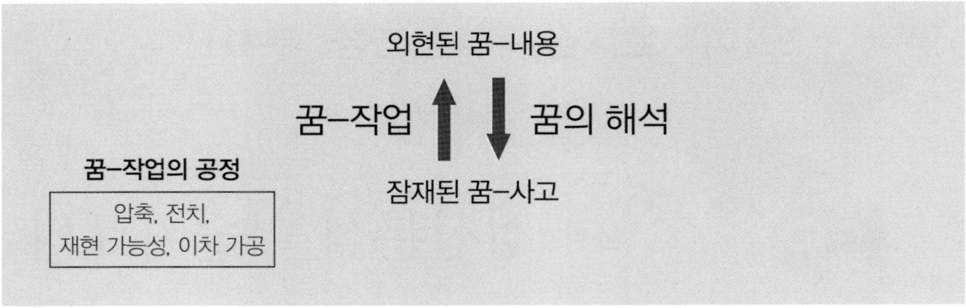

* 꿈 (무의식의 기억, 심리 현상, 타협 형성물) → 소원 성취!

[그림 2-1] 꿈의 메커니즘

꿈의 메커니즘은 크게 꿈-작업과 꿈의 해석으로 이루어진다. 꿈-작업(the dream-work)은 꿈을 꾼 사람의 잠재된 꿈-사고(the dream-thoughts)가 외현된 꿈-내용(the dream-content)으로 나타날 때 이루어지는 과정이다. 꿈의 해석(the interpretation of dreams)은 꿈-작업의 반대 과정으로 꿈-내용을 토대로 꿈을 꾼 사람의 꿈-사고를 발견하는 과정이다. 여기에서 잠재된 꿈-사고가 꿈을 꾼 사람의 무의식이다. 이 무의식을 발견해 가는 과정이 꿈의 해석이고, 이것은 분석 장면에서 이루어진다. 임상에서 피분석자의 잠재된 꿈-사고, 즉 무의식을 발견하기란 쉽지 않다. 그 이유는 외현된 꿈-내용이 잠재된 꿈-사고와 상당히 차이가 나기 때문이다. 즉 꿈은 한 편의 영화처럼, 잠재된 꿈-사고가 각색되고 편집되어 외현된 꿈-내용으로 나타난다. 이때 이루어지는 각색 또는 편집과 같은 과정이 꿈-작업이다.

꿈-작업은 네 가지의 세부 과정을 갖는다. 프로이트는 꿈-작업의 네 가지 공정(工程)으로 압축, 전치, 재현 가능성, 이차 가공을 설명한다.

첫째, 대표적인 꿈의 핵심 공정은 "압축(the work of condensation)"(Freud, 1900: 279)이다. 압축은 물질 따위에 압력을 가하여 부피를 줄이듯 여러 꿈-사고가 응축되어 하나의 꿈-내용으로 나타나는 것을 일컫는다. 프로이트는 자신의 식물학 연구 논문 꿈을 예로 들면서 압축을 설명한다. 프로이트의 꿈에 나타난 '식물학'은 동료 교수와 '활짝 핀' 그의 부인, '플로라(Flora)'라는 여성 환자, 생일

날 '꽃' 선물을 잊어버렸다고 말한 프로이트의 아내를 압축한 표상이다. 압축은 꿈-내용에 상당한 생략이 있음을 알려 준다.

둘째, 꿈의 또 다른 핵심 공정은 "전치(the work of displacement)"(앞의 책, 305)이다. 전치는 꿈-사고와 관련된 중요한 표상이 이차적인 혹은 부수적인 표상으로 변형되어 꿈-내용으로 나타나는 것을 말한다. 전치는 중요하면서도 불편한 꿈 요소가 의식의 검열을 피하기 위해 사소한 요소로 표상의 위치 바꿈을 하는 공정이다. 전치는 끝말잇기를 연상하면 쉽게 이해할 수 있다. 끝말잇기에서는 연관성이 전혀 없는 단어들이 단 하나의 유사성인 음절로 이어진다. 이처럼 전치는 꿈-사고가 다른 사고로 대체하거나 위치를 바꾼 꿈-내용으로 드러나게 하는 공정이다. 꿈-작업의 핵심적인 두 공정인 압축과 전치는 무의식의 가장 대표적인 속성이다.

셋째, "재현 가능성(묘사 가능성, considerations of representability)"[1](앞의 책, 339)은 꿈-내용이 시각적 이미지로 재현 혹은 묘사 가능한 측면을 일컫는 공정이다. 프로이트는 꿈-내용은 "꿈이 이용하는 특이한 심리적 재료의 재현 가능성에 대한 고려로서, 시각적 이미지로 묘사될 수 있는 것들이 선호된다"(앞의 책, 344)고 기록한다. 이처럼 우리는 흔히 꿈을 표현하는데, 꿈-내용의 언어적 표현은 한계가 있지만 시각적 묘사는 용이함을 자주 경험한다. 이러한 재현 가능성은 꿈의 상징과 밀접하게 관련된다. 프로이트는 꿈-상징에 대해 다음과 같이 기록한다.

> 꿈은 잠재적 꿈-사고를 은폐시켜 묘사하기 위해 상징을 이용한다. 꿈-해석 과정에서 발생되는 불확실성의 이유는 우리의 불완전한 인식에서 비롯되며, 또 다른 불확실성의 이유는 꿈-상징의 특성에서 비롯된다. 꿈-상징들은 소원 성취와 관련되며, 종종 다의적

---

1) 프로이트가 꿈-작업의 네 가지 공정 가운데 세 번째의 공정을 언급한 'Rücksicht auf Darstellbarkeit'의 영역어 'considerations of representability'를 직역하면 재현성에 대한 고려, 대표성에 대한 고려, 표현 가능성에 대한 고려, 묘사 가능성에 대한 고려 등으로 번역할 수 있다. 열린책들의 『꿈의 해석』 국역본에서는 이 용어를 '묘사 가능성'으로 번역한다. 라플랑슈와 퐁탈리스의 『정신분석사전』에서는 "형상화의 고려"(Laplanche & Pontalis, 1967/2005: 86)로 번역되어 있다. 이 책에서는 시각적 이미지로 묘사될 수 있는 측면을 강조하기 위해, '재현 가능성(묘사 가능성)'으로 번역하여 사용한다.

이기 때문이다. […] 꿈-해석의 두 기술은 서로 보완해야 한다. 즉 꿈을 꾼 사람의 의견에 결정적인 의미를 부여하는 방법이 실제적으로나 이론상으로 주도적인 반면, 상징 번역은 보조적인 수단으로 첨가된다(Freud, 1900: 352-353, 360).

지팡이, 나무줄기와 같은 대부분의 길쭉한 물건이 남성 성기를 상징하고 나무 상자, 동굴과 배, 그 외 온갖 종류의 그릇 등이 여성의 성기에 상응하는 식의 상징적 의미는 미술치료 실제에서 활발히 적용되고 있다. 중요한 점은 프로이트의 의견을 참조하여, 분석가가 피분석자의 상징에 관한 해석을 주도적인 수단으로 삼고 정신분석의 상징적 의미를 보조적인 수단으로 삼아 꿈을 해석하는 것이다. 꿈-내용이 암시하는 무의식의 주체는 바로 피분석자, 즉 꿈을 꾼 사람이기 때문이다. 이처럼 재현 가능성은 꿈의 시각적 용이성을 설명하는 공정이다.

넷째, "이차 가공(secondary revision)"(앞의 책, 488)은 꿈-작업에서 압축, 전치, 재현 가능성이 이차적으로 더 가공되는 공정이다. 따라서 피분석자의 꿈-내용에는 원재료인 꿈-사고가 거의 남아 있지 않거나 왜곡된 형태로 남게 된다.

이와 같은 압축, 전치, 재현 가능성, 이차 가공의 꿈-작업이 이루어짐에 따라, 꿈을 꾼 사람의 외현된 꿈-내용은 잠재된 꿈-사고와 상당 부분 간극이 있다. 그렇다면 복잡한 꿈-작업은 왜 일어나는 것일까? 그것은 꿈의 목적과 연관된다. 프로이트는 꿈의 목적을 "꿈은 소원 성취이다(A dream is the fulfilment of a wish)"(Freud, 1900: 122)라고 간명히 밝힌다. 꿈을 꾼 사람의 무의식적 소원 성취의 현시물(顯示物)이 꿈이다. 즉 꿈을 꾼 사람의 소원 성취를 위한 무의식의 기억, 심리적 현상, 그리고 타협 형성물이 꿈이다. 문제는 꿈의 무의식적 소원이 대체적으로 비도덕적이거나 비합리적인 데 있다. 이에 잠재된 꿈-사고는 외현된 꿈-내용과 달라야 한다. 꿈-내용이 꿈-사고와 달리 대체로 도덕적이고 합리적이어야만 꿈을 꾼 사람은 꿈을 자신의 것으로 받아들일 수 있다. 따라서 복잡한 꿈-작업이 이루어지고, 피분석자의 무의식을 발견하기 위해서는 반드시 꿈의 해석이 이루어져야 한다.

꿈의 해석은 엄밀히 꿈 해몽이 아니다. 꿈의 해석은 피분석자의 꿈-내용을 통해 잠재된 꿈-사고의 무의식을 발견하는 것이지, 꿈-내용을 주관적으로 의미지어 좋고 나쁨을 판단하는 것이 아니다. 꿈의 해석은 피분석자의 반복되는 꿈을 통해 무의식을 발견하거나, 또는 피분석자의 꿈-내용의 기억 변화에 따라 생략되고 첨가되는 언어들을 통해 그/그녀가 현실에서 억압하는 무의식을 발견하는 과정이다. 이러한 꿈-작업과 꿈의 해석의 총체적 과정이 꿈의 메커니즘이다.

2. 무의식 · 전의식 · 의식과 이드 · 자아 · 초자아

프로이트는 인간의 정신을 지형학설 시기에는 무의식 · 전의식 · 의식으로, 구조론 시기에는 이드 · 자아 · 초자아로 설명한다. 그는 정신분석의 초기인 지형학설 시기에는 정신에 대한 장소적 의미를 부여하고, 후기인 구조론 시기에는 정신 과정의 역동성을 강조한다. 즉 정신 기구 2차 모델을 구성하는 이드 · 자아 · 초자아는 정신 기구 1차 모델을 구성하는 무의식 · 전의식 · 의식에서 무의식의 역동성이 강조된 진일보한 개념이다. 따라서 정신 기구 1차 모델은 서술적 무의식을, 2차 모델은 역동적 무의식을 설명한다. 이처럼 정신을 구성하는 무의식 · 전의식 · 의식과, 이드 · 자아 · 초자아에 대해 상세히 살펴보자.

프로이트는 『꿈의 해석』(Freud, 1900)에서 정신 기구 1차 모델을 설명한다. 1차 모델은 인간의 정신이 여러 기억 조직으로 구성되고, 이러한 기억 조직들이 전의식의 판단에 따라 외부로 의식화되거나, 혹은 내부에 무의식 상태로 남아 있게 된다. 이처럼 정신 기구 1차 모델은 우리가 인식할 수 있는 의식(consciousness: Cs)과, 어느 정도 주의를 기울여 인식 가능한 전의식(preconsciousness: Pcs), 전의식을 통해서만 의식으로 접근할 수 있는 무의식(unconsciousness: Ucs)으로 구성된다. 무의식 · 전의식 · 의식은 각각의 장소적 의미를 지닌다.

여기에서 여러 기억 조직 사이의 심연(深淵)이 무의식인데, 무의식은 생각이나 관념 같은 "표상[idea(image, presentation), Vorstellung]"(Freud, 1915c: 174)으로 존재한다. 우리가 무의식을 이해할 때, 반드시 기억할 점은 "무의식적 표상은 존재하지만, 무의식의 감정은 존재하지 않는다"(앞의 책, 178)는 프로이트의 기록이다. 표상은 정신 에너지가 집중되는 생각 또는 관념인 반면, 정서나 감정은 표상의 발산 과정에 해당한다. 따라서 표상의 형태인 무의식을 발산하는 과정에서 감정이 연관된다.

이러한 점은 우리의 일상생활이나 정신분석 미술치료 장면에서 무의식을 발견하는 중요한 근거를 마련한다. 즉 무의식의 발견을 위해서는 감정이나 정서에 관심을 기울여야 한다. 합당한 이유 없이 어떤 감정에 크게 혹은 작게 동요될 때, 그 감정은 무의식을 발견할 수 있는 단서가 되기 때문이다. 무의식의 감정은 존재하지 않지만, 무의식은 감정을 수반하여 표출된다. 따라서 정신분석에서 이유 없는 감정이란 없다. 모든 감정에는 반드시 이유가 있다. 그 감정을 통해 무의식을 발견하는 것이 정신분석의 과정이다.

여기에서 우리는 무의식과 의식의 차이를 기억해야 한다. 프로이트는 두 종류의 표상을 구분하는데, 사물 표상과 언어 표상이다. 그는 "의식의 표상은 사물 표상(the presentation of the thing)과 그 사물에 속하는 언어 표상(the presentation of the word)을 다 포괄하고 있는 반면에, 무의식의 표상은 사물 표상만을 포함하고 있다"(앞의 책, 201)고 기록함으로써, 두 조직의 차이를 설명한다. 즉 사물 표상 하나만을 포함하는 무의식은 사물과 직접적인 관련을 맺는다. 따라서 무의식의 발견을 위해서는 언어보다는 무의식의 특성에 좀 더 가까운 시각화 작업이 유용하다. 프로이트 역시 "그림으로 사고하는 것이 언어로 사고하는 것보다 무의식적 과정에 더 가까이 있다"(Freud, 1923b: 21)고 기록하는데, 여기에서 정신분석 미술치료의 이론적 근거와 타당성이 마련된다. 정신분석 치료에서 피분석자의 무의식을 발견하기 위해서는 언어만을 사용하는 분석보다는 시각과 언어 작업을 병행하는 미술치료가 더 효과적이다. 또한 정신분석 미술치료 과정에서도 피분석자의 무의식의 발견을 위해 꿈이나 환상에 기초한 시각화 작업 이후, 언어화 작업이 뒤따를 때 의식화가 용이하다. 이처럼 무의식의 특성을 면밀히 이해함으로써, 우리는 전문적인 정신분석 미술치료에 한 걸음 더 다가설 수 있게 된다.

무의식의 특성을 좀 더 이해해 보자. 프로이트는 「무의식에 관하여」(Freud, 1915c)에서 무의식 조직의 특성을 크게 네 가지로 설명한다. 무의식은 리비도를 배출하고자 하는 "소원 충동"(Freud, 1915c: 186)을 갖기 때문에, 충동들 간의 갈등 없이 공동의 목표를 찾아 타협한다. 따라서 무의식은 "① 상호 갈등과 충돌 가능성에서 벗어나 있음(exemption from mutual contradiction), ② 1차 과정(primary process), ③ 무(無)시간성(timelessness), ④ 외부 현실을 정신적 현실로 대체함(replacement of external by psychical reality)"(앞의 책, 187)의 특성을 갖는다.

첫째, '상호 갈등과 충돌 가능성에서 벗어나 있음'은 무의식적 충동들은 상호 갈등과 충돌이 없어 양립하기 어려운 것들이 병존하는 특성을 말한다. 즉 무의식에는 모순이 없고 서로 반대되는 것들이 동일한 것처럼 취급된다. 이는 논리적 생각이나 판단은 전의식의 검열 작업을 통해 이루어지는 것으로서 무의식은 검열 없이 리비도가 집중된 내용들만 존재하기 때문이다. 따라서 무의식에서는 극단적인 사랑과 극단적인 미움이 동일선상에 있고, 꿈에서 볼 수 있는 무의식의 시공간은 비약적인 전환이 언제든지 가능하다.

둘째, '1차 과정'은 리비도 집중이 끊임없이 유동적인 무의식 특성을 일컫는다. 무의식은 근본적으로 쾌락 원칙을 추구함에 따라 리비도 에너지가 자유롭게 움직이는 1차 과정을 따른다. 이에 비해 의식은 현실 원칙을 추구함으로써 리비도 에너지가 구속되거나 연기되는 2차 과정을 따른다. 예컨대, 갈증이나 식욕을 느끼는 경우 직접적인 만족을 위해 무조건 음식을 섭취하는 것이 쾌락 원칙에 따른 것이라면, 갈증이나 식욕을 느끼는 경우에도 음식의 상한 정도나 장소 및 상황 등을 고려하여 욕구 충족을 지연시키거나 현실 가능한 형태로 음식을 섭취하는 것은 현실 원칙에 따른 것이다. 즉 무의식은 쾌락 원칙의 1차 과정을 따르고, 의식은 현실 원칙의 2차 과정을 따른다.

셋째, '무(無)시간성'은 무의식의 정신 과정이 순차적 시간과 무관한 특성을 나타낸다. 프로이트는 "무의식 조직의 과정들은 시간과는 아무런 관계가 없다. 그 과정들은 시간적인 순서에 따라 일어나는 것도 아니며, 시간의 경과에 따라 변화되지도 않는다. 시간의 문제는 의식 조직에서 이루어지는 작업과 관련이 있다"(앞의 책, 187)고 기록한다. 이는 꿈속 장면의 시간 변화를 생각하면 쉽게 이해할 수 있다. 꿈속에서는 과거, 현재, 미래의 순차적인 시간의 흐름이 있기보다는 과거, 현재, 미래를 자유롭게 오가는 현재의 시간만이 있다. 혹은 엄밀한 의미에서 시간이 없다.

넷째, '외부 현실을 정신적 현실로 대체함'은 무의식에서는 정신적 현실인 상상이나 환상이 외부 현실을 대체하거나, 전자가 후자보다 더 우세함을 말한다. 따라서 무의식에서는 실제 사건에 대한 기억과 심리적인 환상이 명확히 구분되지 않는다. 실제 사건은 상상이나 환상이 되고, 상상이나 환상은 실제 사건처럼 여겨진다. 이는 쾌락 원칙을 따르는 무의식의 특성과 연관된다. 우리는 각자의 욕구나 욕망에 따라 외부 현실을 정신적 현실로 대체한다. 예컨대, 홍상수 감독의 영화에서 이와 같은 장면을 자주 볼 수 있다. 영화 〈오! 수정〉(2000), 〈옥희의 영화〉(2010a), 〈하하하〉(2010b) 등에서 각각의 인물은 자신의 욕구와 욕망에 따라 같은 상황을 다르게 지각 또는 인식함으로써, 정신적 현실이 외부 현실을 대체하는 장면이 나타난다.

이러한 특성을 갖는 무의식은 고정되어 있지 않고 전의식과 교류를 나타낸다. 프로이트에 따르면, 무의식이 전의식과의 협력 관계를 통해 "대체 형성물(substitutive formations)"(Freud, 1915c: 191)이 되는데, 대표적인 예가 '꿈, 환상, 증상'이다. 즉 꿈과 환상과 증상은 무의식의 파생자로서 억압된 것이 회귀되어 나타난 대체 형성물이다. 무의식은 소원 충족의 목적을 지님으로써 전의식과의 협력을 통해 대체 형성물을 발생시킨다.

이상과 같이 프로이트는 무의식 · 전의식 · 의식의 정신 기구 1차 모델을 통해 정신 기능의 장소적 의미를 부여하고 지형학설 시기의 개념들을 설명한다. 그러나 그는 임상 경험이 축적되면서 점차 인간의 정신 심급의 위치와 기능이 고정되기보다는 유동적이고 역설적임을 발견한다. 이에 프로이트는 정신 과정의 역동성을 설명하는 구조론의 시기를 연다. 이 시기에 그는 무의식 · 전의식 · 의식의 토대 위에 이드 · 자아 · 초자아의 개념을 상정함으로써 정신 기구 2차 모델을 설명한다. 프로이트는 1923년 『자아와 이드』에서 이드 · 자아 · 초자아의 개념을

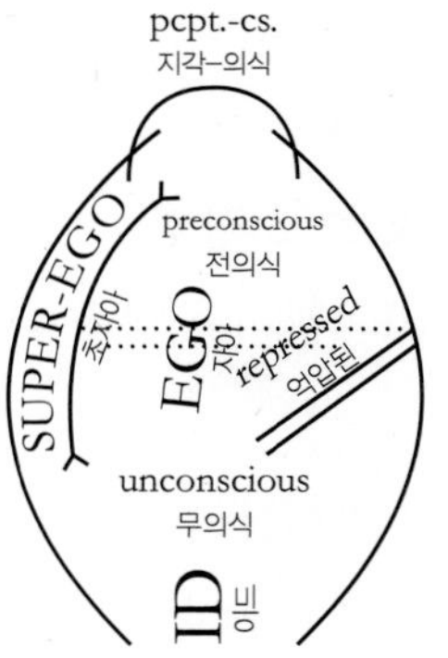

[그림 2-2] 이드 · 자아 · 초자아

[그림 2-3] 세 마리의 말을 몰고 가는 마부

구축하고, 1933년 『새로운 정신분석 강의』에서 각 개념들을 정교화한다.

이드(the id)는 그것을 지칭하는 독일어 '에스(Es)'에 해당하는 라틴어이다. 프로이트는 프리드리히 니체(Friedrich Nietzsche, 1844~1900)로부터 유래된 'Es'를 게오르크 그로덱(Georg Groddeck, 1866~1934)에게서 차용한다. 이드는 카오스(chaos)와 같이 우리 마음속의 도달할 수 없는 어두운 부분으로 '무의식의 저장소'이다. 프로이트는 이드를 들끓는 흥분으로 가득 찬 주전자에 비유하는데, 이처럼 이드는 충동적 에너지들로 가득 찬 저장소이다. 이드는 시간성이 없고, 모순이 없다고 하는 무의식의 특성 외에도 모든 과정이 쾌락 원칙과 연관되는 경제적 요소를 따른다.

이에 비해 자아(the ego)는 지각, 사고, 판단을 통해 우리의 정신 과정을 조직하고 분별하며 통합과 균형을 유지하는 정신 과정의 "감독 기관"(Freud, 1923b: 17)이다. 중요한 점은 정신 기구 2차 모델에서 보는 바와 같이, 자아가 이드에서 파생된 "이드의 한 부분"(앞의 책, 38)이라는 점이다. 즉 자아의 하부는 이드와 연결되어 있어 칼로 자르듯 분리되지 않는다. 따라서 우리가 합리적이라고 믿는 자아가 실제로는 비합리적일 수 있다. 이에 기초하여 자아의 운용 준거인 현실 원칙이 쾌락 원칙의 또 다른 양태임을 이해하게 된다. 즉 이드는 쾌락 원칙에 따라, 자아는 현실 원칙에 따라 운용되지만, 자아가 수정된 이드이듯 현실 원칙은 수정된 쾌락 원칙이다.

자아에서 분화된 초자아(the superego)는 자기 비판과 양심의 기능을 수행하는 정신 심급이다. 프로이트는 초자아를 "부모의 목소리이고, 오이디푸스 콤플렉스의 계승자이며, 자아 이상의 또 다른 이름"(앞의 책, 28, 36)으로 설명한다. 즉 초자아는 자아의 대상관계와 연관된 심급으로서 부모의 가치관이나 양육 태도로 대변되는 부모의 목소리를 자아가 내면화한 부분이다.

초자아는 엄밀히 오이디푸스 콤플렉스를 극복하면서 발생하는 심급으로 아이가 어머니와의 친밀한 관계에서 금지를 명하는 아버지의 목소리를 동일시함으로써 발생한다. 따라서 초자아는 두 가지 기능을 수행하게 된다. 한 가지는 아이가 아버지(혹은 어머니)를 동일시하게 하는 '이상적 자아의 기능'이다. 다른 한 가지는 금지를 명하는 부모의 목소리를 내면화함으로써 자아를 통제하는 '감시자의 기능'이다. 이에 초자아는 한편으로는 자아로 하여금 법과 도덕을 수용하여 사회화할 수 있도록 돕지만, 다른 한편으로는 엄격한 기준을 통해 자아를 비판함으로써 불안과 죄책감에 시달리게 한다. 중요한 점은 초자아 역시 부분적으로는 이드와 연결되어 있다는 점이다. 초자아가 양심과 도덕의 이름으로 강력한 폭력성을 지닐 수 있는 이유도 이 때문이고, 나아가 자아에 대한 초자아의 폭력성이 극심할 경우 병적 우울증이 발생하게 된다.

프로이트는 정신 기구 2차 모델의 이드 · 자아 · 초자아를 설명하면서 정신 과정의 역동성에 주목한다. 이드 · 자아 · 초자아는 하나의 리비도 에너지를 나누어 사용함으로써 끊임없는 상호 갈등과 협력 과정을 수반하게 된다. 이에 프로이트는 "자아는 엄격한 주인 셋을 섬겨야 하는데, 자아가 섬기는 세 주인은 외부 세계, 초자아 그리고 이드이다"(Freud, 1933a: 77)라고 기록함으로써, 자아의 복잡한 역할을 [그림 2-3]과 같이 '세 마리의 말을 몰고 가는 마부'에 비유한다.

이처럼 자아는 외부 세계, 초자아, 이드의 힘과 영향들 간의 균형과 조화를 이루는 경제적인 과제를 끊임없이 수행해야 한다. 이 과정 중 자아의 약함은 "외부 세계의 현실적 불안(realistic anxiety), 초자아의 도덕적 불안(moral anxiety), 이드의 신경증적 불안(neurotic anxiety)"(앞의 책, 78)으로 나타나게 된다. 따라서 우리는 이드, 자아, 초자아의 모호한 경계로 인한 갈등을 인식하고 그 갈등을 적절히 조율해 나가는 것이 중요하다. 이를테면 때로는 자아의 감독 기능에 충실하는가 하면, 때로는 이드의 충동을 좀 더 이해하고, 때로는 이상적이고도 엄격한 비판자인 초자아의 양면성을 파악하여 자신을 보듬을 수 있어야 한다. 이러한 자기 이해와 노력은 무의식을 나의 것으로 수용하는 정신분석적 태도로 연결된다. 총체적인 관점에서 프로이트가 지형학설 시기에 상정한 무의식 · 전의식 · 의식과 구조론 시기에 상정한 이드 · 자아 · 초자아는 연결적인 개념인 동시에 상호 보완적 개념으로서 우리의 정신 과정을 심층적으로 이해하도록 이끈다.

3. 충동

충동은 리비도가 방향성을 가지고 표출되는 힘을 가리키는 정신분석 개념이다. 충동(drive, Trieb)은 신체에서 출발하여 정신에 이르는 인간 특유의 문화적인 것으로서 생물학적이고 유전적인 본능(instinct, Instinkt)과 구별된다.[2]

프로이트는 「충동과 그 운명」에서 충동을 "정신과 신체 사이의 경계선에 있는 개념으로, 신체 기관 내에서 발생하여 정신에 도달하는 심리적 대표자"(Freud, 1915a: 122)로 정의한다. 인간에게서 동물과 같은 원초적인 식욕과 성욕을 발견한다면 그것은 본능이다. 그러나 '누구와, 무엇을, 어디서, 어떻게'와 같이 구체적인 조건에서 식욕과 성욕을 바라는 것은 충동이다. 예컨대, 우리가 허기를 느껴 음식을 먹게 되는 것, 또는 생식에 대한 욕구로서 성적 행동을 하는 것은 본능이다. 이에 비해 어떤 추억과 관련된 특정한 음식을 먹어야만 허기가 해소된다

2) "'Trieb'는 영어나 프랑스어에는 없는 순수한 독일어로, 유전적으로 고정되어 있는 본능(Instinkt)과 달리 가변적이고 우연적인 것으로, 육체적인 것이 심리적인 것으로 이동할 때 일어나는 심리 역학적인 과정이다. 따라서 영어의 표준판 프로이트 전집의 편집자 제임스 스트레이치(James Strachey)가 그것을 'instinct'라고 번역한 것은 완전히 오류이다"(Laplanche & Pontalis, 1967/2005: 464). 이러한 번역어에 대한 오류가 국내에서도 발견되는데, 열린책들의 한국어판 프로이트 전집에서도 상당 부분 '충동(drive)'이 '본능(instinct)'으로 오역되어 있다. 이에 국내 여러 정신분석학자는 이러한 오류를 바로잡고자 '충동' 또는 '추동', '욕동'으로 번역하고 있다.

거나, 사랑하는 사람과 만족스러운 성행위를 위해 특수한 장소와 분위기, 그리고 음식을 원하고 성적 충동 자체에 대한 향유를 원한다면 그것은 인간만이 추구하는 충동이다.

프로이트는 "충동의 근원, 압력(열망), 대상, 목표"(앞의 책, 122-123)에 대해 설명함으로써 이 개념을 구체화한다. 그는 충동의 근원이 '신체의 한 기관이나 한 부분에서 발생하는 것'으로 설명하는데, 성감대를 생각하면 쉽게 이해할 수 있다. 충동의 열망은 '압력을 행사'하는 것이고, 대상은 충동이 목표에 도달하는 데 도움을 주는 수단으로 '가변적'이다. 충동의 목표는 어떤 경우든지 '만족'을 추구한다. 따라서 충동은 신체의 한 기관이나 부분에서 발생하여 대상을 통해 압력을 행사함으로써 만족을 추구하는 신체적 힘의 심리적 대표자이다.

이러한 충동의 개념은 프로이트의 이론적 발전에 따라 변화한다. 그는 정신분석의 초기에는 충동을 '자아 충동'과 '성적 충동'으로 구분하여 설명한다. 즉 그는 인간의 리비도 사용을 크게 자신을 돌보면서 보존하는 충동과 타인을 향한 애정적인 충동으로 구분한다. 그러나 프로이트는 인간이 자신을 대상처럼 여기고 사랑하는 것을 관찰하면서 '나르시시즘 개념'을 도입한다. 이에 개념적 한계에 봉착한 그는 1914년 「나르시시즘 서론」과 1920년 『쾌락 원칙을 넘어서』의 저작 이후 충동 개념을 수정하여 '삶의 충동'과 '죽음 충동'을 설명한다. 이로써 충동 개념은 전기에는 자아 충동과 성적 충동으로, 후기에는 삶의 충동과 죽음 충동으로 이원화된다. 이와 같이 충동 개념은 변화하지만, 충동의 발생 에너지인 리비도의 일원론은 고수된다. 이를 간명히 나타내면 [그림 2-4]와 같다.

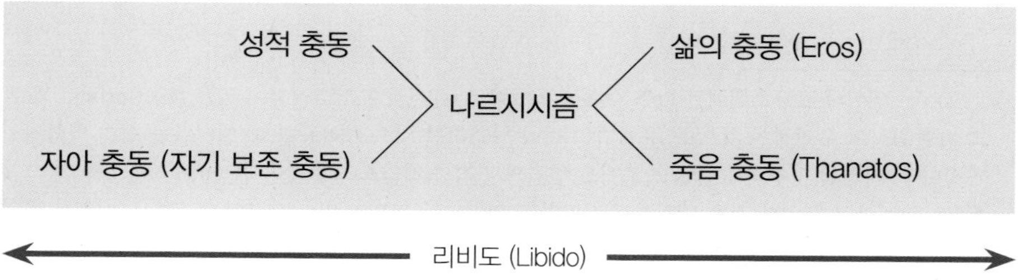

[그림 2-4] 리비도 일원론과 충동 이원론

삶의 충동과 죽음 충동 개념으로 더 들어가 보자. 프로이트는 『쾌락 원칙을 넘어서』에서 두 충동을 설명한다. 삶의 충동(the life drives, Lebenstriebe)은 "유기체를 점점 더 큰 통일체로 결합시키려는 에로스의 노력, 완벽을 향한 충동"(Freud, 1920: 42-43)이다. 죽음 충동(the death drives, Todestriebe)은 유기체의 "긴장의 완벽한 삭감을 지향하는, 다시 말해 생물을 무생물의 상태로 환원시키는 충동"(앞의 책, 55-56; Laplanche & Pontalis, 1967/2005: 431)이다. 삶의 충동이 건설적이고 동화(同化)적인 통합을 추구하는 데 비해, 죽음 충동은 파괴적이고 이화(異化)적인 분리와 소멸을 추구한다.

프로이트는 자신의 오랜 임상 경험을 통해 ① 피분석자가 불쾌한 경험을 반복하는 반복 강박 현상, ② 강박증과 우울증에서 나타나는 양가성 및 공격성, ③ 정신분석의 이원론적 경향을 관찰하면서 죽음 충동 개념을 구축한다. 그는 분석 장면에서 피분석자의 부정적이고 자기 파괴적인 행동을 관찰하면서 인간 심리의 역설적 측면을 고려하게 된 것이다. 프로이트는 무생물이 생물보다 근원적이고 모든 생명체는 궁극적으로 죽음에 이르는 것에 기초할 때, 죽음 충동은 삶의 충동보다 더 본질적임을 피력한다. 또한 그는 열반 원칙에 기초하여 죽음 충동을 타당화한다. 열반 원칙(the Nirvana principle, Nirwanaprinzip)[3]은 "내외적인 기원의 모든 흥분량을 제로로 만들거나, 적어도 가능한 한 축소하려는 심리 장치의 경향"(Laplanche & Pontalis, 1967/2005: 260)으로서 죽음 충동의 존재 근거를 마련한다. 총체적 관점에서 삶의 충동과 죽음 충동은 인간(유기적 생명체) 삶의 자연스러운 '주기적 리듬의 움직임'이다. 따라서 우리가 인생에서 삶의 충동과 죽음 충동을 어떻게 마주하고 운용해 나가는가 하는 점이 중요하다.

---

3) 독일의 철학자 아르투어 쇼펜하우어(Arthur Schopenhauer, 1788~1860)에 의해 서구에 보급된 '니르바나(Nirvana)'라는 용어는 불교에서 유래된 것으로 인간의 욕망의 소멸과, 개체성이 집단적 영혼 속에 녹아 없어지는 것과, 무념무상과 완전한 행복의 상태를 가리킨다. 『쾌락 원칙을 넘어서』(Freud, 1920)에서 프로이트는 영국의 정신분석가 바바라 로우(Babara Low, 1874~1955)가 제창한 그 표현을 받아들여 열반 원칙이라고 기술한다. 이러한 정의는 프로이트가 항상성 원칙에 대해 언급했던 것과 동일하다. 열반 원칙은 어느 수준을 항상 유지하려는 경향과 모든 흥분을 영(zero)으로 만들려는 경향을 동일한 것으로 여기는 모호함을 내포하고 있다(Laplanche & Pontalis, 1967/2005: 260).

죽음 충동을 수용하는 대표적인 현대 정신분석가는 멜라니 클라인과 자크 라캉이다. 이에 비해 대부분의 현대 정신분석가는 죽음 충동의 개념을 인정하지 않거나 부분적인 수용을 함으로써 현재까지 이 개념은 정신분석에서 뜨거운 논쟁점이 되고 있다.

필자의 임상 경험에 기초하면 결코 간과할 수 없는 것이 죽음 충동이다. 대부분의 피분석자는 증상 해결과 자기 성장을 위해 분석 장면을 찾는다. 그러나 좀 더 엄밀한 의미에서 피분석자의 분석 목표는 그/그녀의 의식적 측면이다. 그/그녀는 의식적인 목표만큼 혹은 그 이상의 강도로 무의식적인 증상 유지나 자기 삶의 파괴적인 측면으로 향한다. 이에 분석의 목표에 도달하는 것은 피분석자 내에서 싸우는 심급들의 상대적인 힘에 달려 있다. 따라서 피분석자는 분석 장면에서 삶의 충동과 죽음 충동을 함께 인정하고 무의식의 진실을 수용하는 용기가 필요하다. 분석가는 이를 위해 분석 공간을 마련해야 한다.

4. 오이디푸스 콤플렉스

우리의 몸에서 리비도의 흐름은 성 충동을 조직화한다. '심리성적 발달', 또는 "정신분석의 발생적 원리"(Arlow, 2005/2007: 40-45)로 이해되는 성 충동의 조직화는 구순기, 항문기, 남근기를 거쳐 성기기로 발달한다. 이는 크게 자신의 몸을 성 충동의 대상으로 삼는 자가성애 단계, 즉 전(前)성기기와 리비도가 점차 분화하여 타자를 성 충동의 대상으로 여기는 대상성애 단계, 즉 성기기로 구분된다. 자가성애 단계는 구순기, 항문기, 남근기로, 대상성애 단계는 성기기로 구성된다.

구순기(the oral stage)는 출생부터 생후 18개월 전후까지 입과 입 주변을 중심으로 성 충동이 조직화되는 시기이다. 충동의 대상은 어머니의 젖가슴인데, 아이는 어머니의 젖을 입으로 빨면서 어머니에 대한 사랑을 느끼고 최초의 대상관계를 경험한다. 구순기에는 아이가 입 벌리기와 빨기, 그리고 입 다물기와 깨물기를 통해 대상에 대한 긍정적 수용과 부정적 거부를 표현한다. 구순기의 성 충동은 이후 아이의 성격 특성에 영향을 미친다. 아이가 타자의 수용을 지나치게 인식하거나 의존하는 경우, 히스테리나 의존성 성격이 될 수 있다. 이 외에도 구순기의 성 충동은 우리의 직업 및 생활 습관에도 영향을 미치는데 언어를 주요 대상으로 삼는 강연자, 교수, 언어학자, 그리고 입과 관련된 습관의 흡연가, 알코올 중독, 섭식 장애 등이 이와 연관된다.

항문기(the anal stage)는 생후 18개월부터 배변 훈련이 이루어지는 3, 4세까지 항문과 주변을 중심으로 성 충동이 조직화되는 시기이다. 충동의 대상은 배설물 주로 똥인데, 똥은 아이가 괄약근의 수의적인 조절을 통해 세상에 내놓는 생산물이자 선물이다. 배변 훈련 시기의 주 양육자의 태도는 아이의 성 충동과 성격 특성에 영향을 미친다. 배설 행위에 대해 부모가 적절히 수용적인 태도를 취하면 아이는 자율적인 성격이 형성된다. 이에 비해 부모가 지나치게 엄격한 태도를 취하면 아이는 자신의 행동에 대해 위축감을 느끼고 강박성, 완벽주의 같은 성격을 형성한다. 즉 부모의 태도는 아이가 세상과 타자의 규칙을 받아들이면서 자신의 욕구나 욕망을 조절하는 기준이 된다. 이때 배설물인 똥은 "무의식적 의미로는 주체가 타인에게 주는 선물과 돈이자 몸에서 떨어져 나가는 거세의 상징물"(김석, 2010: 76)로서, 배설 행위에 대한 부모의 칭찬이나 징벌은 주체의 양가성(ambivalence)의 기초가 된다. 이 외에도 항문기의 성 충동은 완고함, 인색함, 깔끔함, 완벽주의, 강박성, 가학성–피학성 성격 등과 연관된다.

남근기(the phallic stage)는 3세부터 6세까지 남아와 여아가 자신의 몸, 구체적으로 남근(penis)을 중심으로 성 충동이 조직화되는 시기이다. 이 시기 남아와 여아 모두에게 남근은 관심의 대상이자 성적 충동을 느끼는 쾌락의 대상이다. 따라서 남아는 남근은 가진 존재로서 거세 불안을 느끼고, 여아는 남근을 가지지 못한 존재로서 남근 선망이 나타난다. 또한 남근은 아이가 어머니에 대해 성적 환상을 갖는 것과 연결된다. 아이는 어머니를 최초의 성적 대상으로 여기지만, 어머니는 아버지의 성적 대상임을 깨닫게 됨으로써 아이는 '오이디푸스 삼각구도'로 들어간다. 이때 아이는 부모와의 동일시를 통해 오이디푸스 콤플렉스를 극복하고 성적 주체성을 형성한다. 남근기와 관련된 성격 특성으로는 성도착,

사도-마조히즘, 노출증, 관음증 등을 들 수 있다. 성적 주체의 탄생은 주체가 자신의 생물학적 성(sex)을 바탕으로 심리사회적인 성 정체감(gender identity)을 형성해 나가는 것이다.

남근기의 핵심적 기제이자 성적 주체 탄생의 근간이 되는 오이디푸스 콤플렉스를 좀 더 살펴보자. 오이디푸스 콤플렉스(the Oedipus complex)는 프로이트가 소포클레스(Sophocles, BC 497~BC 406)의 비극에서 착안한 개념이다. 〈오이디푸스 왕〉은 아테네 도시국가인 테베에서 '아버지를 죽이고 어머니와 결혼한다'는 신탁을 받은 오이디푸스가 운명을 찾아 나가는 이야기이다. 오이디푸스는 자신의 운명을 벗어나려고 하지만, 결국 아버지를 살해하고 어머니를 아내로 삼은 눈먼 삶을 자책하여 스스로의 눈을 찌름으로써 자기 처벌을 한다. 장 오귀스트 도미니크 앵그르(Jean-Auguste-Dominique Ingres, 1780~1867)의 작품은 자신의 운명을 거스를 수 있다고 자신하며 스핑크스의 수수께끼에 답하는 오이디푸스의 모습을 보여 준다.

[그림 2-5] 장 오귀스트 도미니크 앵그르, 〈오이디푸스와 스핑크스〉, 1808~1825
캔버스에 유채, 189x144cm, 루브르 박물관 소장

남아
- 남근의 조직화 → 오이디푸스 콤플렉스 발생 → 거세 위협
- → 아버지에 대한 동일시(이상적 동일시 혹은 대상적 동일시)
- → 오이디푸스 콤플렉스 쇠퇴 → 초자아 형성 → 잠재기

여아
- 남근의 조직화 → 거세 콤플렉스 → 남근 선망 → 오이디푸스 콤플렉스 발생
- → 어머니에 대한 동일시(이상적 동일시 혹은 대상적 동일시)
- → 오이디푸스 콤플렉스 쇠퇴 → 초자아 형성 → 잠재기

[그림 2-6] 오이디푸스 콤플렉스 극복을 통한 성적 주체의 탄생 과정

프로이트는 〈오이디푸스 왕〉에서 착안한 부친 살해와 근친상간의 환상을 "인격의 구조화와 인간의 욕망의 방향을 결정짓는 데 근본적인 역할을 하는"(Laplanche & Pontalis, 1967/2005: 261) 정신분석의 주요 참조 축으로 삼는다. 즉 아이-어머니-아버지의 오이디푸스 삼각 구도에서 아이는 자신의 위치를 깨닫고 부모와의 동일시를 통해 오이디푸스 콤플렉스를 극복하며 초자아를 형성한다. 이처럼 오이디푸스 콤플렉스는 아이의 성적 주체로서의 탄생 과정이자 주체의 성 충동과 "신경증"(Freud, 1905b: 226)을 이해하는 중심 기제가 된다.

성적 주체의 탄생 과정을 구체적으로 살펴보면 [그림 2-6]과 같다. 남아의 경우 남근이 조직화되면서 오이디푸스 콤플렉스가 발생한다. 남아는 남근을 가진 자로서 거세 위협을 느낀다. 아이는 거세 위협을 극복하고자 남근을 가진 아버지의 모습과 역할을 동일시한다. 남아가 아버지에 대한 이상적 동일시를 할 경우 사회화된 남성적 역할이 내면화된다. 이와 반대로 남아가 아버지에 대한 대상적 동일시를 할 경우 사회화된 여성적 역할이 내면화된다. 즉 아이는 생물학적 성이 남자라 하더라도 아버지에 대한 동일시의 양상에 따라 사회적인 성 정체감이 다르게 형성된다. 이러한 동일시 과정 이후, 오이디푸스 콤플렉스는 쇠퇴하고 이상적 역할을 내면화한 초자아가 형성된다. 이후 아이는 잠재기에 이른다.

여아의 경우, 남근을 가지지 않은 자로서 남근이 조직화되면서 거세 콤플렉스를 느낀다. 여아는 남근을 선망하게 되고, 그 이후 오이디푸스 콤플렉스가 발생한다. 여아는 오이디푸스 콤플렉스의 극복을 위해 어머니의 모습과 역할을 동일시한다. 여아가 어머니에 대한 이상적 동일시를 할 경우 사회화된 여성적 역할

이 내면화된다. 이와 반대로 여아가 어머니에 대한 대상적 동일시를 할 경우 사회화된 남성적 역할이 내면화된다. 이처럼 동일시의 양상에 따라 사회적인 성 정체감이 다르게 형성된다. 동일시의 과정 이후 오이디푸스 콤플렉스는 쇠퇴하고 초자아가 형성된다. 이후 잠재기에 이른다.

이상과 같이 남녀 모두 남근이 조직화된 후, 오이디푸스 콤플렉스가 발생하고 부모에 대한 동일시를 통해 콤플렉스가 쇠퇴한다. 이 과정에서 동일시는 주체로 하여금 초자아의 형성과 성적 주체로의 탄생을 촉진한다. 중요한 점은 오이디푸스 콤플렉스가 인간 삶의 주요 근간이 되는 점이다. "오이디푸스 콤플렉스는 인간을 성적 존재로 정의하는 정신분석적 이론의 골간을 이루고, 프로이트는 사회, 종교, 문화, 도덕의 기원을 오이디푸스를 통해 설명한다"(김석, 2010: 63-64). 오이디푸스의 함의는 주체가 "근친상간적 성 본능에 대한 억압을 통해 성적 충동을 사회적으로 용인되는 방식으로 발산하는 것을 배우는 과정"(앞의 책, 69)에 있다.

잠재기(the latency period)는 대략 6세부터 12세까지로 아이가 자가성애 단계를 지나 대상성애 단계로 변화하는 가운데, 성 충동이 잠재화되는 성기기의 이전 시기이다. 이때는 리비도의 분화에 따라 아이의 관심의 대상이 자신의 몸에서 타자의 몸으로 향한다. 동시에 성 충동이 잠재화됨으로써 관심의 대상은 주로 동성 또래 집단이 된다. 잠재기는 대상관계가 초점이 됨으로써 아이(주체)의 사회화 과정의 기초가 된다. 이 사회화 과정에서 주체의 방어 기제를 포함한 성격 형성이 이루어진다.

성기기(the genital stage)는 12세부터 18세까지 주체가 구순기, 항문기, 남근기의 전성기기를 거쳐 잠재기 이후, 성 충동을 해부학적 성과 일치시킴으로써 대상성애로 발전하는 시기이다. 이때 주체는 성 정체감, 인생관, 가치관 등을 일정 부분 확립하고, 이성을 사랑의 대상으로 선택한다. 성기기에는 주체가 성적 충동을 부분적으로 만족시켰던 전성기기와 달리, 성적 충동의 대상을 전체로 인식하고 사랑을 실현해 가는 것이 특징이다. 성기기의 대상성애는 자가성애에 비해 성숙한 형태로 이루어지지만, 이 시기에도 전성기기의 부분 충동의 퇴행과 흔적은 잔존(殘存)한다.

표 2-1 성 충동의 조직화

성 충동의 조직화 단계		성 충동의 대상과 특성
자가성애 단계	구순기	• 출생 시부터 생후 18개월에 성 충동이 두드러짐 • 입과 주변을 중심으로 충동이 조직화 • 충동의 대상은 어머니의 젖가슴 • 히스테리, 의존성 성격과 관련됨
	항문기	• 생후 18개월부터 배변 훈련이 이루어지는 3세까지 성 충동이 두드러짐 • 항문과 그 주변을 중심으로 충동이 조직화 • 충동의 대상은 배설물(똥) • 강박성, 완벽주의, 양가성, 가학적-피학적 성격과 관련됨
	남근기	• 3세부터 6세까지 성 충동이 두드러짐 • 충동의 대상은 자신의 몸, 구체적으로 남녀 모두 남근에 관심 • 오이디푸스 콤플렉스 발생과 해소 • 도착증과 관련됨
대상성애 단계	잠재기	• 6세부터 12세까지 성 충동이 잠재화된 시기 • 자가성애 단계 이후 대상성애 단계로 변화하는 시기 • 관심의 대상은 주로 동성 또래 집단 • 신경증의 정신 구조에서 초자아와 방어 기제 형성
	성기기	• 12세부터 18세까지 대상성애가 두드러짐 • 성적 충동이 해부학적 성과 일치 • 이성을 사랑의 대상으로 선택 • 자신의 성적 정체감, 인생관, 가치관의 확립과 관련됨

이상과 같은 성 충동의 발달은 단계적인 발달로 이해하기보다는 주체 삶의 원형으로 이해해야 한다. 즉 주체의 발달과 성장 과정에서 성 충동은 입, 항문, 남근을 중심으로 순차적인 발달을 하는 것이 아니라, 각 시기에 발달된 성 충동이 기억 흔적을 남김으로써 이후 주체의 삶에 지속적인 영향을 미치는 것이다. 따라서 정신분석 임상에서 분석가는 피분석자의 성 충동의 발달 및 고착은 물론 그/그녀의 현재 성격과 증상 형성에 영향을 미치는 성 충동을 이해해야 한다.

5. 승화

질병은 모든 창조적 욕구의

궁극적 근거.

창조하면서 나의 병이 나았고

창조하면서 나는 건강해졌네.[4]

정신분석 미술치료의 이론적 근거는 정신분석의 승화 개념으로부터 출발한다. 프로이트가 정신분석에서 사용한 승화의 개념은 독일 낭만주의를 배경으로 한다. 18~19세기의 독일 낭만주의는 영감, 열정, 상상력과 같은 인간의 내면의 사고와 감정을 중시하는 사조이다. 낭만주의는 인간의 예술 경험과 관련되는데, 여기에서 승화 개념이 설명된다. 승화는 어원상 '예술의 영역에서 어떤 초월적 대상과 만나는 경험, 즉 위대함과 고귀함을 암시하는 창조인 숭고(sublime)의 의미와, 화학에서 어떤 물체가 고체에서 기체 상태로 이행하는 방법과 같은 승화(sublimation)의 의미'(Laplanche & Pontalis, 1967/2005: 211)를 동시에 연상시킨다. 즉 인간의 내면에서 발생하는 성적 충동의 목표와 대상을 변화시켜 예술이나 지적 활동의 사회화된 형태로 나타내는 것이 승화이다.

승화에 대한 프로이트의 기록은 『성욕에 관한 세 편의 에세이』(Freud, 1905b)에서 처음 등장하여 『레오나르도 다 빈치의 유년의 기억』(Freud, 1910), 『자아와 이드』(Freud, 1923b), 『새로운 정신분석 강의』(Freud, 1933a)에서 발견된다. 프로이트는 인간의 성적 충동의 세 가지 운명으로 "① 신경증적 자기 억제, ② 반복 강박, ③ 승화"(Freud, 1910/1996: 184-185)를 든다. 이 가운데 억압이나 반복 강박이 인간의 성적 충동의 제한적인 표출 방법인 데 비해, 승화는 가장 자유롭고도

4) 이 시구는 독일의 시인 하인리히 하이네(Heinrich Heine, 1797~1856)의 〈창조의 노래〉 중 일부를 프로이트가 「나르시시즘 서론」(Freud, 1914b: 85)에서 인용한 것을 그대로 옮긴 것이다.

완벽한 표출 방법이다. 그는 충동의 "특별한 목표 수정과 대상의 변화가 우리의 사회적 가치에서 수용될 수 있는 것을 승화라고 지칭"(Freud, 1933a: 97)한다.

자신의 환상을 예술로 체현한 레오나르도 다 빈치(Leonardo da Vinci, 1452~1519)의 작품에 대한 프로이트의 분석은 우리로 하여금 승화를 한층 깊게 이해하도록 이끈다. 〈모나리자〉, 〈성 안나와 성 모자〉, 〈세례 요한〉의 세 작품의 인물상에서는 반복되는 미소가 나타난다. 〈모나리자〉는 복합적인 미소를 띠고, 〈세례 요한〉에서도 비슷한 미소가 발견된다. 두 작품에 나타난 중성적인 미소는 레오나르도의 무의식인 어머니에 대한 동경을 짐작할 수 있는 부분이다. 이를 선명히 확인할 수 있는 작품이 〈성 안나와 성 모자〉이다. 이 작품에서는 아기 예수와 두 사람의 어머니가 등장한다. 아기 예수와 마리아, 그리고 마리아의 어머니인 성녀 안나이다. 그러나 작품에 나타난 미소가 레오나르도 자신의 어린 시절에 대한 재현이라면, 미소를 짓는 여인들은 그의 어머니인 카테리나와 그녀의 어머니이다. 또 다른 해석으로는 두 명의 어머니 가운데 한 사람은 레오나르도의 친어머니이고, 다른 한 사람은 아버지의 정식 부인인 레오나르도의 계모로 볼 수 있다. 프로이트는 이 작품에 대해 다음과 같이 분석한다.

> 레오나르도가 모나리자의 얼굴 속에서 이 미소가 지닌 이중의 의미, 즉 무한한 사랑의 약속과 불행을 예고하는 듯 위협을 동시에 재현할 수 있었다면, 그는 이 점에 있어 자신의 가장 오래된 기억의 내용에 충실했던 것이 된다. 〔…〕 버림받은 불쌍한 어머니는 자신이 경험한 모든 애정에 대한 추억과 갈망을 모성애로 표현해야 했을 것이다. 어머니는 남편이 없는 자신을 달래야 했을 뿐만 아니라, 쓰다듬어 줄 아버지를 갖고 있지 못한 아들의 불행까지도 대신 가슴 아파해야 했다. 그녀는 모든 불행한 어머니가 그렇듯이 자신의 어린 아들을 남편의 자리에 대신 놓게 되었고, 아들을 지나치게 조숙하게 만든 나머지 그의 남성성을 앗아 가게 되었다. 〔…〕 레오나르도는 아마도 그의 불행한 애정 생활을 부인하고 있었고, 나아가 어머니의 유혹을 받은 한 사내아이의 욕망이 남성과 여성이 행복하게 혼융되어 있는 상태 속에서 충족되는 장면을 묘사함으로써 예술을 통해 불행한 애정 생활을 넘어서고 있었던 것이리라(Freud, 1910/1996: 235-237).

[그림 2-7] 레오나르도 다 빈치, 〈모나리자〉, 1503
포플러에 유채, 77x53cm, 루브르 박물관 소장

[그림 2-8] 레오나르도 다 빈치
〈성 안나와 성 모자〉, 1502~1516
캔버스에 유채, 168x112cm
루브르 박물관 소장

[그림 2-9] 레오나르도 다 빈치
〈세례 요한〉, 1513~1516, 캔버스에 유채
69x57cm, 루브르 박물관 소장

프로이트의 분석을 참조하면, 레오나르도의 삶과 작품에서 엿볼 수 있는 그의 동성애적 성향은 어린 시절의 특수한 경험과 연관된다. 불행한 삶을 산 어머니에 대한 레오나르도의 사랑과 연민은 자신의 성적 충동에 영향을 준다. 레오나르도는 자신의 삶의 기원, 성차의 기원, 그리고 영원에 대한 갈망과 같은 환상을 예술로 표현함으로써 충동을 승화한다. 세 작품에서 반복되는 미소는 레오나르도 자신의 미소인 동시에 그의 어머니의 미소이기도 하다. 또는 그의 영원한 사랑의 대상의 미소이기도 하다. 이처럼 남녀가 혼융(混融)되어 있는 미소는 우리에서 낯선 친숙함(the uncanny)을 자아낸다. 레오나르도의 삶의 증상과 고통은 예술을 통해 승화함으로써 치유의 과정을 거치게 되었다고 볼 수 있다.

정신분석 미술치료에서 승화가 갖는 가치는 매우 크다. 미술치료를 구성하는 예술, 피분석자, 분석가의 삼자 구조에서 예술은 피분석자의 증상이 나타나는 대상인 동시에 승화의 현현체(顯現體)가 되기 때문이다. 자아심리학 미술치료자 이디스 크레이머(Edith Kramer)는 『아동을 위한 치료로서의 미술(*Art as Therapy with Children*)』(Kramer, 1993)에서 승화에 대해 설명한다. 그녀는 이 저작에서 승화의 개념을 서설하고, 전치와 승화, 증상과 승화, 미술치료 과정에서의 승화를 설명한다. 즉 피분석자의 충동이 예술로 전치되어 나타나는 승화는 피분석자의 증상을 드러내게 함으로써 미술치료의 과정으로 이끈다. 또한 크레이머는 승화에서 미술치료자의 역할을 제시한다. 구체적으로 피분석자 자아의 확장 기능으로서의 미술치료자, 재능이 있는 아동과 집단, 지지(support)와 의존, 미술치료자를 위한 접근과 회피를 설명한다. 즉 미술치료에서 분석가는 피분석자의 또 다른 자아로 기능함으로써 그/그녀의 자아가 확장되도록 돕고, 지지와 의존, 접근과 회피를 제공함으로써 승화를 촉진하는 것이다. 승화는 치료를 중심에 두는 '미술심리치료(Art psychotherapy, Art in therapy)'보다 예술을 중심에 두는 '치료로서의 미술(Art as therapy)'에서 더 강조되고, 그 과정이 활발히 이루어진다.

6. 반복

반복은 정신분석에서 중요한 근본 개념 중 하나이다. 프로이트는 「기억하기, 반복하기, 그리고 훈습하기(Remembering, Repeating and Working-Through)」(Freud, 1914a), 『쾌락 원칙을 넘어서』(Freud, 1920), 그리고 『억압, 증상 그리고 불안』(Freud, 1926)에서 반복 강박(the compulsion to repeat)에 대해 상세히 설명한다. 그는 반복을 충동과 관련지어 이해하고, 정신분석에서 피분석자의 쾌락 원칙을 넘어서는 반복 강박을 전이와 연결한다. 이후 그는 반복 강박을 무의식의 고유한 저항의 형태로 해석한다. 프로이트가 1914년 논문에서 반복 강박에 대해 설명한 내용은 다음과 같다.

> 피분석자는 잊어버린 것들과 억압된 것들 중 어떤 것도 기억해 내지 못하고 대신 그것을 실연하는 데 초점을 둔다. 즉 피분석자는 기억이 아니라 행위로 재생산하는 것인데, 중요한 점은 그가 반복하고 있다는 것을 알지 못한 채 반복한다는 사실이다. 〔…〕 따라서 반복 강박은 마침내 기억하는 방식이고, 이러한 피분석자의 반복 강박은 전이, 저항과 관계를 맺는다. 즉 분석 상황에서 전이 자체가 반복의 한 단편일 뿐이며, 반복이 잊혀진 과거를 분석가뿐 아니라 현재 상황의 다른 모든 영역에도 전이하는 것임을 알아차리게 된다. 〔…〕 피분석자는 억제, 부적절한 태도, 병리적인 성격 특성 등을 반복한다. 또한 피분석자는 치료 중에 그의 모든 증상도 반복한다. 〔…〕 분석가가 피분석자의 반복 강박을 통제하고 그것을 기억을 위한 모티프로 변환시키기 위해서는 전이를 다루어야 한다. 전이는 증상과 삶 사이의 중간 영역을 형성하고, 그것〔전이〕을 통해서 증상에서 삶으로의 이행이 이루어진다. 전이에서 나타나는 반복 반응은 기억의 각성으로 인도된다(Freud, 1914a: 150-155).

이처럼 반복 강박은 피분석자의 기억하는 하나의 방식이다. 기억하기의 좀 더 무의식적 상태가 반복 강박인 것이다. 프로이트는 쾌락 원칙을 넘어서는 반복 강박 성향을 『쾌락 원칙을 넘어서』에서 설명한다. 그는 어린아이의 "포르트(fort)-다(da) 놀이"(Freud, 1920: 14-17)를 통해 자아의 신비스러운 경향, 곧 인간의 쾌락을 넘어서는 경향의 운용을 '반복 강박'에 연결한다. '포르트-다' 놀이의 내용은 다음과 같다.

[그림 2-10] 포르트(fort)-다(da) 놀이를 하는 아이

한 살 반이 되는 어린아이가 이따금씩 자기 손에 잡히는 작은 물건을 구석이나 침대 밑으로 던진다. 아이는 관심과 만족의 표현이 수반된 "오-오-오-오" 소리를 내는데, 그것은 'fort(gone, 가 버린)'의 의미를 지닌 가게 하는 놀이이다. 어느 날 아이는 '실이 감긴 나무 실패'를 커튼이 쳐진 침대 가장자리로 던진 후, 다시 실을 잡아당겨 실패가 나타나자 "da(there, 거기에)"라는 만족의 소리를 낸다. 이 "사라짐과 돌아옴의 완벽한 놀이"(앞의 책, 15)는 지칠 줄 모르고 반복된다. 아이에게 이 놀이의 진정한 목적은 '어머니의 귀환'에 있다. 즉 어머니와의 분리라는 수동적 상황에 처한 아이가 실이 감긴 나무 실패를 던짐으로써 사라짐과 돌아옴의 반복을 통해, 수동적인 상황을 능동적인 역할로 변화시킨 것이다. 프로이트는 어린아이의 '포르트-다 놀이'와 성인들의 '예술적 행위'가 인간의 쾌락 원칙을 넘어서는 반복 강박의 운용임을 설명한다. 예컨대, 성인들이 관람하는 비극은 그들의 가장 고통스러운 경험을 극복하도록 한다.

프로이트의 반복 강박에 대한 설명을 토대로 오스트리아 출신의 미국 정신분석가 에드워드 바이브링(Edward Bibring, 1894~1959)은 "반복 강박을 ① 방어 기제(the defence mechanisms), ② 해소 과정(the abreactive processes), ③ 해방 기제(the working-off mechanisms)로 이해하기"(Laplanche & Pontalis, 1967/2005: 150)를 제안한다. 즉 그는 내적 긴장의 해결 없이 자아의 방어 기제로서 반복을 설명한다. 또한 반복을 즉각적이거나 우회적으로 흥분을 방출하는 해소 과정으로 이해한다. 마지막으로 긴장의 내적 조건을 변화시킴으로써 점진적으로 긴장을 와해시키는 해방 기제로서 반복을 상정한다. 따라서 분석가는 피분석자의 방어 기제, 해소 과정, 해방 기제로 나타날 수 있는 반복 강박을 분석 상황에서 발견하고 치료적 근거로 활용하는 것이 중요하다.

7. 전이

전이는 정신분석의 근본 개념 중 하나이다. 프로이트의 전이에 관한 기록은 『히스테리 연구』(Breuer & Freud, 1893−1895), 『꿈의 해석』(Freud, 1900), 「전이의 역동에 대하여(The Dynamics of Transference)」(Freud, 1912), 『쾌락 원칙을 넘어서』(Freud, 1920), 『나의 이력서(*An Autobiographical Study*)』(Freud, 1925), 『정신분석학 개요』(Freud, 1940)와 도라, 쥐 인간 등 여러 사례에서 볼 수 있다. 프로이트가 『나의 이력서』에서 기록한 '전이(Transference, Übertragung)'는 다음과 같다.

> 나는 분석의 모습에 본질적인 특징을 부여하고 기술적으로나 이론적으로 가장 중요한 의미를 가질 수 있는 한 가지 요소를 서술한다. 모든 분석적 치료에서는 의사가 개입하지 않아도 환자와 분석가 간에서 긴밀한 감정적 관계가 형성된다. 그것은 긍정적일 수도 있고 부정적일 수도 있으며, 열정적이며 완전히 육감적인 사랑에서 반항, 원망, 증오의 극단적 표현에 이르기까지 다양하다. 이를 간략히 불러 '전이'라고 하는데, 그것은 곧 환자에게서 치유에 대한 바람을 대체한다. 그리고 전이는 분석가가 영향력을 발휘하는 담지자이고 분석이라는 공동 작업의 동력이다. […] 전이를 피하려는 것은 무의미하다. 전이 없는 분석이란 불가능한 일이기 때문이다. 분석이 전이를 만들어 내고, 전이는 분석 시에

> 만 일어나는 것으로 생각해서는 안 된다. 그것은 일반적인 인간 현상이다. 전이는 한 인간과 그의 인간적 환경 간의 관계 전체를 지배한다. 〔…〕 분석가는 환자가 전이를 의식하도록 하고, 그의 유아기의 억압에서 기원하는 감정 관계들을 전이 속에서 재체험하고 있음을 설득함으로써 전이는 해소된다. 전이는 가장 강력한 저항의 무기에서 최상의 분석적 치료 도구가 된다. 전이를 잘 사용하는 일은 분석 기술에서 가장 어렵고도 중요한 부분이다(Freud, 1925/1997: 243–245).

이처럼 정신분석의 핵심에 전이가 있다. 프로이트는 오이디푸스 콤플렉스의 발견 이후 전이 개념을 정교화한다. 그는 전이가 우리의 심리적 원형(prototype)이나 주로 부모, 형제에 대한 이마고(imago), 즉 자신도 모르게 영향을 미치는 상상 속의 완벽한 모습의 인물상과 연결되어 있음을 주장한다. 이처럼 전이는 피분석자의 유아기의 갈등이라는 원형적 토대 위에서 치료 전체를 구조화하는 과정이다.

오이디푸스 콤플렉스의 긍정성과 부정성은 긍정적 전이와 부정적 전이로 발전한다. 긍정적 전이(positive transference)는 피분석자가 분석가에게 부모의 이마고를 나타내는 신뢰와 사랑을 표현할 때를 말한다. 부정적 전이(negative transference)는 피분석자의 증오와 불신이 분석가에게 나타날 때를 일컫는다. 일반적으로 긍정적 전이는 피분석자가 분석가를 호의적으로 느끼고 치료에 협조하는 의미인 데 비해, 부정적 전이는 피분석자가 분석가의 노력을 방해하거나 중단하게 하는 비협조적 의미이다.

정신분석 임상에서 피분석자의 유아기적 환상과 감정이 지속될 때 '전이 신경증'이 발생한다. 전이 신경증(transference neurosis)[5]은 "정신분석 치료 이론에서

---

5) 전이 신경증은 엄밀히 두 가지 의미로 정의된다. "① 질병 기술학적인 의미에서, 프로이트가 정신 신경증 내에서, 자기애적 신경증과 구분한 신경증의 범주(불안 히스테리, 전환 히스테리, 강박 신경증)가 이에 속한다. 자기애적 신경증에 비해, 이 범주의 신경증들은 리비도가 자아로 철수하는 대신에, 항상 실제 대상이나 상상적 대상으로 이동하는 것을 특징으로 한다. 그 결과, 그것은 정신분석 치료가 접근하기에 용이하다. 왜냐하면 그것은 치료하는 동안 ②의 의미에서의 전이 신경증을 구성하는 데 유리하기 때문이다. ② 정신분석 치료 이론에서, 전이의 표출이 조직되는 인위적인 신경증을 가리킨다. 그것은 분석가와의 관계를 중심으로 구성된다. 그것은 임상 신경증의 개정판이다. 그것의 해명은 어린 시절 신경증의 발견으로 귀결된다."(Laplanche & Pontalis, 1967/2005: 405)

전이의 표출이 조직되는 인위적인 신경증을 가리킨다. 그것은 분석가와의 관계를 중심으로 구성되며, 전이 신경증의 해명은 어린 시절 신경증의 발견으로 귀결된다"(Laplanche & Pontalis, 1967/2005: 405).

이상과 같이, 전이는 피분석자의 유아기적 소망과 욕구가 부모에 대한 이마고와 바람으로 이어져 분석가에게 대체되는 것이다. 긍정적이고 부정적일 수 있는 전이는 임상 장면에서 반복, 저항과 직접적으로 연결된다. 따라서 정신분석 미술치료의 핵심에 전이가 있고, 분석가의 전이의 운용은 가장 어렵고도 중요한 작업이 된다. 구체적으로 분석가는 피분석자의 반복과 연결하여 전이의 정착, 양태, 해석 그리고 해결을 이루어 낼 수 있도록 분석 공간을 마련해야 한다. 정신분석 임상에서 전이는 가장 중요한 개념이다. 흔히 전이는 정신분석 치료에서 피분석자의 분석가에 대한 특수한 감정적 관계로 구체화되지만, 본질적으로는 인간의 보편적인 현상으로서 한 인간의 환경 관계 전체를 지배한다. 정신분석 미술치료에서의 구체적인 전이의 운용은 다음 장에서 이어진다.

3장 정신분석 미술치료의 실제

1. 정신분석 미술치료의 과정

정신분석 미술치료의 과정은 프로이트의 사상에 기초한다. 정신분석 치료는 피분석자의 통찰에 기초하는 것으로, 분석적 상황의 본질은 피분석자와 분석가 두 사람이 이루어 내는 분석적 관계에 있다. 정신분석 치료는 정신증(psychosis)에도 적용되지만, 대체로 신경증(neurosis)을 중심 대상으로 한다. 따라서 치료는 분석 상황에서 신경증자가 분석가에게 나타내는 '전이'를 중심으로 한다. 분석이 전이 현상의 실제적인 본성을 경험하도록 하는 데 성공하여, 피분석자 자아의 인식이 확장되면 치료가 이루어진다. 이른바 피분석자의 자아 속의 질서를 회복시킴으로써 치료가 종결된다.

제이콥 앨로우(Jacob A. Arlow)는 정신분석 치료 과정을 "① 시작 단계, ② 전이의 발달, ③ 훈습(working through), ④ 전이의 해결"(Arlow, 2005/2007: 49)로 설명한다. 또한 이무석은 "① 분석의 시작, ② 분석의 중기, ③ 분석의 종결"(이무석, 2003: 223-298)로 소개함으로써 정신분석 치료 과정을 초기 · 중기 · 종결의

[그림 3-1] 런던 프로이트 박물관 내 카우치

3단계로 설명한다. 그는 피분석자의 진단 이후, 피분석자와 분석가 사이에서 전이 관계가 형성될 때까지를 초기로 삼는다. 중기는 피분석자의 전이와 저항이 나타나 전이에 대한 통찰과 훈습이 이루어지는 시기이다. 종결은 피분석자의 전이가 해소된 후, 분석가를 현실적인 대상으로 볼 수 있는 시기이다.

프로이트에 기초해 앨로우와 이무석을 참조하면 정신분석 치료 과정의 핵심에 '전이'가 있다. 피분석자가 분석가에 대한 전이의 발생과 해소를 통해 그/그녀가 전이 현상의 실제적 본성을 통찰함으로써 자기 인식을 확장하고 최선의 심리적 조건으로 재구성하는 것이 정신분석 치료이다. 이에 근거한 정신분석 미술치료 과정은 초기 · 중기 · 후기의 세 단계로 구분한다. 초기는 첫 면담과 정신분석 진단, 중기는 투사와 전이의 발달 그리고 훈습, 후기는 전이의 해소와 종결로 이루어진다.

정신분석 치료에서 유용한 분석적 도구이자 환경은 카우치이다. 카우치(couch)의 사용은 두 가지 목적을 갖는다. 한 가지는 피분석자의 자유 연상을 촉진하기 위한 것이고, 다른 한 가지는 분석가의 분석 작업을 돕기 위한 것이다. 프로이트의 카우치 장면처럼, 일반적으로 분석가의 의자는 피분석자의 카우치 위나 옆 부근에 위치를 설정한다. 그럼으로써 두 사람이 분석 시간 내내 눈을 마주친 채 집중하는 것을 덜 요구함에 따라 피분석자의 자유 연상과 분석가의 분석 작업은 좀 더 편하게 이루어진다. 카우치의 사용은 피분석자의 전이 형성에 따라 자유롭게 선택되는데, 중요한 점은 카우치 사용의 여부이기보다는 분석에서 전이와 저항을 분석적 작업으로 다루는가의 여부에 있다.

1) 시작 단계

(1) 첫 면담

정신분석 미술치료의 초기는 말 그대로 시작 단계를 의미한다. 이는 피분석자와 분석가의 첫 만남을 통한 면담에서 시작한다. 초기는 치료 약속 이후, 피분석자의 예술을 통한 투사 그리고 피분석자와 분석가 사이의 전이 관계가 형성되기 전까지의 시기이다.

분석가의 피분석자에 대한 관찰과 이해는 첫 회기의 첫 번째 접촉으로부터 시작한다. 분석가는 첫 면담(the initial interview)에서 피분석자의 구체적인 정보와 현재의 심리적 어려움을 확인하고, 정신분석 미술치료가 필요한지의 여부를 결정한다.

첫 면담에서는 "정신분석 진단 면접 양식"(McWilliams, 1994: 349-351)을 참고할 수 있다. 구체적으로 첫 면담에서 분석가가 피분석자에게 질문해야 할 사항은 인구 통계적 자료, 호소 문제, 개인력(유아기, 아동기, 청소년기, 성인기), 심리 상태를 포함하는 현재 상태, 면접의 마무리 내용들이다.

첫 면담 후, 분석가는 인터뷰 내용과 자료들을 바탕으로 피분석자의 삶에서 반복되는 주제, 고착과 갈등의 영역, 주된 방어, 추론된 무의식적 환상, 주된 동일시와 애도하지 못한 상실, 자기 응집성 및 자존감 등을 추론해야 한다.

첫 면담에서 나누는 정보는 정신분석 진단의 중요한 자료가 된다. 전문적인 정신분석 미술치료를 위해서는 피분석자에 대한 면밀한 관찰, 첫 면담 자료, 심리 평가를 바탕으로 한 분석가의 진단이 이루어져야 한다. 그 후 진단을 기초로 한 미술치료 여부가 결정된다. 전문적이고 체계적인 진단이 이루어질 때에야 비로소 분석가는 피분석자를 위한 적합한 치료 목표와 방향을 설정할 수 있다.

표 3-1 정신분석 진단 면접 양식[1)]

1. 인구 통계적 자료		이름, 나이, 성별, 인종적 배경, 종교, 결혼 여부, 자녀 유무, 교육 수준, 직업, 심리치료 경험, 의뢰인(기관), 본인 이외의 정보제공자
2. 호소 문제		주 호소 문제 및 피분석자가 생각하는 원인, 문제의 내력, 의학적(약물) 치료 경험, 지금 심리치료를 받고자 하는 이유
3. 개인력		출생지, 성장지, 형제의 수 및 피분석자의 위치, 주요 이사 경험, 부모와 형제에 관한 객관적 자료(생존 여부, 사망 시에는 그 이유와 시기, 나이, 건강, 직업) 및 주관적 자료(성격, 피분석자와의 관계), 가족의 심리적 문제(알코올 중독 등의 정신과적 문제)
	유아기	부모의 출산 희망 여부, 출생 후의 가족 상황, 발달상의 특이점, 초기의 문제들[섭식, 배변, 언어, 운동, 야뇨, 야경(夜驚), 몽유, 손톱 깨물기 등], 최초의 기억, 피분석자에 대한 가족들의 옛날 이야기 혹은 농담
	아동기	분리 문제, 교우관계 문제, 학습 문제, 행동적 문제, 동물에 대한 잔인성, 질병, 상실 경험, 이사, 기타 이 시기의 가족 스트레스, 성적 혹은 신체적 학대
	청소년기	사춘기가 시작된 나이, 성적 성숙과 관련된 신체적 문제 유무, 피분석자의 성적 성숙에 대한 가족의 준비도, 첫 번째 성적 경험, 성적 선호, 자위 환상, 학습 및 교우관계를 포함한 학교생활, 자기파괴성의 패턴(섭식 장애, 약물 사용, 성적 행동과 관련된 분별력, 과도한 위험 행동, 자살 충동, 반사회적 패턴), 질병, 상실 경험, 이사, 기타 이 시기의 가족 스트레스
	성인기	직업 이력, 대인관계 내력, 현재 친밀한 관계, 자녀와의 관계, 취미, 재능, 즐거움, 자부심과 만족감을 느끼는 영역
4. 현재 상태 (심리 상태)		전반적 외양, 감정 상태, 기분, 언어 표현의 질, 현실 검증력, 지능, 기억력, 정보의 신뢰도. 이런 영역들에서 문제점이 시사되면 좀 더 상세하게 탐색할 것 예컨대, 우울 기분을 보이면 자살 가능성을 평가할 것 * 꿈: 기억 여부, 반복 여부, 최근의 꿈 * 알코올을 포함한 약물 사용
5. 면접의 마무리		피분석자에게 면접에서 다루지 않은 중요한 정보가 남아 있는지 물어볼 것 면접 중에 편안했는지 물어보고, 혹시 질문할 것이 있는지 확인할 것
6. 자료를 바탕으로 추론해야 할 사항들		반복되는 주요 주제, 고착과 갈등의 영역, 선호하는 방어, 추론된 무의식적 환상 · 소망 · 두려움, 주된 동일시 · 역동일시 · 애도하지 못한 상실, 자기 응집성 및 자존감

1) 정신분석 진단 면접 양식은 낸시 맥윌리엄스의 『정신분석 진단』(McWilliams, 1994: 349-351)을 참고하여 필자가 도표로 재구성한 것이다.

(2) 정신분석 진단

정신분석 진단은 짧게는 한두 회기부터 길게는 두세 달에 걸쳐 이루어진다. 분석가는 피분석자와 첫 회기에 나눈 진단 면접 양식을 참조한 후, 몇 회기에 걸쳐 상세한 심리 평가와 미술 재료에 대한 평가를 하면서 피분석자에 대한 종합적인 이해를 한다. 분석가는 진단 후 피분석자에 대한 사례 개념화를 하고, 이를 통해 적절한 치료 계획을 세운다.

사례 개념화(Case Conceptualization)는 분석가가 피분석자에 대한 이해를 바탕으로 적합한 치료 계획을 세우는 가설 수립의 절차이자, 전문적인 치료 목표와 전략을 개발하는 과정이다. 이것은 구체적으로 피분석자의 "심리적 · 행동적 문제와 원인, 피분석자의 강점을 파악하는 것이며, 이러한 종합적인 이해에 근거하여 문제 해결 방향에 따른 전략과 기법을 계획하는 것"(Berman, 1997/2007: 3)을 의미한다. 사례 개념화의 목적은 피분석자의 상태에 대한 이론적 설명 및 가설을 제시하고, 전문적인 치료 계획을 개발하기 위함이다.

전문적인 사례 개념화를 위해서는 크게 세 가지 자료가 요구된다. 첫째, 피분석자의 현재 상태의 정보(인구 통계적 정보, 주 호소 문제, 현재 심리 상태), 둘째, 증상을 발생시킨 역사에 관한 정보(발달사, 가족력), 셋째, 심리 평가 결과이다. 즉 분석가는 피분석자의 현재의 상황과 증상, 증상을 발생시킨 개인력, 그리고 심리 평가 결과를 종합하여 사례 개념화를 한다. 정신분석적 사례 개념화는 피분석자의 증상을 발생시킨 정신 구조(신경증 · 도착증 · 정신증)와 개인력에 좀 더 초점을 두고, 치료 방향으로 정신분석의 치료 패러다임을 선택하며, 치료 목표로서 증상의 해소뿐만 아니라 피분석자의 정신 구조의 변화를 고려하는 점이 특징이다.

정신분석 미술치료의 사례 개념화를 위해, 우선적으로 이루어져야 할 진단은 피분석자의 현실 검증력을 평가하는 것이다. 현실 검증력은 현실을 판단하고 검증하는 능력으로서, 분석가가 피분석자의 정신 구조를 이해하는 핵심적 근거가 된다. 프로이트는 1924년 「신경증과 정신증의 현실감의 상실(The Loss of Reality in Neurosis and Psychosis)」에서 정신증과 신경증의 두드러진 차이로 "현실감의 상실(a loss of reality)"(Freud, 1924: 183) 여부를 설명한다. 즉 피분석자의 현실감의 상실 여부에 따라 신경증과 정신증을 진단한다. 정신증은 현실과 리비도 관계의 혼란으로 이드의 직접적인 지배를 받아 감각의 장애인 '환각(hallucination)'과 사고의 장애인 '망상(delusion)'을 주요 증상으로 나타낸다. 환각이 현실에 대한 혼란을 나타내는 것인 데 비해, 망상은 현실 및 대상과의 연결을 복구하려는 시도이다. 그러나 정신증은 자신의 증상에 대한 병식(insight)이 없으므로 치료에서 제한적이다.

이에 비해 신경증은 현실감을 기초로 한 정체감을 가짐으로써 자신의 증상의 병식이나 통찰이 가능하다. 따라서 치료에서 전이가 형성된다. 이러한 정신증과 신경증의 사이에서 현실감은 갖고 있지만, 통합되지 못한 정체감으로 자신의 증상의 병식이나 통찰이 제한적으로 나타나는 경우가 도착증 구조가 포함되어 있는 경계선적 수준이다. 이와 같이 현실감을 근거로 한 정신증, 도착증, 신경증의 구분은 정신분석 미술치료에서 상이한 치료적 원리를 요구하게 된다. 따라서 분석가는 초기 단계에서 피분석자의 현실 검증력을 잘 판단하여 치료의 여부는 물론 분석에서의 분석가의 위치와 역할, 그리고 적합한 미술치료의 목표와 과정을 결정할 수 있어야 한다.

미국의 현대 정신분석학자 낸시 맥윌리엄스(Nancy McWilliams)는 『정신분석 진단: 임상 과정에서 성격 구조의 이해(*Psychoanalytic Diagnosis: Understanding Personality Structure in the Clinical Process*)』에서 정신증 · 경계선(도착증) · 신경증의 정신 수준의 특성을 설명한다. 그녀는 정신증적 수준 주로 "공생기의 주제에 고착됨으로써 신뢰 대 불신의 갈등을, 경계선적 수준은 분리와 개별화의 주제에 고착됨으로써 자율성 대 수치심의 갈등을, 신경증적 수준은 오이디푸스 주제에 고착됨으로써 주도성 대 죄책감, 즉 동일시의 갈등을 겪음"(McWilliams, 1994: 51-53)을 기록한다. 더 나아가 그녀는 정신증적 수준, 경계선적 수준(도착증적 구조 포함), 신경증적 수준에 따른 치료적 함의를 제시한다. 이는 정신분석 임상에서 피분석자의 정신 구조에 따라 상이한 치료 원리가 요구되는 것으로서 구체적으로 정신증적 수준의 지지 치료, 경계선적 수준의 표현 치료, 신경증적 수준의 노출 치료를 말한다.

표 3-2 정신분석 진단과 치료 원리[2]

정신 구조의 수준	진단	치료 원리
정신증적 수준 (정신증 구조)	자폐적 정신증 조현병 양극성 정서장애	지지 치료 심리적 안전감 제공 교육 혼란을 구체적 스트레스와 연결
경계선적 수준 (도착증 구조)	반사회성 성격장애 조현형 성격장애 조현성 성격장애 경계선 성격장애 자기애성 성격장애	표현 치료 경계 설정 대조적 감정 상태 병치 원시적 방어 해석 피분석자로부터 슈퍼비전 받기 퇴행 막기와 개별화 촉진 무활동(quiescence) 동안 해석하기 역전이 자료 활용하기
신경증적 수준 (신경증 구조)	히스테리 강박증 정상-신경증	정신분석 치료(노출 치료)

이러한 정신분석 진단과 치료 원리로 좀 더 들어가 보자. 우선적으로 정신증적 수준은 자폐적 정신증, 조현병, 양극성 정서장애를 포함한다. 정신증적 구조의 피분석자에게는 ① 심리적 안전감 제공, ② 교육, ③ 피분석자의 혼란을 구체적 스트레스와 연결시키는 지지 치료(the supportive therapy)"(앞의 책, 72)가 요구된다. 지지 치료는 피분석자의 심리적 안전감을 제공하는 것부터 시작한다. 정신

2) 이 내용은 맥윌리엄스의 『정신분석 진단: 임상 과정에서 성격 구조의 이해』 중에서 「성격 발달 수준의 임상적 함의」(McWilliams, 1994: 67-95)와 해밀턴의 『자기와 타자: 실제에서의 대상관계 이론(*Self and Others: Object Relations Theory in Practice*)』 중에서 「대상관계의 연속선」(Hamilton, 1990: 125)을 참고하여 필자가 재구성한 것이다. 정신분석은 정신 구조를 중심으로 진단하는 '구조적 진단법'을 강조한다. 프로이트의 구조적 진단법에서는 정신 구조를 정신증, 도착증, 신경증으로 구분한다. 이러한 프로이트의 견해를 강조하는 의미에서 이 책은 해밀턴과 맥윌리엄스가 "경계선적 조직(Borderline organization)" 혹은 "경계선적 수준"으로 기록한 부분을 그 범주에 속하는 정신 구조를 강조하기 위해 '도착증 구조'로 병기한다. 엄밀히 도착증은 정상적인 성행위에 비해 일탈된 행위 자체로 쾌락을 추구하고 오르가슴의 비본질적 조건에 종속된 정신 증상 및 구조를 말한다. 도착증에 대한 이해는 '12장 라캉 정신분석 미술치료의 실제'에서 상세히 다룬다. 이 표에서는 해밀턴의 기록과 달리 신경증적 수준에서 프로이트의 정신 구조의 원리에 근거하여 히스테리와 강박증의 위치를 변경 기록한다.

증적 피분석자는 현실감이 결여되어 기본적 안전감이 없고, 자신의 멸절(滅絕)에 대한 두려움을 갖고 있기 때문에 분석가가 치료 환경에 대한 안전감을 제공하는 것이 중요하다. 또한 정신증적 수준의 피분석자는 심각한 인지·정서·감각적 혼란을 겪기 때문에 혼란 상황에서 구체적인 스트레스의 원인을 확인하게 하고, 분석가가 현실적인 생각·감정·감각을 일깨워 주는 교육적 역할이 필요하다.

다음으로 도착증 구조를 포함하는 경계선적 수준은 반사회성 성격장애, 조현형 성격장애, 조현성 성격장애, 경계선 성격장애, 자기애성 성격장애의 다양한 장애를 포함한다. 이는 경계선의 범주 자체가 정신증부터 신경증까지 인접 범위가 넓기 때문이다. 도착증 구조를 포함하는 경계선적 수준의 피분석자에게는 ① 경계 설정, ② 대조적 감정 상태 병치, ③ 원시적 방어 기제 해석, ④ 피분석자로부터 슈퍼비전 받기(딜레마 상황에서 피분석자로부터 도움 요청하기), ⑤ 퇴행 막기와 개별화 촉진, ⑥ 무활동(정서적 각성 상태) 동안 해석하기, ⑦ 역전이 자료 활용을 포함하는 "표현 치료(the expressive therapy)"(앞의 책, 81)가 적합하다.

경계선적 수준의 피분석자는 정체성에서 비일관성과 비연속성을 갖기 때문에 치료 조건의 경계를 명확히 설정하는 것이 무엇보다 중요하다. 또한 피분석자의 좋고 나쁜 대조적인 감정 상태는 병치시키고, 부인(denial)과 분열(splitting) 같은 원시적 방어 기제는 치료의 '지금-여기'에서 해석하는 것이 자아의 통합을 촉진시킨다. 분석가가 이러지도 저러지도 못하는 치료적 딜레마에 빠지는 경우에는 피분석자에게 직접 도움을 요청하는 것이 유용하다. 또한 피분석자의 혼란스러운 감정은 회복된 뒤에 해석하는 것이 개별화를 촉진시킨다. 경계선 수준의 피분석자는 자신의 통합되지 못한 정체감으로 강한 역전이를 불러일으키는데, 이 경우 분석가는 역전이를 통해 자신에 대한 통찰을 얻을 뿐만 아니라, 피분석자의 심리적 상태를 좀 더 이해하게 된다.

마지막으로 신경증적 수준은 히스테리, 강박증, 정상-신경증의 피분석자를 포함한다. 신경증적 수준의 피분석자에게는 프로이트의 전통적인 "정신분석 치료(the psychoanalytic therapy)"(앞의 책, 69)가 적합하다. 이 치료는 일관된 정체감을 갖고 있는 피분석자의 자기 성격 이해와 성장의 변화를 목표로 하는 가운데,

그/그녀의 무의식적 방어, 감정, 환상, 갈등 등을 의식으로 노출시키는 것을 의미한다. 신경증적 수준의 피분석자가 무의식을 통해 진실을 탐구하는 것이 통찰 치료이다.

이상의 내용을 기초로 하여, 분석가는 정신분석 미술치료 초기에 피분석자의 정신 구조가 정신증인지, 도착증인지(경계선 수준), 신경증인지 진단해야 한다. 또한 피분석자의 정신 구조에 따른 치료 원리를 토대로 전문적인 사례 개념화를 해야 한다. 분석가는 일반적인 정신분석 미술치료 환경에서는 신경증 구조와 도착증 구조의 피분석자를, 병원과 같은 의료적인 환경에서는 정신증적 구조의 피분석자를 만나게 된다. 정신증적 구조의 피분석자의 경우, 분석가는 피분석자에 대한 적합한 치료 개입으로서 약물 치료의 관련성 및 병행 여부를 판단하는 것이 중요하다.

2) 투사와 전이의 발달 그리고 훈습

정신분석 미술치료 중기는 크게 두 가지 과정으로 이루어진다. 첫 번째 과정은 피분석자의 예술을 통한 투사가 나타나는 것이고, 두 번째 과정은 피분석자가 분석가에 대한 전이를 형성하는 것이다. 이러한 두 가지의 과정으로 이루어지는 분석 경험이 피분석자의 실제 삶에서 반복되고, 정교화되며, 확대되는 것이 훈습이다. 그 상세한 내용은 다음과 같다.

(1) 투사와 전이의 발달

정신분석 미술치료는 피분석자, 예술, 분석가로 이루어진다. 이처럼 미술치료는 언어적 분석 치료와 달리 두 주체와 예술 간의 삼자 관계가 형성되면서 치료 과정이 진행되는 것이 특징이다. 미술치료 환경에서 대부분의 피분석자는 주로 예술과의 관계를 먼저 형성한 후, 분석가와의 관계를 형성한다. 물론 분석가와의 관계를 먼저 형성한 후, 예술과의 관계를 형성하는 피분석자도 있다. 이러한 관계 순서와는 무관하게 피분석자와 예술 관계의 핵심에 투사(projection, 投射)

가, 피분석자와 분석가 관계의 핵심에 전이(transference, 轉移)가 있다.

미국의 정신분석 미술치료자 주디트 아론 루빈(Judith Aron Rubin)은 미술치료의 중요한 두 과정으로 피분석자의 예술을 통한 투사와 분석가에 대한 전이를 제시한다. 그녀는 피분석자가 미술치료의 예술 부분(the art part)인 "재료(the materials), 창작 과정(the processes), 작품(the products)에 그/그녀의 내면 세계의 투사"(Rubin, 1984: 7, 11)를 서설한다. 구체적으로 각 재료에 대한 피분석자의 반응은 그/그녀의 내면 세계의 투사이다. 또한 피분석자가 특별히 더 몰두하거나, 많은 시간을 소요하는 등 자신과 일치하는 예술 작업 과정 역시 내면 세계의 투사이다. 예술 작품은 크게 형식(the form)과 내용(the content)으로 구분되는데, 형식은 피분석자의 발달적 측면을, 내용은 역동적 측면을 반영한다.

루빈은 정신분석 미술치료에서 피분석자의 예술을 '1차 정신 과정(the primary process)'에, 그리고 언어를 '2차 정신 과정(the secondary process)'에 연결한다. 이러한 연결은 "의식의 표상이 사물 표상과 언어 표상을 포괄하는 반면, 무의식의 표상은 사물 표상만을 포함한다"(Freud, 1915c: 201)는 프로이트의 명제로도 뒷받침된다. 미술치료 장면에서 피분석자의 예술(재료, 창작 과정, 작품)은 그/그녀의 쾌락 원칙에 따른 무의식을 좀 더 반영하고, 언어는 현실 원칙에 따른 의식을 좀 더 반영한다.

피분석자의 예술을 통한 투사 과정에서 나타나는 중요한 치료적 기제는 반복이다. 피분석자는 재료 선택이나, 창작 과정, 또는 작품에서 "반복"(Rubin, 1984: 28)을 나타낼 수 있는데, 이는 그/그녀의 내면 세계를 반영하는 강력한 메시지이다. 프로이트에 따르면, 피분석자의 "반복은 기억을 실현하는 행동(Freud, 1914a: 150-151)"이고, 반복과 전이는 직접적으로 연결된다. 분석 상황에서 일어나는 전이는 피분석자의 반복의 한 국면이다. 피분석자는 억제된 기억, 부적절한 태도, 병리적인 성격 특성 등을 반복한다. 이에 그/그녀의 증상도 반복된다. 바이브링에 기초하면, 피분석자의 반복 패턴은 "방어 기제, 해소 과정, 해방 기제"(Laplanche & Pontalis, 1967/2005: 150)가 된다. 따라서 정신분석 미술치료에서 분석가는 피분석자의 예술을 통한 반복 패턴을 발견하는 것이 중요한데, 이 반복이 그/그녀의 방어 기제인지, 해소 과정인지, 해방 기제인지 또는 세 과정을 모두 포함하는지 분석한 후 적절한 치료적 개입을 해야 한다.

피분석자의 반복에 대한 개입을 위해서 분석가는 반복과 전이를 함께 이해해야 한다. 정신분석 미술치료에서 피분석자의 예술을 통한 반복은 분석가에 대한 전이로 이어지기 때문이다. 분석가에 대한 피분석자의 전이의 발달은 정신분석 미술치료의 가장 핵심적인 치료 과정이다. 피분석자의 전이는 분석에서 무의식적인 욕망이 대상관계의 틀에서, 어떤 대상에 대해 현실화되는 과정을 가리킨다. 전이에서 문제가 되는 것은 현실적으로 체험되는 '유아기적 원형의 반복'이다. 이처럼 피분석자는 전이를 통해 자신의 유아기 원형을 분석가에게 반복한다. 따라서 치료 과정에서 피분석자의 전이가 분석되어야 한다. 전이의 분석은 다음의 의미를 지닌다.

> 전이의 분석은 정신분석 기법 토대 중 하나이다. 전이는 피분석자가 환상과 현실, 과거와 현재를 구분하도록 도와주며, 아동기부터 지속되어 온 무의식적 환상적 소망의 힘을 깨닫게 해 준다. 전이의 분석은 피분석자로 하여금 자신이 어떻게 과거의 관점에서 현재를 잘못 지각하고, 잘못 해석하며, 관계를 맺는지 이해하도록 돕는다(Arlow, 2005/2007: 51).

분석가는 피분석자의 전이가 자신의 과거에서 비롯된 환상적 소망의 반복임을 깨닫도록 해야 한다. 이러한 전이의 분석 이후에야 비로소 피분석자는 자신의 무의식적 환상에 따른 불안의 본질을 평가하고 분석할 수 있게 된다. 피분석자는 유아기적 원형의 반복인 전이의 분석을 통해 과거와 현재, 환상과 현실을 점차 구분함으로써 자신의 무의식의 진실을 마주하게 된다. 이처럼 정신분석 미술치료에서 피분석자의 분석가에 대한 전이는 분석됨으로써 피분석자의 내적 세계를 재구성하고 점차 현실적인 삶의 관계로 나가도록 한다.

이러한 전이의 발달 과정에서 분석가는 피분석자의 저항에 부딪히게 된다. 저항(resistance)은 "정신분석 치료 중에 피분석자가 무의식에 도달하는 것에 반대

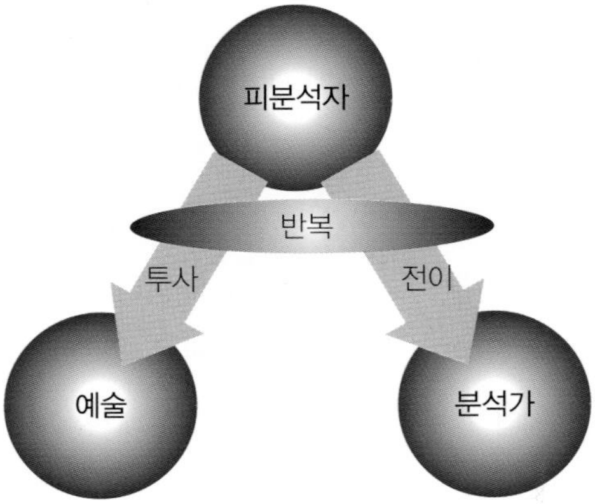

[그림 3-2] 정신분석 미술치료의 과정

하는 피분석자 자신의 모든 말과 행동"(Laplanche & Pontalis, 1967/2005: 388)을 말한다. 일반적으로 저항은 피분석자의 두려움에서 발생하는 경우가 많다. 피분석자는 주로 변화를 두려워하거나, 무의식적 소원과 욕구가 충족되어 왔던 삶의 방식을 계속 유지하려 하거나, 자신의 무의식을 발견하고 마주하는 데 대한 두려움을 이유로 저항을 나타낸다. 즉 피분석자는 증상의 감소와 성장을 위해 분석 경험을 찾지만, 이러한 변화에는 많은 노력이 요구됨에 따라 이전까지의 삶의 방식을 무의식적으로는 유지하려 하고 변화를 두려워한다. 이는 증상이 갖는 쾌락적 측면이 있기 때문이다. 이처럼 정신분석 과정에서 발생하는 피분석자의 저항은 자연스러운 치료 과정이다.

프로이트는 피분석자의 지속적인 저항을 극복하기 위해 분석가가 사용할 수 있는 유일한 조처는 아주 천천히, 그리고 조금씩 저항을 풀 수 있는 믿음의 끈기 있는 기다림을 피력한다. 그 기다림의 과정은 전이 관계에서 저항을 분석적 주제로 다루는 작업을 포함한다. 분석가는 변화를 두려워하는 피분석자를 이해하면서 피분석자의 무의식적 소원 충족의 방식(방어)이 갖는 순기능과 역기능을 분석적 작업으로 다루어야 한다. 그리고 분석가는 피분석자의 저항에 대해 끈기 있는 기다림으로 함께 작업하고 버텨야 한다. 이때 분석가는 자신의 개인적인 이해와 허용 범위를 근거로 하여 분석적 작업에 임해야 한다.

필자의 경험에 의하면, 피분석자는 증상 해소와 자기 성장을 위해 정신분석 미술치료 장면을 찾지만, 그러한 동기만큼 무의식적으로는 증상의 유지와 성장 유예의 충동으로 자주 어려움에 처한다. 이것이 저항인데, 피분석자의 저항은 치료를 어렵게 만든다. 어떤 사례의 경우, 피분석자가 자신을 객관적으로 이해하고 수용하기까지 수년의 시간이 걸린다. 이처럼 짧지 않은 기간은 피분석자가 상처받은 자신을 마주하고 충분히 보듬기 위한 시간이다. 피분석자의 문제와 고통이 심할수록 저항의 강도는 세다. 즉 피분석자는 상처받은 자기를 보듬기 위한 시간이 충분히 필요한 것이다. 따라서 분석가에게 요구되는 것은 피분석자에 대한 진정한 존중과 기다림으로 치료를 진행해 나가는 것이다. 이 과정에서 분석가 자신의 개인적 영향력에 대한 이해는 필수적이다. 분석가가 한편으로는 자신에 대한 이해를, 다른 한편으로는 피분석자와 분석 자체에 대한 신뢰를 토대로 치료를 진행해 나갈 때 피분석자의 변화는 가능하다. 이를 통해 분석가는 점차 피분석자를 협력자로 만들게 되고, 그때서야 비로소 피분석자의 저항은 극복된다. 이러한 저항 극복의 토대는 다름 아닌 전이이다.

요컨대 정신분석 미술치료에서 피분석자의 예술을 통한 투사, 분석가에 대한 전이는 치료의 핵심 기제이자 근본 개념이 된다. 또한 피분석자의 투사에서 발견되는 반복은 그/그녀가 무의식을 기억하고 재생하는 방식으로서 전이와 연결된다. 따라서 정신분석 미술치료에서 투사, 전이, 반복은 가장 중요한 이론적 근거가 된다. 분석가는 치료에서 피분석자의 예술을 통한 투사와 분석가에 대한 전이를 주의 깊게 관찰하고 분석함으로써, 그/그녀의 어떤 반복적 측면이 증상과 연관되는지 알아야 한다. 특히 증상은 피분석자가 사후 작용(the differed action)[3]을 통해 선택한 심리적 현실임을 이해하여, 그 심리적 현실이

3) 사후 작용은 "프로이트가 심리적 시간과 인과성의 개념과 관련하여 자주 사용한 용어이다. 경험, 인상, 기억 흔적은 사후에 새로운 경험과 관련을 맺으면서 수정되어 다른 차원으로 발달한다. 그리하여 그것은 새로운 의미와 동시에 심리적 효과를 부여받는다"(Laplanche & Pontalis, 1967/2005: 185). 이처럼 피분석자의 증상은 주로 외상적 첫 번째 사건으로부터 발생하는 것이 아니라, 첫 사건과 비슷한 두 번째 사건을 조우(遭遇)하면서 발생한다. 피분석자는 두 번째 사건을 통해 첫 번째 외상적 사건의 의미를 깨닫게 되면서 증상을 발생시킨다. 따라서 피분석자의 증상은 첫 번째 사건에 새로운 의미와 심리적 효과가 덧붙여진다. 결국 증상은 피분석자가 사후적으로 선택한 심리적 현실(심적 현실)이다.

피분석자에게 주는 삶의 의미가 무엇인지 스스로 발견할 수 있도록 분석 공간을 마련해야 한다.

(2) 훈습

훈습(working-through, 薰習)은 피분석자의 전이의 분석과 동시에 일어나고, 전이의 분석을 지속시킨다. 훈습은 "분석 과정에서 나타나는 모든 증상과 저항을 철두철미하게 극복하여 치료에 성공하는 것"(Laplanche & Pontalis, 1967/2005: 547)이다. 앨로우는 훈습에 대해 다음과 같이 기록한다.

> 갈등의 본질에 대한 한두 번의 통찰 경험은 변화를 이끄는 데 충분하지 못하다. 전이 분석은 여러 번 그리고 여러 가지 다른 방식으로 지속되어야만 한다. 환자가 전이를 통하여 자신의 문제에 대해 통찰하는 것은 반복, 정교화, 확대로 구성된 과정인 훈습에 의해 계속 깊어지고 공고해진다(Arlow, 2005/2007: 51).

훈습은 치료 과정에서 피분석자의 전이 분석과 아동기 경험 사이의 촉매로 작용한다. 분석가가 전이를 성공적으로 분석한 다음에는 일반적으로 피분석자가 그 분석과 관련된 과거의 중요한 사건이나 기억을 떠올리게 된다. 이처럼 전이의 분석은 피분석자의 회상을 촉진시킨다. 또한 회상은 분석에서 전이의 본질을 밝혀 준다. 피분석자에게서 일어나는 전이에 대한 이해와 과거의 회상 사이에서 이루어지는 상호작용은 그/그녀의 갈등에 대한 통찰을 심화시키고, 이로 인해 삶에 대한 해석을 재구성하도록 돕는다. 이것이 피분석자의 통찰을 삶으로 반복, 정교화, 확대하는 훈습이다.

이처럼 정신분석 미술치료에서 피분석자의 전이의 발달과 분석을 통한 치료적 경험은 반드시 훈습되어야 한다. 피분석자는 분석 과정에서 분석가에 대한 전이를 통해 자신의 심리적 현실과 중심적인 대인관계 패턴을 발견하고 좀 더 건강한 삶의 방향으로 변화해야 한다. 그 변화 과정은 그/그녀의 일상적인 삶에서 반복, 정교화, 확대의 과정을 거쳐 공고해진다.

예컨대, 통제적이고 엄격한 부모로부터 양육되어 강박 증상을 보이는 피분석자가 있다고 가정하자. 이 피분석자는 정신분석 과정에서 자신의 강박 증상의 원인을 통찰하고, 예술을 통한 투사는 물론 분석가에 대한 전이와, 전이의 분석을 통해 자신을 이해한다. 피분석자는 분석 과정을 통해 점차 불안과 강박 증상을 줄이거나 변화시키고, 좀 더 적극적이고 자율적인 삶과 대인관계 패턴을 나타낸다. 이어서 피분석자는 지속적인 분석 경험을 통해 그/그녀의 변화한 삶의 태도와 대인관계 양식을 분석가로부터 연인, 친구, 부모에 이르기까지 반복, 정교화, 확대해 나가게 된다. 이러한 훈습의 기간은 피분석자마다 다른데, 통상 2~5년 이상의 기간이 걸린다. 피분석자의 치료적 경험이 그/그녀의 일상적인 삶으로 확대되어 유지될 때 분석은 종결할 시점에 이른다.

3) 전이의 해소와 종결

정신분석 미술치료 후기의 두 과정은 전이의 해소와 종결이다. 전이의 해소는 피분석자의 분석가에 대한 전이가 해소되어 현실적인 삶으로 향하는 과정이고, 종결은 피분석자가 분석을 마치고 변화하는 현실의 삶을 준비하는 과정이다.

(1) 전이의 해소

피분석자의 분석가에 대한 전이가 해석된 후 훈습의 과정을 거쳐, 점차 전이가 해소되면 정신분석 미술치료는 후기에 이른다. 이는 피분석자가 호소한 주요 문제가 다루어지고, 전이가 자연스럽게 해소될 때를 일컫는다. 이 시기에는 피분석자가 그동안의 치료 경험에 대한 의미를 발견하는 것이 중요하다. 피분석자의 분석 경험은 자신에 대한 이해를 바탕으로 삶에서 반복되어 온 갈등을 새로운 방식으로 해결해 나가는 것이다. 이를 위해서는 치료적 경험에 대한 피분석자의 인지적 이해가 필요하다. 즉 피분석자는 분석가에게 전이시켰던 유아기적 원형의 반복과 환상에 대한 해석 이후, 전이가 해소된 것을 통찰하고 그러한 분석이 어떤 의미인지 이해해야 한다. 정신분석 미술치료에서는 피분석자가 예술을 통한 투사의 해소 이후, 분석가에 대한 전이의 해소가 이루어진다. 또한 치료적 경험과 그 의미에 대한 피분석자의 진정한 이해가 이루어질 때에야 비로소 그/그녀는 자신의 삶에서 변화를 지속할 수 있다.

(2) 종결

전이의 해소 이후, 피분석자의 치료 경험에 대한 이해가 이루어지면 점차 종결 시기에 이른다. 프로이트는 「종결할 수 있는 분석과 종결할 수 없는 분석」에서 분석의 "종결의 두 가지 조건"(Freud, 1937a: 219)을 말한다. 첫째는 피분석자가 증상으로 고통받지 않고 자신의 불안과 억제를 극복한 상태이다. 둘째는 피분석자의 억압된 것이 의식화되고 저항이 극복되어 병리적 과정이 반복되는 것을 걱정하지 않아도 되는 상태이다. 이러한 판단이 분석가와 피분석자에게 이루어지면 종결이 가능하다.

종결 시기에 피분석자는 몇 가지 행동 특성을 나타낼 수 있다. 분석가가 이 시기의 피분석자의 특성을 이해하는 것은 중요한 치료적 근거가 된다.

앨로우는 피분석자가 분석 이후 스스로의 삶을 살아가려는 심리적 준비가 되어 있지 않을 때, 분석 경험을 유지하고자 하는 이유로 증상 악화를 보인다고 피력한다. 증상 악화의 기저에 있는 피분석자의 무의식적 혹은 의식적 동기는 다음과 같다. 분석가와의 관계 지속 욕구, 의존적인 행동 경향의 유지 욕구, 유아기 환상의 충족 욕구, 그리고 중요한 갈등의 개방 등이다. 즉 피분석자는 만족스럽고 도움이 되었던 분석가와의 관계를 지속시킴으로써 유아기적 환상을 충족시키거나, 의존적인 경향으로부터 벗어나지 않으려고 한다. 또는 치료 기간 동안 숨겨 왔던 자신의 좀 더 중요한 갈등을 종결 시기에 개방한다.

이러한 피분석자의 특성에 대한 분석가의 전문적인 조치는 다음과 같다. 피분석자의 증상 악화가 분석가와의 관계 지속이나 의존적 행동을 유지하려는 욕구, 그리고 유아기 환상을 충족시키려는 욕구인 경우에는 피분석자의 환상을 모두 분석하거나, 또는 그/그녀의 상실감을 잘 다루어야 한다. 상실감은 피분석자가 만족스러운 치료 경험은 물론 분석가와의 관계를 잃어버리는 것에 대해 갖는 아쉬움과 두려움의 감정 상태이다. 분석가는 피분석자의 두려움을 충분히 나누고, 그/그녀가 느끼는 아쉬움, 두려움, 염려의 감정 상태가 자연스러운 현상임을 이해하고 전달해 주어야 한다. 그럼으로써 분석가는 피분석자의 유아기적 환상을 충족시키는 것이 아니라 좌절시켜야 한다. 이 작업을 통해 피분석자는 분석이 끝난 후에도 자신의 삶을 현실적으로 수용하고 독립적인 존재로서 살아가게 된다.

예외적으로 피분석자의 숨겨온 갈등이 종결 시기에 개방되면 분석가는 치료 기간을 더 연장시킬 수 있다. 이러한 임상적 판단은 중요하다. 뒤늦게 개방된 피분석자의 갈등 주제가 앞으로의 분석 장면에서 유효하게 다루어질 수 있는 주제인지 여부를 판단하여 분석가는 치료 기간을 연장하거나 종결해야 한다.

정신분석 미술치료의 종결 시기에 피분석자가 느끼는 상실감을 완화시킬 수 있는 방법으로 "중간 대상(the transitional object)"(Rubin, 1984: 64)을 활용할 수 있다. 중간 대상은 대상관계 미술치료의 핵심 개념인 동시에 정신분석 미술치료의 특수한 개념이다. 정신분석 미술치료가 피분석자 · 예술 · 분석가의 삼자 관계에서 이루어지는 특성을 감안하면, 분석 기간 동안 창조된 피분석자의 예술 작품은 치료의 중간 대상이 된다. 예술 작품은 피분석자의 심리적 현실(내적 세계)과 외적 세계가 모두 기여하는 경험의 중간 지대로서 치료가 종결된 후에도 피분석자로 하여금 분석가와의 분석 경험을 기억하게 하는 지속적인 안식처가 된다. 따라서 분석가는 종결 시기에 피분석자 작품의 포트폴리오나 작품 파일을 피분석자에게 선물함으로써, 중간 대상이 된 작품(기록)은 그/그녀의 상실감을 완화시키고 종결 후 삶의 변화를 지속시키는 대상이 된다.

이상과 같이 초기는 첫 면담과 정신분석 진단, 중기는 투사와 전이의 발달 그리고 훈습, 후기는 전이의 해소와 종결로 정신분석 미술치료 과정이 이루어진다. 전체적인 치료 과정은 피분석자의 정신 구조와 증상에 따라 다양한 치료 기간이 요구된다. 신경증 구조에서 증상을 지닌 피분석자는 통찰 치료가 규칙적으로 진행되는 경우 2년 이상의 기간으로 의미 있는 변화가 가능하다. 이와 달리 도착증 구조(경계선적 수준)에서 증상을 지닌 피분석자의 경우, 지지 치료와 통찰 치료가 병행되는 표현 치료는 2~5년 이상의 장기간이 요구된다. 정신증 구조에서 심각한 증상을 지닌 피분석자는 지지 치료와 약물 치료가 병행되는 장기간 혹은 평생의 긴 치료 기간이 요구될 수 있다. 이는 정신분석 미술치료가 '구조적 진단법'을 토대로 하여 증상을 발생시키는 정신 구조의 변화를 다루기 때문이다. 즉 정신분석 치료는 '증상 치료'와, 증상의 토대가 되는 '정신 구조 치료'를 병행하기 때문이다.

프로이트는 치료 기간에 대해 적절한 순간에 선택만 잘한다면 효과적이라고 말한다. 동시에 치료 기간이 분석 작업의 완전한 성취를 보장하지는 못하기 때문에 치료 기간에 대한 일반적인 규칙이 없음을 설명한다. 따라서 그는 "치료 기간의 결정은 분석가의 직관에 달려 있다"(Freud, 1937a: 219)고 피력한다. 이처럼 정신분석 미술치료의 기간 역시 일반적인 규칙은 없다. 정신분석 미술치료에서 중요한 점은 기간의 길이보다 피분석자의 증상을 발생시키는 정신 구조의 의미 있는 변화의 여부이다.

미국의 대상관계 임상가인 마이클 스타터(Michael Stadter)는 치료의 "이중 초점(the dual focus)"(Stadter, 1996: 109-112)에 대해 주목한다. 그는 치료에서 두 가지 수준에 초점을 두는데, '증상 초점(the symptomatic focus)'과 '역동 초점(the dynamic focus)'이다. 증상 초점은 피분석자의 심리적 고통이나 증상 문제를 다루는 것이고, 역동 초점은 근본적인 정신역동 구조를 다루는 것이다. 그는 두 가지 초점은 연결되기 때문에 분석가는 두 초점을 모두 이해하고 치료적으로 다루어야 함을 피력한다.

이처럼 정신분석 미술치료에서 분석가는 피분석자의 정신 구조와 증상을 모두 고려해야 한다. 따라서 장기 치료에서는 피분석자의 증상과 정신 구조 양자에 치료적 초점을 두고, 단기 치료에서는 피분석자의 정신 구조에 대한 이해가 전제된 조건에서 증상에 대한 치료적 초점을 두어야 한다. 피분석자의 증상을 발생시키는 정신 구조의 변화는 궁극적으로 정신분석 치료의 목표와 연결된다.

2. 정신분석 미술치료의 목표

국내 미술치료에서 정신분석 미술치료의 목표는 '무의식의 의식화' 정도로 간단히 소개되어 있다. 이는 피분석자가 억압된 무의식을 예술을 통한 통찰을 통해 의식화하는 것을 정신분석 미술치료 목표로 이해해 온 것을 반영한다. 프로이트는 『새로운 정신분석 강의』에서 정신분석 치료 목표를 "Wo Es war, soll Ich werden"으로 제시한다. 이를 제임스 스트레이치(James Strachey)가 "Where id was, there ego shall be"(Freud, 1933a: 80)로 옮긴 것에 대해 일부 국내 연구자들이 무의식의 의식화라고 단편적으로 이해한 것이다.

그러나 프로이트의 정신분석을 좀 더 면밀히 이해하면 치료의 목표는 그보다 심층적인 의미를 담고 있다. 정신분석 미술치료의 목표는 피분석자의 "자아의 기능을 위하여 가능한 최선의 심리적 조건을 세우는 것(The business of the analysis is to secure the best possible psychological conditions for the functions of the ego)"(Freud, 1937a: 250)이다. 프로이트에 따르면, 분석 경험, 즉 신경증과 성격 이상으로부터 인간을 해방시키는 것은 긴 숨을 요구하는 작업이다.

정신분석 치료 목표인 최선의 심리적 조건은 피분석자 개인마다 다르다. 프로이트는 분석 치료 성공의 결정적인 세 가지 요인을 밝힌다. 구체적으로 "① 정신적 외상의 영향, ② 충동의 기질적인 힘, ③ 자아의 변화"(앞의 책, 224)이다. 즉 피분석자의 최선의 심리적 조건은 그/그녀의 정신적 외상의 영향, 개인의 충동의 강도, 그로 인한 자아의 상태가 복합적으로 작용하면서 세워지는 것이다. 치료 과정을 통해 피분석자는 이드 · 자아 · 초자아 간의 최적의 상태의 정신 구조로 변화해 나간다. 프로이트에 따르면 '충동의 통제를 확실히 함으로써 치료가 이루어진다'는 것은 엄밀히 이론적으로는 항상 옳지만 실제로는 항상 옳은 것이 아니다. 본질적으로 분석의 힘은 제한적이기 때문에, 분석의 최종 결과는 항상 서로 갈등하는 "심급들의 상대적인 힘"(앞의 책, 230)에 달려 있기 때문이다. 따라서 피분석자의 갈등하는 심급들의 상대적 힘과 그 조화에 따라 최선의 심리적 조건은 개별적으로 고유하게 세워지게 된다.

맥윌리엄스는 정신분석 치료 목표를 크게 세 가지로 주해한다. "첫째, 피분석자가 자신의 가장 원시적이고 혼란스러운 측면까지 이해하는 것, 둘째, 자신에 대한 열정을 발달시키는 것, 셋째, 오래된 갈등을 새로운 방식으로 해결하는 자유를 확장하는 것이다"(McWilliams, 1994: 143). 프로이트는 『히스테리 연구』 중 「히스테리 심리치료」에서 피분석자의 분석의 목표에 관한 질문에 다음과 같이 대답한다.

> "아니, 지금 선생님은 제 병이 아마도 제 삶의 사건과 관련이 있을 거라고 말씀해 주시는데, 이러한 것들을 결코 바꿀 수는 없는 것 아닙니까? 그렇다면 어떻게 해서 나를 도와주실 수 있다는 겁니까?" 그러면 나는 다음과 같이 답할 수 있다. "저보다는 운명이 당신의 병을 낫게 해 주는 것이 쉽겠지요. 그렇지만 '당신의 히스테리로 인한 비참함을 보통의 일상적인 불행 정도로 바꾸는 데 우리가 성공한다면(if we succeed in transforming your hysterical misery into common unhappiness)' 많은 것을 얻을 수가 있다고 자신을 설득할 수 있을 것입니다. 정신생활이 건강을 되찾는다면 그러한 불행에 대해 더 잘 대응할 준비가 되어 있을 것입니다."(Breuer & Freud, 1893–1895: 305)

프로이트의 정신분석의 초기 저작에서 우리는 정신분석 미술치료에 대한 중요한 의미를 배울 수 있다. 종결할 수 있는 분석과 종결할 수 없는 분석이 있듯, 정신분석은 모든 증상에 대한 치료나 해답이 아니다. 다만 정신분석 치료는 피분석자의 '증상으로 인한 비참한 고통을 일상의 불행 정도로 바꿀 수 있는 것'에 지나지 않는다. 그러나 그것은 피분석자의 삶에서는 큰 변화이다. 피분석자가 분석 경험을 통해 자신의 가장 원시적이고도 혼란스러운 측면을 이해하고, 자신에 대한 애정으로 열정을 발전시키며, 그로 인해 가져온 정신 구조의 의미 있는 변화는 오래된 갈등을 새로운 방식으로 해결하는 자유를 확장하게 한다. 이러한 분석 경험을 한 피분석자의 삶은 분석 경험을 하지 않은 피분석자의 삶과는 다르다. 분석 경험을 한 경우 피분석자의 삶은 억압을 위해 요구되었던 삶의 에너지가 좀 더 성장적이고 창조적인 삶을 위해서 사용된다. 그럼으로써 그/그녀의 삶의 자유가 확장된다.

필자의 임상 경험에 따르면, 삶에서의 좌절과 상처가 큰 이유로 비현실적인 기대와 바람에서 환상과 같은 상태를 희망하며 살아가는 피분석자를 생각보다 자주 만나게 된다. 이러한 피분석자의 환상의 배경에는 깊은 좌절, 고통, 상처의 개인사가 존재하고, 극단적인 경우에 환상은 망상으로 이어진다. 따라서 피분석자는 분석 경험을 통해 환상 자체를 인정하고 현실을 수용하며 살아갈 수 있도록 그/그녀의 삶을 재구성해야 한다. 증상은 피분석자가 억압을 함으로써 잊고 있었던 무의식에 대한 그/그녀의 삶의 타협 형성물이다. 따라서 분석가는 투사와 전이의 반복을 통해 발견되는 피분석자의 무의식을 자료로 삼아 그/그녀의 삶을 재구성할 수 있도록 촉진해야 한다. 이러한 측면에서 분석가의 역할은 피분석자의 역사를 탐구하고 유물을 발굴하는 고고학자와 같다. 분석가는 피분석자의 유물을 통해 삶의 재구성을 촉진하는 측면에서 고고학자보다 한 걸음 더 나아간다.

요컨대 정신분석 미술치료는 환상과 같은 불행 없는 행복, 또는 갈등 없는 삶이나 사랑이 아닌 갈등과 불행이 있음에도 불구하고 더 나은 삶의 방향을 찾아가는 힘을 키우는 작업이다. 또한 피분석자가 이전과는 다른 방식으로 고통을 슬기롭게 극복해 나감으로써 삶의 자유를 확장하는 과정이기도 하다. 이는 바로 자신과 삶의 진실 탐구로 향하게 하는데, 이것이 정신분석 미술치료의 궁극적인 목표이다.

3. 정신분석가의 의미와 역할

이 절에서는 정신분석가(정신분석 미술치료자)의 의미와 전문적인 역할에 대해 살펴본다. 프로이트는 「종결할 수 있는 분석과 종결할 수 없는 분석」에서 분석을 '분석가가 능력과 인내를 갖고 있다면, 자연스러운 종결에 이를 수 있는 것'으로 설명한다. 또한 그는 "분석의 성공은 분석가가 자신의 실수와 잘못으로부터 얼마나 배우고, 자신의 성격의 약점을 얼마나 개선시키느냐에 달려 있음”(Freud, 1937a: 247)을 피력한다. 이는 분석에서 분석가의 노력과 역할이 중요함을 설명하는 것이다.

프로이트는 분석가의 자격 조건으로서 상당한 정도의 ‘정상성’과 ‘공정성’을 요구하는 것이 정당함을 말한다. 이에 분석적 관계는 “진실에 대한 사랑”(앞의 책, 248)에 기초해야 한다. 더 나아가 그는 분석가의 진정한 노력으로 개인 분석의 필요성에 대해 기록한다.

> 〔분석가는〕 그의 직업에 필요한 이상적인 자격을 어떻게 얻어야 하는가? 대답은 그 자신의 개인 분석이다. 그것으로부터 그의 미래 활동을 위한 준비가 시작된다. 〔…〕 모든 분석가는 주기적으로—가령 5년마다—부끄러워하지 말고 분석을 다시 받아야 한다. 이것이 의미하는 바는 환자에 대한 치료적 분석뿐만 아니라 분석가의 분석도 끝이 있는 작업에서 끝이 없는 과업으로 변화해야 하는 것이다(Freud, 1937a: 249).

이처럼 정신분석 미술치료자는 전문적인 분석 작업의 자격을 위해 반드시 개인 분석, 즉 교육 분석을 받아야 한다. 미술치료자의 개인 분석도 끝이 있는 작업에서 끝이 없는 작업이 되어야 한다. 이는 분석가의 삶 동안 지속되어야 하는 자기 성찰과 성장을 요구하는 측면이다. 이러한 조건이 마련될 때에야 비로소 미술치료자는 좋은 사람이 되고, 전문가가 될 수 있다.

필자는 진정한 분석가를 거울에 비유하고자 한다. 정신분석 미술치료자는 자기에 대한 객관적인 이해를 바탕으로 피분석자를 만나야 한다. 주기적으로 닦아주지 않아 얼룩이 있다면, 이 거울은 피분석자의 모습을 있는 그대로 잘 반영하지 못한다. 그뿐만 아니라 얼룩진 분석가의 모습으로는 피분석자에게 좋은 타자와 안내자 그리고 이상적 모델이 될 수 없다.

프로이트는 분석가의 전문적이고도 이상적인 자격을 개인 분석으로부터 얻어야 함을 강조하는데, 분석가의 개인 분석이 전문적인 활동 준비의 시작이기 때문이다. 또한 주기적인 개인 분석의 주기를 5년 정도로 설명하는데, 이는 분석가의 개인 분석은 끊임없는 자기 발견과 성장을 위한 필수적인 과정임을 말하는 것이다. 따라서 분석가는 끝이 없는 개인 분석 작업을 통해 자신에 대한 올바르고 객관적인 이해를 바탕으로 하여 진실에 대한 사랑의 태도로 분석에 임해야 한다.

[그림 3-3] 살바도르 달리, 〈여섯 개의 거울에 일시적으로 포착된 여섯 개의 허상 속에서 영원성이 부여된 갈라를 뒤에서 그리고 있는 달리〉, 1973
캔버스에 유채, 60x60cm, 스페인 개인 소장

[그림 3-3]은 스페인의 초현실주의 화가 살바도르 달리(Salvador Dali, 1904~1989)의 작품이다. 그는 주로 프로이트의 무의식을 주제로 하여 환상을 이미지화한 예술가이다. 달리의 작품들은 우리로 하여금 무의식의 실체에 좀 더 접근할 수 있게 한다. 이 작품은 달리가 여섯 개의 거울을 바꾸어 가며 그와 갈라의 공동체적 관계를 앞모습과 뒷모습으로 형상화한 미완성 작품이다. 달리는 이 작품을 통해 반복되는 거울의 반영 속에 영원히 존속하는 갈라와 자신의 모습을 그렸다. 이 작품에서 거울은 두 사람을 반영함과 동시에 영원의 존속으로 이끈다. 이처럼 분석가는 분석 공간에서 피분석자의 거울이 됨으로써 그/그녀의 현재를 반영함과 동시에 존재의 발견을 영원으로 이끌어야 한다. 따라서 분석가는 피분석자의 존재를 비추는 맑은 거울이 되어야 한다.

루빈은 『미술치료의 기술(*The Art of Art Therapy*)』에서 미술치료자의 전문적 지식, 신념 그리고 사람됨에 대해 다음과 같이 기록한다.

> 미술치료자가 무엇을 알아야 하는지, 무엇을 믿어야 하는지, 어떤 사람이 되어야 하는지, 이 모든 것에 대해 관심을 가지는 것은 부수적인 주제처럼 보이지만 이는 좋은 미술치료의 기초를 이루는 것이다. 바람직한 미술치료자라면 반드시 이러한 기초 위에서 기능해야 한다. 이는 시간이 흐른다고 이러한 기초가 되는 것들이 자연스럽게 알아진다는 것이나 미리 짜인 행동 계획에 따라 순서적으로 배우고 믿는 어떤 사람이 될 수 있다는 것을 의미하지 않는다. 오히려 미술치료자는 개인의 전 생애를 통해 이러한 모든 영역에서 계속적으로 성장하는 것이 필요하다(Rubin, 1984: 72).

이처럼 분석가는 정신분석 미술치료에 대한 전문적 지식을 알아야 하고, 정신분석적 가치를 토대로 자신과 피분석자를 신뢰해야 한다. 또한 전 생애를 통해 지속적으로 배우고, 성찰하고, 성장하는 노력을 통해 좋은 사람이 되어야 한다. 필자는 정신분석 미술치료에 임하는 모든 이에게 자신과 타자 그리고 분석에 대한 끊임없는 배움의 노력의 필요성을 강조하고자 한다.

중요한 것은 프로이트의 정신분석에 기초한 미술치료자의 의미와 역할은 현대 정신분석 미술치료자의 의미와 역할의 기초가 되는 점이다. 따라서 분석가는 프로이트의 가르침으로부터 출발하여 좀 더 자신의 가치에 맞는 현대 정신분석 치료를 선택하여 전문적인 역할을 해 나가야 한다. 이처럼 정신분석에 대한 지식과 이해를 바탕으로 분석가는 자신과 피분석자 그리고 삶에 대한 진실 탐구를 이어 나가야 한다.

4장 정신분석 미술치료의 기법과 사례

1. 정신분석 미술치료의 주요 기법

이 절에서는 정신분석 미술치료의 과정에서 사용하는 주요 기법을 소개한다. 정신분석 미술치료 과정은 주로 구조적인 환경에서 비지시적인 방법으로 이루어진다. 구조적인 환경은 기본적인 미술 재료가 구비되어 있고 규칙적인 시간에 치료를 할 수 있는 환경을 말한다. 물리적인 환경은 “적당히 넓은 공간, 충분한 채광, 미술 도구와 미술 재료”(한국미술치료학회, 1997: 43)를 갖추면 된다. 치료 환경은 피분석자가 편안한 마음으로 예술 작업과 감상을 하고, 방해 없이 자신의 이야기를 할 수 있는 공간이면 유용하다. 최적의 정신분석 미술치료 환경이 정해진 것은 아니지만, 예술 작업과 언어 분석 작업을 하는 공간이 충분히 허용된 경우가 치료를 더욱 촉진한다. 정신분석 미술치료에서는 피분석자의 자기 분석을 촉진하는 측면에서 비지시적인 방법으로 치료를 진행하는 것이 적합하다. 다만 피분석자의 자기 통찰에 한계가 있거나, 치료 과정에서 분석가가 피분석자의 무의식에 초점적으로 접근할 때 다음의 주요 기법을 적용할 수 있다.

정신분석 미술치료의 주요 기법은 프로이트의 기본 개념에 기초하여 자유 연상화, 꿈 그림, 충동 표현하기, 반복 패턴 발견하기, 인격 구조 표현하기(이드 · 자아 · 초자아)의 다섯 가지가 있다.

이러한 기법의 적용 대상은 통찰이 가능한 아동부터 청소년, 성인, 노인에 이르기까지 다양하다. 피분석자의 정신 구조는 신경증 구조와 도착증 구조(경계선 수준)에 적용 가능하다. 정신증 구조는 주로 자유 연상화(자유화)와 지시적인 기법을 적용하면서 분석가가 직접적으로 피분석자의 꿈, 충동, 반복 패턴, 인격 구조 등을 평가하는 것이 적절하다.

미술치료의 재료는 크게 "드로잉 재료(1차원－선 작업), 페인팅 재료(2차원－면과 색채 작업), 모델링 재료(3차원－형태 작업)"(Rubin 1984: 7-12)로 구분할 수 있는데, 정신분석 치료의 매체로는 모든 미술 재료가 적용 가능하다. 특히 정신분석 미술치료에서는 피분석자의 재료 선택 및 사용과 연관된 심리적 특성을 분석가가 이해하는 것이 중요하다. 이는 정신분석 가족 미술치료자 헬렌 랜드가튼(Helen B. Landgarten)이 제시한 미술 매체의 특성에 기초한다.

랜드가튼은 "미술 매체의 특성"[1](최외선, 이근매, 김갑숙, 최선남, 이미옥, 2006: 56-70; Landgarten, 1987/2004: 28)을 도식화하여 나타낸다. 그녀는 미술치료에서 대표적인 미술 재료 열 가지를 선별하여 낮게 통제하는 재료로부터 높게 통제하는 재료에 이르기까지 미술 재료가 발생시키는 심리적 특성을 수치화하여 간명히 밝힌다. 그녀에 따르면, 젖은 점토나 수채화물감은 피분석자를 낮게 통제하여 심리적 이완을 촉진한다. 반대로 연필과 색연필은 피분석자를 높게 통제하여 심리적 긴장을 촉진한다. 이처럼 미술 재료가 촉진할 수 있는 심리적 특성에 기초하여 치료가 이루어진다. 즉 정신분석 미술치료는 피분석자의 자율적인 재료 선택과 사용을 중시함으로써, 피분석자의 자율성을 존중한다. 이에 분석가는 피분석자의 미술 재료 사용을 통해 피분석자의 심리적 특성을 이해하게 된다. 또한

---

1) [그림 4－1] 미술 매체의 특성은 랜드가튼이 『가족 미술 심리치료(*Family Art Psychotherapy*)』에서 설명하는 열 가지 미술 재료의 특성에서 낮게 통제하는 부분에 '감정과 정서 촉진', 높게 통제하는 부분에 '사고와 언어 촉진'을 필자가 추가하여 재구성한 것이다.

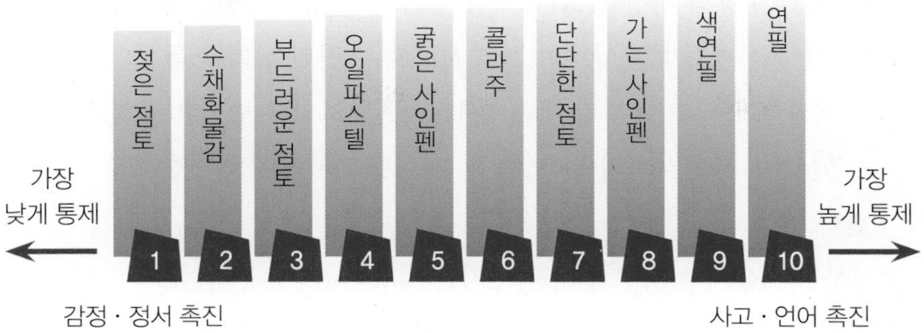

[그림 4-1] 미술 매체의 특성

피분석자가 반복적으로 사용하는 재료(매체)[2]는 그/그녀가 자신을 보호하고 유지해왔던 반복 패턴을 발견하게 함으로써 무의식에 한층 더 접근 가능하게 한다.

필자의 임상 경험에 따르면, 젖은 점토와 수채화물감 같은 재료는 피분석자의 감정과 정서를, 연필과 색연필 같은 재료는 피분석자의 사고와 언어를 촉진한다. 따라서 낮게 통제하는 재료는 '감정과 정서를 촉진하는 매체'로, 높게 통제하는 재료는 '사고와 언어를 촉진하는 매체'로 이해할 수 있다.

중요한 점은 정신분석 미술치료 과정에서 피분석자는 초기에는 한두 가지 혹은 제한된 재료를 반복하여 사용하다가 후기에는 여러 가지 재료를 사용할 수 있게 되는 점이다. 또한 후기에 피분석자가 한두 가지의 재료를 사용하더라도 그 반복적 형태가 방어 기제가 아닌 해소 기제 및 해방 기제로서 작용하는 점이다. 이는 미술치료에서 재료의 변화는 피분석자의 심리적 상태의 변화를 나타냄

---

2) 정신분석 미술치료에서 미술 재료와 관련된 여러 용어를 상세히 이해할 필요가 있다. '재료(the materials)'는 예술 표현에 직접 쓰이는 미술 재료를 말한다. '매체(the media)'는 예술 표현에 매개가 되는 미술 재료로서, 미술치료적 의미를 내포한다. 따라서 모든 미술 재료는 미술 매체가 된다. 또한 '도구(the tools)'는 피분석자의 표현을 돕는 용구로, 예컨대 수채화물감을 사용할 때 필요한 붓, 팔레트, 물통, 이젤 등을 들 수 있다. 매체는 크게 '정형 매체(the traditional media)'와 '비정형 매체(the non-traditional media)'로 구분한다. 미술치료에서 피분석자의 예술 표현에 매개가 되는 것들 중 일반적인 미술 재료는 정형 매체이고, 미술 재료가 아닌 것은 비정형 매체이다. 비정형 매체의 예로는 사진, 잡지, 나무 조각, 기타 재활용품 등이 있다. 정신분석 미술치료에서는 피분석자의 자기 표현을 촉진하기 위해, 정형 매체와 비정형 매체가 모두 중요하게 사용된다. 특히 피분석자의 개인적 경험이 연결된 비정형 매체는 자기 표현을 촉진하는 중요한 매개가 된다.

으로써, 재료 사용의 확장은 그/그녀의 심리적 상태의 확장을 반영하기 때문이다. 따라서 분석가는 피분석자의 재료 사용과 관련된 심리적 특성의 이해를 바탕으로 점차 제한되고 반복된 패턴에서 벗어날 수 있도록 치료 개입을 해야 한다. 즉 분석가는 피분석자의 투사, 반복, 전이를 연결하여 적절한 치료적 중재를 해야 한다.

정신분석 미술치료 기법의 적용 시기는 치료의 초기, 중기, 후기에 다섯 가지 기법을 모두 사용할 수 있다. 그러나 정신분석 치료 원리에 근거하면, 자유 연상화와 꿈 그림은 초·중기에, 충동 표현하기와 반복 패턴 발견하기, 그리고 인격 구조 표현하기는 중·후기에 적용하는 것이 좀 더 유용하다.

작업 시간은 정신분석 세션과 관련된다. 즉 정신분석 세션만 활용하는 경우와 세션 내외적 시간을 함께 활용하는 경우 두 가지가 있다. 전자의 경우는 일반적인 개인 분석의 시간이 50~60분, 집단 분석의 시간이 60~120분임을 고려하여, 한 세션 내 예술 작업과 언어 분석 작업을 모두 진행하는 것이다. 따라서 각 세션의 1/2 정도를 각각 예술 작업 시간과 언어 분석 작업 시간으로 사용하는 것이 적합하다. 후자의 경우에는 각 기법의 예술 작업을 과제로 하고, 언어 분석 작업은 분석 시간을 활용하는 방법이다. 이는 피분석자의 특성과 미술치료 환경에 따라 적용이 가능하다. 또한 피분석자의 분석 장면과 실제의 삶을 연결할 수 있어 훈습을 촉진하는 이점이 있다.

정신분석 미술치료 주요 기법인 자유 연상화, 꿈 그림, 충동 표현하기, 반복 패턴 발견하기, 인격 구조 표현하기에 대한 상세한 내용은 다음과 같다. 각 기법은 ① 기법 개요, ② 이론적 기초와 기법 목표, ③ 지시 사항, ④ 치료적 개입을 중심으로 설명한다.

1) 자유 연상화

(1) 기법 개요

자유 연상화는 프로이트의 자유 연상법을 예술 작업으로 적용한 미술치료 기법이다. 이 기법은 정신분석 미술치료자인 마가렛 나움버그(Magaret Naumburg)가 적용한 "자발적인 표현(the spontaneous expression)"(Ulman, 2001: 290)보다 좀 더 피분석자의 무의식을 드러낸다.

(2) 이론적 기초와 기법 목표

자유 연상법(the free accociation technique)은 "마음에 떠오르는 모든 생각—특정한 요소(단어, 숫자, 꿈의 이미지, 어떤 표상)로부터 출발한 생각이든, 자발적인 생각이든—을 선별하지 않고 표현하는 방법"(Laplanche & Pontalis, 1967/2005: 376)이다.

프로이트에 따르면, 자유 연상에서 '자유'라는 용어는 구체적으로 세 가지 의미를 갖는다. 첫째, 연상의 전개가 피분석자의 선택적 의도에 의해 방향이 정해지거나 조절되지 않는 상태를 말한다. 둘째, 피분석자의 연상은 어떠한 출발점이 주어지지 않고 자유롭게 진행되는 것을 말한다. 셋째, 자유 연상의 규칙은 피분석자의 사고의 의지적인 선택을 배제하는 것이다. 즉 자유 연상을 통해 피분석자의 의식적인 목표−표상을 버리고 나면, 감추어졌던 그/그녀의 목표−표상이 표상의 흐름을 지배하게 되어 나타난다. 이러한 자유 연상 방법이 미술치료에서 예술 작업을 통해 드러나게 하는 기법이 자유 연상화이다.

이 기법은 나움버그가 적용한 자발적인 표현보다 피분석자의 무의식적 측면을 좀 더 드러내게 하는 데 초점이 있다. 나움버그는 소파에 누워 있던 피분석자를 그림을 그리는 이젤 앞에 세운 것과 같은 자발적인 표현에 대해 다음과 같이 기록한다.

> 이것은 자발적인 표현을 수단으로 무의식을 해방시키는 방법이다. 이것의 뿌리는 환자와 치료자 사이의 전이 관계에 있으며, 자유 연상을 격려하는 데 있다. 따라서 이 기법은 정신분석적인 치료와 밀접한 관련이 있다(Naumburg, 1958: 561).

엘리너 울만(Elinor Ulman)은 나움버그의 자발적인 표현이 피분석자의 의식적인 상태가 상당 부분 개입된 미술치료 기법이라고 설명한다. 왜냐하면 나움버그는 자발적인 표현을 적용할 때, "피분석자에게 '자신의 언어를 검열하지 말라'는 지시를 하지 않았기 때문"(Ulman, 2001: 290-291)이다. 이에 자유 연상화는 피분석자가 자신의 1차 과정 사고와 2차 과정 사고를 검열하지 않고 예술 작업을 통해 표현하게 함으로써, 피분석자의 무의식적 측면을 좀 더 드러내고 통찰하도록 하는 기법이다.

이 기법의 목표는 피분석자가 자신의 무의식을 드러내고, 그 의미를 발견하도록 하는 데 있다. 따라서 피분석자가 가능한 한 자유롭게 연상하고 예술 작업을 할 수 있도록, 즉 검열의 과정을 최소화하도록 촉진한다. 예컨대, 피분석자의 원시적이고, 비현실적이며, 비합리적인 생각들로 평소에 억압된 것들을 판단하고 검열하지 않은 채 그대로 표현할 수 있도록 분석 공간을 마련해야 한다.

(3) 지시 사항

"자유 연상화를 그려 보세요. 자유 연상화는 가능한 한 당신의 생각을 판단하지 않고, 자유롭게 예술로 표현하는 것입니다. 당신의 생각이 진행되는 가운데 비현실적이고, 비합리적이며, 부도덕한 생각 등이 떠오를 수 있습니다. 그러한 생각들을 판단하지 않고 당신의 마음을 그대로 표현해 보세요. 미술 재료는 자유입니다. 당신의 자유 연상화를 시작해 볼까요?"[3]

(4) 치료적 개입

자유 연상화의 작품 해석과 치료적 개입은 작품에 나타난 형식과 내용을 토대로 피분석자의 무의식을 발견하는 것이다. 분석가는 작품의 주제나 내용이 의미

3) 이 책의 정신분석 미술치료 기법들의 지시문은 각 기법이 갖는 이론적 배경을 일정 부분 포함하고 있다. 따라서 분석가가 분석 장면에서 기법을 적용할 때, 각 기법이 내포하는 이론적 기초와 치료 목표를 이해한 채 피분석자의 이해도에 맞게 조절하여 지시문을 사용하는 것이 바람직하다. 기법의 매체는 피분석자에게 친숙한 재료 가운데, 각 기법의 주제를 가장 잘 표현할 수 있는 재료로 촉진하면 된다. 또한 분석가는 각 기법을 적용할 때, 피분석자가 예술 표현의 전, 중, 후에 개인적으로 경험한 생각이나 감정을 추가로 질문하는 것이 바람직하다.

하는 것을 통해 피분석자가 일상생활에서 억압했던 무의식을 발견하도록 치료적 초점을 둔다. 피분석자의 무의식을 발견하기 위해 자유 연상화뿐만 아니라 자유화도 도움이 된다. 자유화는 좀 더 넓은 의미의 자유 연상화로 이해할 수 있다.

2) 꿈 그림

(1) 기법 개요

꿈 그림은 피분석자가 외현된 꿈-내용을 예술로 표현하여 꿈-작업을 통찰함으로써 잠재적 꿈-사고, 즉 무의식을 발견하도록 촉진하는 기법이다.

(2) 이론적 기초와 기법 목표

이 기법의 이론적 기초는 프로이트의 『꿈의 해석』이다. 라플랑슈와 퐁탈리스는 "오랫동안 사람들은 꿈과 그것의 발현 내용을 혼동해 왔다. 이제는 꿈을 잠재 사고와 혼동해서는 안 된다"(Laplanche & Pontalis, 1967/2005: 86)고 설명한다.

꿈의 메커니즘은 크게 꿈-작업과 꿈의 해석으로 이루어진다. 꿈-작업은 잠재된 꿈-사고가 압축, 전치, 재현 가능성, 이차 가공을 거쳐 외현된 꿈-내용으로 변형되는 것이다. 이때 잠재된 꿈-사고는 피분석자의 무의식이다. 따라서 분석가는 분석 과정을 통해 피분석자의 외현된 꿈-내용을 해석함으로써 잠재된 꿈-사고를 발견하도록 촉진해야 한다.

이 기법의 목표는 피분석자가 자신의 꿈 그림을 통해 외현된 꿈-내용과 잠재된 꿈-사고 간의 간극에는 꿈-작업(압축, 전치, 재현 가능성, 이차 가공)이 있음을 이해하도록 하는 데 있다. 꿈-작업은 피분석자의 무의식이 혼란스럽고, 두려우며, 수치스러운 등 은폐하고 싶은 내용일수록 활성화된다. 피분석자의 꿈-작업에 대한 이해는 본질적으로는 그/그녀 의식과 양립할 수 없었던 무의식을 발견하고 드러내도록 하는 데 있다.

(3) 지시 사항

"평소에 꿈을 자주 꾸시는 편인가요? 당신이 꿈에서 깨어날 때의 마지막 부분만 기억이 나는 경우가 많지요. 꿈 내용을 기억한다고 해도 꿈이 몇 개의 퍼즐 조각처럼 단편적으로 생각나는 경우가 많습니다. 어떤 꿈이라도 좋습니다. 지난밤의 꿈, 혹은 당신이 유의미하게 기억하는 꿈, 반복되는 꿈이 있다면 그 꿈을 표현해 보세요. 꿈 그림 작업을 하실 때 가능한 한 당신의 생각을 평가하지 않고 자유롭게 표현하는 것이 좋습니다. 미술 재료의 선택은 자유입니다. 이제 당신의 꿈 그림을 시작해 볼까요?"

(4) 치료적 개입

꿈 그림은 분석가가 꿈의 상징적 의미를 해석해 주기보다는 피분석자로 하여금 자신의 꿈-작업을 통해 무의식을 이해하도록 촉진하는 데 초점을 두어야 한다. 피분석자가 꿈에 대해 예술과 언어로 표현하는 과정에서 압축 · 전치 · 재현 가능성 · 이차 가공 같은 꿈-작업의 기능을 이해함으로써, 외현된 꿈-내용과 잠재된 꿈-사고 간의 간극을 발견하도록 해야 한다. 또한 잠재된 꿈-사고가 무의식임을 이해하게 해야 한다. 예컨대, 피분석자에게 불편하고, 수치스러우며, 공격적인 사고일수록 꿈-작업이 활발히 이루어짐에 따라 꿈-사고와는 전혀 다른 꿈-내용으로 드러난다. 따라서 분석가는 꿈의 메커니즘에 대한 이해를 기초한 후, 꿈 그림을 통해 피분석자의 무의식을 발견할 수 있도록 해야 한다.

꿈 그림의 치료적 개입의 형태는 세 가지가 있다. 첫째, 피분석자가 분석 과정에서 꿈 이야기를 하는 경우, 둘째, 피분석자의 반복되는 꿈이 발견되는 경우, 셋째, 꿈 그림을 치료 전체 과정의 기법으로 적용하는 경우이다.

분석 장면에서 피분석자가 자신의 꿈 이야기를 자연스럽게 할 때, 꿈 그림 기법이 적용 가능하다. 이때에는 피분석자가 자신의 꿈을 표현하고, 이에 대한 생각과 감정을 나타내도록 촉진한다. 또한 분석가가 외현된 꿈-내용과 잠재된 꿈-사고가 상이한 꿈-작업을 분석해 줌으로써 피분석자가 자신의 꿈을 좀 더 깊게 탐색하여 무의식을 발견하도록 촉진한다.

피분석자가 반복되는 꿈에 대한 이야기를 하는 경우, 꿈 그림 기법을 적용할 수 있다. 이 경우는 피분석자와 분석가가 꿈의 반복 패턴과 그 의미를 이해하는 것이 중요하다. 분석가는 피분석자에게 반복되는 꿈에 대해 시작된 시기, 주제 및 내용, 빈도, 정서, 의미 등을 질문할 수 있다. 이러한 질문들은 피분석자로 하여금 자신의 반복되는 꿈에 대한 깊은 탐색과 통찰을 가능케 한다. 본질적으로 분석가는 반복되는 꿈의 메시지가 피분석자의 무의식임을 이해하도록 촉진해야 한다.

피분석자가 자주 꿈을 꾸고 그 의미를 중요하게 생각하는 경우, 꿈 그림을 전반적인 치료 기법으로 적용할 수 있다. 이 경우에는 피분석자가 분석 회기 전에 꾸었던 꿈을 그리는 것이 치료의 중심 구조가 된다. 이처럼 꿈 그림을 주요 기법으로 활용하는 경우, 피분석자가 꿈 작업을 좀 더 잘 이해하는 이점이 있다.

이상과 같이 꿈 그림은 피분석자가 꿈을 예술 작업으로 가사화함으로써, 꿈이 무의식의 소원 성취를 추구하는 무의식의 기억, 심리적 현상, 타협 형성물임을 이해하게 된다. 따라서 피분석자가 꿈을 통해 자신의 무의식을 발견할 수 있다. 이러한 꿈의 해석은 피분석자로 하여금 그동안 자신의 의식과 양립할 수 없었던 무의식을 좀 더 수용하고 그 의미를 발견함으로써, 자신의 무의식에 대해 새로운 태도를 갖게 한다.

[그림 4-2]의 〈4월의 꿈〉은 50대 여성 D의 꿈 그림이다. 이 그림은 그녀가 두 명의 동료와 사업을 추진하는 시기에 작은 갈등을 겪으면서 꾼 꿈을 그린 작품이다. 그녀의 꿈에 대한 기록을 통해 꿈 그림을 분석해 볼 수 있다.

이 꿈에서는 인물과 배경의 묘사를 통해 숫자 셋(3)이 자주 등장한다. 숫자 셋은 D 자신을 포함한 사업 동료들을 나타내기도 하고, D의 내면의 세 가지 자기상 혹은 세 정신 심급(무의식 · 전의식 · 의식 또는 이드 · 자아 · 초자아)을 나타낼 수 있어 압축적 요소가 된다. 세 명 중 한 명이 실제 남자임을 감안하면, 꿈-내용에서 남성이 여성으로 나타난 것에서는 압축 및 전치가 발견된다. D가 사업 동료들과의 갈등 시기에 이 꿈을 꾼 것은 의미가 있는데, 그녀는 꿈에서 눈을 감고 쉬는 모습 혹은 잠든 모습을 통해 상황을 회피하고 싶은 나르시시즘적 소망을 드

[그림 4-2] 4월의 꿈

세 명의 여자가 쉬고 있는 꿈이다. 더불어 1, 2, 3이라는 숫자가 종이 카드에 적힌 채로 보였다. 이러한 꿈 장면에서 나는 정신과 육체가 모두 충만함을 느꼈는데, 특히 육체적 충만함은 더욱 컸다. (…) 이 꿈을 통해 꿈을 행사하는 주체는 나이며, 꿈을 꾸는 자 또한 나라는 의미에서 내 무의식은 나르시시즘적인 안락하고 편안한 퇴행을 소망하는 동시에, 의식은 성공적이고 통합적인 합일을 원하는 것을 느낀다. 나의 꿈은 성공과 안락함을 추구하는 욕망을 나타내고 있으나, 결코 현실의 배제할 수 없는 갈등을 환상의 소망적 이미지로서 나타낸다.

러낸다. 동시에 D의 기록에서 엿볼 수 있듯이, 사업의 성공을 통해 자신의 삶의 안락함과 더 나아가 정신적인 합일을 이루고자 하는 소망을 나타낸다. D는 현실에서 갈등을 회피하면서 쉬고 싶은 욕구와, 성공을 통해 자신의 정신적인 합일과 삶의 통합을 이루어 가고자 하는 욕망을 타협 형성물인 꿈을 통해 소원 성취한 것이다. 이처럼 꿈은 그 꿈을 꾼 사람의 심리 현상이자 타협 형성물로서 무의식적 소원을 성취하는 데 그 목적이 있다.

꿈 그림 외에도 꿈 기록을 통한 자신의 꿈에 대한 분석은 피분석자에게도 유용한 기법이 될 뿐만 아니라 정신분석가가 스스로를 이해하고 전문가로 향할 수 있는 중요한 밑거름이 된다. 꿈 일기의 좋은 사례는 『내 무의식의 방』(김서영, 2014)을 참고할 수 있다.

3) 충동 표현하기

(1) 기법 개요

충동 표현하기는 피분석자가 자신의 충동을 이해하고 예술로 표현함으로써, 충동의 좀 더 건강한 표출과 운용을 촉진하는 기법이다. 또한 삶의 충동과 죽음 충동으로 대비되는 인간 삶의 대극성의 이해를 촉진하기 위한 기법이다.

(2) 이론적 기초와 기법 목표

충동의 이론적 기초는 프로이트의 「충동과 그 운명」과 『쾌락 원칙을 넘어서』이다. 프로이트는 본능과 충동을 구분하여, 충동을 "신체 기관 내에서 발생하여 정신에 도달하는 심리적 대표자"(Freud, 1915a: 122)로 정의한다. 또한 1920년 이후에는 삶의 충동(Eros)과 죽음 충동(Thanatos)을 설명함으로써, 인간 삶의 대극성을 설명한다. 삶의 충동은 '유기체를 점점 더 큰 통일체로 결합시키려는 에로스의 노력'이고, 죽음 충동은 유기체의 '긴장의 완벽한 삭감을 지향하는, 생물을 무생물의 상태로 환원시키는 충동'이다. 삶의 충동이 건설, 동화, 통합을 추구하는 데 비해, 죽음 충동은 파괴, 이화, 분리와 소멸을 추구한다. 중요한 점은 두 가지 충동이 우리 삶의 본질적인 양면으로 이해되고 수용되어야 하는 점이다.

이 기법의 목표는 피분석자가 자신의 충동을 자각하고 예술로 표현함으로써 충동의 건강한 표출과 운용 방법을 탐색하는 데 있다. 더 나아가 삶의 충동과 죽음 충동을 이해함으로써 자신의 충동을 수용하는 데 있다.

(3) 지시 사항

① 충동

"충동에 대해 들어 보신 적이 있나요? 충동과 비슷한 개념으로 본능이 있습니다. 그러나 두 개념은 다른 개념입니다. 본능은 생리적인 만족을 추구하는 데 비해, 충동은 신체적인 것에서 출발하지만 정신적인 만족을 추구하는 심리 현상이지요. 예컨대, 배가 고파서 음식을 먹고 생리적 만족을 얻는 것은 본능입니다. 반면, 포만감 이후에도 정신적 허기로 무엇인가를 계속 먹게 되는 것은 충동입니다. 동물이 본능을 나타낸다면, 사람만이 충동을 나타내지요. 당신의 충동을 생각하고 표현해 볼까요? 충동을 발견하기 어렵다면, 일상 중에서 당신의 의도와는 달리 반복되는 행동을 나타내 보시기 바랍니다. 재료의 선택은 자유입니다. 당신의 충동을 자유롭게 표현해 보시기 바랍니다."

② 삶의 충동과 죽음 충동

"충동은 삶의 충동과 죽음 충동이 있습니다. 삶의 충동이 건설 · 동화 · 통합적인 의미의 에로스라면, 죽음 충동은 파괴 · 이화 · 분리적인 의미의 타나토스입니다. 죽음 충동을 자살 충동으로 이해하지는 마십시오. 죽음 충동은 삶의 무기물 상태처럼 가장 편안한 상태로 회귀하고자 하는 충동입니다. 일상 중에서 당신의 삶의 충동과 죽음 충동은 어떻게 나타나는지 예술 작업으로 표현해 보시기 바랍니다. 예컨대, 당신의 삶의 충동과 죽음 충동이 누구와, 언제, 어디서, 무엇으로, 어떻게, 왜 발생하는지 다양하게 탐색해 보고 생각나는 부분을 표현해 보시기 바랍니다. 재료의 선택은 자유입니다. 당신의 삶의 충동과 죽음 충동을 표현해 볼까요?"

(4) 치료적 개입

작품 해석과 치료적 개입은 크게 두 가지로 구분된다. 첫째는 피분석자가 자신의 충동을 이해하고 건강한 표출과 운용 방법을 촉진하는 것, 둘째는 삶의 충동과 죽음 충동으로 대비되는 인간 삶의 대극(對極)을 이해하고 수용하도록 촉진하는 것이다.

전자의 치료적 개입은 피분석자로 하여금 자신의 충동을 자각하고, 예술로 표현함으로써, 그/그녀의 충동을 이해하도록 하는 것이다. 또한 충동은 억압되고 쉽게 통제될 수 있는 것이 아니므로 피분석자 자신이 좀 더 건강한 표출과 운용 방법을 찾을 수 있도록 분석가가 촉진해야 한다. 분석가는 피분석자로 하여금 충동으로 드러나는 자신의 무의식을 발견하도록 분석 공간을 마련해야 한다.

후자의 치료적 개입은 분석가가 피분석자로 하여금 자신의 삶의 충동과 죽음 충동이 발생되는 배경을 다양하게 탐색하게 함으로써 두 충동의 양상을 구체적으로 이해하게 하는 것이다. 이를 통해 피분석자가 삶의 충동과 죽음 충동을 이해하고, 가능한 한 그것을 건강하게 표출할 수 있도록 한다. 즉 충동을 억압하기보다는 건강한 표출 양상과 운용 방법을 탐색하도록 한다. 두 가지 충동은 함께 수용되어야 한다. 두 충동은 인간 삶의 대극성을 이해하는 과정이 될 뿐만 아니라, 피분석자 자신의 삶의 대극성을 이해하는 과정이 된다. 따라서 피분석자가 자신의 삶의 충동과 죽음 충동을 모두 이해하고 수용하는 것이 무의식을 발견하는 과정이자 치료적 과정이 된다.

4) 반복 패턴 발견하기

(1) 기법 개요

반복 패턴 발견하기는 피분석자가 자신의 반복되는 행동, 언어, 습관 등을 탐색함으로써 반복을 통한 무의식을 발견하도록 촉진하는 기법이다.

(2) 이론적 기초와 기법 목표

이 기법은 프로이트가 1914년 「기억하기, 반복하기, 그리고 훈습하기」에서 반복에 대해 정의한 것에 기초한다. 그는 정신분석에서 반복을 기억하는 방식으로 설명한다. 피분석자는 분석 경험과 자신의 삶에서 알지 못한 채 반복을 하는데, 이러한 반복은 기억하는 방식이고, 증상과 관련된 전이와 저항을 이해하게 하는 근본 개념이다. 바이브링은 프로이트의 논의를 이어 반복이 방어 기제, 해소 과정, 해방 기제임을 기록한다. 정신분석 미술치료에서 피분석자의 기억하는 방식으로서의 반복은 주로 예술을 통한 투사와 분석가에 대한 전이로 나타난다. 이때 피분석자의 반복은 방어 기제, 해소 과정, 해방 기제가 될 수 있다. 또는 이러한 과정들 중 두세 가지가 겹쳐 나타날 수 있다.

따라서 이 기법의 목표는 피분석자로 하여금 자신의 반복 패턴을 발견하고, 그 반복이 무의식적인 기억하기임을 통찰하게 하는 데 있다. 또한 반복이 구체적으로 방어 기제, 해소 과정, 해방 기제 가운데 주로 어떠한 기능을 하는지 통찰하도록 해야 한다. 이러한 피분석자의 통찰은 자신의 방어와 소산의 과정, 그리고 자신을 자유롭게 하는 방식이 무엇인지 이해함으로써, 반복을 좀 더 삶의 유용한 방식으로 변화시켜 나가도록 하는 기회를 제공한다.

(3) 지시 사항

"일상생활 중에서 당신이 의도하지 않게 반복하는 행동이나 언어가 있나요? 당신이 반복하는 행동 및 언어, 그리고 실수와 같은 것은 정신분석적 의미에서는 당신의 무의식적 기억하기의 과정입니다. 따라서 반복 패턴을 통해 당신의 중요한 무의식을 발견할 수 있지요. 당신의 반복되는 행동이나 언어를 탐색하고 예술 작업으로 나타내 볼까요? 재료의 선택은 자유입니다."

(4) 치료적 개입

이 기법의 작품 해석과 치료적 개입은 피분석자로 하여금 자신의 반복 패턴을 발견하고, 그에 대한 의미를 통찰하도록 분석가가 촉진하는 것이다. 구체적으로 피분석자가 자신의 반복 패턴이 무의식적인 기억하기의 과정임을 이해하고, 그 과정이 방어 기제, 해소 과정, 해방 기제 가운데 주로 어떤 기능을 하는지 발견하도록 한다. 또한 분석가는 피분석자의 반복이 전이 및 저항과 어떻게 연결되는지 발견하고, 이를 적절한 시기에 피분석자에게 해석해 주어야 한다. 반복의 한 사례를 살펴보자.

[그림 4-3]의 〈반복된 말실수〉는 정신분석 집단 미술치료에 참여한 40대 여성 R의 그림과 집단 이후의 기록이다. 이 작품을 통해 R은 평소에 반복되는 자신의 말실수와 그 의미에 대해 통찰하게 된다. 정신분석에서 말실수는 무의식을 발견하는 중요한 단서가 된다. 그렇듯 R은 집단 미술치료에서 실수의 의미를 통찰하게 됨으로써, 반복되는 행동에서 벗어나게 된다. 죽은 동생의 이름으로 아

[그림 4-3] 반복된 말실수

최근 몇 년 동안 5년 전 죽은 동생의 이름과 내 아들 이름을 혼동하여 바꾸어 부르는 실수를 한다. 나는 몇 년 동안 실수를 반복하면서 '내가 왜 그럴까?'라는 생각을 했다. 아마도 아들이 태어났을 때, 시어머니께서 작명소에서 지어 오신 이름이 남동생 이름과 같은 이유로 아들 이름을 다시 짓는 과정에서 남편이 현재 아들의 이름을 결정했던 에피소드가 있어서 그런가 보다. 작년쯤 남편이 나의 실수에 대해 "기분이 안 좋다."고 했다. 실수를 반복하면서 내가 아들에게서 남동생을 보고 있었던 것 같고, 이 사실을 인식하고 나서는 같은 실수를 하지 않게 되었다.

들을 부르는 실수 행위는 R이 동생의 죽음에 대해 충분히 상실감을 다루지 못한 데에서 기인한다. 집단 작업에서 R은 자신의 말실수에 대해 발견하고 그 의미를 통찰한다. R은 미해결 과제로 남았던 동생에 대한 미안함과 상실감을 마주하고 보듬은 후, 반복된 말실수로부터 벗어나게 된 것이다. 여기에서 R의 반복된 말실수는 그녀가 동생을 기억하는 방식으로 과거에 동생에게 전하지 못했던 사랑과 동생이 떠난 후 보듬지 못했던 자신의 상실감을 해소해 내는 과정이 된다. 이처럼 반복이 주는 무의식의 메시지에 귀를 기울이는 작업은 정신분석 미술치료에서 중요하다. 무의식은 반드시 분석 과정에서 그 의미가 다루어지고, 치료적 작업을 해야 반복이 사라진다.

5) 인격 구조 표현하기

(1) 기법 개요

인격 구조(성격 구조, 정신 구조) 표현하기는 피분석자로 하여금 자신의 인격 구조를 이해하도록 촉진하는 기법이다. 이를 통해 피분석자는 이드·자아·초자아를 구체적으로 탐색함으로써 자신의 인격 구조를 이해하고, 그러한 구조가 어떤 무의식적 욕구와 연관되는지 통찰한다.

(2) 이론적 기초와 기법 목표

이 기법은 프로이트가 『자아와 이드』에서 정신 구조를 이드·자아·초자아로 설명함으로써, 구조론 시기의 정신분석을 전개한 것에 기초한다. 또한 그가 『새로운 정신분석 강의』에서 "정신적 인격 구조"(Freud, 1933a: 78)에 대한 도식을 제공하고, 이드·자아·초자아를 정의한 것에 있다.

프로이트는 이드를 무의식의 저장소로 정의한다. 자아는 이드에서 파생된 정신 심급으로서 개인의 의식, 주의, 판단, 기억 등의 정신 과정을 조직하고, 분별하며, 통합하는 기관으로 설명한다. 또한 초자아는 오이디푸스 콤플렉스를 극복한 후, 부모의 목소리를 동일시함으로써 획득되는 자기 비판과 양심의 심급으로서 ① 금지를 명하는 감시자, ② 이상적 자아로서의 이중의 기능을 수행하는 것이다.

이 기법의 목표는 정신분석 미술치료에서 피분석자가 자신의 인격 구조를 이해하고, 이에 연관된 무의식을 발견하도록 촉진하는 데 있다. 더 나아가 인격 구조의 이해를 통해 피분석자가 자신의 심리적 상태를 좀 더 성장적인 방향으로 변화시켜 나가는 기회를 제공하는 데 있다.

(3) 지시 사항

"당신의 인격 구조(성격 구조, 정신 구조)에 대해 알고 계시나요? 당신의 인격 구조는 이드, 자아, 초자아로 구성되어 있습니다. 이드는 무의식의 저장소입니다. 자아는 당신의 정신 과정을 통합하고 균형을 유지하는 감독 기관입니다. 초자아는 당신이 부모로부터 동일시한 자기 비판과 양심의 기능을 수행하는 심급입니다. 당신의 인격 내부에는 이러한 이드, 자아, 초자아가 함께 존재합니다. 세 심급 간의 갈등과 조화에 따라 개인의 독특한 인격 혹은 성격이 형성되지요. 인격 구조 시트(sheet)에 당신의 이드, 자아, 초자아와 관련된 내면의 목소리를 자유롭게 기록해 보시기 바랍니다. 또한 이드, 자아, 초자아에 대한 정서를 색채로 표현해 보셔도 좋습니다. 당신의 인격 구조[4]를 나타내 볼까요?"

(4) 치료적 개입

이 기법의 치료적 초점은 분석가가 피분석자로 하여금 자신의 인격 구조에 대해 구체적으로 탐색하고 이를 통해 자신의 심리적 상태를 통찰하도록 하는 데 있다. 따라서 분석가는 피분석자가 자신의 이드, 자아, 초자아와 관련된 내면의 목소리를 가능한 그대로 표현할 수 있도록 분석 공간을 마련해야 한다. 또한 피분석자가 이드, 자아, 초자아를 탐색함으로써, 자신의 현재 성격(인격 구조)은 물론 그 상태와 연관된 무의식을 발견할 수 있도록 촉진한다. 더 나아가 이 기법을 통하여 피분석자가 자신의 이드, 자아, 초자아의 최선의 심리적 조건을 세울 수 있는 방향을 찾도록 분석가가 분석 공간을 마련하는 것이 중요하다.

4) 인격 구조 시트는 프로이트의 저작에 있는 '정신적 인격 구조' 도식을 발췌한 것이다. 국문 시트는 『새로운 정신분석 강의』의 서른한 번째 강의의 국역본(Freud, 1933b/1996: 108)에서, 영문 시트는 제임스 스트레이치의 영역본(Freud, 1933a: 78)에서 정신적 인격 구조 도식을 필자가 옮긴 것이다. 이는 인격 구조를 프로이트의 원전에 기초해 이해하는 동시에, 정신분석 미술치료 임상에서 피분석자의 인격 구조 이해와 통찰을 위한 기법으로 적용하고자 원 도식을 기법의 시트로 활용한 것이다. 인격 구조 시트는 부록에 싣는다.

2. 정신분석 치료의 주요 사례

이 절에서는 프로이트의 고전적 사례를 이해함으로써 정신분석 치료의 함의에 대해 살펴보고자 한다. 정신분석 치료는 피분석자의 정신 구조를 정신증, 도착증, 신경증으로 구분한다. 정신증의 대표적인 증상으로는 조현병, 조울증, 편집증이 있다. 도착증의 대표적인 증상으로는 동성애, 페티시즘, 사도-마조히즘, 노출증과 관음증이 있다. 신경증의 대표적인 증상으로는 히스테리, 강박증, 공포증이 있다.

프로이트의 주요 사례로는 히스테리의 도라 사례(Freud, 1905a), 공포증의 한스 사례(Freud, 1909a), 강박증의 쥐 인간 사례(Freud, 1909c), 편집증의 슈레버 사례(Freud, 1911), 그리고 유아 신경증의 복합 증상인 늑대 인간 사례(Freud, 1918)가 있다. 또한 정신분석 초기에 브로이어와 프로이트가 공동 연구한 히스테리의 안나 O 사례(Breuer & Freud, 1893-1895)가 있다. 이 가운데 슈레버와 늑대 인간 사례를 제외하고는 신경증의 사례이다. 이는 프로이트의 정신분석이 신경증 치료에 좀 더 유효함을 이해할 수 있는 측면이다. 이 장에서는 안나 O, 쥐 인간, 한스 사례를 살펴봄으로써 히스테리, 강박증, 공포증으로 발현되는 신경증의 구체적인 증상을 이해하고, 이에 대한 정신분석 치료의 함의를 살펴보고자 한다. 이를 통해 정신분석 미술치료의 근본 원리에 대한 이해를 돕고자 한다.

1) 히스테리의 사례: 안나 O

이 사례는 히스테리의 고전적 사례이다. 안나 O(Bertha Pappenheim, 베르타 파펜하임)는 1880년부터 1882년까지 브로이어가 분석한 21세의 여자 환자이다. 그녀는 아버지를 간호하면서 발생한 신경성 기침의 히스테리 증상 발현 이후, 2년 동안 브로이어로부터 정신분석을 받는다. 정신분석의 초기 프로이트와 브로이어는 이 사례를 함께 논의하면서 히스테리의 연구를 심화시키고, 히스테리 증상과 심리치료를 설명하는 『히스테리 연구』(Breuer & Freud, 1893−1895)를 공동 집필한다.

안나 O는 빈의 중산층 가정에서 태어난다. 그녀는 지능이 높고, 직관력이 뛰어나며, 정열적인 성격의 소유자이다. 그녀는 평소 상상력이 뛰어나 감정 상태가 과장된 편이나, 나이에 비해 성적으로 미발달된 상태였다. 그녀는 청교도적 사고방식을 지닌 가족과의 단조로운 생활에서 벗어나고자 백일몽을 즐기는 편이었다. 안나는 흉막 주위의 농양이 발생한 아버지를 간호하는 가운데 신경성 기침이 발생하면서 히스테리 증상을 나타내기 시작한다.

그녀는 신경성 기침, 팔의 마비와 목 근육의 진행성 마비, 심한 시력 장애, 착어증과 언어 장애, 공수증(hydrophobia)의 히스테리 증상을 나타냈다. 안나 O는 아버지를 간호하던 어느 날, 밖에서 들려오는 댄스 음악 소리를 듣는다. 그녀는 음악이 들리는 곳으로 가고 싶었으나 아버지를 생각해서 갈 수 없었다. 그 이후 음악 소리가 들리면 그녀는 신경성 기침을 하게 되었다. 또한 그녀가 아버지를 간호하면서 잠시 졸고 있는 사이, 꿈에서 아버지를 물려고 하는 뱀을 보고 쫓으려 했으나 팔이 말을 듣지 않았다. 꿈에서 자신의 팔과 손이 뱀과 죽은 사람들로 변해 있는 것이었다. 그녀는 악몽에서 깼으나, 그다음부터 환각 상태에서 뱀 같은 것을 보면 팔이 마비되었다. 또한 어느 날 아버지의 병상에서 눈물을 흘리던 안나 O에게 아버지가 시간을 물어보자, 그녀가 눈물을 억지로 참고 시계를 본 뒤로 시력 장애가 생겨났다.

그녀의 히스테리 증상은 정신분석 치료를 받는 중에도 이어진다. 그녀는 극심한 불안 상태에서는 기억을 상실하여 영어로 말하고, 정상적인 상태에서는 독일어나 이탈리아어로 말하는 언어 장애를 나타내었다. 또한 정신분석 치료에 몰입하면서 증상이 호전되던 중 그녀는 6주 동안 물을 마시지 못했다. 최면 중에 그녀는 자신의 영국 여자 친구에 관한 불평을 하기 시작했다. 안나 O는 친구의 집에 갔을 때, 작은 개가 컵 속에 있는 물을 마시는 장면을 본 적이 있었다. 그 당시 안나 O는 친구에게 예의상 아무 말을 못했지만, 그 장면에 대한 혐오감이 컸다. 분석 중에 안나 O는 그 기억에 관한 이야기를 한 후 물을 마실 수 있게 되었다.

이처럼 안나 O의 히스테리 증상은 억압된 무의식의 기억으로부터 출발된 것으로서 심리적인 원인이 신체적인 증상으로 '전환(conversion)'된 것이다. 이에 대한 치료는 "히스테리 증상을 일으킨 사건의 기억을 뚜렷하게 상기시켜 그에 얽혀 있는 감정(정동)을 말로 표현"(Freud & Breuer, 1893-1895: 255)하는 것이다. 즉 피분석자의 정상적인 의식 상태에 들어올 수 없었던 소산되지 못했던 관념과 감정을 언어로 표현하여 그 장면을 마주하면 히스테리는 치료된다. 이러한 히스테리의 치료는 '대화 치료'로서 막힌 부분을 뚫는 '굴뚝 청소'로 비유된다.

안나 O의 히스테리 증상과 치료의 개괄적인 기록은 다음과 같다.

표 4-1 안나 O의 증상과 치료 기록

1880년	7월	아버지 흉막 주위 종양 발현.
	8월	아버지 간호하면서 안나 O의 신경성 기침 발생.
	12월	히스테리 증상 발현 후 분석 시작 (팔의 마비와 목 근육의 진행성 마비, 심한 시력 장애, 착어증과 언어 장애). 병상에 누움.
1881년	4월	아버지의 죽음. 외상으로 증상의 호전이 중단, 불안 발작과 자살 충동 나타남. 환각 증상으로 인한 '부재' 나타남 (낮에는 무책임한 환자, 밤에는 명료한 환자).
	7월	시골집으로 이사.
	12월	히스테리 증상 악화, 만성 증상으로 이어짐. 이중 의식(낮에는 정상 의식 상태로 현재의 시간을 삶, 밤에는 2차 의식 상태로 1년 전의 시간을 삶).
1882년	6월	증상 소거. 대화 치료에 몰입. 아버지의 병실처럼 방 안을 재배치한 후 증상에서 자유로워짐.

안나 O는 1880년 8월부터 아버지를 간호하는 중 신경성 기침을 나타낸다. 그녀의 히스테리 증상은 잠복기 이후 12월에 구체적으로 발현된다. 증상은 팔의 마비와 목 근육의 진행성 마비, 심한 시력 장애, 착어증과 언어 장애 등이다. 그

녀는 이러한 증상으로 이듬해인 1881년 4월까지 병상에 누워 있게 된다. 그녀는 1880년 12월부터 정신분석 치료를 받으면서 증상이 호전되지만, 이듬해 4월 아버지의 죽음으로 여러 증상이 더욱 악화된다. 그녀는 이 시기부터 의식의 흐름에 공백이 생기는 "부재(absences)"(앞의 책, 24)와 불안 발작을 나타냄으로써 낮에는 무책임한 환자, 밤에는 명료한 정신의 처녀가 된다. 안나 O는 증상의 악화로 7월 빈 인근의 시골집으로 이사를 한다. 이사를 한 후에도 그녀는 여러 증상이 악화되어 만성화된다. 이때 그녀는 '이중 의식'을 나타내는데, 아침부터 낮까지는 정상 의식 상태이다가 저녁이 되면 2차 의식 상태가 된다. 2차 의식 상태는 일종의 소외된 의식의 상태로서 최면 상태와 비슷하다. 즉 그녀는 아침과 낮까지의 정상 의식 상태에서는 1881~1882년의 현재의 시간을 살고, 저녁의 2차 의식 상태에서는 1880~1881년의 과거의 시간을 산 것이다. 이처럼 두 가지의 의식 상태로 지난해를 다시 사는 일은 1882년 그녀의 증상이 완전히 나을 때까지 지속된다.

안나 O의 히스테리 증상은 대화 치료에 몰입하면서 조금씩 호전되기 시작한다. 그녀는 1882년 6월 자신의 방을 과거 아버지의 병실처럼 재배치한 후 히스테리 증상으로부터 자유로워진다. 이처럼 억압했던 사건들을 최면 중의 이야기를 통해 감정을 소산시키는 재생 작업을 함으로써 안나 O의 증상이 사라진 것이다. 이러한 발견은 히스테리의 핵심적인 치료법이 된다.

안나 O의 사례를 통해, 우리는 히스테리 증상을 유발하는 두 가지 심리적 요인을 발견할 수 있다. 첫째, 단조로운 가정생활과 적절한 지적 작업의 부재는 그녀로 하여금 정신적 활기와 에너지를 현실이 아닌 상상 속에서 출구를 발견하게 한다. 둘째, 그녀의 정신적 활기는 "〈개인 극장〉인 백일몽"(앞의 책, 22)을 습관화함으로써 정신적 인격을 분열시키는 밑바탕이 된다.

요컨대 히스테리는 피분석자의 개인적 억압과 특수한 심리적 상태에서 기초하고, 심리적 원인이 신체적 증상으로 전환되어 나타나는 것이 특징이다. 따라서 히스테리의 치료는 억압된 기억과 감정의 소산 작업으로 피분석자가 자신의 마음의 갈등을 풀어내는 대화 치료로 가능하다. 우리는 안나 O의 사례를 통해 정신분석 초기의 프로이트와 브로이어의 히스테리 치료법을 이해하게 된다. 더 나아가 피분석자의 예술과 언어를 통한 분석 작업으로서 억압된 기억과 감정의 소산을 촉진해야 하는 히스테리에 대한 정신분석 미술치료의 함의를 배울 수 있다.

2) 강박증의 사례: 쥐 인간

이 사례는 프로이트가 1907년부터 1908년까지 11개월간 치료하여 성공한 강박증의 전형적인 사례이다. 쥐 인간은 29세의 변호사로 군대 훈련에 참가하면서 강박 증상이 심해진다. 그가 『일상생활의 정신 병리학』(Freud, 1901)을 읽고 프로이트를 찾아오면서 분석이 시작된다.

쥐 인간의 강박 증상과 연관된 개인력은 다음과 같다.

표 4-2 쥐 인간의 개인력[5)]

1878년		출생.
1881년	(3세)	아버지에 대한 분노가 표현되다.
1882년	(4세)	1883년까지 페터 양과의 관계. 손위 누이의 죽음.
1884년	(6세)	발기되다. 부모는 자기의 생각을 읽을 수 있다고 믿다.
1885년	(7세)	리나와의 관계. 형제를 쏘다.
1886년	(8세)	학교에 들어가다. 그의 〈여자〉를 알게 되다(어린이로서).
1890년	(12세)	어린 여자아이와 사랑에 빠짐. 아버지의 죽음이라는 강박 관념.
1892년	(14세)	1893년까지 계속 종교적인 경향을 보이다.
1894년	(16세)	1895년까지 가끔 자위 행위를 하다.
1898년	(20세)	여자와 사랑에 빠지다. 아버지의 죽음이라는 강박 관념. 그에게 버림받은 여인이 자살하다.

5) 이 내용은 프로이트가 『쥐 인간: 강박 신경증에 관하여』(Freud, 1909d/1996: 74)에서 기록한 쥐 인간의 개인력에 필자가 나이를 추가하여 옮긴 것이다.

1899년	(21세)	여자가 수술받다. 아버지의 사망. 자위 행위를 시작하다.
1900년	(22세)	자위 행위를 하지 않겠다고 맹세. 12월에 여자에게 버림받다.
1901년	(23세)	여자의 할머니가 병에 걸리다. 다시 자위 행위를 시작하다.
1902년	(24세)	5월 고모의 죽음. 강박증이 나타나다.
1903년	(25세)	결혼 계획, 강박증이 심해지다. 두 번째로 여자에게 버림받다. 휴양지에서 여름 휴가를 보내다. 자살을 생각하다.
1904년	(26세)	처음 성관계를 가지다.
1906년	(28세)	〈처음으로〉 악령 방지.
1907년	(29세)	8월에 군대 훈련 참가. 10월에 분석 치료 시작.

개인력에서 보는 바와 같이, 쥐 인간은 정신분석 5년 전 고모의 죽음을 계기로 강박 증상을 나타낸다. 그 후 군대 훈련에 참가하고 그의 증상이 심해지면서 분석 치료를 시작한다. 쥐 인간이 프로이트에게 호소한 증상은 크게 세 가지이다. 첫째, 그가 좋아하는 두 사람, 즉 아버지와 사랑하는 여인에게 무슨 일이 일어날지 모르는 두려움을 느끼는 것, 둘째, 면도칼로 자신의 목을 자르고 싶은 강박 충동을 느끼는 것, 셋째, 성생활이 위축된 것이다.

일련의 그의 증상을 발생시키는 두 가지 사건이 있었다. 첫 번째 사건은 그가 군사 훈련 중 상관으로부터 동방의 쥐 고문에 관한 이야기를 들은 후, 그러한 쥐 고문이 자신의 아버지와 사랑하는 여인에게 일어날 것이라는 강박증에 시달리는 것이다. 동방의 쥐 고문은 '죄수를 잡아매고, 쥐를 몇 마리 넣은 항아리를 죄수의 엉덩이에 엎어 놓으면, 쥐가 죄수의 항문으로 들어가려고 하는' 이야기이다. 두 번째 사건은 쥐 인간이 군사 훈련 중 코안경을 잃어버린 것이다. 그는 자신의 코안경을 소포로 부탁했는데, 다음 날 소포를 전달해 준 사람은 쥐 고문을 얘기한 상관이었다. 우편 비용을 그 상관이 냈다고 했지만, 사실 비용을 대신 지불한 사람은 우체국 여직원이다. 쥐 인간은 여직원에게 돈을 갚으면 되는데, 그는 상관에게 돈을 갚아야 한다고 생각한다. 또한 상관에게 돈을 갚으면 아버지와 사랑하는 여인이 쥐 고문을 당할 것이라는 강박 관념에 시달리는 것이다. 따라서 그는 돈을 갚지도, 안 갚지도 못하는 양가적 상황에 봉착한다.

쥐 인간이 나타내는 증상의 핵심에는 아버지의 죽음에 대한 소망과 그 생각에 대한 죄책감을 느끼는 '오이디푸스 콤플렉스 갈등'이 있다. 이 갈등이 "항문 성애"(Freud, 1909d/1996: 213)의 갈등으로 퇴행함에 따라 쥐 인간은 강박 증상을 나타낸 것이다.

쥐 인간의 증상 발현 과정은 어린 시기부터 시작된다. 그는 4~5세 때 우연히 여자 가정교사의 성기를 보게 된다. 그가 그녀의 성기를 만져도 되냐고 묻자, 그녀는 비밀을 조건으로 승낙한다. 그 이후로도 그는 일정 기간 동안 그녀의 몸을 만지며 발기를 하곤 했다. 쥐 인간은 자신의 성적 욕구를 아버지가 읽을 수 있다고 믿었고, 자위 행위에 대한 아버지의 질책을 듣게 된 이후로 그의 관념에서 "아버지는 자신의 성적 즐거움을 방해하는 사람"(Freud, 1909c: 205)으로 결정된다. 따라서 그는 사춘기의 자위 행위와 첫 성교의 즐거움을 경험한 후에는 아버지의 죽음과 관련된 강박 증상을 나타낸다. 사실, 그의 아버지는 쥐 인간이 20세 때 죽었다. 그러나 그의 관념에서, 성적 욕구의 금지를 명하는 아버지는 살아서 그의 삶에 지속적인 영향을 미치는 것이다.

쥐 인간의 자살 충동은 타인에 대한 강한 공격적 분노가 자신에게 되돌려진 것이다. 그는 23세 때 사랑하는 여인이 할머니의 병간호로 멀리 떠나자, '아! 내 사랑을 빼앗아 가다니, 이 늙은이를 가서 죽이고 싶구나'와 '죽어 버려라, 그런 비열한 살의를 품다니!'의 양가적인 생각을 하게 된다. 즉 자신의 성적 욕구를 방해하는 타인에 대한 분노와 이러한 생각을 갖는 자기 처벌 욕구로 자살 충동을 느낀다. 여기에서는 쥐 인간의 공격적 충동의 대상이 타인인가 자신인가 그 대상에는 차이가 있지만 충동의 근원에는 항문기의 가학성이 존재한다. 이 가학성이 양가성을 띠는 것이다.

쥐 인간의 성생활의 위축은 아버지의 명령에 순응하는 그의 태도와 연관된다. 그의 성적 욕구 충족은 아버지의 죽음과 관련되는 것으로서, 반대로 성생활의 위축은 아버지의 명령에 순응하고 아버지와 동일시하는 그의 태도와 연관된다. 그는 사랑하는 여인을 두고 좋은 배경의 여자와 결혼한 아버지처럼, 사랑하는 여자와 돈 많은 여자 사이에서 결혼을 고민한다.

이상과 같이, 쥐 인간의 증상의 근원적 갈등은 '그의 아버지에게 복종할 것인가 아니면 그가 사랑하는 여자에게 신의를 지킬 것인가'이고, 이러한 갈등을 해결하지 못하면 두 사람에게 쥐 고문이 내려진다는 불가능한 관념으로 강박 증상이 나타난 것이다. 그의 증상의 원인은 유아기에서 찾을 수 있고, 성행위와 관련된 죄책감이 일련의 강박 증상으로 변형된 것이다.

프로이트는 강박증의 구조가 "소망, 유혹, 충동, 비난, 의심, 명령, 혹은 억제"(앞의 책, 222)와 연관됨을 설명한다. 강박증적인 생각은 "일차적인 방어적 투쟁의 흔적"(앞의 책, 224)으로서, 강박증자는 그의 욕구를 '취소(undoing)'하거나 '반동 형성(reaction formation)'하는 형태로 증상을 나타낸다. 따라서 강박증자는 자신의 성적 충동(무의식)과 그 충동에 대한 자기 처벌(의식) 사이에서 갈등하는 것이다. 이 갈등의 핵심에 오이디푸스 콤플렉스가 있고, 갈등의 항문기적 퇴행이 강박 증상이다. 쥐 인간의 경우, 그의 성생활의 중심인 성기는 쥐, 돈(할부 불입금), 항문 성애와 연상되어 강박 증상으로 나타난다. 즉 쥐 인간에게 성기, 쥐, 돈은 자신의 욕구를 충족시킬 수 있는 것이기에 타인에게 줄 수 있는 것인 동시에 줄 수 없는 것이 된다. 따라서 그는 이러한 갈등에서 양자택일을 할 수 없는 상황을 관념으로 만듦으로써 강박 증상을 발생시킨다.

프로이트는 강박증 환자의 심리적인 특성으로 "고등 교육, 지성인, 미신에 대상 상반적인 두 가지 태도, 불확실성과 의심, 현실로부터의 격리, 자신에 대한 과대평가, 죽음에 대한 생각, 결단을 내리지 못함, 중요한 사람에 대한 갈등"(앞의 책, 229-236)을 설명한다. 강박증 환자의 갈등은 바로 의식적인 사랑과 무의식적인 미움의 갈등이기도 하다. 이 갈등은 사랑에 대한 의심을 만들고, 자기 보호의 불확실성으로 반복 강박 증상을 발생시킨다. 따라서 치료는 두 가지 상반된 충동의 화해와 불가능한 관념의 반복을 통찰하게 하는 것이다. 쥐 인간은 아버지에 대한 영향력과 그의 사랑 사이의 갈등을 인식하고 수용하면서 강박 증상으로부터 벗어난다.

이처럼 우리는 쥐 인간의 사례를 통해 강박증의 원인과 특성, 그리고 프로이트의 강박증의 치료법을 이해할 수 있다. 이는 정신분석 미술치료에서 만날 수 있는 무의식적 충동을 불가능한 관념으로 방어하는 강박증의 분석에 관한 유용한 원리를 제공해 준다. 강박증 피분석자의 미술치료에서는 그/그녀 자신의 무의식과 의식의 화해에서 한 걸음 더 나아가 실제 삶에서의 자신과 타인의 화해 작업이 이루어져야 한다.

3) 공포증의 사례: 꼬마 한스

이 사례는 말 공포증을 나타내는 5세 꼬마에 대한 프로이트의 정신분석 사례로서 어린 오이디푸스 콤플렉스의 본보기이다. 꼬마 한스에 대한 정신분석은 그가 3세부터 5세까지 나타낸 불안 신경증에 관한 기록이다. 한스의 증상과 치료의 구체적인 기록은 그의 아버지가 하였고, 프로이트는 이 사례 분석을 통해 신경증의 동인(動因)이 되는 '유아 성욕론'을 타당화한다.

한스의 개인력과 치료 기록의 개괄적인 내용을 살펴보자. 한스의 증상 발현 과정은 그가 자신의 성기(penis)에 관심을 가진 3세부터이다. 한스는 3세 6개월이 되었을 때 손으로 고추를 만지다가 어머니에게 들킨 이후로 거세 콤플렉스를 얻게 된다. 그 무렵 여동생 한나가 태어난다. 그는 생물과 무생물을 페니스가 있고 없음으로 구분하는데, 여동생을 목욕시키는 장면을 보면서 "얘 고추는 아직 작아. 앞으로 자라면서 고추도 훨씬 커질 거야"(Freud, 1909a: 11)라고 말한다.

표 4-3 **한스의 개인력과 치료 기록**[6]

1903년	4월	한스 출생.
1906년	3세 3~6개월	첫 번째 보고. 여름. 첫 번째 그문덴 방문.
	3세 6개월	거세 문제 다룸. 가을. 한나 태어남.
1907년	3세 9개월	첫 번째 꿈.
	4세	새 집으로 이사.
	4세 3~6개월	여름. 두 번째 그문덴 방문. 말을 때리는 이야기.
1908년	4세 9개월	1월. 말이 쓰러지는 것에 대한 이야기. 공포증 표출.
	5세	5월. 분석 마침.

그 당시 그의 아버지가 그린 기린에 한스는 다음과 같이 고추를 그려 넣는다 (Freud, 1909b/1997: 21).

[그림 4-4] 고추가 있는 기린

6) 이 내용은 프로이트가 『다섯 살배기 꼬마 한스의 공포증 분석』(Freud, 1909b/1997: 9-10)에서 기록한 한스의 연표를 그대로 옮긴 것이다.

이처럼 페니스에 관심이 집중된 한스에게 한나의 모습은 거세의 위협을 현실화한다. 한스는 자신의 페니스를 잃을 수 있을 것에 대한 가정으로 거세 콤플렉스에 이은 말 공포증을 나타낸다. 한스는 말이 자신을 물 것을 두려워하여 밖에 나가지 못한다. 4세 때 한스는 두 번의 중요한 꿈을 꾼다. 첫 번째 꿈은 엄마가 그를 떠나는 내용이고, 두 번째 꿈은 기린 두 마리에 관한 내용이다. 한스는 두 번째 꿈 내용을 다음과 같이 이야기한다.

> "어젯밤에 기린 두 마리가 내 방에 들어왔어. 그중 하나는 키가 컸고 또 하나는 구겨진 모습이었어. 내가 그 구겨진 놈을 빼앗자 큰 놈이 소리를 치며 울부짖기 시작했어. 그러다가 이윽고 소리치는 일을 그쳤어. 그래서 나는 그 구겨진 놈 위에 올라탔어."(Freud, 1909a: 37)

한스의 꿈 내용은 전형적인 오이디푸스 콤플렉스를 보여 준다. 큰 기린은 한스의 아버지이고, 구겨진 기린은 그의 어머니이다. 꿈에서 한스는 아버지로부터 어머니를 빼앗음으로써 근친상간의 소망을 실현한다. 중요한 점은 한스에게 아버지는 자신을 거세할 수 있는 위협의 대상인 동시에 동일시하는 이상화의 대상이라는 점이다. 한스는 5세 때 행복한 결말의 꿈을 통해 아버지의 모습을 동일시함으로써, 오이디푸스 콤플렉스를 극복하고 말 공포증에서도 벗어난다. 그의 행복한 결말의 꿈 내용은 다음과 같다.

> "설비공이 와서 집게로 먼저 내 엉덩이를 떼어 내고서 다른 것을 주었어. 그다음에는 내 고추를 떼어 내고 다른 고추를 달아 주었어."(Freud, 1909a: 98)

꿈에서 설비공이 달아 준 새 엉덩이와 고추는 엄청나게 큰 것이다. 이처럼 한스는 아버지의 모습을 동일시함으로써, 아버지에 대한 무의식적 갈등이 말에게 투사된 말 공포증에서 자유로워진다. 이처럼 사랑과 미움의 양가적 감정이 공포의 대상으로 투사되는 것이 공포증의 메커니즘이다. 또한 오이디푸스 콤플렉스의 극복은 동일시의 과정을 통해서 이루어진다.

프로이트는 한스 사례 분석을 통해 세 가지 관점을 검토한다. 첫째, 이 사례는 『성욕에 관한 세 편의 에세이』에서 주장한 유아 성욕설을 뒷받침한다. 둘째, 이 사례는 신경증 가운데 공포증을 이해하도록 한다. 셋째, 이 사례는 어린아이의 정신적 삶을 조명하는 본보기가 된다. 즉 그는 한스 사례를 통해 '어린 오이디푸스 콤플렉스'의 실제적 예를 보여 줌으로써, 아동기 신경증의 전형적이고 모범적인 의미를 부여한다.

우리는 이 사례를 통해, 공포증은 피분석자의 무의식적 갈등이 공포의 대상으로 투사되어 전치된 것임을 이해하게 된다. 따라서 정신분석 과정을 통해 무의식적 갈등이 해소되어야 피분석자가 공포증에서 벗어날 수 있음을 배우게 된다. 특히 한스는 근친상간과 부친 살해로 대표되는 오이디푸스 갈등을 동일시로서 극복하는 어린 오이디푸스의 전형을 보여 준다. 더 나아가 한스의 정신분석에서 중요한 기능을 하는 그림을 통해 아동 정신분석 미술치료의 예를 볼 수 있다. 이러한 점은 프로이트가 신경증의 핵심으로 삼는 유아 성욕설과 오이디푸스 콤플렉스가 아동 정신분석에서도 유효하고, 그림을 활용할 때 치료적 효과를 높일 수 있음을 보여 준다.

이 장에서는 신경증의 하위 범주인 히스테리, 강박증, 공포증의 프로이트 치료 사례를 검토함으로써 정신분석 미술치료의 함의를 이해할 수 있다. 프로이트의 정신분석에 기초한 미술치료는 그 자체로서 독자적인 정신분석 미술치료의 한 패러다임이 되는 동시에 현대 정신분석 미술치료의 원형이 된다. II부에서는 고전적 정신분석의 유산을 잇는 현대 정신분석의 여러 패러다임, 즉 자아심리학, 대상관계이론, 자기심리학, 라캉 정신분석에 기초한 미술치료에 대해 상세히 살펴본다.

II부

현대 정신분석 미술치료

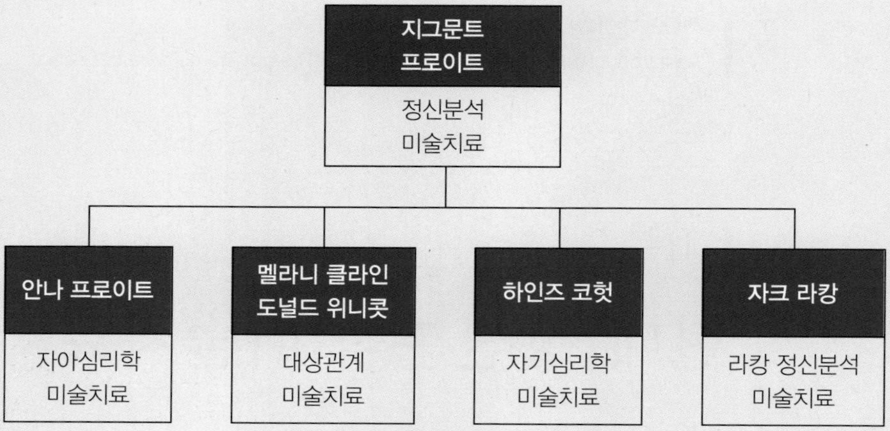

정신분석 미술치료 개요도

이 그림은 정신분석 미술치료 개요도이다. 위에서 보는 바와 같이, 현대 정신분석 미술치료는 프로이트에 기초한 정신분석 미술치료로부터 배태된다. 따라서 협의적 개념의 정신분석 미술치료, 또는 고전 정신분석 미술치료는 광의적 개념의 정신분석 미술치료 가운데 독자적인 한 패러다임이 되는 동시에 현대 정신분석 미술치료의 모체(母體)가 된다. 정신분석 미술치료는 I부에서 설명하였다. II부에서는 현대 정신분석 미술치료에 대해 상세히 다룬다. 현대 정신분석 미술치료의 이론적 기초가 되는 정신분석에 대해 좀 더 살펴보자.

현대 정신분석은 프로이트의 유산으로부터 출발한다. 무의식을 중심으로 인간의 정신 과정을 탐구한 프로이트는 그의 생애 동안 자아(the ego)와 대상(the object)의 관계에 대한 초석을 놓았으나, 엄밀히 그가 탐구한 관계는 개인내적 측면이다. 20세기부터 그의 유산을 물려받은 현대 정신분석가들은 인간의 정신 과정과 병리를 이해하는 데 개인내적 측면에서 한 걸음 더 나아가 대인관계적 측면을 고려하기 시작한다. 즉 인간의 정신 과정의 이해와 치료에서 이드의 충동에 기초한 환상의 작용을 강조할 것인가, 자아와 부모-자녀의 양육 관계를 강조할 것인가는 여전히 정신분석 논쟁에서 주요한 주제가 되고 있다. 따라서 현대 정신분석가들은 양자를 중요하게 여기면서 그들 사이의 복잡한 상호 관계를 인정하는 데 의견을 같이한다.

프로이트가 개인내적 심리 과정을 중시한 데 비해, 이후 분석가들이 대인관계적 측면을 인간의 근본적 욕구로 전제한 것은 19~20세기의 시대사조 가운데 정신분석이 발전한 궤적이기도 하다. 프로이트의 정신분석은 주로 19세기와 20세기 초를 배경으로 고전 물리학에서 출발한 개인주의적, 환원주의적, 객관주의적 인식론으로 서양 의학과 모더니즘의 배경 위에서 구축된다. 이에 비해 현대 정신분석은 20세기 후반과 21세기를 배경으로 현대 물리학에서 출발한 관계적, 맥락적, 주관주의적 인식론으로 동양 의학과 포스트모더니즘의 배경 위에서 구축된다. 따라서 현대 정신분석의 치료 과정은 "피분석자가 사회적 압력과 중요한 타인들의 내면화로부터 벗어나 자신의 진실한 개인적인 목소리를 내도록 발달해 가는 것"(Mitchell & Black, 1995: 214)에 초점을 둔다.

현대 정신분석은 엄밀히 말해서 하나의 응집된 사상이라기보다는 여러 이론과 그 이론들 사이의 복잡한 관계에서 지식들이 공존하는 집합체이다. 현대 정신분석가들은 인간의 "마음의 복잡성, 무의식의 정신 과정의 중요성, 개인의 주관적 경험의 지속적인 탐구 가치"(앞의 책, 206)를 공통의 중요한 원리로 삼는다. 이와 동시에 이드, 자아, 대상과 같은 프로이트의 기본 개념들을 둘러싸고 정신분석의 강조점을 어디에 두는가에 따라 여러 학파가 분리된다.

1920년대 이후 발생한 현대 정신분석의 두 가지 큰 흐름은 "이드의 절대성을 강조하면서 정신 본질을 순화되지 않는 역동성에서 찾으려는 경향과, 자아의 자율성과 방어 기능을 강조하면서 자아의 강화와 현실 적응을 돕고자 하는 경향"(김석, 2010: 109)이다. 전자는 멜라니 클라인과 자크 라캉, 그리고 유럽과 남미 중심의 정신분석학파에서 주로 나타나며, 후자는 미국 중심의 자아심리학 그리고 대상관계이론으로 대표된다. 현대 정신분석의 좀 더 상세한 분류는 미첼과 블랙이 『프로이트와 그 이후(*Freud and Beyond*)』에서 제시한 "자아심리학, 대인관계 정신분석학, 클라인 학파, 영국의 대상관계이론, 자기심리학, 현대 프로이트학파 수정주의자들"(Mitchell & Black, 1995)을 참조할 수 있다.

현대 정신분석의 여러 패러다임 가운데 이 책에서는 자아심리학(Ego Psychology),

대상관계이론(Object Relations Theories), 자기심리학(Self Psychology), 라캉의 정신분석(Lacan's Psychoanalysis)에 기초한 미술치료를 설명한다. 이른바 현대 정신분석 미술치료의 패러다임으로 자아심리학 미술치료, 대상관계 미술치료, 자기심리학 미술치료, 라캉 정신분석 미술치료를 설명하고자 한다.

이와 같은 일련의 패러다임은 한국의 개인과 집단을 이해하고 설명하는 이론이자 분석 실천 방법으로서 우리 사회에 유효한 치료적 함의를 가르쳐 주기 때문이다. 구체적으로 자아심리학 미술치료는 자아의 강화를, 대상관계 미술치료는 자기와 대상의 온전한 대상관계 형성을, 자기심리학 미술치료는 응집성 있는 자기 구조 구축을, 라캉 정신분석 미술치료는 주체적 실현을 이상적 가치이자 치료 목표로 삼는다.

이러한 현대 정신분석 미술치료 패러다임이 보여 주는 풍부한 가치는 '누가(who)—누구를(whom)—어떻게(how)'와 연결되는 다양한 정신분석 치료를 전개함으로써 피분석자로 하여금 정신 구조, 병리, 그리고 자기 삶의 의미와 가치에 맞는 적합한 치료를 모색하게 한다. 또한 현대 정신분석 미술치료의 네 가지 패러다임은 전문적이고 다양한 정신분석 미술치료의 이론과 임상적 체계를 제공한다. 이는 미술치료학의 발전과 함께 전문적인 미술치료자를 양성하는 터전이 된다. 따라서 분석가로 하여금 자기 가치와 스타일에 맞는 정신분석 패러다임을 찾게 함으로써 좀 더 전문적인 정신분석가를 양성할 수 있는 기초 자료를 마련한다. 이상과 같은 정신분석 미술치료의 다섯 가지 패러다임은 독립적인 동시에 상호 연결성을 지니면서 우리의 삶을 이해하고 치료할 수 있도록 한다.

구체적으로, II부 현대 정신분석 미술치료는 5~6장의 자아심리학 미술치료, 7~8장의 대상관계 미술치료, 9~10장의 자기심리학 미술치료, 11~12장의 라캉 정신분석 미술치료로 구성된다. 이제 풍부한 내용을 담고 있는 현대 정신분석 미술치료의 이론과 임상의 실제로 들어가 보자.

5장 자아심리학 미술치료의 이론

1. 자아심리학의 대표자, 안나 프로이트

안나 프로이트

자아심리학은 프로이트의 정신분석 유산 가운데 자아를 강조하는 현대 정신분석의 한 패러다임이다. 자아(ego)는 자기(self)와 구분되는 개념으로서, 프로이트가 1923년에 『자아와 이드』에서 설명한 자아 개념으로부터 자아심리학(ego psychology)의 기초가 마련된다. 자아심리학은 세 마리의 말을 몰고 가는 마부처럼 이드, 초자아, 외부 세계의 현실 자극을 조절하는 자아의 기능에 초점을 둔다. 기능으로서의 자아는 "지각과 기억, 인지, 정서, 행동과 양심의 요구 영역에서 분별하고 통합하고 균형 잡고 조직하는 정신 기능을 내포하는 추상화된 개념"(Hamilton, 1990: 28-29)이다. 자아는 정신 과정을 지칭하는 추상화된 개념으로서 그 자체로는 정서적인 의미를 갖지 않는다.

[그림 5-1] 런던 프로이트 박물관 내 안나 프로이트의 서재

자아 개념, 엄밀히 기능적 측면으로서의 자아를 강조하면서 발생한 자아심리학은 안나 프로이트(Anna Freud, 1895~1982)로부터 출발한다. 안나 프로이트는 프로이트의 임종까지 함께한 헌신적인 딸이자 충실한 제자이다. 그녀는 일생 동안 독신으로 살면서 프로이트의 정신분석을 계승하고자 노력하여, 자아심리학의 주창자인 동시에 아동 정신분석의 선구자가 된다.

안나 프로이트는 1923년 프로이트의 정신 기구 2차 모델을 탐구의 출발점으로 삼는다. 그녀는 이드 · 자아 · 초자아는 하나의 리비도 에너지를 나누어 사용함으로써 끊임없는 상호 갈등과 협력 관계를 갖는 세 심급의 균형자로서의 자아에 관심을 갖는다. 또한 "신경증은 이드, 자아, 초자아 간 갈등의 타협 형성 작업의 결과"(Mitchell & Black, 1995: 25)임에 따라, 정신분석 임상 과정에서도 이드 · 자아 · 초자아의 세 심급에 대한 관심이 균등하게 이루어져야 함을 주장한다. 이로써 그녀가 '이드 심리학'으로 표명되는 프로이트의 정신분석을 재평가하여 자아심리학을 창립하게 된다. 그녀가 대표적인 저서 『자아와 방어 기제(*The Ego and the Mechanisms of Defence*)』(Anna Freud, 1936)에서 밝힌 자아심리학의 분석적 입장은 다음과 같다.

무의식적인 것—그것이 어느 정신 조직에 속해 있든 간에—을 의식으로 데려오는 것이 분석가의 임무이다. 분석가는 객관적 견지에서 세 정신 조직 속에 있는 무의식적 요소들에 균등한 주의를 기울여야 한다. 다시 말해 깨달음을 위한 작업에 착수할 때 분석가는 이드, 자아, 초자아로부터 똑같은 거리에 자리 잡아야 한다(A. Freud, 1936/2015: 43).

이처럼 그녀는 피분석자의 자유 연상과 꿈을 통한 이드의 발견에만 초점을 둔다면 분석은 일방적임을 설명한다. 또한 피분석자의 저항 또는 충동이나 환상에 대한 방어, 즉 자아와 초자아에만 초점을 둔다면 이 역시 일방적인 분석임을 피력한다. 따라서 분석은 피분석자의 이드, 자아, 초자아에 고르게 관심을 두어야 함을 주장한다. 피분석자의 총체적인 정신 과정이 다름 아닌 자아심리학의 주요 탐구 주제인 자아이다.

안나 프로이트는 이 저작에서 분석 대상으로서 자아의 방어 활동을 면밀히 살펴봄으로써 방어 기제에 대한 체계적인 설명을 한다. 그녀는 자아의 방어를 피분석자의 성격 조직의 중심적인 특질로 간주하여 분석 장면에서 분석가의 역할과 분석적 입장을 재정의한다.

『자아와 방어 기제』를 좀 더 상세히 살펴보자. 이 저작은 총 4부로 구성되는데, 1부는 방어 기제 이론, 2부는 예비적 방어 단계로서의 객관적 불쾌 및 객관적 위험 회피, 3부는 대표적인 두 가지 방어로서 공격자와의 동일시 그리고 이타주의, 4부는 충동의 힘에 대한 두려움이 유발하는 방어로서 사춘기 현상에 대한 고찰을 다룬다.

구체적으로 1부는 방어 기제 이론의 개관이다. 여기에서는 자아의 기능으로서 방어 기제 형성이 기록되고, 분석가의 자아 분석은 피분석자의 "방어 기제의 인식"(앞의 책, 26)임이 서설된다. 또한 증상은 피분석자의 일정한 방어 양식 및 성격과 관련되어 있음이 설명된다. 예컨대, 히스테리는 억압, 강박증은 격리 및 취소를 주요 방어 기제로 나타낸다. 이어서 불안 및 위험의 원천에 따른 방어 과정이 해명되는데, 이른바 "성인 신경증의 도덕적 불안(초자아 불안), 유아 신경증의 현실적 불안(객관적 불안), 충동의 힘에 대한 공포로 나타나는 신경증적 불안

(이드적 불안)"(앞의 책, 77-84)이다. 안나 프로이트는 불안과 방어 기제, 그리고 이에 대한 분석의 역할을 강조한다. 즉 자아심리학에서는 피분석자가 불안에 대처하기 위해 방어 기제를 형성하고, 이는 피분석자의 성격 특성 및 증상과 연결된다. 따라서 피분석자의 불안과 방어 기제에 대한 분석이 자아심리학 치료가 된다. 이 내용은 자아심리학 미술치료 임상의 장에서 상세히 다룬다.

2부는 예비적 방어 단계로서의 객관적 불쾌 및 객관적 위험 회피 사례를 소개한다. 즉 환상에서의 부인, 말과 행동에서의 부인, 자아의 제한은 객관적 불쾌나 위험에 대한 유아 신경증의 방어적 노력이다. 예컨대, 꼬마 한스의 동물 공포증은 유아 신경증의 전형적인 사례로서, 불안에 대한 한스의 방어적 노력은 환상의 부인, 말과 행동의 부인, 자아의 제한으로 나타난 것이다.

3부는 대표적인 두 유형의 방어로 공격자와의 동일시 그리고 이타주의가 설명된다. 안나 프로이트는 공격자와의 동일시를 다음과 같이 설명한다.

> 〔공격자와의 동일시는〕 아이가 불안 대상의 어떤 특성을 내사하고 이를 통해 방금 겪은 불안 경험을 소화해 내는 것이다. 여기에서 동일시 혹은 내사 기제는 공격자 흉내를 내면서 공격자의 속성을 취하거나 그 공격성을 모방함으로써, 아이는 위협받는 사람으로부터 위협하는 사람으로 스스로를 변형시킨다. 〔…〕 공격자와의 동일시는 초자아 조직 형성을 향한 중요한 한걸음을 내딛는 것이다. 자신의 행동에 대한 타인의 비판을 내면화하고 있는 것이다. 아이가 꾸준하게 내면화 과정을 반복하고, 양육을 맡은 사람들의 특질을 내사함으로써 나름의 성격과 관점을 형성해 간다면, 초자아가 그 모습을 갖춰 나갈 수 있는 재료가 공급된다(A. Freud, 1936/2015: 148–152).

공격자와의 동일시는 복잡한 방어 기제이다. 부인이 자아의 외부 위험에 대한 반응이라면, 억압은 자아의 내적 자극의 투쟁이다. 즉 방어 기제는 외적 위험으로부터 자신을 보호하는 것(개인 외적 측면)과 내적 갈등의 결과(개인 내적 측면)로 구분할 수 있는데, 공격자와의 동일시는 양자가 함께 작용하는 방어 기제이다. 안나 프로이트의 기록처럼, 아이는 공격자의 위협으로부터 자신을 보호하면서 스스로를 변형시키는데, 공격자로부터 경험된 부모의 특성을 동일시함으로써 초자아를 형성해 나간다.

이 예를 양익준 감독의 영화 〈똥파리〉(2009)에서 찾아볼 수 있다. 삶을 거칠게 살아가는 남자 주인공의 마음속에는 가족에 대한 깊은 상처가 있다. 그는 가족에게 폭력을 행사한 아버지를 극도로 미워하는 동시에 아버지의 모습을 무의식적으로 동일시함으로써 닮아 간다. 그는 어린 시절 자신을 폭행한 아버지를 성인이 되어서는 자신이 폭행한다. 이는 그가 '위협을 받는 사람'으로부터 '위협을 하는 사람'으로의 변형이고, 아버지 모습의 내면화는 자신의 초자아를 형성한다.

안나 프로이트에 따르면, 공격자와의 동일시를 통한 공격성은 피분석자의 처벌 및 초자아에 대한 두려움이 해소된 이후에 사라질 수 있다. 즉 공격자에 대한 두려움을 극복한 이후에야 비로소 공격성이 줄어드는 것이다.

이타주의는 '투사와 동일시가 조합'된 방어 기제이다. 이 기제는 유아가 자신의 충동적 만족 추구와 부모의 권위 사이의 갈등 속에 있는 것에서 기원한다. 따라서 이타주의를 사용하는 사람은 두 가지 목적으로 이 기제를 사용한다. 하나는 타인의 충동 만족에 우호적 관심을 가지면서 자신의 충동을 만족시키는 것이고, 다른 하나는 억제되어 있던 자신의 행동과 공격성을 풀어놓는 것이다. 이타주의의 대표적인 예가 분석가나 치료자에게서 발견된다.

4부는 충동의 힘에 대한 두려움이 유발하는 방어로서 사춘기 현상에 대한 고찰이다. 안나 프로이트는 생애 주기 가운데 유아기, 사춘기, 갱년기의 유사성을 기록한다. 이 세 시기는 상대적으로 강한 이드와 약한 자아가 대립하는 시기이다. 따라서 사춘기의 충동성은 자연스러운 현상으로서 자아의 건강한 통제로 조절되어야 한다.

이상과 같이 간략하게나마 『자아와 방어 기제』를 개관함으로써 자아심리학의 임상적 함의를 배울 수 있다. 안나 프로이트를 위시한 여러 학자의 자아심리학 전통은 1930년 오스트리아 빈에서 시작하여 제2차 세계대전 중 영국으로 전파된다. 그 후 미국에서 확고하게 뿌리를 내림으로써 정신분석학계 내에서 독자적인 학파를 형성한다.

자아심리학에서 안나 프로이트의 연구의 의의는 그녀가 방어 기제를 연구하고 범주화함으로써 임상적 초점을 '이드'로부터 '자아'로 변화시켰을 뿐만 아니라 정신분석의 관심 범위를 확대시킨 점이다. 그녀는 피분석자에 대한 면밀한 관찰로 자아와 방어 기제의 작용 방식을 설명하고, 작동 수준에 따라 방어 기제를 배치한다. 이러한 연구는 성격의 영역에서 자아 과정의 보편성을 설명함으로써, 자아를 독립적인 탐구 주제로 확립시킨다. 그럼으로써 정신분석학의 관심 영역을 "증상으로부터 성격 양상으로, 즉 정신 병리에서 정상적이고도 다양한 성격 기능으로 확장"(Mitchell & Black, 1995: 30)시키게 된다.

2. 자아심리학의 기본 개념

자아심리학에서는 자아가 중심 주제로 다루어진다. 또한 자아와 직접적인 관련성을 갖는 것이 방어 기제, 성격 그리고 증상이다. 즉 자아의 기능인 이드·자아·초자아 간의 갈등과 상호 협력은 자아의 일관된 방어 양식을 사용한다. 이러한 똑같은 방어의 반복 패턴은 개인 특유의 성격을 형성하게 된다. 더 나아가 자아는 이드의 충동과 마주칠 때 특정한 방어 양식을 일관되게 사용함으로써 특정 "증상"(A. Freud, 1936/2015: 51)을 형성할 수 있다. 따라서 자아심리학에서 개인의 방어 기제를 이해하는 것은 중요한 과정이 된다. 방어 기제는 개인 심리의 역동적 측면을 보여 주는 중요한 근거가 되기 때문이다. 따라서 이 절에서는 자아심리학의 기본 개념으로 방어 기제에 대한 상세한 이해를 하고자 한다.

맥윌리엄스는 『정신분석적 진단』에서 방어 기제에 대해 상세히 설명한다. 그녀의 특징적인 관점은 일차적 방어와 이차적 방어를 구분하는 데 있다. 그녀는 정신분석 진단에서 자아 분석의 중요한 근거로 '원시적 방어의 존재'가 아닌 '성숙한 방어의 부재'를 설명한다. 즉 신경증적 수준, 경계선적 수준(도착증 구조), 정신증적 수준은 모두 원시적 방어를 사용한다. 그러나 정신증적 수준과 도착증 구조를 포함한 경계선적 수준은 신경증적 수준에 비해 성숙한 방어를 사용할 수 없거나 제한되게 사용한다. 따라서 정신 수준이 발달할수록 성숙한 방어를 사용한다. 이처럼 자아심리학에서 정신 수준을 진단하는 데 중요한 근거가 되는 자아 기능의 원시적 방어와 성숙한 방어를 이해해 보자.

일차적인 방어 과정(the primary defensive processes)은 '원시적, 미성숙, 하위'로 불리는 방어로서 자기와 외부 세계의 경계의 문제를 갖는다. 이에 비해 이차적 방어 과정(the secondary defensive processes)은 '성숙한, 진보된, 상위'로 불리는 방어로서 이드 · 자아 · 초자아 사이의 문제, 혹은 관찰 자아와 경험 자아 간의 개인 내적 경계의 문제를 갖는다. "원시적 방어가 인지 · 정서 · 행동을 미분화된 지각 방식으로 융합하는 데 비해, 성숙한 방어는 인지 · 정서 · 행동을 특정의 분화된 방식으로 전환"(McWilliams, 1994: 98)하여 사용한다. 즉 원시적 방어가 외부 세계로부터 자기를 보존하기 위한 전략인 데 비해, 성숙한 방어는 자기 내부의 문제에 관한 자기 보전 전략이다.

이러한 방어 기제는 복합적인 원인으로 형성된다. 맥윌리엄스는 "① 개인의 선천적 기질, ② 초기 아동기의 스트레스, ③ 부모나 의미 있는 타인이 보여 준 방어 모델, ④ 특정 방어 사용의 경험적 결과"(앞의 책, 97-98)가 복잡한 상호작용을 거쳐 개인의 방어 기제가 형성됨을 기록한다. 즉 방어 기제는 개인의 기질과 양육 환경 간의 여러 원인이 중층 결정된 결과이다. 방어 기제는 '자기 보호'와 '자존감 유지'의 두 가지 목적을 갖는다. 중요한 점은 개인의 자기 보호와 자존감을 유지하는 전략이 어떠한 방식인가에 따라 방어 기제의 특성이 결정되고, 이것이 과잉될 때 증상이 발생하는 점이다. 이제 이 절의 중심적인 내용인 원시적 방어 과정과 성숙한 방어 과정으로 들어가 보자.

1) 원시적 방어 과정

원시적 방어 과정으로는 철수, 부인, 전능 통제, 투사, 분열, 해리가 있다. 이들을 크게 두 범주로 구분하고자 한다. 유아와 같은 마술적 사고를 하는 점에서 철수, 부인, 전능 통제를, 개인과 외부 세계를 분리시키는 점에서 투사, 분열, 해리를 설명한다.

(1) 철수, 부인, 전능 통제

① 철수

철수, 정확히 말해서 원시적 철수(Primitive Withdrawal)는 가장 원시적인 자기 보호 반응이다. 원시적 철수는 도피, 회피와 관련된다. 원시적 철수는 사회적 대인관계 상황에서 물러나 인간관계의 스트레스를 자신의 내적 공상으로 대체하는 것이 특징이다. 원시적 철수의 예로는 약물 중독, 조현성 성격장애, 예술가, 작가, 철학자, 종교적 신비주의자, 방관자 등을 들 수 있다. 『정신장애 진단 및 통계 편람(*Diagnostic and Statistical Manual of Mental Disorders-5: DSM-5*)』에서는 조현성 성격장애(schizoid personality disorder)의 특성을 다음과 같이 기록한다.

> 이들은 그저 혼자 있기를 원한다. 타인과의 관계로부터 만족감이나, 감정, 편안함이나 의미를 얻기보다는 그저 공허하게 느낀다. 그들은 혼자 일할 수 있는 직업을 선택하고, 홀로 거주하며, 이성 교제를 꺼리고, 진정한 친구가 없다. 주변 사람들은 그들을 모든 사회적 상황에서 어색하고, 거리를 두며, 격식을 차리는 '냉담한 사람'이라고 평가한다(Frances, 2013/2014: 200).

원시적 철수를 보이는 조현성 성격장애의 전형적 모습은 대중 매체의 정신병원 장면에서 병실 한 구석에 고립된 채 외부 자극과는 무관하게 자신만의 공상이나 반복 행동을 즐기는 환자의 모습에서 잘 드러난다. 원시적 철수를 보이는 사람들은 대인관계를 회피하지만, 현실 상황을 왜곡하지는 않는다. 원시적 철수의 두 가지 예를 보자.

원시적 철수는 벨기에의 초현실주의 화가 르네 마그리트(René Magritte, 1898~1967)의 작품 〈무모한 잠꾸러기〉의 주인공처럼 잠에 든 상태와 흡사하다. 현대인들은 스트레스 상황의 현실로부터 도피하기 위해 잠을 잔다. 마그리트의 작품은 이러한 모습을 보여 주는 듯하다. 관 속에서 잠자는 인물은 죽음을 은유함으로써 새로운 영적 탄생을 한다. 그 아래의 오브제들은 여자와 남자, 성, 마음, 이성, 만남을 상징한다. 잠자는 이는 잠을 통해 피안의 세계에서 다른 삶을 영위하고 있는 것인지 모른다. 프로이트는 「나르시시즘 서론」에서 "수면 상태 역시 질병과 흡사하다"(Freud, 1914b: 83)고 설명한다. 즉 수면은 잠자고 싶은 욕망을 통해 리비도를 자아로 후퇴시키는 나르시시즘적 특성을 보여 준다. 이런 의미에서 꿈의 이기주의가 가능하다.

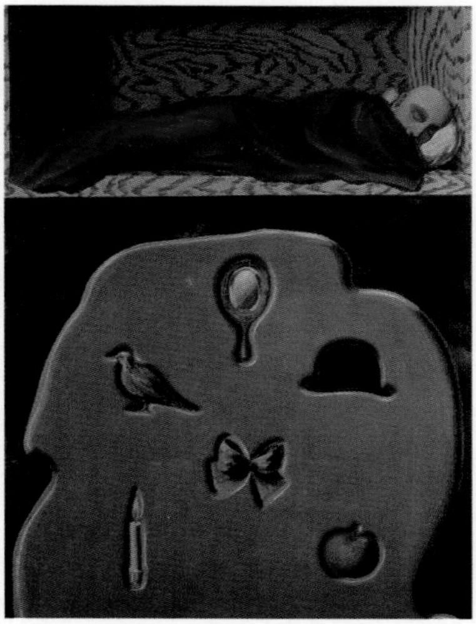

[그림 5-2] 르네 마그리트
〈무모한 잠꾸러기〉, 1927
캔버스에 유채, 115x79.4cm
런던 테이트 갤러리 소장

작품 〈요즘의 나〉는 원시적 철수를 보이는 30대 여성 S의 작품이다. S는 바라던 임신을 한 후 입덧의 고통으로 인해 현실로부터 어느 정도 거리를 두어 심리적 터널 속에 있음으로써 자기를 보호하고 위로한다. 이는 일시적인 또는 과정적인 원시적 철수로서 우리가 스트레스 상황에서 경험할 수 있는 자연스러운 반응이다.

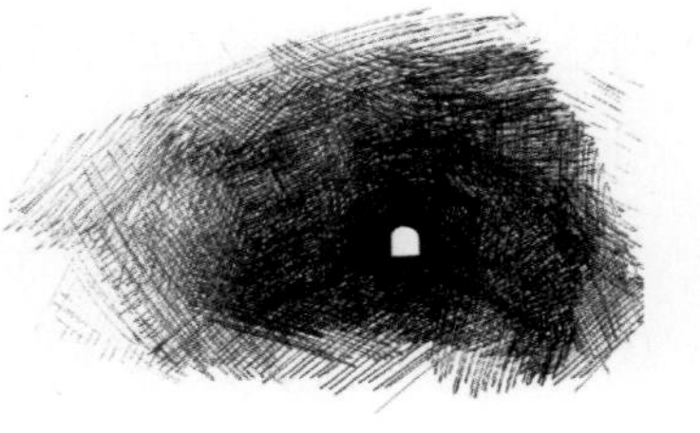

[그림 5-3] 요즘의 나

어둠이 깊은 터널 속에 있는 나를 봅니다. 기쁜 일이 분명한 아이를 품은 일이 입덧이란 고통으로 한동안 나를 흔들고 터널에 가두어 놓았습니다. 사랑하는 사람도 싫어지고 나 자신도 싫어지고……. 무서운 시간이었습니다. 고통을 참기만 하면 된다고 생각했던 것이 감정으로 번져 나를 흔드니 너무도 힘겹고 우울했습니다. 지금도 전 '저 빛이 보이는 터널의 출구로 나갈 수 있을까?' 염려하며 터널 속에 있어요. 터널 깊숙한 절망적인 곳에서 조금 나온 듯하지만 아직도 끝이 보이지 않는 터널 속의 저는 지치지 않고 통과할 수 있기를 기도하고 또 기도하여 봅니다.

맥윌리엄스는 원시적 철수의 삶의 방식을 보이는 건강한 사람들이 뛰어난 창의력을 발휘할 수 있음을 기록한다. 이는 미술치료의 유용한 근거가 된다. 예술가와 작가 그리고 철학자는 세상에서 거리를 두고 물러서 있음으로써 사회를 보다 객관적으로 바라볼 수 있고, 이를 통해 뛰어난 작품이나 사상을 창조하기도 한다.

② 부인

부인(Denial)은 불쾌한 경험이나 어떤 재앙을 만날 때 마음속에서 일어나는 '오, 아니야!'라고 말하는 것과 같이, 그 사실을 받아들이지 않는 것이다. 프로이트는 도착증에 속하는 물품 음란증(fetishism)과 정신증에서 부인의 기제가 나타남을 설명한다. 이처럼 규범에서 벗어난 성적 환상이나 욕구를 지속적으로 유지하는 것, 그리고 정신증에서 보이는 환각과 망상처럼 현실을 부정하는 감각이나 사고의 장애를 나타낼 때 부인의 기제가 작동한다. 아동의 자기중심성에 뿌리를 두는 부인은 맹목적인 낙관주의자, 조증(mania), 그리고 유아적 사고를 하는 성인에게서 나타난다.

③ 전능 통제

전능 통제(Omnipotent Control)는 마치 신생아들이 세상과 자기를 하나로 느끼는 것 같은 전능감으로 '모든 것을 통제할 수 있다'는 생각과 믿음을 갖는 것이다. 이는 프로이트가 설명한 '1차 나르시시즘' 그리고 『문명 속의 불만』에서 기록한 "영원의, 대양적 감각 혹은 감정[a sensation(feeling) of eternity, a oceanic]" (Freud, 1930: 64)과 같다. 1차 나르시시즘은 통제의 소재가 자기 바깥의 분리된 다른 사람에게 있다는 인식으로 사고가 체계화되지 못한 신생아의 사고와 같은 상태이다. 이에 비해 2차 나르시시즘은 동일시에 의해 타자(대상)로부터 자아로 흘러드는 리비도와 관련된다. 이처럼 세상과 타인에 대한 인식이 미분화된 1차 나르시시즘은 대양적 감각과 연결된다. 자신과 세상이 마치 하나인 것처럼 느껴지는 감각 혹은 감정으로서의 대양적 감정은 세상을 모두 통제할 수 있다는 믿음을 갖는 전능 통제의 바탕이 된다. 전능 통제는 조증의 삽화에서 두드러진다. 또한 전능 통제는 타인에 대한 과한 승부욕을 갖는 사람, 정치가, 군인, 사이비 종교 지도자 외에도 원초적인 권력을 행사하는 다양한 직업군에서 책임자 역할을 하는 사람들에게서 볼 수 있다.

(2) 투사, 분열, 해리

① 투사

투사(Projection, 投射)는 자신의 무의식적 사고나 공격적 충동 등을 자신의 밖으로 몰아내어 타자에게 위치시키는 것이다. 쉽게 말하면, 자신의 탓을 남의 탓으로 원인을 전가하는 것이다. 『정신분석사전』에서는 투사를 다음과 같이 기록한다.

> 정신분석에서의 고유한 의미로 투사는 주체가 자기 속에 있는 자기가 모르거나 거부하는 특성, 감정, 욕망, 대상을 자기 밖으로 추방하여 타자(사람이나 사물) 속에 위치시키는 작용을 가리킨다. 거기서 문제가 되는 것은 아주 오래된 방어이다. 그것은 특별히 편집증에서 작용하지만, 미신 같은 정상적인 사고방식에서도 발견된다(Laplanche & Pontalis, 1967/2005: 432).

이와 같은 투사는 영상을 확대하여 스크린에 비추는 프로젝터를 연상하면 쉽게 이해할 수 있다. 프로젝터의 필름이나 조명, 렌즈와 같은 핵심적인 요소는 프로젝터 안에 있지만, 영상은 외부 스크린으로 투영되어 외적인 실체 영상을 만들어 낸다. 대부분의 사람은 스크린에 투영된 외적 실체를 통해 마치 스크린에 직접적인 요소가 있는 것처럼 착각하게 된다. 투사도 투사하는 사람이 자신의 거부하고 싶은 심리적 특성을 외부 타자에게 투사하고 마치 타자에게 직접적인 원인이 있는 것처럼 착각한다. 사고를 투사하여 외부의 것으로 생각하면 사고의 왜곡 또는 망상이 되고, 감각을 투사하여 외부의 것으로 지각하면 감각의 왜곡 또는 환각이 된다.

투사는 편집증이나 편집증적 성격 특성을 나타내는 사람에게서 자주 발견된다. 또한 투사는 일반인의 정상적인 사고에서도 나타난다. 투사의 원인적 측면을 보면, 투사하는 사람은 자신의 원하지 않는 욕구와 자기상을 외현화하려는 갈망뿐 아니라 적개심 또는 질투심 등의 원인으로 투사를 하게 된다. 투사와 비슷한 기제로서 외현화(externalization)를 들 수 있는데, 투사가 관계 망상이나 피해 망상 등 병리적 기제에 좀 더 가깝다면, 외현화는 자신의 욕구나 기분, 태도, 사고를 외부 세계나 대상에 있는 것으로 지각하는 것을 말한다. 외현화는 투사보다 더 일반적인 의미를 지닌다.

② 분열

분열(Splitting, 分裂)은 3세 이전의 유아가 자신의 양육자의 좋은(all-good) 측면과 나쁜(all-bad) 측면을 나누어 지각하는 대인관계 양식의 한 기제이다. 이는 양육자의 상(image)을 하나로 통합하지 못하는 유아에게서 나타나지만, 경계선 성격장애(borderline personality disorder)의 특징적인 심리 기제이기도 하다. 또한 성인들의 일상생활에서 나타나는 분열은 선 대 악, 민주주의 대 공산주의, 지식인 대 노동자 등의 인종, 계급, 신념, 가치, 종교, 정치 등에서 볼 수 있는 극단적인 이분법적 양상이다.

분열을 나타내는 사람은 자신에게 절박하게 요구되는 선의와 안녕감을 놓치지 않고 유지하기 위해, 즉 그/그녀에게 "좋은 대상관계 경험이 너무도 미약해서 나쁜 대상관계 경험으로부터 자신과 경험을 보호"(Hamilton, 1990: 78)하기 위해 이 기제를 사용한다.

③ 해리

해리(Dissociation)는 한 인격 내에서 고통스럽고 갈등을 느끼는 한 부분을 다른 부분들과 분리시키는 방어 기제를 말한다. 해리의 예로는 "이중 인격 또는 다중 인격(dual or multiple personality), 몽유병(somnambulism), 둔주(fugue), 자동증(automatism), 자동 수서(automatic writing) 등"(기선완, 2006: 144)이 있다. 해리는 전쟁이나 자연 및 산업 재해 같은 사회적인 외상 경험에 의해서도 발생되지만, 성적 · 언어적 학대, 사고, 수술 등의 개인적 외상 경험에 의해서도 발생된다. 이처럼 외상을 경험한 사람은 일상적 스트레스와 생명을 위협하는 환경을 혼동할 수 있으며, 즉각적으로 기억을 상실하거나 완전히 다른 사람이 되어 자기 자신과 타인의 삶에서 혼란을 초래한다.

정신 병리적인 해리 장애(dissociative disorders)는 "의식, 기억, 행동, 자기 정체감에서 통합적인 기능에 갑작스러운 이상을 나타내는 장애"(권석만, 2003: 437)를 말한다. 해리는 자기 자신, 시간, 주위 환경에 대한 연속적인 의식이 단절되는 상태로서 일상생활에서 누구든지 겪을 수 있는 정상적인 경험부터 심한 부적응을 겪는 병리적 상태까지 광범위한 심리적 현상이다. 해리는 충격적 경험의 기억으로부터 자신을 보호하는 적응적인 기능을 갖지만, 부적응 양상이 지나친 경우에는 정신 병리적인 해리 장애가 된다. 이러한 해리 장애 가운데 해리성 정체감 장애의 대표적인 예는 영국의 로버트 루이스 스티븐슨(Robert Louis Stevenson)의 소설 『지킬 박사와 하이드 씨(*Dr Jekyll and Mr Hyde*)』(Stevenson, 1886)에서 볼 수 있다.

2) 성숙한 방어 과정

성숙한 방어 과정으로는 억압, 퇴행, 행동화, 성애화, 신체화, 격리, 주지화, 합리화, 도덕화, 구획화, 전치, 취소, 자기 비난, 반동 형성, 역할 역전, 동일시, 승화가 있다. 이차적 방어 과정은 방어 기제를 사용하는 사람의 자기 내부의 경계 문제, 즉 이드 · 자아 · 초자아 간 경계 문제나 경험 자아와 관찰 자아 간의 경계 문제를 포함한다. 이러한 방어 과정을 다음과 같이 구분한다. 대표적인 성숙한 방어 기제인 억압, 행동화와 연관되는 퇴행 · 행동화 · 성애화 · 신체화, 사고와 연관되는 격리 · 주지화 · 합리화 · 도덕화 · 구획화, 사고나 정서나 행동을 다른 방향으로 바꾸는 전치 · 취소 · 자기 비난 · 반동 형성 · 역할 역전 그리고 충동을 성숙하고 창조적인 방향으로 변화시키는 동일시 · 승화를 설명한다.

(1) 억압

억압(Repression, 抑壓)은 대표적인 방어 기제이다. 고유한 의미의 억압은 "충동과 결부된 표상(생각, 이미지, 기억)을 주체가 무의식 속으로 내몰거나 무의식

속에 머물게 하려는 심리 작용"(Laplanche & Pontalis, 1967/2005: 244)을 말한다. 이러한 억압은 어떤 충동의 만족이 다른 욕구에는 불쾌를 유발할 때 발생한다. 억압은 주로 히스테리에게서 대표적으로 나타나지만 다른 정상 심리나 정신 질환에서도 발생함에 따라 신경증의 보편적인 심리 과정으로 간주된다.

프로이트는 정신분석의 초기에 방어와 억압을 혼용한 바 있다. 이는 억압 작용 자체가 복잡한 방어 과정의 한 단계인 것을 의미하기도 하고, 억압의 이론적 과정이 방어 작용의 원형으로 작용하기 때문이기도 하다. 따라서 억압은 좁은 의미로는 이차적 방어 과정의 한 종류이지만, 넓은 의미로는 여러 방어 기제를 일으키는 근본 기제가 된다.

무의식적인 억압은 의식적인 억제(suppression)와 구별된다. 억압과 억제 외에도 차단(blocking)과 참기(inhibiting)를 구분할 수 있다. 억압과 차단은 수용되지 않는 충동이나 사고 등에 대한 무의식적 기제인 데 비해, 억제와 참기는 의식적인 기제이다. 무의식적 기제로서 억압은 긴장이 발생하지 않는 데 비해, 차단은 긴장이 발생한다. 의식적인 기제로서 억제에 비해 참기는 좀 더 자아 · 초자아 · 외부 환경과 연관된 의도적인 제한이다.

(2) 퇴행, 행동화, 성애화, 신체화

① 퇴행

퇴행(Regression)은 심한 좌절이나 고통의 경험으로 과거의 이전 발달 단계로 회귀하는 것을 말한다. '후퇴하다', '뒤로 물러가다'의 의미를 가진 퇴행의 가장 흔한 예는 잘 성장하던 아이가 동생의 탄생 이후 유아처럼 행동하며 이전의 발달 단계로 회귀하는 것을 들 수 있다. 특징적인 행동으로는 일시적으로 대소변을 가리지 못하거나, 언어 발달이 지연 혹은 퇴행되어 혀 짧은 소리로 발음하게 되는 경우를 들 수 있다.

프로이트는 『꿈의 해석』(Freud, 1900)에서 퇴행의 개념을 사용하는데, 꿈과 백일몽은 일종의 정상적인 퇴행 현상으로 볼 수 있다. 또한 분석 과정에서 나타나는 피분석자의 일시적인 퇴행도 정상적으로 고려할 수 있다. 그러나 이러한 퇴행 현상이 장기화되거나 과도하게 고착되는 경우, 신체화 증상이나 건강염려증, 유아적 성격 등의 병리적인 현상으로 이어진다.

② 행동화

행동화(Acting Out)는 무의식적 충동이나 욕구를 억제하거나 만족을 연기하지 않고, 무의식적이고 즉각적인 방식의 행동을 표현하는 것을 말한다. 프로이트는 「기억하기, 반복하기, 그리고 훈습하기」의 논문에서 "피분석자가 잊어버린 것들과 억압된 것들 중 어떤 것도 기억해 내지 못하고 대신 그것들을 실연한다고 말할 수 있을 것이다"(Freud, 1914a: 150)라고 기록한다. 중요한 점은 분석 장면에서 피분석자의 기억을 대체하는 것이 행동이고, 이러한 행동이 반복되는 점이다. 피분석자는 내적으로 금지된 소망과 충동, 괴로운 공포 및 기억과 연관된 불안을 다스리려는 무의식적 욕구로 행동화한다.

행동화는 분석과 연결할 때 전이와 직접적으로 연결된다. 피분석자는 분석 장면에서 분석가에게 의식적으로 말하지 못하는 것을 분석 장면의 안과 밖에서 무의식적으로 행동한다. 이때 행동화는 양면성을 띠는데, 자기 파괴적일 수 있고, 성장 지향적일 수 있으며, 때로는 양자가 혼합될 수도 있다.

맥윌리엄스는 행동화의 예로 노출증, 관음증, 가학증, 피학증의 성도착, 그리고 역(counter)이라는 접두어가 붙은 여러 용어(역공포증, 역의존성, 역적개심 등)를 든다. 또한 "히스테리는 무의식적인 성적 시나리오를, 강박증은 내적 압력과 연관된 강박 행동을, 중독된 사람은 선호하는 물질 충족을, 사회병질적 사람은 교묘한 조작 패턴을 행동화한다"(McWilliams, 1994: 140)고 설명한다.

③ 성애화

성애화(Sexualization)는 행동화의 한 종류로서 프로이트의 오랜 임상 결과에서 비롯된 것이다. 성애화는 "불안을 다스리기 위해, 자존감을 회복하기 위해, 수치심을 상쇄하기 위해, 내적인 죽음의 감각으로부터 벗어나기 위해 성(性)을 사용"(McWilliams, 1994: 140)하는 것을 의미한다.

성애화는 본능화(Instinctualization)와 비슷한 용어로 사용되는데, 성적 각성은 피분석자가 유기, 학대, 두려운 재난과 같은 외상적 상황에서 살아 있음을 느끼게 하는 수단이 된다. 또한 성애화는 상대적으로 약한 위치에 있는 사람들이 자신의 질투, 적개심, 학대에 대한 두려움을 성적 시나리오로 전환하여 사적인 힘을 공적인 힘으로 보상하려는 수단일 수 있다. 맥윌리엄스는 이러한 성애화가 '긍정적 적응인지, 사소한 습관인지, 병리적 고통인지 판단하는 것은 성인기에 사용되는 성의 맥락과 그 결과에 따라 다름'을 설명한다.

필자는 내적 불안 및 공허감을 다스리고, 자존감을 높이기 위해 성애화를 사용하는 히스테리 피분석자를 만난 경험이 있다. 그녀에게 성애화는 그녀가 살아 있음을 느끼게 하는 동시에 자신의 약한 위치를 극복하고 환상을 실연하는 도구로서 자존감을 높이는 수단이 되었다. 맥윌리엄스의 기록처럼, 성애화는 단순히 부정적으로 해석되기보다는 피분석자의 긍정적 적응 방식인지, 단순한 습관에 불과한 것인지, 병리적 고통 방식인지는 피분석자의 삶의 맥락에서 좀 더 정확히 해석되어야 한다.

분석가는 히스테리와 경계선 성격 특성을 나타내는 피분석자의 성애화가 병리적 고통 방식에서 점진적으로 긍정적 적응 방식이 되도록 촉진적인 분석 공간을 마련해야 한다. 또한 분석가는 피분석자가 성애화를 좀 더 성숙한 방어 기제로 변화시켜 나갈 수 있도록 촉진해야 한다.

④ 신체화

신체화(Somatization)는 무의식적 갈등이 신체나 신체의 특수한 기관에 특징적인 신호나 증상을 나타낸 것이다. 프로이트는 『히스테리 연구』에서 "감정이 얽힌 관념에서 비롯된 흥분은 신체적 현상으로 전환된다"(Breuer & Freud, 1893-1895: 206)고 간명히 밝힌다. 그에 따르면, 히스테리의 전환 증상은 감정과 관련된 대뇌 흥분이 말초 신경의 흥분 과정으로 바뀐 것이다. 이때 원래의 감정과 얽혀 있던 생각은 서로 분리되어 생각과 연관된 표상은 억압되고 감정은 비정상적인 신체 반사로 전환된다. 이의 대표적인 예가 히스테리 증상이다. 히스테리는 의학적으로 증명되지 않는 신체적 증상과 고통으로 괴로워하는 것이다.

필자의 임상 경험에 따르면, 히스테리는 물론 그 외에도 많은 피분석자가 신체화를 나타낸다. 예컨대, 과도한 스트레스, 충동, 환상의 좌절 등은 두통, 불면증, 위장 장애, 소화 장애와 같은 증상뿐만 아니라 각종 암과 같은 심각한 증상을 발생시키게도 된다. 따라서 분석가는 정신분석 장면에서 피분석자의 정신 작용과 관련된 신체적 증상에 관심을 기울이고, 개인의 특성에 따른 적절한 치료적 중재를 해야 한다.

(3) 격리, 주지화, 합리화, 도덕화, 구획화

① 격리

격리(Isolation, 隔離)는 고통스러운 마음이나 기억 상태의 생각으로부터 감정을 떨어뜨리는 것이다. 격리는 의식에서 감정을 떼어 내는 것으로 고통스러운 생각이나 기억은 의식 상태에 있지만, 감정은 무의식 상태로 억압하는 것이다. 격리는 해리보다는 좀 더 분별력이 있는 방어 기제이다. 강박증은 대표적인 증상으로 격리를 나타낸다. 즉 "어떤 사람의 주된 방어가 격리이고, 삶의 패턴이 지나치게 생각을 중시하고 감정을 무시하는 양상을 나타내면, 그 사람의 성격 구조는 강박사고적"(McWilliams, 1994: 123)이다. 『정신분석사전』에서 격리는 다음과 같이 설명된다.

> 〔격리는〕 강박증의 특히 전형적인 방어 기제로, 하나의 생각이나 행위를 격리시켜 다른 생각이나 환자의 그 나머지 존재와 관계를 끊어 버리는 것을 말한다. 격리 방법으로는 사고 흐름의 중단, 틀에 박힌 말투, 의례적인 행위, 그리고 일반적으로 연속적인 사고나 행위에 단절을 가져오는 모든 수단을 거론할 수 있다(Laplanche & Pontalis, 1967/2005: 43).

② 주지화

주지화(Intellectualization, 主知化)는 지성에서 정서를 분리시키는 데, 격리보다 좀 더 고차원적인 방어 형태이다. 격리를 나타내는 사람은 자신의 감정을 인식하지 못하는 반면, 주지화를 나타내는 사람은 자신의 감정이나 정서에 관해 이야기한다. 그러나 자신의 감정에 접촉하지 못함으로써, 이야기를 듣는 사람은 메마른 감정을 느낀다. 주지화의 작동 근거는 불안을 줄이기 위해 감정을 차단하고 생각으로 자신을 채우는 것이다. 이는 강박증, 지식인, 사업가 등에서 볼 수 있다.

주지화를 하는 사람은 감정을 통제하고 합리적 이성을 사용하는 측면에서 자아 강도가 강하다고 생각될 수 있으나, 실제적으로는 그/그녀가 감정조차도 관념으로 사고하는 잘 통합되지 못한 자아 기능을 갖고 있는 것이다. 주지화를 하는 사람은 생생한 삶을 경험하고 느낄 가능성이 낮으며, "성, 농담, 예술적 표현, 혹은 놀이의 즐거움을 상실할 가능성"(McWilliams, 1994: 124)이 높다.

분석 장면에서 자신의 과거 고통의 기억을 마치 책을 읽듯 말하거나 제3자의 관점으로 말하는 사람의 경우 격리나 주지화를 고려해 볼 수 있다. 이때 자신의 감정에 대해 전혀 인식하지 못하는 경우에는 격리, 감정에 대해 말을 하지만 그 감정과 제대로 접촉하지 못하는 경우는 주지화로 볼 수 있다. 이때 격리는 감정의 인식을 통해 무의식을 좀 더 의식할 수 있도록 하는 것, 주지화는 생각과 감정을 연결할 수 있도록 하는 것이 치료적 작업이다.

③ 합리화

대표적인 지적 방어로서 주지화, 합리화, 도덕화가 있다. 이러한 일련의 "지적 방어의 기본 단위는 격리"(앞의 책, 123)이다. 격리에서 파생된 합리화(Rationalization)는 이솝우화의 '신 포도의 합리화'처럼 인식하지 못한 동기로 어떤 일이 일어났을 때, '그럴 만한 이유가 있다'는 합리적 생각으로 정당화하는 것이다. 『정신분석사전』에서 합리화는 다음과 같이 기록된다.

> 〔합리화는〕 진정한 동기가 지각되지 않는 태도, 행동, 관념, 감정 등에 대해 주체가 논리적 관점에서 일관성 있는 설명이나, 도덕적 관점에서 수용할 수 있는 설명을 하는 방식이다. 특히 증상과 방어〔적〕 강박과 반동 형성의 합리화를 말한다. 합리화는 망상에도 개입해 다소 뚜렷한 체계화에 이른다(Laplanche & Pontalis, 1967/2005: 512).

합리화는 우리의 일상생활에서 가장 자주 볼 수 있는 방어 기제이다. 지적인 사람일수록 자신의 행동과 그 결과에 대한 합리화를 잘한다. 합리화는 어떠한 측면에서도 적용되기 때문에, 우리는 자신의 합리화가 갖는 적응적인 측면과 부적응적인 측면을 잘 살피면서 사용하는 것이 중요하다.

④ 도덕화

도덕화(Moralization)는 격리를 기본 기제로 삼는 측면에서 합리화와 비슷하지만, 합리화가 정당화를 위해 '인지적 근거'를 찾는 데 비해, 도덕화는 정당화를 위해 '도덕적 의무'를 찾는다. 도덕화는 교육자, 치료자, 정치인, 종교인 등에서 볼 수 있다. 맥윌리엄스는 합리화와 도덕화에 대해 "합리화는 자신이 이미 원하는 바를 이치에 맞는 말로 바꾸는 것이다. 도덕화는 원하는 것을 도덕적 의무의 영역으로 이해하는 것이다. 합리화를 하는 사람은 실망을 안겨 준 일이 '학습 경험'을 제공했다고 이야기하고, 도덕화를 하는 사람은 그것이 '인격 수양'을 하는 데 도움을 주었다고 주장한다"(McWilliams, 1994: 125)고 설명한다.

이러한 도덕화는 강력한 초자아의 기능과 연관 지을 수 있다. 도덕화는 혼란한 양가감정의 상태를 도덕적 가치에 의존함으로써 해결이나 합리화를 모색하려는 노력이다. 초자아는 합리성을 지니는 동시에 이드와 가까이 함으로써 "이드의 대변자"(Freud, 1923b: 49)와 같은 폭력성을 지닌다. 따라서 우리는 '도덕적 의무'를 표명하는 이면의 폭력성에 대해 늘 사고해야 한다. 이러한 도덕화의 예를 중세의 마녀 사냥, 스페인의 종교 재판, 히틀러의 유대인 학살 등에서 볼 수 있다.

⑤ 구획화

구획화(Compartmentalization)는 주지화, 합리화, 도덕화보다는 해리 과정에 좀 더 밀접한 방어 기제이다. 주지화, 합리화, 도덕화가 격리를 기본 기제로 삼는데, 격리가 생각에서 감정을 분리시킨다면, 구획화는 생각에서 생각을 분리시킨다. 구획화의 기능은 혼란, 죄책감, 수치심, 불안을 의식적으로 느끼지 않으면서 서로 대립하는 두 가지 상태가 공존하게 한다. 구획화는 공적 영역에서와 사적 영역에서의 삶이 불일치되는 편협하고 모순된 정치인, 지식인, 종교인, 예술가 등을 예로 들 수 있다.

필자는 학계에서 정신분석적 지식의 지적 통찰만을 이룬 분석가, 행동하지 않는 이론가를 생각보다 자주 접한다. 이른바 삶 가운데 자신의 상처와 충동을 잘 보듬지 못한 채 심리치료적 지식으로만 임상 경험을 함에 따라 윤리적 문제를 발생시키는 임상가가 드물게 있다. 또한 영원히 행동하지 않는 이론가는 자신의 이론(지식)과 실제의 삶이 분리되어 있다. 이들에게는 자신의 생각뿐만 아니라 모순된 삶을 제대로 마주함으로써 자가당착에서 벗어나는 노력이 필요하다. 이러한 점에서 분석가는 끊임없는 자기 분석과 성장의 노력을 지속하는 것이 중요하다.

(4) 전치, 취소, 자기 비난, 반동 형성, 역할 역전

① 전치

전치(Displacement)는 공격적이고 사회적으로 수용하기 어려운 무의식적 충동, 정서, 행동이 불안을 발생시킴에 따라 원래의 방향이나 대상에서 다른 방향이나 대상으로 변화하여 표출되는 것을 말한다. 전치는 전위 또는 치환과 혼용된다.

전치는 프로이트가 『꿈의 해석』(Freud, 1900)에서 설명한 꿈-작업이 이루어지는 압축, 전치, 재현 가능성, 이차 가공의 네 가지 공정 중 하나이기도 하다. 전치가 원래의 표상으로부터 다른 표상으로 이동할 때, 덜 위협적인 대상이 선택되는 것이 일반적이다.

전치와 비슷한 기제로 상징화, 대치, 승화가 있다. 상징화(Symbolization)는 "어떤 사람이나 사물에 부착된 감정적 가치를 상징적 표현으로 전치시키는 것" (기선완, 2006: 143)이다. 무의식의 언어라고 볼 수 있는 꿈, 공상, 신화, 농담이 상징화의 대표적인 예이다. 대치(Substitution)는 사회적으로 용납되는 대상, 혹은 취득 가능한 대상으로 만족될 때를 의미한다. '꿩 대신 닭'은 대치의 대표적인 예이다. 전치의 또 다른 양상인 승화는 이후에 설명한다.

② 취소

취소(Undoing, 取消)는 죄책감, 수치심과 같은 감정을 없애기 위해 무의식적으로 특정 태도나 행동을 취하여 '원상 복구'하려는 것이다. 강박증 환자의 마술적 사고처럼 여러 종교 의식과 행위에 취소의 의미가 있다. 예컨대, 도덕적이지 못한 행동을 한 사람이 자신의 죄책감을 덜기 위해 회개의 기도를 하거나 고해성사를 하는 것은 취소의 대표적인 행동이다. 이러한 행위 이후 그/그녀는 마치 면죄부를 받은 것처럼 부도덕한 행동에 대한 죄책감을 덜어 내거나 없앤다. 취소는 근본적으로 현실 자체를 없애는 것을 겨냥하는 만큼, 취소가 포함하는 마술적 속성은 일차적 방어 기제 가운데 전능 통제와 연관된다.

③ 자기 비난

자기 비난(Turning Against the Self)은 외부 대상이나 타자로 향하는 부정적인 감정이나 태도를 자기에게 돌리는 것을 말한다. 자기 비난은 부정적인 것을 타자에게 향하지 않고 자신에게 향하게 하는 점에서 어느 정도 안전감을 확보한다. 그러나 엄밀한 의미에서 자기 비난은 공격적 충동이 자기 내부에 있는 타자의 이미지로 향하는 것이다. 예컨대, 아이가 부모를 신뢰할 수 없을 때, 자기 내부의 부모 이미지를 공격하는 것이다. 이는 자신을 공격하는 습관적인 패턴을 가져옴으로써 지속적인 괴로움의 원인이 된다.

이러한 자기 비난의 극단적인 형태로 심한 우울증과 자살 충동을 나타내는 사람, 피학적 성격을 지닌 사람을 들 수 있다. 또는 어린 시절 부모에게 의존을 할 수 없었던 성숙한 아이, 즉 부모화한 아이를 들 수 있다. 부모화(Parentification)란 "가족 체계 속에서 자녀가 한쪽의 부모나 다른 형제에 대해서 부모가 하는 양육적인 역할을 하는 상황을 의미한다"(McGoldrick, Gerson, & Shellenberger, 1999/2005: 262). 부모화한 자녀는 성인처럼 행동하고, 신체적 · 정서적으로 약해진 부모를 보호하거나 위기에 빠진 부부관계를 해결하려고 노력한다. 또한 부모화한 아이는 부모에 대한 비난을 자신에게 돌림으로써 자기를 비난한다. 부모화한 아이에게 성숙함이나 자기 비난은 아동기에는 적응적인 기제인 데 비해 성인기에는 부적응적인 기제가 된다. 어려운 상황이 생길 때 습관적인 자기 비난을 함으로써 창조적인 노력을 할 수 있는 에너지를 소진시키기 때문이다.

자기 비난이 비교적 건강한 사람에게서도 사용되는 방어 기제이지만, 자기 학대나 우울증으로 나타날 경우에는 부적응적인 방어 기제가 된다. 자기 비난에 대한 치료적 노력으로는 자기에 대한 이해와 용서, 그리고 타자에 대한 이해와 용서가 모두 이루어져야 한다.

④ 반동 형성

반동 형성(Reaction Formation)은 마음속의 욕구와 반대되는 태도와 행동이 외현적으로 나타나는 것을 말한다. 구체적으로는 부정적 정동(affect)을 긍정적 정동으로 전환하거나 긍정적 정동을 부정적 정동으로 전환하는 것을 말한다. 즉 증오를 사랑으로, 사랑을 증오로, 또는 질투를 부러움으로 나타내는 것을 예로 들 수 있다. 반동 형성은 무의식적 충동을 반대 방향으로 향하게 하는 의식적인 측면의 '역(逆)투여'인데, 이 기제의 원인은 위협적인 것을 덜 위협적인 것으로 만들기 위함이다.

반동 형성은 서너 살 정도의 아이에게서 자주 볼 수 있다. 동생이 태어난 아이는 동생을 질투하지만 그 감정을 사랑으로 가장한다. 이때 나타내는 행동이 동생을 쓰다듬거나 자장가를 불러 주는 것이다. 그러나 사랑의 행위에는 위험이 깃들어 있다. 아기를 거칠게 쓰다듬거나 자장가를 크게 불러 주기 때문이다. 이른바 사랑을 명분으로 한 미움의 행동이다.

반동 형성은 공격적 충동이나 적개심이 주요 관심사가 되지만, 이러한 충동이나 감정을 감당할 수 없는 위기감에서 발생되는 방어 기제로서 강박증이나 편집증에서 자주 발견된다. 또한 반동 형성의 하나로서 자기 충동의 만족을 포기하고 다른 사람을 건설적으로 도움으로써 대리 만족을 하는 이타주의(altruism)도 연관된다.

맥윌리엄스는 반동 형성은 감정을 반대로 전환하는 것을 넘어 본질적으로 "양가감정을 부인하는 기능"(McWilliams, 1994: 132)이 있음을 지적한다. 인간의 삶에서 양가성을 근본적으로 가정하는 정신분석에서 한 가지의 감정만을 수용하는 것은 불완전한 해석이다. 우리의 본성이나 감정은 어느 한 측면으로는 완전히 설명되지 못하기 때문에, 양면성을 인정하고 수용하는 것이 진실에 가깝다. 그리고 그것이 정신분석적 태도이다.

⑤ 역할 역전

역할 역전(Reversal)은 자신에게 위협적으로 느껴지는 충동, 감정, 생각에 대해 주체와 객체의 시나리오를 바꾸는 것을 말한다. 즉 자신과 타인에 대한 주 · 객체 시나리오를 전도한다. 역할 역전은 본질적으로 "수동에서 능동으로의 변형(passive-into-active transformation)"(앞의 책, 133)의 의미를 내포한다.

이는 성, 폭력, 왕따 경험의 피해자가 힘을 키움으로써 가해자로 변화되는 예에서 볼 수 있다. 이들은 수동의 상태에서 조절하지 못한 자신을 능동의 상태가 되어 조절해 나간다. 따라서 자신이 피해당하고 수치심을 느낀 만큼 혹은 그 이상으로 타자를 가해하는 것이다.

역할 역전의 대표적인 예가 이타적 행동을 하는 사람들이나 치료자들이다. 치료자는 자신의 의존과 돌봄에 대한 욕구를 타인을 보살피고 돌보는 욕구로 변화시킨다. 맥윌리엄스는 역할 역전을 '치료자의 전통적인 혹은 유서(由緖) 깊은 방어'로 설명한다. 중요한 점은 치료자가 자신의 유서 깊은 방어로서의 역할 역전을 통찰하고 치료에 임하는 것이다.

(5) 동일시, 승화

① 동일시

동일시(Identification, 同一視)는 타자에게 가치 있는 특성을 선택적으로 내면화하는 성숙한 방어 기제이다. 즉 동일시는 "어떤 주체가 다른 사람의 모습, 특성, 속성을 동화하여 전체적 혹은 부분적으로 그 사람을 모델 삼아 자신을 변화시키는 심리적 과정"(Laplanche & Pontalis, 1967/2005: 118)이다. 동일시에는 근본적으로 두 가지 동기가 작동한다. 한 가지는 사랑하는 대상을 직접적으로 취하려는 동기이고, 다른 한 가지는 두렵고 공격적으로 느껴지는 대상을 그와 같은 사람이 되어 극복하고자 하는 동기이다. 후자의 대표적인 예가 오이디푸스 콤플렉스를 극복하는 공격자와의 동일시이다.

동일시는 본질적으로 중립적 과정의 기제로서 긍정적인 측면과 부정적인 측면을 모두 갖고 있다. 인간의 동일시를 통한 잠재력은 생애 전반에 걸쳐 전개되고 수정됨으로써 심리적 변화와 성장을 가져온다. 따라서 우리의 인격은 삶의 과정 동안 동일시에 의해 끊임없이 분화되고 재구성된다.

② 승화

승화(Sublimation, 昇華)는 인간의 원시적이고 용납되지 않는 충동을 그 에너지를 변형시킴으로써 사회적으로 용인되는 건설적인 목적을 위한 행동으로 나타내는 것이다. 승화는 여러 방어 기제 가운데 가장 건전하고 바람직한 방어 기제로서 예술, 문화, 종교, 과학, 직업 활동 등을 예로 든다.

오스트리아 정신분석가 오토 페니켈(Otto Fenichel, 1897~1946)은 승화를 가장 건강한 방어로 간주하는 두 가지 이유를 설명한다. 첫째, 승화는 인간의 종의 유지에 유익한 행동을 촉진하고, 둘째, 승화는 충동을 방출하는 점이다. 즉 승화는 다른 방어 기제와 달리 인간의 충동을 변형시키거나 억압하지 않음으로써 정서적 에너지의 불필요한 사용을 막는다. 이는 인간 유기체를 항상성의 상태로 유지시킬 뿐만 아니라 더 넓은 범위에서 인류를 발전적인 방향으로 이끈다.

맥윌리엄스는 정신분석에서 승화의 가치에 대해 설명한다. 정신분석적 입장에서 유아기적 본성은 성인기 이후에도 내내 살아 있음에 따라, 우리는 유아적 충동에 대해 더 좋은 방식으로나 더 나쁜 방식으로 다룰 수 있는 선택권을 갖는다. 우리는 정신분석 치료를 통해 자신의 원시적이고 혼란스러운 측면을 이해하고, 자신에 대한 연민과 열정을 가지며, 오래된 갈등을 새로운 방식으로 해결하는 자유를 확대할 수 있다. 이는 원시적 충동을 완전히 없애는 것이 아닌 건강한 방향으로의 방출을 모색하는 측면에서 승화와 연결된다. 따라서 "승화를 자아 발달의 정점으로 여기는 것은 인간 유기체와, 인간이 지닌 본래의 잠재력과 한계를 보는 정신분석의 기본 태도에 관해서 많은 것을 말해 준다"(McWilliams, 1994: 142-143).

이러한 승화의 가치는 자아심리학 미술치료에서 그대로 수렴된다. 피분석자는 예술 작업과 감상을 통해 자신의 충동을 승화함으로써 과거의 자신보다 새로운 방식으로 문제를 극복하고 발달과 성장을 이루어 갈 수 있다. 우리는 자아심리학 치료가 줄 수 있는 의미와 가치를 인정하면서도 그 한계를 수용함으로써 현실적인 삶을 통해 가능한 측면과 불가능한 측면을 통합적으로 이해하고 임상에 적용해야 한다.

3) 방어의 체계와 가치

우리는 맥윌리엄스를 참조하여 일차적 방어 과정과 이차적 방어 과정을 구분하여 여러 방어 기제를 살펴보았다. 원시적 방어 과정으로는 유아와 같은 마술적 사고를 하는 점에서 철수 · 부인 · 전능 통제를 설명하였고, 개인과 외부 세계를 분리시키는 점에서 투사 · 분열 · 해리를 논하였다. 성숙한 방어 과정으로는 방어 기제의 근본 토대가 되는 억압을 우선적으로 살펴본 후, 행동과 연관되는 퇴행 · 행동화 · 성애화 · 신체화를, 인지 및 사고와 연관되는 격리 · 주지화 · 합리화 · 도덕화 · 구획화를 구분하여 설명하였다. 또한 사고나 정서나 행동을 다른 방향이나 주체로 바꾸는 전치 · 취소 · 자기 비난 · 반동 형성 · 역할 역전을 설명한 후, 충동을 성숙하고 창조적인 방향으로 변화시키는 동일시 · 승화를 논하였다. 이러한 구분은 심리를 구성하는 인지, 정서, 행동에 기초한 구분으로서 방어 기제들을 범주화하여 이해를 돕고자 하는 교안적 장치이다.

안나 프로이트는 『자아와 방어 기제』(A. Freud, 1936)에서 방어 기제들을 원리에 따라 구분하는 동시에, 각 부분이 짜임새 있는 전체로 조직되도록 방어의 체계를 설명한다. 또한 그녀는 방어와 연결된 자아의 기능을 설명함으로써 자아심리학의 치료 목표를 명확히 밝힌다.

그녀는 개인 성장에서 겪는 전형적 경험과 특정 유형의 방어 발생의 시기적 연관성은 상당히 모호함을 말한다. 그럼에도 임상적 치료에 근거하면, 자아가 부인에 의지하는 것은 거세에 대한 생각 및 사랑 대상의 상실과 연관된다. 반대로 이타주의에 의한 충동의 포기는 자기애적 굴욕을 극복하는 특수한 수단이 된다.

또한 방어 과정에서 개인의 외부와 내부의 위험에 대한 방어 사이의 유사성이 존재한다. 예컨대, 외부 자극이 부인을 통해서 소멸되듯, 억압은 개인 내부에서 이드적 파생물을 제거한다. 반동 형성이 억압된 이드로부터 자아를 지켜 내는 것이라면, 역할 역전은 외부로부터의 전복을 막아 냄으로써 부인을 유지한다.

방어에서 이드 자체가 변형되는 한, 자아는 이드가 지닌 속성을 활용한다. 승화가 그 대표적 예이다. 승화는 이드적 충동의 방향을 사회적으로 가능한 목표로 변화시켜 그 목적을 달성한다. 반동 형성은 퇴행을 보호하면서 자아가 이드의 역전 능력을 활용한 예이다.

이러한 예들을 토대로 방어는 한편으로는 자아, 다른 한편으로는 이드의 속성 위에서 구축되는 것을 발견할 수 있다. 이에 신경증은 자아가 이드에 의해 압도당해 왔다는 징후이며, 억압된 이드의 모든 귀환이다. 이는 방어 계획이 실패했고 자아가 패배했다는 증거이기도 하다. 반대로 방어 수단들이 그 목표를 달성했을 때 자아는 승리한 것이다. 이러한 측면에서 방어는 "불안 및 불쾌의 발달을 제한함으로써 자아가 이드를 변형시키는 것이 가능하게 되고, 동시에 상황이 어려울 때조차 이드를 만족시킬 수 있는 어느 정도의 수단을 보장해 줄 수 있다면,

이드, 초자아 그리고 외부 세계들 간의 가장 조화로운 관계가 구축될 수 있는 것이다"(A. Freud, 1936/2015: 224).

이처럼 안나 프로이트의 설명을 통해, 우리는 각 방어 기제들의 위치와 체계를 이해하게 된다. 또한 방어는 이드, 초자아 그리고 외부 세계 간의 가장 조화로운 관계를 세우고자 하는 자아의 노력이자 파생물임을 이해함으로써, 자아심리학에서의 자아의 중요성과 그 위상을 실감하게 된다. 즉 자아심리학의 핵심에는 자아의 기능이 있고, 그 기능의 현현체가 방어 기제이다. 우리는 안나 프로이트를 따라 자아심리학에서 자아와 방어를 핵심 개념으로 이해함으로써, 그 가치에 대해서 좀 더 살펴볼 필요가 있다.

프로이트는 1937년에 「종결할 수 있는 분석과 종결할 수 없는 분석」에서 방어 기제에 대해 기록한다. 그는 "사실 모든 사람은 반쯤만 정상이다. 정상적인 자아는 이런저런 부분에서 어느 정도는 정신병 환자의 자아에 가깝다. 한쪽 끝에서는 멀어지고 다른 쪽은 가까워지는 정도가 우리가 막연하게 '자아의 변질(an alteration of the ego)'이라고 하는 용어의 잠정적인 척도가 될 것이다"(Freud, 1937a: 235)라고 밝힌다. 즉 우리에게는 정상적 측면과 병리적 측면이 병존하는데, 이드 · 자아 · 초자아의 새 심급 간의 조화와 균형의 상태에 따라 자아의 건강함과 병질 상태를 판단하게 된다. 프로이트에 따르면, 방어 기제는 '내적인 위험이 외적인 위험이 되기 전에 내적인 위험을 길들이는 것'으로서 위험, 불안, 불쾌감을 피하기 위해 개인마다 다른 기제를 사용한다. 또한 프로이트는 방어 기제의 반복이 고착되어 신경증이 되는 과정을 설명함으로써, 방어 기제의 위험성을 말한다.

> 방어 기제는 위험을 피하려는 목적에 봉사한다. 그것은 반드시 그 목적에 도달한다. 자아가 발달하는 동안, 방어 기제가 없으면 자아는 위험을 피할 수 없지만, 동시에 방어 기제 자체가 위험이 될 수 있다는 것도 사실이다. [···] 모든 사람은 가능한 방어 기제를 모두 사용하는 것이 아니라, 그중에서 하나를 선택해서 사용한다. 그러나 그것들은 자아에 고착되고, 그의 성격의 규칙적인 반응 양식이 된다. 그 양식은 일생 동안, 그 기원이 된

상황과 비슷한 상황이 일어날 때마다 반복된다. 〔…〕 그렇게 함으로써 자아는 그러한 상황과 접촉해서 자기의 습관적인 반응 양식을 정당화하는 것이다. 그러한 사실은 우리에게 방어 기제가 어떻게 자아를 외부 세계로부터 점점 더 소외시키고 지속적으로 약화시킴으로써, 신경증의 출현을 마련하고 도와주는지를 쉽게 이해할 수 있게 해 준다(Freud, 1937b/2005: 261-262).

프로이트의 기록처럼, 방어 기제는 반쯤만 정상적인 우리가 사회적으로 적응하며 살아가기 위해 채택한 필수 불가결한 보호막이다. 다만 방어 기제가 강화될수록 우리가 대가로 지불해야 하는 자아의 변질과 제한은 증상을 발생시키고, 극심한 경우 정신증이 될 수 있다. 따라서 우리는 자신의 방어 기제에 관한 면밀한 이해와 적절한 운용에 대해 숙고해야 한다. 프로이트는 방어 기제를 사용하는 우리의 모습을 '다리도 강건하지 않는 사람이 낯선 지방에서 등산을 하고 있는 모습'으로 비유한다.

우리가 낯선 지방을 등산하기 위해서는 우선 자신의 건강 상태를 잘 점검하고, 낯선 등산로를 미리 살펴 여러 위험 상황에 대처하기 위한 준비를 철저히 해야 한다. 그럴 때 비로소 우리는 순조롭게 목적지에 이를 수 있다. 그러나 다리

[그림 5-4] 방어 기제: 다리도 강건하지 않는 사람이 낯선 지방에서 등산을 하고 있는 모습

가 건강하지 않다면, 신체적으로 고통스러울 뿐만 아니라 등정의 과정은 여러 면에서 순조롭지 않을 것이다. 또는 정상에 이르지 못하거나 등정의 목표 지점을 변경해야 할 수 있다.

이처럼 방어 기제를 갖는 우리의 삶은 목표로 하는 인생의 지점에 이르지 못할 수 있다. 따라서 우리는 자신이 자주 사용하는 방어 기제의 순기능과 역기능을 잘 통찰하고, 자신이 원하는 성장과 삶의 방향을 위해 방어 기제를 효과적으로 사용할 수 있도록 노력해야 한다. 이것이 자아심리학 치료가 제공하는 의미와 가치이다.

3. 자아심리학의 의의

정신분석에서 자아의 형성과 기능을 강조하는 자아심리학자들의 주요 관심과 질문은 다음과 같다. 성적 · 공격적 충동은 초기 자아의 발달에 어떤 영향을 미치는가? 자아는 스스로 진보하는 능력을 갖는가? 자아의 발달은 선천적인 것인가 아니면 환경적 요인에 따른 후천적인 것인가? 자아가 어떤 과정으로 방어 체계를 발달시키는가? 초자아의 발달 과정처럼 양육자의 특성을 내면화하는 과정이 자아의 발달에 영향을 미치는가? 등이다.

이러한 질문들에 대한 해답을 찾기 위해, 안나 프로이트는 『자아와 방어 기제』(A. Freud, 1936)에서 아동 정신분석과 자아의 방어 기제를 탐구한다. 그녀는 방어가 개인의 성격의 중심적인 특질로 기능함을 밝히고, 다양한 방어 기제를 범주화한다. 이러한 그녀의 작업은 성격의 전 기능 영역에서 자아 과정의 보편성을 설명함으로써, 자아 자체를 독립적인 연구 가치가 있는 정신분석 탐구 주제로 확립시킨다. 또한 정신분석의 관심 영역을 "증상으로부터 성격 양상으로, 정신 병리에서 다양한 정상적인 성격 기능으로 확장"(Mitchell & Black, 1995: 30) 시킨다.

하인즈 하르트만(Heinz Hartmann, 1894~1970)은 역사, 음악, 철학에 대한 광범

위한 관심에 기초하여 1937년 『자아심리학과 적응의 문제(*Ego Psychology and the Problem of Adaption*)』를 설명한다. 그는 인간 유기체와 환경의 상호 관계에 초점을 두는데, 개인에게 성장할 수 있는 '평균적으로 기대할 만한 환경 조건'이 주어지면 갈등과 무관하게 자아 능력이 발달한다고 생각한다. 이에 그는 리비도 에너지에서 성적, 공격적 특성을 제거하는 "중립화(neutralization)"(Mitchell & Black, 1995: 38) 개념을 상정함으로써, 갈등에서 자유로운 자아 기능을 설명한다. 승화는 리비도 에너지의 전치인 데 비해, 중립화는 성적 충동 자체의 성질을 변화시키는 것이다.

르네 스피츠(René Spitz, 1887~1974)는 양육 시설에 맡겨진 아동들을 연구함으로써 1940년 『호스피털리즘(*Hospitalism*)』에서 양육 환경의 정서적 중요성을 피력한다. 스피츠는 유아의 생후 3개월경에 나타나는 미소 반응, 8개월경 나타나는 낯선 사람에 대한 불안, 15개월경에 나타나는 '싫어!'의 반응을 정신적 조직자로 설명하는데, 이 개념들은 개인의 자아 성장의 발달적 차원을 제공한다. 스피츠의 작업은 유아와 양육자의 대상관계에 대한 최초의 분석적 연구를 제시한 데 의의가 있다.

에디트 제이콥슨(Edith Jacobson, 1897~1978)은 1964년 『자기와 대상 세계(*The Self and the Object World*)』에서 프로이트의 에너지 이론, 성 충동의 조직화 단계, 그리고 이드 · 자아 · 초자아의 개념에 대한 전반적인 재작업을 한다. 이 연구는 개인의 충동과 관계 경험 간의 상호작용에 대한 설명을 제공하는데, 프로이트의 삶의 충동과 죽음 충동 개념을 분리와 개별화 과정이라는 초기의 발달 주제와 연관시킨다.

이러한 자아심리학자들의 연구는 프로이트의 고전적 정신분석을 잇는 현대 정신분석 가운데 한 패러다임으로서 몇 가지 의의를 지닌다. 구체적으로 "오이디푸스 이전 단계에 대한 관심, 전이의 의미 확장, 치료적 동맹의 강조, 유사 부모와 같은 분석가의 역할과 초기 발달의 교정적 경험으로서의 분석의 의미"(앞의 책, 53-59)에 대한 것이다. 요컨대 자아심리학의 연구 관심은 개인의 발달 단계에 따라 변화하는 이드 · 자아 · 초자아와 각 심급의 기능이 확립되는 전반적 과정을 포함한다. 또한 개인의 일상적인 정신 과정에 영향을 미치는 부모의 초기 관계와 환경적 요소를 중요하게 다룬다. 따라서 자아심리학은 자아 기능을 둘러싼 개인 내적 측면과 대인 관계적 측면 양자에 관심을 기울이고, 개인의 정신 병리에 관한 이해뿐만 아니라 정상적인 정신 기능에 이르기까지 정신분석의 적용 및 치료 범위를 확대시키는 데 그 의의가 있다.

6장 자아심리학 미술치료의 실제

1. 자아심리학 미술치료의 과정과 목표

이 절에서는 자아심리학 미술치료의 과정과 목표에 대해서 살펴본다. 자아심리학 미술치료는 안나 프로이트를 위시하여 하르트만, 스피츠, 제이콥슨 등으로 이어지는 자아심리학자들의 공통된 관심인 피분석자의 자아의 발달과 성장을 촉진하는 미술치료를 말한다.

1) 자아심리학 미술치료의 과정

자아심리학 미술치료의 과정은 크게 세 가지 내용으로 구분한다. 첫째, 불안 분석과 치료적 동맹 형성, 둘째, 방어 작업과 자아의 재구조화, 셋째, 치료로서의 미술 작업이다. 자아심리학에서 초점을 두는 피분석자의 자아 발달은 한 개인이 유아부터 성인에 이르기까지 자아 기능을 성장시켜 현실 적응을 촉진하는 것과 연결된다. 이는 안나 프로이트가 대표적인 아동 정신분석가라는 점에서 입증된다. 따라서 치료의 과정에서는 분석가가 우선적으로 피분석자의 자아 기능 평가를 위해 불안을 분석하고, 치료의 중요한 동력이 되는 치료적 동맹을 형성한다. 다음으로 분석가는 피분석자가 불안에 대처하기 위해 형성한 방어에 대한 분석적 작업을 하고, 자아를 재구조화한다. 이러한 과정에서 분석가는 피분석자의 미술 작업으로서 치료로서의 미술(Art as Therapy) 작업을 촉진한다. 크레이머는 자아심리학 배경에서 미술치료를 함으로써, 피분석자의 자아의 발달과 성장을 촉진한 미술치료자이다. 따라서 그녀의 치료로서의 미술 작업을 자아심리학 미술치료의 부분 과정으로 삼는다. 치료의 상세한 과정으로 들어가 보자.

(1) 불안 분석과 치료적 동맹 형성

자아심리학 미술치료의 초기 과정은 분석가가 피분석자의 자아를 평가하는 것에서부터 시작한다. 자아의 평가는 상세히 자아 발달 및 기능의 평가를 말한다. 피분석자의 자아의 기능은 하나의 리비도 에너지를 이드 · 자아 · 초자아가 나누어 쓰는 데서 발생하는 세 심급 간의 상호작용의 결과이다. 따라서 분석가는 피분석자의 자아의 기능을 상세히 평가하기 위해, 그/그녀의 이드 · 자아 · 초자아에 균등한 관심을 기울인다. 이러한 분석가의 균일한 관심에도 불구하고, 피분석자가 받아들이는 입장에는 차이가 있다. 안나 프로이트는 피분석자의 "이드 안의 억압된 요소에게 분석가는 조력자나 해방자의 모습으로 나타나지만, 자아와 초자아에게는 분석가는 평화를 뒤흔드는 훼방꾼이다"(A. Freud, 1936/2015: 44)라고 기록한다. 즉 피분석자의 무의식을 의식으로 데려오고자 하는 분석가의 노력은 피분석자의 자아의 억제 노력과 상호 대치된다. 이처럼 분석가와 피분석자가 대립되는 면에서, 자아심리학 미술치료에서는 피분석자의 외부세계, 이드, 초자아를 조절하는 '자아 자체'를 분석의 대상으로 삼는 것이 중요하다.

안나 프로이트는 피분석자의 자아에 대한 세 가지 분석 작업을 설명한다. 첫째, 자아를 관찰하는 초자아적 자아에 대한 분석 작업이다. 둘째, 어떤 사실은 순조롭게 의식화하고, 어떤 사실은 거부와 왜곡을 하면서 의식으로 드러나지 못하게 하는 비일관적인 자아에 대한 분석 작업이다. 셋째, 금지된 충동의 무의식적 활동을 하는 이드적 자아에 대한 분석 작업이다. 피분석자의 자아의 기능은 세 가지의 복합적인 특성을 갖기 때문에, 분석가는 피분석자의 자아에 대한 고른 관심을 기울이고 분석 작업을 해야 한다. 이는 피분석자의 불안에 대한 분석으로부터 이루어진다.

안나 프로이트는 대표적인 세 가지 불안을 말하는데, "성인 신경증의 초자아적 불안"(앞의 책, 77-80), "유아 신경증의 객관적 불안"(앞의 책, 80-82), "충동의 힘에 대한 공포인 이드적 불안"(앞의 책, 83-84)이 그것이다.

초자아 불안, 즉 도덕적 불안은 성인 신경증에서 주로 관찰되는 불안이다. 성인의 초자아는 '모든 신경증의 원천'인데, 그 이유는 초자아가 이상적 기준을 세움으로써 자아가 이드의 충동을 이해하는 것을 방해하기 때문이다. 즉 초자아는 자아가 이드에게 적대적이 되도록 한다.

성인의 도덕적 불안에 대한 분석 작업은 피분석자의 동일시 대상에 대한 분석을 통해 이루어진다. 분석가는 피분석자로 하여금 자신의 동일시 대상을 분석함으로써, 점차 엄격한 도덕률을 완화시키고 자신의 이드에 대한 관용적 태도를 갖도록 촉진해야 한다.

객관적 불안, 즉 현실적 불안은 유아 신경증에서 자주 관찰된다. 유아는 자신의 양육자가 이드적 만족을 위험한 것으로 간주한 경험을 통해 현실에서 거세 불안을 느낀다. 유아가 자신의 이드를 두려워하는 이유는 외부 세계, 즉 자신의 부모나 부모의 도덕률에 따른 처벌이 두렵기 때문이다. 현실적 불안은 초자아 불안과 달리 외부적 요인에서 비롯된다. 중요한 점은 성인에게서 히스테리, 강박증, 공포증의 신경증적 증상이 발생하듯, 유아에게서도 현실적 불안에 의해 성인과 같은 신경증이 발생하는 점이다.

이에 대한 분석 작업은 불안의 원천이 현실에 대한 과장이나 왜곡된 관념의 아주 오래전 상황에 근거한 환상임을 깨닫게 하는 것이다. 유아의 현실적 불안에 대한 작업은 환상에 대한 현실 인식을 가져오는 것으로서 부모나 교사의 합리적인 양육과 교육 방식을 통해 일부분 치료가 가능하다.

이드적 불안, 즉 신경증적 불안은 다른 말로 충동의 힘에 대한 공포이다. 이 불

[그림 6-1] 에드바르 뭉크, 〈불안〉, 1894
캔버스에 유채, 94x74cm, 오슬로 뭉크 미술관 소장

안은 이드에 대한 자아의 무언(無言)의 적대감이 강화되면서 발생하는 정서 상태이다. 신경증적 불안을 느끼는 피분석자는 외부 및 리비도적 위험에서 정확하게 자신이 무엇을 얼마만큼 두려워하는지 분명한 실체를 알기 어렵다. 다만 아는 것은 그 공포가 자신을 압도하거나 멸절시키는 것에 대한 두려움이라는 점이다.

[그림 6-1]은 노르웨이 출신 표현주의 화가 에드바르 뭉크(Edvard Munch, 1863~1944)의 〈불안〉이다. 뭉크는 주로 사랑, 고통, 죽음, 불안을 주제로 한 내면의 세계를 시각화한 예술가이다. 그가 5세 때 어머니가 폐결핵으로 세상을 떠나고, 이 사건은 아버지를 거칠고 편벽(偏僻)한 성격으로 만든다. 그가 14세 때 누나도 어머니와 같은 원인으로 죽는다. 뭉크에게 죽음을 둘러싼 불안은 개인적인 고백인 동시에 내적 갈등의 원형으로서 그의 생애 동안 예술 작품의 중요한 모티프가 된다. 〈불안〉은 뭉크가 "연애 고민과 알코올 중독으로 정신증 증상이 더욱 심해진 후 그린 작품"(서승원, 1999: 47)이다. 이 작품에서 뭉크는 자신의 삶의 근원적인 질문에서 비롯된 불안을 검은 옷을 입고 정면을 응시한 군상이나

붉은 배경의 곡선으로 이미지화한다.

이처럼 뭉크가 일생 동안 느끼고 예술 작업의 주요 동기로 삼은 불안은 공포로서의 이드적 불안이다. 뭉크의 죽음에 대한 공포는 자신을 압도하거나 멸절시키는 것에 대한 두려움이다. 따라서 그의 불안은 이드 속으로 삼켜지지 않으려는 자아의 투쟁으로서 이드 · 자아 · 초자아 사이의 양적 관계의 문제이다. 이러한 신경증적 불안에 대해 안나 프로이트는 "무의식적 이드 내용물을 의식으로 데려옴으로써 자아를 강화시킬 수 있는 한 분석은 치료적 효과가 있다"(A. Freud, 1936/2015: 91)고 기록함으로써, 불안의 분석 작업뿐 아니라 자아심리학 치료의 중심 원리를 피력한다.

이상과 같이 초기에 분석가가 피분석자의 자아 자체에 대한 관심으로 불안을 분석하는 것은 그/그녀의 증상적 특성을 이해하고 치료의 방향을 결정하는 중요한 근거가 된다. 또한 분석가가 피분석자의 자아 기능을 상세히 이해함으로써 치료적 동맹을 형성하는 기초를 마련하게 된다. 치료적 동맹의 의미는 다음과 같다.

> 작업 동맹 또는 치료적 동맹(the working or therapeutic alliance)이라는 개념은 치료 작업의 저변에 깔린 치료자와 내담자 간의 협력적 차원, 즉 치료 중에 표면화될 수 있는 강하고도 부정적인 정서를 견디게 해 주는 두 사람 사이의 협력 수준을 말한다(McWilliams, 1994: 47).

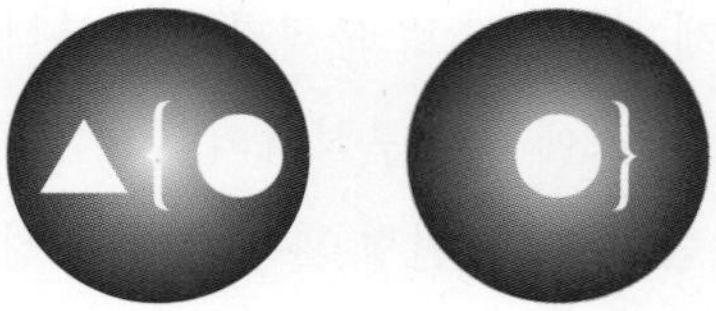

[그림 6-2] 치료적 동맹

치료적 동맹은 피분석자가 분석가를 믿고 두 사람의 관계 속으로 들어가게 하는 치료의 중요한 동력이자 무기이다. 치료의 초기에는 피분석자가 분석가를 경계하는 태도를 갖는다. 그러나 두 사람 사이에서 발생한 신뢰감이 치료적 동맹으로 연결되면, 피분석자의 내부에서 분석가와 동맹을 형성한 자신의 건강한 측면과 증상적인 측면이 상호 대립된다. 따라서 분석가는 피분석자의 잠재력이 그/그녀의 무의식적인 갈등을 밝히는 유용한 치료적 동맹의 요소가 될 수 있음을 인식해야 한다.

미술치료에서 피분석자는 자신의 주요한 내면의 이야기를 예술과 언어를 통해 분석가에게 전함으로써, 분석가는 피분석자의 갈등하는 정신적 욕구와 방어 전략들을 이해하게 된다. 그 결과 피분석자와 분석가 사이의 전투가 아닌 "협력 관계"(Mitchell & Black, 1995: 59)가 형성된다. 이처럼 피분석자의 건강한 부분과 분석가의 노력이 협력하여 치료를 성공시키는 동력이 '치료적 동맹'이다.

치료적 동맹이 형성되는 구체적인 시기나 양태는 두 사람의 관계 변인에 따라 다양하다. 또한 치료적 동맹은 정형(定形)의 공고한 힘이라기보다는 치료 과정 동안 지속적으로 구성되면서 변화하는 동력이다. 따라서 분석가는 치료 과정 내내 치료적 동맹의 형성과 유지를 위해 노력해야 한다. 이 힘은 다음 단계인 피분석자의 방어 작업과 자아의 재구조화를 더욱 촉진하기 때문이다.

(2) 방어 작업과 자아의 재구조화

초기에 피분석자에 대한 불안 분석이 이루어지고, 두 사람 사이의 치료적 동맹이 점차 형성되면 이제 본격적으로 분석가는 피분석자의 방어를 분석하고 치료적 작업을 한다. 치료 과정에서 피분석자의 "자아의 무의식적 방어 작용에 대한 분석을 통해서만 충동이 겪은 변형 과정을 재구성할 수 있기 때문이다"(A. Freud, 1936/2015: 40). 이 과정에서 피분석자의 방어 분석은 그/그녀의 자아 기능의 분석이자 성격의 분석이고, 또한 증상의 분석이 된다. 자아심리학 미술치료에서 피분석자의 자아, 방어, 성격, 증상은 자아의 작용 및 결과라는 측면에서 한 연속선상에 있다.

안나 프로이트는 『자아와 방어 기제』에서 "이드와 자아, 자아와 초자아, 자아와 외부 세계 간의 관계에서 발생하는 투쟁"(앞의 책, 95)을 순서로 방어에 대한 정신분석적 탐구가 이루어졌음을 밝힌다. 즉 방어에 대한 연구는 히스테리나 강박증 같은 이드와 자아 간 투쟁으로부터 시작하여, 우울증 같은 자아와 초자아 간의 투쟁을 거쳐, 공포증 같은 자아와 외부 세계 간 투쟁으로 이어진 것이다. 중요한 점은 방어 기제가 피분석자의 자아를 안전하게 지키고, 불쾌로부터 자아를 보호하기 위해 고안된 것으로서 어떤 방어 기제를 주로 사용하는가에 따라 그/그녀의 성격과 증상에 대한 이해가 가능한 점이다. 따라서 분석가는 피분석자의 자아 기능, 성격 그리고 증상의 이해를 위해 주요한 방어 과정을 면밀히 분석한 후 치료적 작업을 해야 한다.

우선적으로 분석가는 원시적 방어와 성숙한 방어 가운데 피분석자가 어떠한 방어 과정을 주로 사용하는지 분석해야 한다. 이는 피분석자의 증상의 원인이 자아 경계 외부의 문제인지, 내부의 문제인지 이해함에 따라 정신증과 신경증의 증상적 수준을 파악하게 한다. 다음으로 분석가는 피분석자가 주로 사용하는 방어 기제를 이해해야 한다. 예컨대, 주요 방어 기제가 퇴행 · 행동화 · 성애화 · 신체화와 같이 행동과 연관되는지, 격리 · 주지화 · 합리화 · 도덕화 · 구획화와 같이 인지와 연관되는지, 또는 전치 · 취소 · 자기 비난 · 반동 형성 · 역할 역전과 같이 사고나 정서나 행동을 다른 방향이나 주체로 전환하는 것인지 분석해야 한다. 더 나아가 억압의 정도와, 성숙한 방어인 동일시와 승화의 여부도 검토해야 한다. 이는 신경증 수준에서 히스테리, 강박증, 공포증과 같은 정신 구조에서 한 걸음 더 나아가 우울성 · 편집성 · 자기애성과 같은 피분석자의 구체적인 성격 특성을 이해하게 한다. 이상과 같은 피분석자의 방어 기제에 대한 분석 이후, 방어 작용에 대한 치료적 작업으로 들어간다.

집중적 단기 정신역동 치료자 하비브 다반루(Habib Davanloo)는 방어와 관련하여 "무의식 내부의 발생학적 체계(Genetic System within the Unconscious)"(Della Selva, 1996: 12)를 소개한다. 다반루는 애착 이론을 참고하여 무의식 내의 발생학적 체계를 크게 네 가지 층으로 구분하여 설명한다. 무의식을 구성하는 가장 외부의 층은 '정서적 친밀함에 대한 방어(Defense against Emotional Closeness)의 층'이다. 다음으로 방어의 층 내부에는 '반응적 분노(Reactive Rage)의 층'이 있다. 또한 분노의 층 내부에는 '고통과 슬픔(Pain and Grief)의 층'이 있다. 마지막으로 슬픔의 층의 내부, 즉 무의식 체계의 중심에는 애착을 위한 분투, 혹은 '애착 추구(Attachment Strivings)의 층'이 존재한다. 이러한 무의식 내부의 발생학적 체계는 [그림 6-3]과 같다.

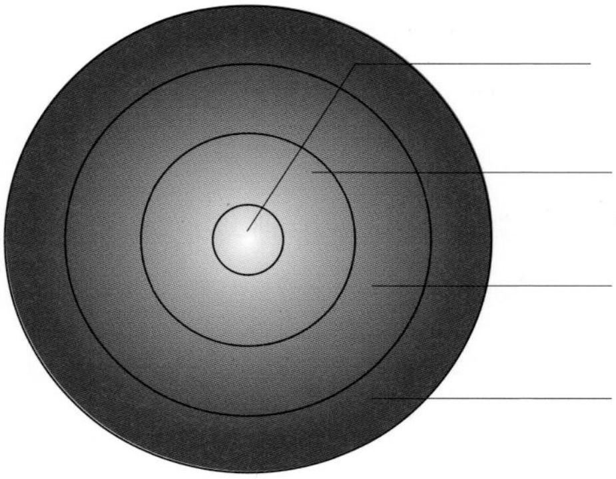

[그림 6-3] 무의식 내부의 발생학적 체계

무의식 내부의 발생학적 체계를 토대로 하여 분석가는 피분석자의 복잡한 심리를 이해할 수 있다. 자아심리학 미술치료의 초기에 피분석자는 자신에게 익숙한 방어를 분석가에게 의식적 · 무의식적으로 드러낸다. 그러나 치료적 동맹이 형성되면, 피분석자의 방어는 점차 약화되어 그/그녀는 분석가에게 반응적 분노를 나타내거나, 자신과 의미 있는 타자에 대한 반응적 분노를 언어나 예술로 표현한다. 이는 피분석자가 분석을 받기 전까지 미처 탐색하고 통찰하지 못했던 자신의 무의식을 마주함으로써 정신적 외상이 발생했던 과거의 사건이나 타자에 대한 분노를 분석 장면에서 전이로 재연하는 것이다.

피분석자가 분석 과정에서 반응적 분노를 충분히 드러내고 분석가에게 감정을 수용받게 되면, 그 이후 고통과 슬픔의 층이 나타난다. 피분석자는 분노를 나타냈던 사건이나 타자가 과거에는 그럴 수밖에 없었음을 이해하고 현재의 자신과 타자 그리고 본질적인 삶에 대한 수용을 하면서 고통 혹은 슬픔을 느낀다.

슬픔이 충분히 수용되면, 피분석자의 삶에 대한 근원적인 애착 추구가 드러난다. 이러한 일련의 과정을 통해 피분석자는 사랑과 애착에 대한 자신의 근본적인 욕구의 좌절로부터 슬픔, 분노, 방어가 겹겹이 둘러싸여 무의식을 구성하고 있었음을 이해하게 된다.

무의식의 내부의 발생학적 체계의 예를 들어 보자. 평소 일중독에 간헐적인 자살 충동을 느끼는 디자이너 K가 있다고 가정하자. 그는 일상적인 상황에서는 문제가 없지만, 과도한 스트레스 상황에서는 원시적 철수와 격리, 그리고 자살 충동을 나타내는 강박증자이다. K는 철수 외에도 투사, 주지화, 자기 비난을 주요 방어 기제로 사용한다. 그는 스트레스 상황일 때, 무의식적으로 타자를 탓한다(투사). K는 자신이 감당하기 힘들거나 고통스러운 감정은 주로 생각에서 분리시켜 감정을 느끼지 못한다(격리). 또는 힘든 상황조차 감정이 결여된 듯 그는 이성적으로 자신의 이야기를 하곤 한다(주지화). K는 스트레스 상황이 장기화될 때 지나친 자기 탓을 하거나(자기 비난), 극심한 경우 자살 충동을 느낀다.

K는 자아심리학 미술치료에서 분석 경험을 통해 자신의 방어 기제가 원시적 철수, 투사, 격리, 주지화, 자기 비난이었음을 점차 발견한다. 또한 일에서 완벽하고자 하는 그의 강박적 사고는 기대만큼 성취되지 못할 때, 심한 자기 비난으로 이어져 자살 충동으로 나타남을 통찰하게 된다. 이는 그의 높은 성취 기준과 과도하게 통제적인 성격에서 비롯된다. 또한 엄격하고 냉담하면서도 아들에 대한 이상적 기대가 높은 어머니로부터 양육된 가정 환경이 일정 부분 원인이 된 것이다.

K는 분석을 통해 미처 탐색하지 못했던 과거를 이해함으로써 자신의 증상과 원인에 대한 통찰을 한다. 분석 경험을 통해 K가 자신의 정서적 친밀함에 대한 방어를 이해하고 이를 점차 줄이게 되자, 어머니에 대해 억압했던 분노가 나타난다. K가 극심한 분노를 나타내는 시기에는 그가 절대로 어머니를 용서할 수 없을 것만 같다. 그러나 분석에서 전이에 대한 분석 작업을 통해 자신의 분노에 대한 이해와 수용을 경험한 K는 점차적으로 자신뿐만 아니라 어머니를 이해하게 된다.

한 여성으로서의 어머니의 삶은 참담할 만큼 고통으로 점철된 삶이었다. 이러한 분석 경험 이후 K는 어머니를 한 존재로서 이해하고, 그녀의 삶에 대한 깊은 고통과 슬픔을 느낀다. 동시에 자신의 삶에 대한 고통과 슬픔을 느낀다. 따라서 K는 '상처받은 나도 슬프지만, 고통스럽고 냉담한 삶을 살 수밖에 없었던 어머니의 삶도 참으로 슬프다…….'는 통찰에 이른다. K는 자신과 어머니에 대한 수용 이후, 어머니를 향한 자신의 무조건적 사랑과 애정에 대한 갈망이 있었음을 마주한다. 이는 자신의 삶에 대한 근원적인 애착 욕구이다. K는 어머니에 대한, 그리고 자신의 삶에 대한 애착 추구의 소망을 이해하면서 진정으로 자신을 수용하게 된다. 이처럼 무의식의 내부의 발생학적 체계는 자아심리학 치료에서 피분석자의 방어를 감소시키고 진정으로 자신을 수용하도록 하는 원리가 된다.

자아심리학 미술치료 과정에서 피분석자의 방어가 영구적인 성격을 띠게 되면, 방어는 피분석자의 성격 갑옷이 된다. 정신분석을 신체 심리학적 측면에서 재해석한 빌헬름 라이히(Wilhelm Reich)에 따르면, 성격 갑옷은 피분석자의 "방어 과정의 잔재로서 그것이 유래한 상황에서 해리되어 영구적 성격 특성"(A. Freud, 1936/2015: 49)을 갖는다. 이처럼 성격 갑옷이 된 피분석자의 영구적인 방어는 저항으로 나타나 분석 장면을 어렵게 한다. 이때 분석가는 피분석자의 방어 과정을 좀 더 깊게 분석하고, 전이 속에 나타나는 그/그녀의 저항에 대한 작업을 해야 한다.

안나 프로이트는 다양한 형태의 저항을 구분하여 분석에 임할 것을 피력한다. 그녀는 분석에서 만나는 다양한 저항을 "자아 저항, 전이 저항, 반복 강박에서 유래한 저항"(앞의 책, 47)으로 설명한다. 이는 프로이트가 『억압, 증상 그리고 불안』(Freud, 1926)에서 설명한 저항에 기초한다. 프로이트는 세 가지 정신 심급에 기초한 다섯 가지 저항을 설명한다. 구체적으로 자아 저항, 이드 저항, 초자아 저항을 설명하는데, 이 가운데 자아 저항은 억압, 전이 저항, 증상이 자아로 통합되는 것의 저항으로 나타난다. 프로이트의 견해에 근거하여 안나 프로이트가 설명하는 세 가지 저항은 자아 저항, 이드 · 자아 · 초자아와 연결될 수 있는 전이 저항, 반복 강박에서 유래한 이드 저항으로 이해할 수 있다. 그녀는 분석에서 일어나는 모든 저항을 자아 저항으로 볼 수 없음에 따라 피분석자의 저항에 따른 분석가의 이해와 분석이 중요함을 밝힌다. 그녀는 "자아 저항에 대한 분석을 통해 우리는 전면적으로 일어나고 있는 자아의 무의식적 방어 활동을 관찰하고, 이를 의식으로 가져올 수 있는 좋은 기회를 얻는다"(A. Freud, 1936/2015: 47)고 말한다. 이는 분석에서 피분석자의 저항이 그/그녀의 무의식적인 방어 활동을 관찰하고 분석적 개입을 할 수 있는 좋은 기회가 될 수 있음을 피력하는 것이다.

피분석자의 방어 기제는 불안에 대처하기 위한 전략이다. 피분석자의 방어가 강할수록 그/그녀의 불안의 강도가 크고 오랫동안 지속되어 온 것임을 짐작할 수 있다. 따라서 분석가는 피분석자의 방어 과정과 저항을 면밀히 분석하고 치료적인 작업을 함으로써, 피분석자가 점차 방어를 줄이거나 성숙한 방어 과정으로 변화하여 건강한 자아 기능을 발달시키도록 촉진해야 한다. 이러한 치료적 과정이 피분석자에 대한 방어를 작업하고 자아를 재구조화하는 절차가 된다.

다반루를 잇는 집중적 단기 정신역동 치료자인 퍼트리샤 코플린 델라 셀바(Patricia Coughlin Della Selva)는 집중적 단기 정신역동 치료 과정으로 "시험적 치료를 포함하는 평가 이후, 피분석자의 방어와 작업하기, 퇴행적 방어의 재구조화, 슬픔을 촉진하기, 긍정적이고 성애적 감정과 작업하기, 성격 변화를 위한 훈습, 종결과 추후 면담"(Della Selva, 1996)을 소개한다. 이러한 과정은 자아심리학 미술치료에서 분석가가 무의식 내부의 발생학적 체계 원리에 기초하여 피분석자의 방어 → 반응적 분노 → 고통과 슬픔 → 애착으로 향한 치료적 작업을 함으로써 자아를 재구조화하는 절차와 연결된다.

(3) 치료로서의 미술(Art as Therapy) 작업

치료로서의 미술 작업은 자아심리학 미술치료 과정에서 예술에 좀 더 초점을 둔 내용이다. 구체적으로 자아심리학 미술치료 과정이 초기에는 피분석자의 불안 분석과 치료적 동맹 형성, 그리고 중기와 후기에는 피분석자의 방어 작업과 자아의 재구조화가 이루어지는 가운데, 예술 작업 과정은 치료로서의 미술 작업으로 이루어진다. 즉 자아심리학 미술치료 과정에서 피분석자의 불안 분석과 치료적 동맹 형성, 그리고 방어 작업과 자아의 재구조화는 치료로서의 미술 작업인 다섯 가지 예술 작업 과정과 상호 교차적으로 만난다.

크레이머는 자아심리학 배경의 미술치료자이자 예술 작업을 한 화가이다. 그녀는 1971년 『아동을 위한 치료로서의 미술』을 통해 미술치료에서 예술 경험을 강조하는 '치료로서의 미술(Art as Therapy)'의 견해를 주창한다. 그녀는 이 책의 서문에서 "미술치료는 주로 자아를 지지하는 수단으로서 여겨지는 대신에, 정체감의 발달과 일반적인 성숙의 촉진을 조성하는 데 있다"(Kramer, 1993: xiii)고 기록함으로써, 자아심리학 미술치료자로서의 견해를 밝힌다.

또한 크레이머는 미술치료에서 치료에 기여하는 경험은 예술(미술) 자체에 있음을 강조하는데, 피분석자의 내재적이고도 자발적인 예술 경험이 갈등을 재경험하고, 해소하며, 통합해 나간다는 견해를 갖는다. 이는 치료로서의 미술 작업으로 피분석자의 "미술 재료 사용의 다른 방식(Different Ways of Using art Materials)"(앞의 책, 54)으로 설명된다. 그녀에 따르면, 피분석자가 미술치료에서

표 6-1 치료로서의 미술 작업 과정

1. 예비 활동	낙서하기, 문질러 보기; 재료의 물리적 성질의 탐구는 상징적 형태의 창조를 이끌지 않지만, 긍정적이고 자아 동조적(ego-syntonic) 표현을 하게 한다.
2. 혼란한 방출	엎지르기, 물 튀기기, 두드리기; 조절 능력의 상실로 이어지는 파괴적인 행동이다.
3. 방어 기제의 미술 활동	상동적인 반복; 모사하기, 따라 그리기(tracing)와 같은 지극히 평범한 제작 활동이다.
4. 그림 문자	그림으로 나타낸 의사소통은 보충적 단어들로 대체; 이러한 의사소통은 심리치료나 다른 친밀한 관계에서 자주 발생한다. 그들을 대개 외부인에게는 이해할 수 없는 형태이다. 일반적으로 그림 문자는 조잡하게 만들어 내는 형태로서 통합하고 환기시키는 예술의 힘에는 이르지 않는다.
5. 형성된 표현	언어(말)의 충분한 감각을 지닌 예술; 상징적 형태의 작품은 자기 표현과 의사소통을 모두 성공적으로 나타낸다.

재료를 사용하는 방식은 크게 다섯 가지로서 예비 활동, 혼란한 방출, 방어 기제의 미술 활동, 그림 문자, 형성된 표현이다. 이러한 다섯 가지 방식은 순차적인 과정으로서 자아심리학 미술치료의 작업 과정이 된다. 그 내용은 〈표 6-1〉과 같다.

첫째, 예비 활동(Precursory Activities)은 낙서하기와 문질러 보기처럼 피분석자가 치료 초기 재료의 물리적 성질을 탐구하는 과정이다. 이때 피분석자의 미술 표현은 창조적인 형태는 아니지만, 피분석자로 하여금 긍정적이고 자아 동조적(ego-syntonic) 표현—피분석자의 자기 통찰력이 낮은 수준으로 피분석자와 미술 재료가 미분리된 것처럼 느껴지는 상태의 표현—을 하는 단계이다.

둘째, 혼란한 방출(Chaotic Discharge)은 피분석자가 예비 활동 단계를 지나서 엎지르기, 물 튀기기, 두드리기 등의 활동을 실험해 보며 자기 조절력을 잃게 되는 일시적인 파괴 행동을 나타내는 단계이다.

셋째, 방어 기제의 미술 활동(Art in the Service of Defense)은 피분석자의 미술 표현이 혼란한 방출 단계를 지나 상동적인 반복을 나타내는 단계이다. 이 과정에서 모사하기, 따라 그리기 등이 나타날 수 있고, 피분석자의 미술 표현은 지극히 평범한 제작 활동으로 이루어진다. 이 단계의 중요성은 피분석자의 상투적인 반복에 의한 미술 활동이 그/그녀의 방어를 표현하는 방식이라는 점이다. 따라서 분석가는 이 단계에서 '피분석자의 반복'이 그/그녀의 무의식 또는 증상과 어떤 연관성이 있는지 분석해야 한다.

넷째, 그림 문자(Pictographs)는 피분석자의 의사소통과 연관된 표현들이 그림으로 대체되는 것이다. 이 의사소통은 피분석자의 친밀한 관계나 치료 과정에서 자주 발생하는 소통 방식이다. 이러한 표현이 피분석자의 심리적 세계를 환기시키고 통합하는 예술적 수준에까지 이르지는 않지만, 피분석자가 방어 기제의 미술 활동 단계를 지나 분석가와 친밀한 관계에서 자신의 의사를 표현하는 단계라는 점이 중요하다.

다섯째, 형성된 표현(Formed Expression)은 피분석자의 말을 포함한 언어의 충분한 감각을 나타내는 예술 과정이다. 이때 피분석자의 작품은 자기 표현과 의

사소통을 모두 성공적으로 나타내는 상징적인 형태의 예술 작품이다. 이 단계는 이전의 단계와는 달리 창조적인 예술적 표현이 가능하다.

이상과 같은 미술 재료 사용 방식은 정합적인 단계는 아니지만, 치료로서의 미술 작업에서 일반적으로 피분석자가 경험하는 과정이다. 다만 피분석자에 따라 예비 활동, 혼란한 방출, 방어 기제의 미술 활동, 그림 문자, 형성된 표현에 각다른 기간을 소요하거나, 경우에 따라서는 그림 문자 단계를 생략하기도 한다. 그러나 치료로서의 미술 작업으로서 재료의 다른 사용 방식은 대부분의 피분석자들이 순차적으로 경험하는 미술치료 과정이다.

치료의 전체 과정에서 피분석자의 '예술을 통한 투사'는 예비 활동, 혼란한 방출, 방어 기제의 미술 활동 단계에서 중심적으로 이루어지고, 그림 문자와 형성된 표현 단계에서는 '분석가에 대한 전이'가 좀 더 초점적으로 이루어진다. 이 가운데 방어 기제의 미술 활동 단계는 피분석자의 예술을 통한 투사와 분석가에 대한 전이가 겹쳐지면서 투사로부터 전이로 치료의 초점이 이행하는 단계이기도 하다. 즉 자아심리학 미술치료에서 초기와 중기에는 앞의 세 단계(예비 활동, 혼란한 방출, 방어 기제의 미술 활동)가, 중기와 후기에는 뒤의 세 단계 혹은 두 단계(그림 문자, 형성된 표현)가 나타난다. 이 과정에서 피분석자의 불안 분석과 치료적 동맹 형성 이후에 피분석자의 방어에 대한 중심적인 치료 작업이 진행된다. 즉 정서적 친밀함에 대한 방어, 반응적 분노, 고통과 슬픔, 애착 추구에 대한 통찰이 치료적 작업으로 경험되는 것이다. 이러한 일련의 작업은 자아심리학 미술치료에서 피분석자의 자아의 재구조화를 나타내는 과정이다. 따라서 분석가는 피분석자의 치료로서의 미술 작업에서 재료 사용 방식의 변화를 면밀히 이해함으로써, 그/그녀의 자아 기능 및 성장을 평가하고 분석해야 한다.

2) 자아심리학 미술치료의 목표

안나 프로이트가 자아심리학의 목표를 피분석자의 "무의식을 의식으로 데려오는 것"(A. Freud, 1936/2015: 43)으로 표명한 것처럼 자아심리학 미술치료의 목표는 무의식의 의식화와 연관된다. 즉 자아심리학 미술치료의 목표는 피분석자의 무의식의 의식화를 통한 '자아의 강화' 그리고 '현실에의 적응'이다. 여기에서 피분석자의 자아를 강화하는 것은 엄밀한 의미에서 피분석자의 세 가지 정신 심급인 자아 · 이드 · 초자아에 대한 균등한 관심을 기울임으로써 세 심급을 조절하고 균형적으로 조직하는 자아의 기능적 측면을 강화 및 공고화하는 것이다. 이는 간명히 피분석자의 자아 기능의 공고화로 표명된다.

자아심리학 미술치료에서 피분석자의 자아의 강화(자아 기능의 공고화) 그리고 현실에서의 적응을 촉진하기 위해서, 분석가는 그/그녀의 불안 분석과 치료적 동맹 형성, 방어 작업과 자아의 재구조화, 치료로서의 미술 작업에 대한 통합적인 이론적 기초 위에서 미술치료에 임해야 한다.

더 나아가 안나 프로이트가 자아심리학을 통해 아동 정신분석을 실천한 점에 기초하여, 분석가는 자아심리학 미술치료를 아동과 청소년의 자아 발달과 성장을 위해 유용한 치료적 접근으로 사용할 수 있다. 이러한 측면은 자아심리학 미술치료가 여타 정신분석 미술치료 패러다임과 구분되는 점이다.

2. 자아심리학 분석가의 의미와 역할

이 절에서는 자아심리학 분석가의 의미와 전문적인 역할에 대해 살펴본다. 안나 프로이트는 그녀의 저서에서 '무의식적인 것을 의식으로 데려오는 것이 분석가의 임무'라고 피력한다. 이처럼 자아심리학 분석가는 피분석자의 자아 · 이드 · 초자아에 대한 균등한 관심을 토대로 분석을 함으로써 자아 기능을 강화해야 한다. 자아에 대한 분석은 분석가가 피분석자의 꿈과 상징에 기초한 이드 분석과, 방어와 저항에 기초한 자아와 초자아 분석을 함께해 나가는 것을 말한다. 이에 대한 내용은 다음과 같다.

> 환자의 자유 연상과 잠재적 꿈 사고, 상징의 번역, 전이의 내용물–그것이 상상한 것이든 실제로 행동화한 것이든–에 주의를 기울인다면 이드에 대해서는 더 알 수 있을 것이나, 이때 분석은 일방적이라는 것이다. 반면, 저항과 꿈 검열에 대한 탐색 그리고 이드적 충동이나 환상에 대한 다양한 방어 양식에 대한 연구를 통해 우리는 지금까지 알지 못했던 자아와 초자아의 활동에 대해서 더 잘 이해할 수 있을 것이다. 그렇지만 이 방법 또한 앞의 방법만큼 일방적이다. 따라서 두 가지의 방식의 연구를 어느 쪽으로도 치우치지 않고 결합할 때에만 분석 대상자의 내적 상황에 대한 이해에 도달할 수 있을 것이다(A. Freud, 1936/2015: 39–40).

이처럼 피분석자의 이드 분석 혹은 자아 분석은 각각 일방적인 분석 방법으로서 두 가지 방법을 통합해야 한다. 즉 자아심리학 미술치료에서는 피분석자의 이드 분석과 자아 분석을 병합한 양방향적 분석이 이루어져야 한다. 양방향적 분석은 치료에서 전이의 복잡성으로 이어진다. 이른바 "리비도적 성향의 전이, 방어적 태도의 전이, 그리고 전이의 행동화"(앞의 책, 38)의 양태로 나타난다.

피분석자의 '리비도적 성향의 전이'는 그/그녀가 사랑, 증오, 질투나 불안과 같은 강렬한 감정으로 인해 분석가와의 관계가 혼란에 빠지는 상태이다. 이는 오이디푸스 콤플렉스와 연관되어 있기 때문에 피분석자의 유아적 감정 상태를 이해하는 작업이 필요하다. 또한 피분석자의 '방어적 태도의 전이'는 그/그녀의 방어에 영향을 미치는 전이 상태로서 분석 장면에서 주로 저항으로 나타난다. 이는 피분석자의 자아 기능에 대한 면밀한 분석 작업이 요구된다. 더 나아가 피분석자의 '전이의 행동화'는 그/그녀가 이드적 충동이나 방어 반응을 분석 외의 일상생활 속에서 행동화하는 것이다. 이는 분석가의 "분석적 해석과 비분석적 금지"(앞의 책, 37)를 통해 가능한 한 행동화를 막는 분석적 조처가 요구된다. 즉 분석가가 피분석자의 자아에 대한 적절한 해석과 함께 비분석적 행동을 금지하는 것이다. 이상과 같이 치료 과정에서의 분석가의 적합한 전이 해석이 이루어질 때 비로소 피분석자의 자아 발달과 강화가 이루어진다.

요컨대 자아심리학 미술치료자는 피분석자의 자아 · 이드 · 초자아에 대한 전반적이고도 균등한 관심과 이해를 바탕으로 분석을 해야 한다. 이러한 모습은 마치 "유사 부모와 같은 분석가(the quasi-parental analyst)"(Mitchell & Black, 1995: 59) 또는 교육자의 역할과 흡사하다. 즉 분석가는 피분석자와 협력해야 할 동력적인 관계를 넘어 피분석자에게 영향을 준 잘못되거나 부적절한 부모의 영향력을 치유할 수 있는 양자 단일체적인 단위로 간주된다. 이른바 분석가는 피분석자에게 '초기 발달에 대한 교정적인 경험을 제공'함으로써, 자아심리학 미술치료는 피분석자의 하나의 성장 경험이 된다. 크레이머는 이러한 자아심리학 관점에서 미술치료자를 "철학자"(Kramer, 2000: 11)의 무게로 상기시키기도 한다.

3. 자아심리학 미술치료의 주요 기법

이 절에서는 자아심리학 미술치료의 주요 기법을 소개한다. 주요 기법은 네 가지로 초기 기억 그림, 사회적인 나와 개인적인 나, 불안 통찰하기, 방어 기제 발견하기이다. 각 기법은 ① 기법 개요, ② 이론적 기초와 기법 목표, ③ 지시 사항, ④ 치료적 개입을 중심으로 설명하며 구체적인 내용은 다음과 같다.

1) 초기 기억 그림

(1) 기법 개요

초기 기억 그림은 피분석자가 일상생활에서 자주 경험하는 사고 · 감정(정서) · 행동이 과거의 어느 순간으로부터 비롯되었는지 과거와 현재를 연결하여 통찰함으로써 자아의 발견을 촉진하는 기법이다.

(2) 이론적 기초와 기법 목표

이 기법의 이론적 기초는 안나 프로이트의 『자아와 방어 기제』 가운데 "리비도 충동의 전이"(A. Freud, 1936/2015: 30-31) 내용에 기초한다. 피분석자의 이드의 충동은 분석 장면에서 예상하지 않은 감정이나 행동으로 드러나게 된다. 이러한 피분석자의 행동의 원인은 오이디푸스 콤플렉스 혹은 전오이디푸스 시기의 특정한 외상적 기억과 연관된다. 따라서 피분석자의 초기 기억과 주요 감정들을 탐색하게 함으로써, 현재의 삶에서 지속적인 영향을 미치는 핵심 감정과 관련된 과거 기억을 찾을 수 있도록 한다. 이는 피분석자의 원초적 장면(primal scene)과 연관되기도 한다. 초기 기억 그림은 피분석자의 과거와 현재를 연결한 현재의 모습을 통찰할 수 있게 한다.

이 기법의 목표는 초기 기억에 대한 탐색을 통해 과거와 현재를 연결함으로써, 피분석자가 현재 삶에서 자주 경험하는 충동적인 감정이나 행동의 원인을 통찰하도록 하는 데 있다.

(3) 지시 사항

"당신이 출생한 때부터 생각나는 초기 기억을 몇 가지 정도 순서대로 찾아보세요. 그 가운데 네 가지 정도의 기억을 자유롭게 그려 볼까요? 그 기억과 연관된 감정을 색채로 표현하셔도 좋습니다. 네 가지의 초기 기억에 관한 그림을 그린 후, 각 기억과 연관된 감정을 한두 가지 정도 기록해 보시기 바랍니다. 재료는 자유입니다."

(4) 치료적 개입

작품 해석의 초점과 치료적 개입은 피분석자의 감정 또는 행동에 대한 과거와 현재의 연결을 통한 통찰의 촉진이다. 이 기법의 적용 시 분석가는 ① 피분석자의 초기 기억 탐색, ② 초기 기억과 연관된 감정 탐색, ③ 그 가운데 반복되는 감정의 발견, ④ 과거와 현재의 연결을 통한 통찰을 순차적으로 촉진해야 한다.

이 과정에서 분석가는 피분석자의 개인차를 고려해야 한다. 따라서 분석가는 피분석자의 탐색 및 통찰 수준을 이해하여 초기 기억을 네 가지부터 열 가지까지 정도로 유동적으로 적용할 수 있다. 그 가운데 네 가지의 초기 기억 그림이 가장 일반적인 형태로서 여러 피분석자에게 적용이 가능하다. 피분석자가 초기 기억 그림을 그린 후 각 기억과 연관된 감정을 두 가지 정도씩 기록하였을 때, 분석가는 반복되는 감정을 발견하는 것이 중요하다. 또한 피분석자의 과거 감정이 현재의 삶에서 지속적인 영향을 미치는지 분석하는 것이 중요하다. 분석가는 이러한 내용을 피분석자의 치료적 작업에 따라 해석해 주어야 한다. 물론 피분석자 스스로가 초기 기억의 의미를 통찰해 낼 수 있으면 가장 바람직하다. 다만 자아 기능이 약한 피분석자에게는 이 기법의 해석이 제한될 수 있고, 지지 치료적 접근이 유용하다. 따라서 분석가는 피분석자가 자아 동조적 상태인지 자아 이조적 상태인지 자아 통찰 능력을 평가한 후 치료적 중재를 하는 것이 중요하다.

2) 사회적인 나와 개인적인 나

(1) 기법 개요

사회적인 나와 개인적인 나는 피분석자가 자아의 모습을 통찰하도록 촉진하는 기법이다. 또한 피분석자가 자신을 이해하고, 자아 기능을 강화하도록 촉진하는 기법이다.

(2) 이론적 기초와 기법 목표

이 기법의 이론적 기초는 자아(ego)와 자기(self)의 개념적 차이에 있다. 즉 피분석자의 자아는 균형 잡고 조직하는 정신적 기능의 사회적인 모습이라면, 자기는 그/그녀 자신에 대해 갖고 있는 의식적 · 무의식적인 정신적 표상으로서 개인적인 모습이다.

따라서 이 기법의 목표는 피분석자가 자아(사회적인 나)와 자기(개인적인 나)의 차이를 이해하고, 자신의 자아 기능을 이해하도록 촉진하는 데 있다. 자아 기능은 지각, 기억, 인지, 정서, 행동, 양심의 요구 영역에서 분별, 통합, 균형, 조직하는 정신 기능으로서, 피분석자의 사회적 적응을 위해서는 자아 기능이 강화되어야 한다. 이처럼 피분석자의 자아에 대한 통찰과 자아 기능의 강화를 촉진하는 데 이 기법을 사용할 수 있다.

(3) 지시 사항

"당신의 자아와 자기의 모습을 발견하기 위해, 사회적인 모습과 개인적인 모습으로 당신을 표현해 보세요. 즉 당신의 사회적인 역할 및 의무와 관련된 사회적인 모습과 당신 내부의 개인적인 모습을 나타내 보시기 바랍니다. 재료는 자유입니다."

(4) 치료적 개입

작품 해석의 초점과 치료적 개입은 피분석자가 사회적인 자신과 개인적인 자신의 모습을 구분하여 표현함으로써, 자신에 대한 좀 더 깊은 탐색과 통찰을 하도록 촉진하는 것이다. 구체적으로 피분석자가 일상생활을 살아가면서 필수 불가결하게 사회적 역할, 의무, 책임을 떠맡을 수밖에 없고, 이러한 사회적 역할이 때로는 본질적인 그/그녀의 모습을 있는 그대로 수용하지 못하게 했을 수 있다. 따라서 분석가는 피분석자로 하여금 이 기법을 통해 그/그녀의 자아를 통찰한 후, 원하는 모습으로서의 자아, 즉 자아 기능을 강화할 수 있는 방법을 모색하도록 촉진해야 한다.

3) 불안 통찰하기

(1) 기법 개요

이 기법은 피분석자가 자신의 불안을 자각하고, 불안 특성을 이해함으로써, 그 불안에 대한 좀 더 적합한 대처 및 치료 방법을 탐색하도록 촉진하는 것이다.

(2) 이론적 기초와 기법 목표

이 기법의 이론적 기초는 안나 프로이트가 『자아와 방어 기제』의 「불안 및 위험 원천에 따른 방어 작용의 적응」(A. Freud, 1936/2015: 77)에서 설명하는 세 가지의 불안 개념, 즉 초자아 불안, 객관적 불안, 이드적 불안이다.

도덕적 불안(초자아 불안)은 주로 성인 신경증에서 나타나는 불안이다. 초자아가 이상적 기준을 세우고 성과 공격성은 반사회적으로 이해함으로써, 자아가 이드적 충동에 대해 적대적이 되어 발생하는 불안이다. 치료 방법은 가능한 한 자아가 평안을 얻고 신경증적 갈등을 감소시키는 것이다. 즉 초자아의 관대한 도덕률을 자아에 적용하는 것인데, 그 외에도 환경적으로는 부모의 허용적 양육 태도와 교육자의 관용적 교육 태도가 도움이 된다.

현실적 불안(객관적 불안, 거세 불안)은 주로 유아 신경증에서 나타나는 불안이다. 이는 유아가 부모로부터 이드적 만족의 금지와 제한, 징벌, 또는 처벌의 위협을 받는 데서 발생하는 불안이다. 치료 방법은 현실적 불안의 원인이 되는 부모의 양육 태도의 변화와, 그에 따른 유아의 인식의 변화이다. 즉 부모는 유아의 성적 · 공격적 행동을 처벌하지 않는 교육 방식을 제공함으로써, 유아는 자신의 불안이 '환상의 산물임'을 이해하게 된다.

신경증적 불안(이드적 불안, 이드의 힘에 대한 공포)은 피분석자의 자아가 외부 및 리비도적 위험에서 정확하게 무엇을 두려워하는지 알지 못하는 불안이다. 그러나 그 공포는 자신이 압도되고 멸절되는 것까지 이른다. 치료 방법은 피분석자의 '자아의 양적 관계'와 연관되는데, 이는 자아를 강화하는 것이다. 즉 피분석자는 분석을 통해 자아를 강화함으로써 강한 이드의 작용으로부터 조금씩 벗어나도록 해야 한다.

이 기법의 목표는 피분석자가 자신의 불안을 자각하고, 불안 특성을 이해함으로써, 적절한 대처 및 치료 방법을 찾을 수 있도록 촉진하는 것이다. 이를 위해 분석가는 피분석자로 하여금 불안이 나타나는 상황을 구체화함으로써 불안의 특성(도덕적 불안 · 현실적 불안 · 신경증적 불안)을 통찰할 수 있도록 촉진해야 한다.

(3) 지시 사항

"일상생활 중에서 당신은 불안을 자주 느끼시나요? 구체적으로 어떤 상황에서, 누구와 함께 있을 때, 어떤 강도의 불안을 느끼시나요? 또한 불안을 줄이고 이에 대처하기 위해서 당신은 주로 어떤 행동을 하나요? 당신의 불안에 대해 자유롭게 표현해 보세요. 재료는 자유입니다."

(4) 치료적 개입

작품 해석의 초점과 치료적 개입은 피분석자가 자신의 불안 특성에 대해 통찰하고, 그 불안에 대한 좀 더 적합한 대처 방법을 탐색하도록 분석가가 촉진하는 것이다. 구체적으로 분석가는 피분석자의 작품을 통해 불안이 어떤 상황에서, 누구와 함께 있을 때, 어떤 강도로 경험되는지 분석해야 한다. 또한 피분석자의 불안이 도덕적 불안, 현실적 불안, 신경증적 불안 가운데 어떤 것인지 분석하고, 피분석자에게 불안의 특성을 해석해 주어야 한다. 더 나아가 분석가는 피분석자의 불안 대처 방법인 방어 기제를 탐색하도록 촉진해야 한다. 이를 통해 분석가는 피분석자가 자신의 불안 특성을 이해하고, 좀 더 성숙한 방법으로 불안에 대처할 수 있도록 치료적 개입을 해야 한다.

4) 방어 기제 발견하기

(1) 기법 개요

이 기법은 피분석자가 자신의 방어 기제를 발견하도록 촉진하는 기법이다. 또한 이러한 과정을 통해 피분석자가 원시적 방어 기제로부터 점차 성숙한 방어 기제로 변화할 수 있도록 촉진하기 위한 것이다.

(2) 이론적 기초와 기법 목표

방어 기제 발견하기의 주요한 이론적 기초는 안나 프로이트의 『자아와 방어 기제』(A. Freud, 1936)와 맥윌리엄스가 『정신분석적 진단』(McWilliams, 1994)에서 설명한 방어 기제이다.

이 기법의 목표는 피분석자로 하여금 자신의 방어 기제를 통찰하도록 촉진하기 위한 것이다. 분석가는 피분석자가 일상생활에서 의식적·무의식적으로 자주 사용하는 방어 기제를 발견하고, 이러한 방어 기제가 자신의 불안으로부터 유발된 적응적/부적응적 기제임을 이해하도록 촉진한다. 또한 피분석자가 원시적 방어 과정을 변화시켜 성숙한 방어 과정을 경험하도록 촉진해야 한다. 궁극적으로 분석가는 피분석자가 다반루의 '무의식 내부의 발생학적 체계', 즉 정서적 친밀함에 대한 방어, 반응적 분노, 고통과 슬픔, 애착 추구를 이해하고 수용함으로써, 점차 방어 기제를 줄여 나갈 수 있도록 촉진해야 한다.

(3) 지시 사항

"일상생활 중에서 당신은 극심한 스트레스 상황에 처할 때가 있을 것입니다. 이처럼 불안을 느끼거나 스트레스 상황에서 당신이 나타내는 행동(방어)을 예술 작업으로 표현해 보시기 바랍니다. 그리고 이러한 당신의 행동 방식의 긍정적 측면과 부정적 측면을 생각해 보시기 바랍니다. 미술 표현의 재료는 자유입니다."

(4) 치료적 개입

이 기법에 대한 작품 해석의 초점과 치료적 개입은 분석가가 피분석자로 하여금 자신의 불안에 대처하는 방어 기제를 발견하고, 그 방어 기제에 대한 순기능과 역기능을 통찰하도록 촉진하는 것이다. 피분석자의 작품 완성 이후, 분석가는 피분석자가 사용하는 방어 기제의 특성을 설명해 주어야 한다. 또한 그 방어 기제가 원시적 방어 과정인지, 성숙한 방어 과정인지 설명한다. 다음으로 분석가는 그 방어 기제가 갖고 있는 순기능과 역기능을 설명하고 분석해 줌으로써, 피분석자가 불안에 대처하는 좀 더 건강한 방식을 찾을 수 있도록 촉진해야 한다. 피분석자의 통찰 수준에 따라, 분석가는 무의식 내부의 발생학적 체계를 설명해 줄 수 있다. 이를 통해 분석가는 피분석자의 성숙한 방어로의 이행에서 한 걸음 더 나아가 방어를 감소시킬 수 있도록 촉진해야 한다. 억압을 표현한 사례를 살펴보자.

[그림 6-4] 억압

나의 그림은 억압된 무의식을 표출하고 싶은 욕망과 그것을 거부하는 의식의 상태를 동시에 보여 주는 듯하다. 사실 나는 강박적 성향이 있는 것으로 보인다. 그 강박적 성향은 다분히 사디즘적이고 적대적인 부분으로 나타나고 있다. 이 그림을 그릴 때는 불편한 내 마음을 풀기 위해 시작했다. 고립된 나를 구석에 그리고 눈에 보이지 않지만 불편한 신경질적 감정을 날카로운 선으로 그려 넣었다. 주변의 검은색은 부정적인 내적, 외적 상태를 나타냈고 벌거벗은 채 고개를 떨어뜨리고 있는 인체는 절망스러운 마음의 나인 것 같다. 이러한 감정의 출발 요소를 나는 잘 알고 있다. 그것은 애정과 존중을 욕망하는 나와 현실의 괴리로 이루어진 억압의 실체이다. 나의 정신적 성장을 위해 이러한 갈망을 어떻게 해결하는가가 당면 과제인 것 같다.

[그림 6-4]는 50대 여성 D의 작품이다. 그녀는 자유화를 통해 자신의 억압 상태를 표현한다. 이 작품을 통해 D는 '애정과 존중을 욕망하는……' 자신의 무의식을 발견한다. 프로이트는 「억압에 관하여」의 논문에서 '억압은 성적 에너지의 집중의 철회로서, 억압된 것이 회귀한 것이 증상'임을 밝힌다. 이러한 관점에 기초할 때, D는 평소 자신의 성적 에너지의 집중의 철회인 억압을 하지만, 억압의 결과 공격적이고 사디즘적인 행동을 나타내게 됨을 통찰한다. 이 작품에서 볼 수 있듯이 그녀가 자신의 주요한 방어 기제를 통해 무의식을 발견하는 데 미술작업이 중요한 역할을 한 것이다. 이 작업을 통해 D는 자신을 이해하고 정신적 성장을 위한 노력을 모색할 수 있는 기회를 만나게 된 것이다.

7장 대상관계 미술치료의 이론

현대 정신분석 미술치료의 두 번째 패러다임은 대상관계 미술치료이다. 이 치료는 유아와 어머니의 관계에서 비롯한 주체와 대상의 관계에 초점을 두는 대상관계이론에 기초한다. 대상관계이론의 대표적인 학자는 멜라니 클라인으로서 그녀는 프로이트가 어머니, 아버지, 아이의 오이디푸스 삼자 구도(삼자 관계)에 초점을 둔 데 비해, 어머니와 아이의 전오이디푸스 이자 구도(이자 관계)에 초점을 두고 투사적 동일시 개념을 통해 대상관계이론을 발전시킨다.

대상관계이론은 정신분석의 역사에서 1940년대 이후 구체적으로 발전한다. 1939년 히틀러의 오스트리아 침공 당시, 마리 보나파르트가 프로이트와 안나 프로이트 외 36명의 정신분석가를 런던에 피신시킨다. 이렇게 영국에 망명한 정신분석가들을 중심으로 영국 정신분석학회가 형성된다. 이 학회는 1940년대 이론적 견해차에 따라 크게 세 그룹으로 나뉜다. 전통적인 프로이트 학파의 개념 전개에 충실한 안나 프로이트를 위시한 자아심리학, 멜라니 클라인의 이론과 기법을 전적으로 수용하는 현대 클라인 학파, 그리고 두 그룹에 속하지 않는 중간 그룹으로 클라인 학파와는 다른 관점에서 대상관계이론을 전개시킨 영국 대상관계이론 학파이다. 따라서 대상관계이론은 엄밀히 클라인 학파와 영국의 대상관계이론 학파로 구분된다. 클라인 학파의 정신분석가로는 "윌프레드 비온(Wilfred Bion), 하인리히 래커(Heinrich Racker), 토마스 옥덴(Thomas Ogden)" (Mitchell & Black, 1995: 106-111) 등이 있다. 영국의 대상관계이론 학파의 정신분석가로는 윌리엄 로날드 도드 페어베언(William Ronald Dodds Fairbairn), 도널드 우드 위니콧(Donald Woods Winnicott), 마이클 발린트(Michael Balint), 존 볼비(John Bowlby), 해리 건트립(Harry Guntrip) 등이 있다. 이 장에서는 대상관계이론 미술치료의 이론적 기초를 위해 클라인 학파를 대표하면서 대상관계이론을 발전시킨 멜라니 클라인과, 영국 대상관계이론 학파 가운데 소아과 의사로서 독창적이고도 대중적인 개념들을 발전시킨 위니콧에 대해 살펴보고자 한다.

1. 대상관계이론의 대표자, 멜라니 클라인과 도널드 우드 위니콧

1) 멜라니 클라인

멜라니 클라인

멜라니 클라인(Melanie Klein, 1882~1960)은 오스트리아 폴란드계 헝가리 유대인 집안 의사인 아버지와 상점을 운영하는 어머니 사이에서 4남매 중 막내로 태어난다. 클라인은 아버지와 언니보다는 어머니와 오빠와 깊은 유대관계를 갖고 성장한다. 그런 만큼 클라인은 오빠의 죽음으로 고통스러운 상실을 경험한다. 클라인은 화공기술자인 아서 클라인과 결혼하여 세 자녀를 두었으나, 불행한 결혼 생활과 자녀 양육의 어려움으로 우울증을 겪는다. 이혼한 후 클라인은 1914년에 프로이트의 제자였던 샨도르 페렌치(Sándor Ferenczi), 그리고 정신분석학의 초창기 핵심 인물이었던 칼 아브라함(Karl Abraham)으로부터 분석을 받으면서 정신분석에 입문한다. 클라인은 자신의 상실과 고통 경험을 독자적인 정신분석 이론으로 발전시켜 나간다. 그러나 이후 정신분석가가 되는 딸로부터 이론적 비판을 받는가 하면, 생애 후기 맏아들의 죽음 그리고 언니의 죽음은 그녀로 하여금 상실과 슬픔으로 점철된 삶을 채색하게 한다. 클라인은 "자신의 이론을 구성하는 생애의 상실과 죄책감, 외로움, 시기심, 박해를 세밀하게 연구하는 데 자신의 고통을 활용"(Gomez, 1997/2008: 57)한다.

클라인에게 있어서 그녀의 개인적인 삶과 정신분석가로서의 이론적 전개는 연결된다. 정신분석가의 개인의 삶과 이론을 일대일 대응 식으로 이해하는 관점은 지양되어야 한다. 그러나 분석가의 개인적 삶이 어떻게 이론의 핵심 개념들을 구성하게 되는지 연관성을 살펴보면 정신분석 이론을 좀 더 풍부하게 이해할 수 있다. 이러한 점에서 클라인의 독자적인 이론 전개는 그녀의 개인적인 경험과 아동에 대한 임상 작업의 통찰로부터 출발한다. 프로이트의 환자들이 주로 신경증적 수준의 성인인 데 비해, 클라인의 환자들은 장애가 심한 정신증적 수준의 아동과 성인이다. 클라인은 프로이트와 달리 전오이디푸스기에 초점을 두면서 아동과 성인 모두에게 끊임없이 유동적이고 불안정한 마음의 상태를 상정한다. 이를 토대로 그녀는 독창적인 정신분석 이론을 발전시켜 나간다.

클라인은 런던 학파로 불리면서 비엔나 학파인 안나 프로이트의 자아심리학과는 다른 입장에서 아동 정신분석을 발전시킨다. 안나 프로이트는 오이디푸스 콤플렉스를 중시하고 아동의 분석이 최소한 5~6세 이상의 연령에서 가능하다고 본다. 그에 비해 클라인은 전오이디푸스기에 관심을 기울이고 2~3세의 유아도 정신분석적 치료가 가능함을 주장한다. 클라인은 아동의 마음을 분석적으로 접근할 수 있는 방법으로 놀이를 발견한다. 즉 성인 정신분석에서의 자유 연상처럼 아동 정신분석에서의 놀이를 정신분석적 기법으로 활용한다.

클라인은 본질적으로 아동의 정신 과정이 성인과 동일하다는 관점으로서, 아동 정신분석의 목표에서 자아심리학과 이견을 갖는다. 자아심리학은 '성인의 마음이 아동에 비해 안정적이고 고도로 조직화되어 있다'는 관점에서 자아 기능의 강화를 치료 목표로 삼는다. 그에 비해 클라인 학파에서는 '아동과 성인의 마음이 본질적으로 동일하다'는 관점에서 출발하여 두 사람 간의 관계에 중심을 두고 우울적 위치로서 좀 더 온전한 존재 양식을 갖도록 하는 데 치료 목표를 둔다. 이로써 아동과 주 양육자의 관계에 초점을 두는 대상관계이론이 발전한다. 클라인의 대상관계이론은 '편집-분열적 위치'와 '우울적 위치'의 기본 개념으로 대표되는데, 이 개념은 아동과 초기 양육자와의 관계에서 비롯되는 인간의 근본적이고도 실존적인 기제를 설명한다. 그 외 투사적 동일시와 시기심의 대표적인 개념이 있는데, 이는 기본 개념 부분에서 상세히 다룬다.

2) 도널드 우드 위니콧

도널드 우드 위니콧

도널드 우드 위니콧(Donald Woods Winnicott, 1896~ 1971)은 1896년 영국 플라이마우스에 있는 중산층 사업가 가정에서 막내이자 외아들로 태어난다. 위니콧의 부모님은 종교적이면서도 엄격하지 않은, 자유롭고도 개방적인 양육을 그에게 제공한다. 위니콧은 여유로운 환경에서 어머니, 누나, 가정교사의 따뜻한 관심을 받으며 "가치 있고 존중받는 사람"(Gomez, 1997/2008: 132)으로 성장한다. 그는 일생 동안 큰 불행 없이 순조로운 삶을 산다.

위니콧은 두 번의 결혼을 하였으며 자녀는 없었다. 그는 정신과 의사로서 일생 동안 여러 아동 환자를 만나고, 가끔씩 그의 가정에서 일정 기간 동안 아동 환자를 직접 돌보기도 했다. 이는 "그가 타인에 대한 관심을 표현하는 방식이자, 자신의 의존성을 투사하는 보호막의 역할"(앞의 책, 135)을 한다. 위니콧은 외향적이고도 신비로운 인상을 지닌, 쉽게 정의 내리기 어려운 대상관계 학자로 알려져 있다.

위니콧은 독창적인 방식으로 소아과와 정신분석에서 자신의 전문 분야를 개척한다. 그는 프로이트와 프로이트의 제자인 제임스 스트레이치(James Strachey)의 분석을 받는다. 또한 스트레이치의 소개로 클라인을 만나 클라인 학파인 조안 리비에르(Joan Rivière)의 분석도 받는다. 이러한 분석 경험은 위니캇으로 하여금 프로이트 학파와 클라인 학파의 정신분석을 충분히 경험한 후, 자신의 독창적인 이론을 개척하도록 이끈다. 그는 전통적 정신분석에서 해석의 역할이 과대평가되는 측면과 클라인 학파에서 개인의 본능적 갈등이 강조되는 측면에 한계를 느끼면서, "본능적 갈등보다는 환경의 중요성에 기초한"(앞의 책, 137) 대상관계이론을 전개한다. 그는 40여 년 이상 소아 약학과 정신분석이라는 두 분야에서 약 6만 명 이상의 환자를 진료한다. 이처럼 폭넓은 임상 경험, 프로이트 학파와 클라인 학파의 분석 경험, 그 자신만의 독특한 성격과 상상력은 위니캇으로 하여금 독창적이면서도 대중적인 대상관계이론을 구축하도록 한다.

위니캇의 이론적인 관점은 "사랑 없이 아기를 키울 수 있지만, 사랑 없이 비인격적인 방식으로는 아기를 새롭고도 자율적인 사람으로 키울 수 없다"(Winnicott, 1971)는 그의 견해를 통해 엿볼 수 있다. 그는 정신분석학계에서 클라인 학파와는 다른 관점에서 아기와 어머니의 관계, 그리고 피분석자와 분석가의 관계에 대한 새로운 전망을 제공한다. 구체적으로, 위니캇은 좀 더 온전한 양육 관계를 통해 자기다운 삶을 살아가는 개인의 "주관성의 경험의 질"(Mitchell & Black, 1995: 124)에 깊은 관심을 갖는다. 그는 임상에서 피분석자의 정신 병리보다는 피분석자의 내적인 현실 감각, 개인의 의미 있는 삶, 분명하고 창조적인 자기 경험의 중심으로서의 자기 이미지를 갖는 것에 관심을 기울인다.

이러한 개인의 주관적인 삶의 만족은 '참자기(the true self)'를 촉진하는 부모의 양육 환경과 깊게 연관된다. 또한 그는 '일차적 모성 몰두(primary maternal preoccupation)'로 어떻게 어머니가 유아에게 적합한 환경을 제공하는지 "충분히 좋은 어머니(the good-enough mother)"(앞의 책, 125) 개념을 통해 설명한다. 충분히 좋은 어머니는 자신의 주관성과 개인적인 관심에서 벗어나 자신의 존재와 활동을 아기의 바람과 욕구에 맞추면서 아기가 필요로 하지 않을 때는 물러나 줌으로써 적절한 물리적 · 심리적 공간을 창조하는 "안아 주는 환경(a holding environment)"(앞의 책, 126)을 제공한다. 위니콧의 안아 주는 환경 개념은 최적의 양육 환경인 동시에 대상관계이론 분석가가 피분석자에게 제공해야 할 치료 환경의 전형이 된다.

위니콧의 기본 개념은 충분히 좋은 어머니, 중간 대상, 거짓자기와 참자기, 안아 주는 환경 등을 들 수 있는데, 이러한 개념들은 기본 개념 부분에서 상세히 다룬다.

2. 대상관계이론의 기본 개념

대상관계이론의 기본 개념은 크게 세 부분으로 나누어 살펴본다. 즉 대상관계의 기초 개념, 분리와 개별화 과정, 그리고 심리적 기제이다. 대상관계 기초 개념은 대상, 자기, 자기-대상, 자아의 개념을 설명한다. 대상관계의 발달인 분리와 개별화 과정은 자폐 단계, 공생 단계, 분리와 개별화 단계, 대상 항상성 발달의 네 단계를 서설한다. 심리적 기제는 편집-분열적 위치와 우울적 위치, 그리고 투사적 동일시에 대해 먼저 살펴본다. 다음으로 분열, 이상화와 평가 절하, 중간 대상, 그리고 온전한(전체) 대상관계에 대해 설명한다.

1) 대상, 자기, 자기-대상, 자아

대상관계는 자기와 대상이 정서적으로 이루어진 관계를 의미한다. 따라서 자기와 대상은 대상관계를 구성하는 기초 요소가 된다. 해밀턴은 대상관계단위가 문장 구조와 상응함을 다음과 같이 설명한다.

대상관계단위	자기	—	정서	—	대상
	I		Love		Mother
문법에 따른 문장	주어	—	동사	—	목적어
	I		Want		Toast

대상관계의 구조에서 보는 바와 같이, '내(자기)가 토스트(대상)를 먹기 원한다(정서)'는 문장 구조처럼 '내(자기)가 엄마(대상)를 사랑한다(정서)'(Hamilton, 1990: 49)의 대상관계단위의 구조는 유사하다. 이러한 대상관계단위에서 대상(the object)은 "정서적 에너지, 즉 애정이나 증오 또는 애정이나 증오의 좀 더 조절된 결합이 투여된 사람이나 장소, 사물, 개념, 환상 또는 기억"(앞의 책, 7)을 말한다. 이러한 대상은 엄밀히 외적 대상과 내적 대상을 포함한다. 외적 대상은 실제 존재하는 사람, 장소, 사물인 데 비해, 내적 대상은 마음속에 존재하는 사람, 장소, 사물뿐만 아니라 개념, 환상, 기억을 포함한다.

이러한 대상에게 정서적 에너지를 투여하는 것이 자기이다. 자기(the self)는 "나라는 사람과 관련된 의식적이고 무의식적인 정신적 표상"(앞의 책, 12)을 의미한다. 대상이 외적 대상과 내적 대상을 포함하는 데 비해, 자기는 항상 내적인 자기를 말한다. 이러한 측면에서 외부에서 관찰되는 자기는 한 개인이다. 따라서 자기는 늘 사적인 것으로서 주관성을 내포한다.

자기와 대상이 정서적 에너지로 연결되는 것이 하나의 대상관계단위이다. 대상관계단위(the object relations unit)는 "자기 표상이나 내적 대상이 어떤 충동이나 정서로 연결된 것"(앞의 책, 20), 즉 자기와 대상이 연결되어 하나의 단위를 이룬 것을 말한다. 이처럼 대상관계단위는 자기, 정서, 대상이 연결된 하나의 단위이다. 우리는 일상생활에서 여러 대상과 관계를 맺기 때문에 개인은 내면에 여러 대상관계단위를 포함하고 있다. 대상관계단위에서 자기와 대상이 엄밀히 구분되지 않은 모호한 상태는 자기-대상(self-object) 또는 자기대상(selfobject)으로 일컫는다. 이는 자기와 대상의 미분화된 상태로서 이의 가장 긍정적인 경험으로는 전능감, 황홀경, 공감과 같은 것이 있고, 가장 극단적인 경험으로는 자기와 대상의 경계가 없는 정신증(psychosis) 상태가 있다.

대상관계단위를 구성하는 자기와 구분되는 개념으로서 자아(the ego)는 "지각과 기억, 인지, 정서, 행동과 양심의 요구 영역에서 분별하고 통합하고 균형 잡고 조직하는 정신 기능을 내포하는 추상화된 개념"(앞의 책, 28-29)이다. 이처럼 자아는 이드와 초자아와 외부 현실 사이에서 분별, 균형, 통합을 이루는 정신 기능으로서 나에 대한 의식적 · 무의식적 표상을 가리키는 주관적인 자기와 차이가 있다. 자기가 주관적인 데 비해 자아는 상대적으로 외부 세계와 연관됨에 따라 일부분 객관적이다. 또한 자아는 사회적인 개인의 모습을 포함한다. 자아는 그 자체로서는 정서적인 의미를 포함하지 않는 추상적인 개념이고, 우리가 생각하는 것보다 훨씬 더 복잡한 정신 기능을 수행한다.

이처럼 자기와 자아 개념이 구분됨에 따라, 자기심리학과 자아심리학은 서로 다른 관점의 치료 목표를 추구한다. 자기심리학은 자기의 주관적 의미에 초점을 두는 데 비해, 자아심리학은 자아의 객관적 기능 발달에 초점을 둔다. 이러한 양자의 사이에서 대상관계이론을 발견할 수 있는데, 대상관계이론은 자기와 대상의 관계에 초점을 둠으로써 피분석자의 온전한 대상관계 발달을 추구한다. 이는 개인내적 측면의 주관성과 대인관계 측면의 객관성을 포함한다.

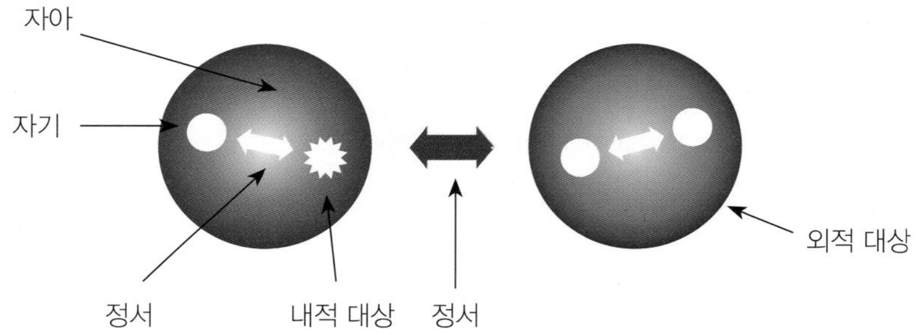

[그림 7-1] 대상관계의 구조

대상, 자기, 대상관계단위, 자아에 대한 개념적 이해를 토대로 대상관계의 구조를 나타내면 [그림 7-1]과 같다. 대상관계의 구조에서 왼쪽 원을 아이, 오른쪽 원을 어머니로 가정해 보자. 아이가 실제 생활에서 접하는 어머니는 외적 대상이다. 이에 비해 아이의 마음속에 있는 어머니에 대한 표상은 내적 대상이다. 아이는 어머니라는 외적 대상과의 관계 경험을 통해 어머니에 대한 내적 표상을 갖게 된다. 이때 아이의 내적 대상이 실제 어머니의 외적 대상과 일치하면, 아이와 어머니의 대상관계는 온전한 대상관계(전체 대상관계)로 발달한다. 그러나 아이의 내적 대상이 실제 어머니의 외적 대상과 불일치하면, 아이는 부분적 대상관계 혹은 왜곡된 대상관계를 형성한다. 그림에서 보는 바와 같이, 어머니는 원형처럼 좋은 모습을 지니고 있다고 가정해 보자. 이른바 충분히 좋은 어머니이다. 그러나 아이의 내적 대상의 어머니는 모가 난 모습으로 나쁜 어머니에 가깝다. 이 경우 아이는 마음속에 있는 대상처럼 실제 어머니와의 관계에서 어머니를 나쁜 어머니로 대하게 된다. 예컨대, 어머니와 눈을 잘 마주치지 않거나, 대화를 피하고, 어머니의 말을 수용적으로 받아들이지 않는다. 이때 어머니는 아이에게 온전한 관심과 양육 태도를 보이다가도 아이의 냉담한 반응이 어머니의 관계 욕구를 좌절시킴에 따라 점차적으로 비일관된 양육 태도를 나타낼 수 있다. 즉 아이의 내적 대상관계가 점차적으로 외적 대상관계에 영향을 미치는 것이다.

이러한 예에서 대상관계이론의 중요한 함의가 도출된다. 우리는 일상생활에서 외적 대상보다는 내적 대상을 중심으로 실제 대상관계를 형성하는 경우가 많다. 또한 두 사람의 관계에서 한 사람이 부분 대상관계를 형성한 경우, 그 관계 경험이 두 사람의 실제 대상관계에 영향을 미침에 따라 외적 대상관계 역시 부분 대상관계, 즉 왜곡된 대상관계를 형성하게 된다. 이로써 대상관계치료는 분석가와 피분석자 사이의 좋은 대상관계 경험을 통해 피분석자의 마음속의 부분 대상관계 혹은 왜곡된 대상관계를 변화시킨다. 즉 피분석자의 온전한 대상관계의 발달을 촉진하는 것이다. 이와 같은 대상관계의 원형은 출생부터 3세까지의 분리와 개별화 과정에서 형성된다.

2) 분리와 개별화

분리와 개별화 과정은 마가렛 말러(Margaret Mahler)와 그녀의 동료들에 의한 기념비적인 연구에서 비롯된다. 말러와 그녀의 동료들은 10년간 38명의 유아와 22명의 어머니를 관찰하여 분리와 개별화 과정을 밝히고, 그 연구 결과를 토대로 『유아의 심리적 탄생(*The Psychological Birth of the Human Infant*)』(Mahler, Pine, & Bergman, 1975)을 출간한다. 이 연구는 정신분석의 역사에서 개인의 대상관계 발달에 대한 중요한 경험적 근거를 마련한다. 분리와 개별화 과정은 크게 자폐 단계, 공생 단계, 분리와 개별화 단계, 대상 항상성의 발달 단계의 네 단계로 진행된다. 또한 분리와 개별화 단계는 세부적으로 부화 단계, 연습 단계, 재접근 단계의 세 단계로 진행된다. 상세한 내용으로 들어가 보자.

(1) 자폐 단계

자폐 단계(Autism)는 유아의 출생부터 생후 2개월까지의 단계이다. 이 단계에서 유아는 대상에 대한 인식이 없다. 이 시기의 유아는 무대상(objectless) 단계에서 삶을 시작한다. 유아는 먹이기, 안아 주기, 껴안기와 같은 경험의 축적과 신경생리학적인 능력의 성숙이 이루어져야 관계를 시작할 수 있다. 따라서 유아는 주로 움켜쥐기, 젖 찾기 반사와 같은 원시 반사를 보이며, 반사 반응이 점차 관계를 위한 기제로 발달한다.

자폐 단계의 유아는 대상에 대한 분리된 인식이 없어 외부 대상인 어머니를 자기와 같이 인식함으로써 자기가 곧 어머니이고, 어머니가 곧 자기가 된다. 이 시기의 유아는 자기와 타자에 대한 감각과 지각 경험이 미분화된 것처럼 인식과 사고가 미분리되어 있다. 따라서 유아는 미각, 후각, 촉각, 청각, 시각을 단편적으로 또는 공감각적으로 경험한다. 예컨대, 유아는 선명한 따뜻함(시각적 촉각), 부드러운 멜로디(촉각적 청각), 향긋한 빛(후각적 시각)과 같은 공감각을 경험하게 된다. 이러한 공감각적 경험은 여러 예술 작품이나 시구에서 볼 수 있다.

(2) 공생 단계

공생 단계(Symbiosis)는 자폐 단계 이후 2개월부터 6개월까지 발달하는 유아의 심리적 단계이다. 말러는 유아의 공생 경험을 '삶의 중추적인 부분'으로 기록한다. 유아는 공생 단계 초기에 자신의 필요를 충족시켜 주는 대상에 대해 희미하게 인식하면서, 어머니와 자신이 하나의 경계선 안에 있는 이중적 합일체, 즉 '전능한 시스템(omnipotent system)'의 일부인 것처럼 행동하기 시작한다. 이 시기 어머니의 민감하고 반응적인 양육은 유아가 대상과 세계를 신뢰할 수 있는 최적의 경험이 된다. 따라서 공생 단계는 유아의 심리적 발달에 중요한 초석이 된다. 공생 경험은 프로이트가 『문명 속의 불만』에서 기록한 "영원의 감각인 대양적 감정(the oceanic feeling)"(Freud, 1930: 64)과 같다. 인간과 자연이 경계와 한계 없이 하나인 것처럼 충족적으로 경험되는 감정 말이다.

이러한 유아의 공생 관계 경험은 생후 3개월쯤 나타나는 미소 반응으로 예고된다. 유아의 미소 반응은 타자를 인식하고 관계를 시작하는 첫 신호인데, 유아의 미소에 반응을 해 주는 어머니는 대상관계의 발달을 촉진시킨다. 더 나아가 이 시기 두 사람의 공생적 애착은 이후 유아의 대상관계 발달의 중추적인 기초가 된다. 에릭 에릭슨(Erik Erikson)의 정체성 이론(심리사회적 발달) 가운데 기본적인 신뢰감(the basic trust)은 공생 단계의 유아와 충분히 좋은 어머니의 관계에서 비롯된다.

표 7-1 분리와 개별화 과정[1]

자폐 Autism	0~2개월	태내와 태외의 중간지대, 융합	
공생 Symbiosis	2~6개월	이중적 합일체 전능감(대양적 감정)	
분리와 개별화 Separation-Individuation	6~24개월		
부화 단계 Hatching Subphase	6~10개월	분리 불안 분리와 개별화의 춤	
연습 단계 Practicing Subphase	10~16개월	위대성과 전능감 정서적 재충전, 까꿍 놀이	
재접근 단계 Rapprochement Subphase	16~24개월	분열, 중간 대상 언어 및 자기감 발달	
대상 항상성의 발달 Developing Object Constancy	24~36+개월	개별성과 대상 항상성 발달	

1) 본 내용은 해밀턴의 『자기와 타자: 실제에서의 대상관계이론(*Self and Others: Object Relations Theory in Practice*)』 중에서 「분리와 개별화」(Hamilton, 1990: 35-57) 내용을 참고하여 필자가 표와 그림으로 재구성한 것이다.

[그림 7-2]는 러시아 출신의 프랑스 화가 마르크 샤갈(Marc Chagall, 1887~1985)의 작품 〈생일〉이다.

[그림 7-2] 마르크 샤갈, 〈생일〉, 1915
캔버스에 유채, 80.7×99.7cm, 뉴욕 근대 미술관 소장

그는 로젠펠트 벨라(Rosenfeld Bella)와 1915년 결혼을 하는데, 이 작품은 그가 "결혼하기 십여 일 전에 생일을 그린 것"(정문규, 1989: 14)이다. 사랑하는 여인을 자신의 삶 자체로 표현한 글에서 샤갈은 벨라와 정서적으로 하나됨을 느낀 나머지 그녀의 침묵과 눈동자를 자신의 것처럼 생각하고, 그녀를 자신의 과거와 현재 그리고 미래까지도 관통한 여인으로 기록한다. 〈생일〉의 작품에서 샤갈은 벨라와의 사랑에서 전능감을 느끼고, 그 밖에도 두 사람을 둘러싼 창밖의 푸른 공기, 꽃, 손으로 구운 두 개의 과자, 구운 생선, 더운 우유, 그리고 가지각색의 장식용 천까지도 모두 하나처럼 경험한다. 샤갈의 생애 동안 벨라는 또 다른 자신이기도 했다. 이처럼 두 사람의 하나됨으로서의 전능감은 유아기 공생 경험에서 기초하여 사랑하는 사람과의 삶에서 가장 빛을 발한다.

(3) 분리와 개별화 단계

① 부화 단계

분리와 개별화(Separation-Individuation)의 첫 단계는 부화 단계(Subphase 1: Hatching)이다. 부화 단계는 생후 6~10개월의 유아에게 나타나는 심리적 과정이다. 이때의 유아는 근육 골격과 신경계의 성숙에 따라 운동 기술이 발달한다. 유아는 배로 밀고 기어 다니면서 이전 단계와는 달리 어머니로부터 떨어진 채 주변에서 머무르는 경향이 있다. 이 시기 유아의 운동 기술의 증가는 어머니로부터의 "부화(hatching), 혹은 분화(differentiation)"(Hamilton, 1990: 41)를 촉진한다. 어머니로부터 점진적인 분리를 시작하는 유아는 부모 외 낯선 사람에 대한 관심을 갖는다.

이 시기 유아는 어머니와 자기의 분화가 증가되는 것을 보여 줄 뿐만 아니라, 어머니를 다른 사람들과 구별하는 능력의 발달을 보여 준다. 어머니와의 공생적 애착이 안정될수록, 유아는 낯선 사람에 대한 불안이 더 적게 나타나고 관심을 크게 보인다. 따라서 분리 불안 증상을 나타내는 유아는 어머니와의 공생적 애착을 안정되게 경험하지 못한 것을 의미한다.

해밀턴은 부화 단계의 어머니의 반응에 대해 기술한다. 어떤 어머니는 공생 단계가 지나간 것에 대해 안도감을 느끼고 이유(離乳)하거나 직장으로 복귀하는 데 비해, 심리적으로 불안정한 어머니는 자신의 욕구에 따라 분화를 지연시킨다. 예컨대, 자신과 유아의 대상관계에서 자신의 융합 욕구를 충족시키고자 하는 어머니는 어떤 때는 유아에게 과하게 애정을 쏟아붓다가, 어떤 때는 장시간 유아를 방치해 둠으로써 비일관된 양육 태도를 보인다. 따라서 순조로운 분화는 유아의 발달에 민감하게 조율하는 충분히 좋은 어머니와 유아의 상호작용으로 이루어진다. 이 가운데 부화 단계는 유아와 어머니의 다가갔다 멀어졌다 하는 움직임, 즉 '분리와 개별화의 춤(the dance of separation-individuation)'이 시작되는 단계이다.

② 연습 단계

분리와 개별화의 두 번째 단계는 연습 단계(Subphase 2: Practicing)이다. 연습 단계는 생후 10~16개월의 유아에게 나타나는 심리적 과정으로서 신체 발달에 따른 '서기'와 '걷기'는 유아의 세상과 대상에 대한 탐색을 확장한다. 이 시기의 유아는 담요, 우윳병, 장난감 등을 즐겁게 탐색하는데, 이때 소리 나는 장난감과 같은 대상의 피드백은 유아로 하여금 세상에 대한 탐색을 더욱 촉진시킨다. 또한 이 시기의 유아는 기고, 서고, 걷는 과정에서 이따금씩 뒤를 돌아보며 어머니의 존재를 확인한다. 이는 어머니가 "안전 기지(a home base)"(Mahler et al., 1975: 69)로서 정서적 재충전의 기능을 하기 때문이다. 어머니가 충분한 안전 기지를 제공하면, 유아는 자기에 대한 '위대성'과 '전능감'으로 도취된다. 따라서 유아는 대상과 세계에 대한 넓어진 탐색으로 세상과 사랑에 빠진 상태가 된다. 이때 유아의 자기애는 최고조에 이른다.

연습 단계의 유아가 경험하는 전능감은 자기애적 전능감으로, 유아가 공생 단계에서 어머니와 이중적 합일체로서 경험하는 전능감과 구별된다. 또한 연습 단계의 유아가 어머니에게 다가갔다 멀어졌다 하는 연습은 '까꿍 놀이'와 '잡기 놀이'를 통해 증가한다. 까꿍 놀이는 유아에게 어머니의 존재를 사라지게 했다 다시 나타나게 하는 기능을 함으로써 대상 항상성을 발달시키는 놀이가 된다. 잡기 놀이는 유아의 자기 주도와 뛰기를 통해 자아 기능을 발달시킨다. 이 놀이는 유아가 "어머니의 삼킴과 융합으로부터의 의기양양한 탈출"(앞의 책, 71)을 할 수 있음을 반영한다. 잡기 놀이에 담긴 유아의 심리적 원리는 동화 『생강 빵 맨(*The Gingerbread Man*)』에 잘 나타나 있다. 해밀턴은 이 동화에서 어머니가 자신을 잡기 원하고 그런 뒤에는 다시 놓아 줄 것에 대한 믿음이 있는 유아의 심리를 해석한다. 즉 더 넓은 환경을 탐색할 수 있는 자녀의 능력에 대한 어머니의 확신은 유아의 심리적 안전감을 발달시키는 원천이 된다. 이처럼 연습 단계에서는 유아에게 정서적 접촉을 유지하면서 점진적으로 분리를 촉구하는 부모의 적절한 양육 방식이 요구된다.

③ 재접근 단계

분리와 개별화의 마지막 단계는 재접근 단계(Subphase 3: Rapprochement)이다. 재접근 단계는 생후 16~24개월의 유아에게 나타나는 심리적 과정이다. 이 단계에서 유아와 부모의 대상관계는 매우 복잡해진다. 이는 유아의 운동 기술의 발달에 이은 인지적 능력과 언어의 발달이 대상관계에 영향을 미치기 때문이다. 재접근 단계의 유아는 어머니로부터 자신의 분리를 점차 인식하고, 어머니에 대한 의존과 독립에 대한 욕구를 동시에 표현한다. 유아는 한편으로는 "싫어!"라는 말을 통해 어머니와의 분리와 자기됨(selfhood)을 성장시킨다. 유아는 다른 한편으로 어머니의 관심과 돌봄을 상실하는 것에 대한 두려움으로 환심을 사는 행동을 하면서 의존한다. 따라서 이 시기 어머니의 인내심은 한계에 달한다. 재접근 단계의 유아는 자기와 어머니의 실제 대인관계의 분열과, 자기의 심리내적 분열을 동시에 경험한다. 따라서 유아는 분열, 이상화와 평가 절하, 투사적 동일시, 중간 대상과 같은 복잡한 심리적 기제를 나타낸다.

분열(splitting)은 재접근 단계의 유아에게서 나타나는 가장 특징적인 심리적 기제이다. 유아는 어머니를 자신의 기분과 상황에 따라 전적으로 좋거나 전적으로 나쁜 대상으로 생각한다. 이러한 유아의 기분은 비일관적이고, 주요한 한 가지 경험 상태에 있을 때 다른 상태는 전혀 기억나지 않는 것이 특징이다. 이와 같은 재접근 단계의 위기는 유아의 '중간 대상'이나 '중간 현상'에 대한 애착의 증가로 연결된다. 부화 단계와 연습 단계에서 유아에게 부분적인 역할을 했던 중간 대상은 재접근 단계에서는 온전히 유아의 것이 된다. 이 시기 유아는 아기 곰 인형, 담요 등의 중간 대상을 정서적 안전 기지로 사용함으로써 어머니와의 분리에서 오는 두려움을 점차적으로 극복하게 된다.

재접근 단계는 엄밀히 유아가 어머니와의 관계에서 혼란스러워하는 초기 단계와, 혼란스러움이 점차 해소되는 후기 단계로 나뉜다. 따라서 초기의 유아가 정서적 불안을 나타내는 데 비해, 후기의 유아는 슬픔, 실망, 걱정 또는 공감의 감정을 나타낸다. 이 단계에서 잘 발달된 유아는 자기됨의 개별성의 감각과 타자에 대한 항상성의 감각이 성장한다. 이 시기 '충분히 좋은 양육(the good-enough mothering)'은 유아의 심리적 탄생을 가능하게 한다. 이 양육은 유아가 좌절감을 느끼지 않도록 어머니가 가까우면서도 적절하게 거리를 유지하는, 가능한 만큼의 조율적이고 일관된 태도를 보이는 양육을 말한다. 이러한 양육이 쉽지 않은 이유로 부모는 유아의 요구에 따라 밀고 당기는 분리의 지난한 과정을 슬기롭게 거쳐야 한다.

(4) 대상 항상성의 발달 단계

대상 항상성의 발달(Developing Object Constancy) 단계는 유아의 생후 24~36개월과 그 이후의 기간 동안 나타나는 심리적 과정이다. 유아의 재접근 단계의 분리와 다가갔다 멀어졌다 하는 움직임은 개별성과 대상 항상성의 발달로 이어진다. '개별성(individuality)'은 유아가 여러 상황과 기분 상태에서 자기에 대한 안정된 감각을 갖는 것이다. '대상 항상성(object constancy)'은 유아가 대상, 즉 어머니에 대한 좋고 나쁜 경험에도 불구하고 어머니에 대해 대체적으로 일관된 상을 유지하는 것이다.

해밀턴은 유아의 타자에 대한 정서적 대상 항상성의 발달은 스위스의 철학자이자 발달심리학자인 장 피아제(Jean Piaget, 1896~1980)의 '대상 영속성(object permanence)' 개념을 전제로 함을 밝힌다. 대상 영속성은 유아가 보이지 않는 사물에 대한 정신적 상을 떠올리고, 일정한 시간 후에 그 대상을 찾아 나서는 능력이다. 이와 같은 유아의 인지적 능력은 타자에 대한 정서적 대상 항상성을 형성하는 전제 조건이 된다. 정서적 대상 항상성은 유아가 인지적 차원에서 타자에 대한 내적인 이미지를 형성한 후, 양극단을 연합하면서 동일한 타자에 대해 충분히 좋은 경험을 축적함으로써 형성된다.

유아는 3세까지 경험되는 어머니(주 양육자)와의 대상관계 경험을 바탕으로 이후 삶의 과정 동안 다양한 타자와의 대상관계 경험을 축적해 나간다. 따라서 개인의 개별성과 대상 항상성의 발달은 생애 초기에 끝나지 않고 평생 동안 지속된다. 예컨대, 입학과 졸업, 결혼, 자녀의 출생, 입직과 퇴직, 이사, 질병, 의미 있는 타자의 죽음을 통한 상실 등으로 개인은 계속되는 변화와 적응을 통해 자기와 타자에 대한 좀 더 복잡하고 통합된 감각을 발달시킨다. 이처럼 평생 동안 지속되는 대상관계 발달의 가장 기초적이고도 중추적인 경험이 3세 이전에 이루어지는 것이다.

3) 심리적 기제

대상관계이론의 심리적 기제로 대표적인 다섯 가지를 설명한다. 대상관계이론이 출발된 개념인 클라인의 편집-분열적 위치와 우울적 위치, 투사적 동일시를 먼저 살펴본 후 분열, 이상화와 평가 절하, 위니콧의 중간 대상 개념, 그리고 온전한 대상관계를 살펴본다.

(1) 편집-분열적 위치와 우울적 위치, 투사적 동일시

클라인의 대상관계이론의 기본 개념으로는 편집-분열적 위치와 우울적 위치, 투사적 동일시, 그리고 시기심 등이 있다. 이 가운데 대표적인 개념인 편집-분열적 위치와 우울적 위치, 그리고 투사적 동일시에 대해 상세히 살펴본다.

클라인은 프로이트가 오이디푸스기를 중시한 데 비해, 전오이디푸스기에 관심을 갖고 3세 이전의 발달을 설명한다. 클라인은 생애 첫 해에 나타나는 유아의 두 가지 정신적 국면을 편집-분열적 위치와 우울적 위치로 설명한다. 여기에서 위치(position) 개념은 개인의 경험 유형화의 근본적 형태, 사건, 자기 위치 전략, 자기 해석으로 간주된다.

편집-분열적 위치(the paranoid-schizoid position)는 유아의 생후 첫 3개월까지의 우세한 심리적 양태 혹은 자기 위치 전략으로서 유아가 삶의 초기에 경험되는 혼란, 박탈, 불안을 다스리려는 방식이다. 이때 유아는 자신의 혼란을 이해하고자 좋은 것과 나쁜 것으로 분열하는데, 좋은 것은 자기감의 기반이 된다.

편집-분열적 위치에서의 주된 불안은 '박해 불안(the persecutory anxiety)'이다. 박해 불안은 유아가 느끼는 파멸에 대한 불안으로서 파멸은 엄밀히 미숙한 자신의 공격성이 자신을 파괴하는 힘으로 되돌아오기 때문에 느끼는 불안이다. 이때 유아는 어머니의 '나쁜 젖가슴'을 창조하는데, 자기에게 향한 과도한 공격성이 자신에게 있다고 생각하기보다는 외부 대상인 어머니에게 있다고 생각하는 것이 덜 위협적이기 때문이다. 따라서 유아의 박해 불안의 원천은 어머니의 나쁜 젖가슴으로 여겨진다.

우울적 위치(the depressive position)는 생후 3개월부터 출현하여 7개월에서 1년 사이에 우세한 심리적 양태이자 자기 위치 전략이다. 이 시기 유아는 편집–분열적 위치와는 다른 삶에 대한 시각이 열리면서 우울 불안을 느낀다. 유아는 편집–분열적 위치에서 분열했던 것을 하나로 통합할 수 있게 되어 내적 세계와 외적 현실을 좀 더 실재적으로 바라봄으로써 자기와 대상은 혼합된 감정이 존재하는 좀 더 온전한 사람으로 이해한다.

이 위치의 주된 불안은 '우울 불안(the depressive anxiety)'이다. 우울 불안은 박해 불안과 대비되는 개념으로서, 박해 불안이 자기와 자기가 동일화한 내적 대상의 보존과 관련된다면, 우울 불안은 자기와 자기가 동일화한 내 · 외적 대상의 보존과 관련되어 좀 더 복잡한 양상을 띤다. 개인은 편집–분열적 위치에서 우울적 위치로 변화함으로써 진정한 자기와 타자를 통합할 수 있는 온전한 대상관계를 형성하게 된다.

투사적 동일시는 클라인의 후기 개념으로, 대상관계이론을 발생시킨 동시에 현대 클라인 학파의 중심적인 위치에 있는 개념이다. 투사적 동일시는 클라인이 투사를 확장하여 발전시킨 개념이다. 그녀는 1946년 「일부 분열성 기제들에 대한 연구(Notes on Some Schizoid Mechanisms)」에서 이 개념을 구체화하고, 1955년 「동일시에 관하여(On Identification)」의 논문에서 좀 더 상세히 다룬다. 투사적 동일시는 클라인이 편집–분열적 위치라고 부르는 생애 초기 발달 단계에서 유아가 외부 대상과 관계하는 방식을 이룬다. 투사적 동일시는 엄밀히 분열, 투사, 동일시가 복합적으로 작용하는 심리적 기제이다.

미국의 정신분석학자 토마스 옥덴은 "투사적 동일시 형성의 세 단계"(Ogden, 1979: 362)를 설명한다. 첫째, 자신의 일부를 다른 사람에게 투사하는 환상이 있다. 둘째, 투사를 받는 주체는 그 투사와 일치하는 방식으로 생각하고 느끼고 행동하도록 억압받는 경험을 한다. 셋째, 투사된 감정은 투사를 받는 주체—본래의 대상—에 의해 심리적으로 처리된 후에 투사자에게로 다시 재내사된다. 이처럼 투사적 동일시는 투사를 하는 사람과 투사를 받는 사람 사이에서 세 가지의 과정이 복합적으로 작용하는 기제이다.

투사적 동일시는 크게 네 가지의 목적과 기능을 갖는다. "첫째, 방어 양태, 둘째, 투사자의 의사소통의 양식, 셋째, 투사자와 투사를 받는 사람 둘 간의 대상관계, 넷째, 투사자의 심리적 변화를 위한 길"(앞의 논문, 371)이다. 즉 투사적 동일시는 투사자가 자신을 방어하거나 자신의 상태를 타자에게 알리는 의사소통 기능을 한다. 또한 투사자 자신이 느낀 감정을 타자(대상)가 똑같이 느끼게 함으로써 두 사람 간에는 감정이 공유되고, 이 감정은 두 사람의 대상관계를 형성한다. 마지막으로 투사자는 자신이 투쟁하는 내면의 감정을 잘 처리하지 못할 때 투사를 하여 투사를 받는 사람이 자신과 비슷한 감정을 경험하고 처리하게 한 후, 그 처리된 감정을 동일시함으로써 자신의 심리적 변화를 모색한다.

특기할 점은 투사적 동일시가 경계선 성격장애에게서 주로 나타나는 병리적 기제이지만, 일반 사람들의 대상관계에서도 보편적으로 나타나는 심리적 기제라는 사실이다. 클라인의 투사적 동일시의 개념은 비온이 계승하여 피분석자와 분석가 사이의 역동적인 상호작용의 한 형태로 발전한다. 비온은 투사적 동일시를 병리적 형태와 정상적 형태로 구분한다. 병리적 형태는 고통스러운 개인 내적 세계를 배출하여 안정을 얻고자 하는 데 비해, 정상적 형태는 내적 세계를 대상과 소통하고자 하는 목적을 갖는다. 정상적 투사적 동일시는 피분석자가 투사한 감정을 분석가가 조절하고 변형한 후 공감적 형태로 되돌려 주는 비온의 "담기(the containing)"(Bion, 1962) 개념으로 발전한다.

투사적 동일시 개념은 프로이트의 역전이 개념을 확장시킨다. 즉 분석 장면에서 역전이로부터 비롯된 분석가의 감정적 동요는 지양되어야 하지만, 피분석자의 투사적 동일시로 발생된 분석가의 감정적 동요는 피분석자의 심리내적 세계를 심층적으로 이해할 수 있는 중요한 치료적 도구이자 과정이 된다. 이러한 투사적 동일시 개념은 분석에서 피분석자를 편집-분열적 위치에서 우울적 위치로 변화하는 과정이 됨에 따라, 대상관계이론을 발전시킨 핵심적인 개념으로 자리매김된다.

(2) 분열

오스트리아 정신분석가 오토 프리드만 컨버그(Otto Friedmann Kernberg)는 "자기와 의미 있는 타자에 대한 상충되는 경험을 따로 떼어 놓은 것"(Kernberg, 1980: 6)을 분열(splitting)로 정의한다. 이렇게 상충되는 정신적 요소는 시간적, 공간적으로 분리되어 있어 서로에게 영향을 주지 않는다. 분열은 공생 단계부터 시작되어 재접근 단계에서 주로 나타난다.

분열의 형성 과정은 유쾌하고 불쾌한 각각의 공생 경험으로부터 비롯된다. 유쾌한 공생 경험은 유아에게 전적으로 좋은 상태의 기반이 되고, 불쾌한 공생 경험은 전적으로 나쁜 상태의 기반이 된다. 따라서 유아는 자기 내부의 "전적으로 좋은 관계에 대한 환상을 유지할 필요가 있고, 그 소중한 믿음을 유지하기 위해" (Hamilton, 1990: 78) 개인내적 심리 상태를 분열한다. 이러한 분열이 좀 더 완전한 상태를 갖추는 것은 재접근 단계에서 자기와 대상, 즐거움과 고통, 선과 악이 구별될 때이다.

분열은 재접근 단계의 유아와 경계선 성격장애에게서 주로 나타난다. 재접근 단계의 유아는 자신의 변화되는 기분이나 상황에 따라 엄마를 좋은 엄마와 나쁜 엄마로 구분한다. 경계선 성격장애는 분석 장면에서 주로 좋은 치료자와 나쁜 배우자 간 분열을 나타낸다. 이처럼 분열은 자기-대상 경계가 불분명한 재접근 단계의 유아 또는 경계선 성격장애 피분석자가 자기 내부의 정서적 경험을 자기와 대상의 경험으로 분열시켜 느끼는 것이다. 이때 한 종류의 정서적 경험은 다른 종류의 정서적 경험과 극단적으로 구분되어 있다. 즉 자기와 대상, 즐거움과 고통, 선과 악은 극단적으로 분리되어 있다. 분열에서 경험의 연속성은 없어 하나의 상태가 중심이 될 때는 다른 상태가 떠오르지 않는 것이 특징이다. 이의 대표적인 예가 스티븐슨의 『지킬 박사와 하이드 씨』이다. 그 외에도 분열의 예는 놀이에서 선과 악의 극단적 대립, 알코올 및 여러 중독 경험, 좋은 사람 · 이념 ·

국가 등에 대한 과도한 충성심 등이 있다. 이처럼 한 극단에 대한 과도한 애착과 보호는 다른 극단에 대한 과도한 증오와 배척을 가져온다. 따라서 분열은 개인과 사회를 결속시키기도 하고 갈라놓기도 한다.

(3) 이상화와 평가 절하

이상화와 평가 절하는 분열과 유사하지만 좀 더 복잡한 자기와 대상 간의 심리적 기제이다. 이상화(idealization)는 자기나 대상이 완벽하다고 보는 것이다. 이와 반대로 평가 절하(devaluation)는 자기와 대상이 무가치하다고 보는 것이다. 분열과 이상화 및 평가 절하는 자기와 대상 간의 조합에서 차이가 있다.

〈표 7-2〉에서 보는 바와 같이, 분열에서는 좋은 것과 나쁜 것으로 먼저 구분된 후 좋은 자기와 대상이 한 단위로, 나쁜 자기와 대상이 또 다른 단위로 결합된다. 이에 비해 이상화와 평가 절하에서는 좋은 자기와 나쁜 대상이 한 단위로, 또는 나쁜 자기와 좋은 대상이 한 단위로 결합된다. 즉 자기가 이상화되면 대상이 평가 절하되고, 자기가 평가 절하되면 타자가 이상화된다. 분열이 자기와 대상 간의 모호한 경계로 정서적 연결이 나타난다면, 이상화와 평가 절하는 자기와 대상 간의 명확한 경계로 정서적 분리가 나타난다.

표 7-2 분열된 대상관계단위와 이상화와 평가 절하된 대상관계단위

분열된 대상관계단위
좋은 자기 —— 좋은 대상
나쁜 자기 —— 나쁜 대상
이상화와 평가 절하된 대상관계단위
좋은 자기 —— 나쁜 대상
나쁜 자기 —— 좋은 대상

이상화와 평가 절하는 재접근 단계의 유아와 자기애성 성격장애에게서 자주 발견된다. 재접근 단계의 유아가 어머니를 이상화와 평가 절하하는 예는 다음과

같다. 어머니와의 관계에서 정서적으로 충족되지 못한 유아는 곰 인형 같은 중간 대상을 찾는다. 이때의 유아는 좋은 자기와 나쁜 대상으로서의 어머니를 인식한다. 따라서 좋은 대상인 곰 인형을 찾는 것이다. 그러나 유아가 곰 인형을 충분히 갖고 논 후 싫증 난 곰 인형은 나쁜 대상이 된다. 이때의 유아는 이전과는 달리 좋은 대상이 된 어머니를 찾아 나선다.

이처럼 자기애성 성격장애는 분석 장면에서 이상화와 평가 절하를 번갈아 보인다. 웅대한 자기상을 갖고 있는 자기애성 성격장애는 분석가를 평가 절하한다. 반대로 자기를 평가 절하할 때에는 분석가를 이상화한다. 극단적인 이상화와 평가 절하의 경우, 피분석자는 나쁜 대상이 된 분석가와 분석 장면을 떠나게 된다.

해밀턴은 이상화와 평가 절하의 기제를 중독의 심리적 특성과 연관시킨다. 약물중독자에게 약물은 너무 고갈되고 공허한 자신을 채워 줄 좋은 대상이 된다. 그러나 약물을 복용한 후, 약물 용기와 주사기는 텅 비어 무가치한 나쁜 대상이 된다. 이 외에도 이상화와 평가 절하는 특정한 대상에 대한 우상화, 그리고 유행의 심리적 특성과도 연결된다.

분열이 경계선 성격장애에게서 자주 발견되는 데 비해, 이상화와 평가 절하는 자기애성 성격장애에게서 자주 발견된다. 경계선 성격장애는 자기와 타자의 경계가 혼란스럽고 감정적 동요가 많음에 따라 배우자와 주변 인물에게 불안의 감정을 자주 불러일으킨다. 이에 비해 자기애성 성격장애는 자기와 타자의 경계가 분명하고 감정이 분리됨에 따라 배우자와 주변 인물에게 외로움을 주로 불러일으키게 된다. 의미 있는 대상에게 불안과 외로움을 발생시킴에도 불구하고 이러한 양식은 경계선 성격장애와 자기애성 성격장애가 타인과 소통하는 중요한 대상관계방식이다.

(4) 중간 대상

위니콧의 대표적인 개념인 중간 대상에 대해 살펴보자. 위니콧은 "중간 대상(the transitional object)은 내적인 현실과 외적인 세계를 각자 분리시키면서 동시에 서로 연관되어 있는 상태로 유지시켜야 하는, 끝없이 계속되는 과업에 관여하는 개인을 위한 안식처가 된다"(Winnicott, 1953: 90)고 설명한다. 이처럼 이 대상을 사용하는 사람이 자기-타자 변별로 이행하는 전이 단계에서의 중간 지대 역할을 하는 것이 중간 대상이다. 즉 자신과 타자를 구분하고 개별성을 이루어 가는 과정에서 경험의 안식처로 기능하는 대상이 중간 대상이다. 중간 대상은 때로는 자기로 때로는 외부 대상으로 이해되면서, 내적 현실과 외적 세계가 모두 기여하는 경험의 중간 지대가 된다.

해밀턴은 중간 대상이 부화 단계와 연습 단계에서 동반되는 유아의 구순과 피부의 증가된 인식으로 처음 발달하고, 재접근 단계에서 중요한 역할을 한다고 설명한다. 이처럼 유아에게 안식처로 기능하는 것이 실재적인 대상이면 중간 대상이고, 음악이나 종교와 같은 현상이면 중간 현상이다. 중간 대상의 예로 유아에게는 담요, 고무젖꼭지, 곰 인형 등이 있고, 성인에게는 술과 약물 등이 있다. 중간 현상(the transitional phenomena)은 음악과 예술 행위, 종교, 과학 등의 문화 전반으로 확대된다.

[그림 7-3] 살바도르 달리, 〈십자가의 성 요한의 그리스도〉, 1951
캔버스에 유채, 205x116cm, 글래스고우 미술관 소장

살바도르 달리는 1951년 갈릴리를 연상하게 하는 리가트항 하늘 높이 십자가에 못 박힌 예수를 그린다. 이 작품에서의 예수는 기존의 십자가에 못 박혀 있는 예수에 비해 변형된 구도로 표현됨으로써 좀 더 인간의 모습에 가깝게 느껴진다. 달리의 표현 구도의 변형이 가져온 창조처럼, 중간 대상과 중간 현상은 인간의 내적인 심리 현실과 외적인 세계를 연결하는 중간 지대가 되는 동시에 그 개인이 자신의 한계를 넘어서 성장할 수 있는 동력이 된다.

중간 대상의 개념은 대상관계 미술치료에서 적극적으로 수렴되어 이론과 실제에서 활용되고 있다. 분석에서 피분석자가 사용하는 "재료 선택, 작업 과정, 작품은 내담자(피분석자)의 내적 현실과 외적 현실을 반영하는 안전 지대로 작용"(이수진, 김민, 2008: 180)하면서 피분석자의 분리와 개별화를 촉진한다. 미술치료에서 중간 대상으로서의 미술 부분이 갖는 의미는 여러 미술치료학자에 의해 강조되어 오고 있다(Rubin, 1984, 2001; Wadeson, 1980). 이처럼 미술치료에서는 분석가와 피분석자 외에 예술이 하나의 대상이 됨으로써 삼자 구조를 갖는 것이 특징이다. 미술치료에서 중요한 요소가 되는 예술은 대상관계 미술치료에서 피분석자의 중간 대상(재료와 작품) 및 현상(작업 과정)으로 기능함으로써, 피분석자의 내적 현실과 외적 세계를 분리시키는 동시에 이어 주는 중요한 안식처가 된다.

(5) 온전한(전체) 대상관계

대상관계이론과 치료의 가장 궁극적인 목표는 온전한(전체) 대상관계(the whole object relations)를 형성하는 것이다. 대상관계 미술치료에서 피분석자는 자기에 대한 정체성이 공고해지고, 대상에 대한 항상성을 발달시킨다. 이러한 정체성과 대상 항상성의 발달이 조화롭게 되면 온전한 대상관계가 형성된다. 즉 온전한 대상관계는 다음과 같다.

표 7-3 온전한 대상관계 발달

ⓐ: 전적으로 좋은 대상 표상 + 전적으로 나쁜 대상 표상 = 대상 항상성 발달
ⓑ: 전적으로 좋은 자기 표상 + 전적으로 나쁜 자기 표상 = 정체성 형성
ⓐ+ⓑ: 대상 항상성 발달 + 정체성 형성 = 온전한(전체) 대상관계 발달

온전한 대상관계의 발달은 자신에 대한 정체성 형성과 대상에 대한 항상성 발달이 통합적으로 이루어져야 가능하다. 구체적으로, 자신에 대한 정체성 형성은 전적으로 좋은 자기 표상과 전적으로 나쁜 자기 표상이 통합되는 것이다. 또한 대상에 대한 항상성의 발달은 전적으로 좋은 대상 표상과 전적으로 나쁜 대상 표상이 통합되는 것이다. 이와 같은 두 요소가 통합되어 온전한 대상관계의 발달이 이루어지면, 자신이 나쁠 때에도 좋은 자기 표상을 상기할 수 있고, 대상이 나쁠 때에도 좋은 대상 표상을 상기함으로써 자기와 대상에 대한 안정된 믿음을 유지할 수 있다.

대상관계 미술치료에서는 재접근 단계까지의 발달에서 심리적 문제가 발생된 자폐적 정신병, 양극성 장애, 경계선 성격장애, 자기애성 성격장애 등을 분열된 대상관계 혹은 부분 대상관계로 보고, 이러한 병리적 대상관계를 통합한 상태를 온전한(전체) 대상관계로 본다. 한 개인이 온전한 대상관계를 형성하는 능력은 "기억하고 비교하고 대조할 수 있는 신경생리학적 능력, 즉 통합적 자아 기능의 발달에 의존"(Hamilton, 1990: 110)한다. 이런 의미에서 자아심리학의 궁극적인 치료 목표와 대상관계의 치료 목표는 연결된다.

중요한 점은 온전한 대상관계의 발달은 상반된 것을 의미 있게 결합하는 것과 관련되는 점이다. 좋은 대상이나 좋은 자기는 엄밀히 나쁜 대상이나 나쁜 자기가 있기 때문에 비로소 존재하며, 온전한 대상관계는 자기와 대상에 관한 의미를 더욱 확장한다. 우리는 전적으로 좋은 자기 혹은 전적으로 나쁜 자기일 수만은 없다. 또한 전적으로 좋은 대상 혹은 전적으로 나쁜 대상일 수만도 없다. 전적으로 좋고 나쁨은 엄밀히 각 개인이 믿는 가치의 절대성과 그 강도에 기초한다. 따라서 온전한 대상관계는 단순히 한 개인이 타자와 좋은 관계를 형성하는

것만이 아닌, 자신과 타자에게 존재하는 좋고 나쁜 모습을 함께 인정하고 그것들을 의미 있게 통합하는 것이다. 자신과 타자에 대한 좋고 나쁨은 물론, 기쁨과 슬픔을 반드시 함께 인정하고 의미 있게 통합해 갈 때 온전한 대상관계의 형성이 가능해진다.

3. 대상관계이론의 의의

대상관계이론은 엄밀히 현대 클라인 학파와 영국의 대상관계이론 학파로 구분된다. 두 학파의 이론적 차이는 있지만, 이들이 모두 전오이디푸스기에 대한 관심으로 유아와 부모의 관계에 초점을 두어 대상관계를 탐구하고, 이를 피분석자와 분석가의 관계로 연결한 공통점을 갖는다.

클라인의 이론은 "단일한 자기로부터의 탈중심화, 주체성의 분산, 경험의 맥락화를 강조하는 동시에 포스트모더니즘의 주체를 반영"(Mitchell & Black, 1995: 111)하는 가치를 지닌다. 클라인의 작업은 끊임없이 유동적이고 불안정한 인간을 이해하게 함으로써, 우리 안에 존재하는 두려운 부분들에 대한 이해와 인정을 가능하게 하고 좀 더 실존적 관계에 관심을 갖도록 한다. 이러한 클라인의 이론을 계승하고 발전시켜 나간 현대 클라인 학파는 비온, 래커, 옥덴 등을 포함한다.

비온은 클라인의 투사적 동일시 개념을 대안관계화하고 확장시킨다. 비온은 투사적 동일시의 개념을 "한 사람의 마음속에 있는 환상에서 두 사람의 마음속에서 발생하는 복잡한 관계적 사건으로 변화"(앞의 책, 105)시킨다. 따라서 비온은 분석 상황에서의 분석가의 감정적인 경험이 피분석자의 갈등과 밀접하게 관련되어 있다고 보고, 분석가가 피분석자의 마음 상태에 공명하고 수용하는 것을 중요한 관점으로 다룬다. 그의 대표적인 개념으로는 '담는 것(the container)과 담기는 것(the contained)'이 있다.

래커와 옥덴은 비온의 투사적 동일시의 개념을 분석가와 피분석자 간의 복잡한 상호작용에 적용시켜 나간다. 래커는 클라인의 개념을 "전이와 역전이 연구"

(앞의 책, 107)로 확장하고, 분석 상황의 진실은 의존성과 불안, 병리적 방어를 가지고 있는 피분석자와 분석가의 상호작용임을 설명한다.

옥덴은 클라인 학파이면서도 위니캇의 개념을 통합시키려고 노력한다. 그는 투사적 동일시의 개념을 피분석자와 분석가 간의 복합적 상호작용 과정으로 보고, 투사적 동일시의 목적에 대해 설명한다. 그는 투사적 동일시가 "피분석자의 ① 방어 양태, ② 의사소통 방식, ③ 대상관계, ④ 심리적 변화를 위한 길"(Ogden, 1979: 371)임을 설명한다. 옥덴의 관점은 투사적 동일시에 대한 풍부한 시각을 제공한다.

이처럼 현대 클라인 학파는 클라인의 투사적 동일시 개념을 피분석자와 분석가의 관계로 확장하여 이해함으로써, 분석가의 역전이를 지양해야 하는 것으로 이해하기보다는 피분석자의 내면 세계를 좀 더 깊게 이해할 수 있는 기회로 삼는다. 이로써 대상관계이론에서는 고전적 정신분석에 비해 역전이 개념이 확장되고, 분석 상황에서 피분석자와 분석가의 실제 상호작용이 좀 더 강조된다.

영국의 대상관계이론 학파의 정신분석가로는 페어베언, 위니캇, 발린트, 볼비 그리고 건트립 등이 있다. 이들에 대한 간략한 이론적 견해는 다음과 같다.

페어베언은 학대받는 아동들에 대한 임상 연구를 통해, 유아가 초기에 맺은 대상관계는 그 후 모든 관계 경험의 원형(原形)이 됨을 설명한다. 페어베언은 "분열성 양태(the schizoid position)"(Gomez, 1997/2008: 101-110)가 어떻게 발생하는지 중심 자아와 이상적 대상, 리비도적 자아와 흥분시키는 대상, 반리비도적 자아와 거부적 대상 개념을 통해 설명한다. 그는 분석 상황에서 전이 관계가 아닌 피분석자와 분석가의 실제 '관계 자체'를 강조함으로써, 분석가의 진정한 관심과 이해가 피분석자의 내적 변화를 도울 수 있음을 설명한다. 그의 피분석자와 분석가의 진실한 관계에 대한 견해는 대상관계 임상에서 중요한 함의점을 지닌다.

위니캇은 개인이 객관적 현실 가운데에서 주관적인 삶의 만족을 경험하며 살아갈 수 있는 환경의 중요성을 강조한다. 그의 관점은 충분히 좋은 어머니와 안아 주는 환경 같은 독창적이면서도 대중적인 개념으로 구체화함으로써 대상관계이론을 확장시키는 데 기여한다.

발린트는 프로이트와 페렌치의 영향을 받아 그의 이론은 양자의 중심 영역에 위치한다. 발린트는 인간이 쾌락을 추구하는 것과 대상을 추구하는 것 사이의 통합을 시도하는데, 이는 양극단을 명료화한다. 대상과 물질, 공간의 비인격적 세계와 인간의 관계를 연결한 발린트의 "조화로운 상호침투적 혼합(a harmonious interpenetrating mix-up)"(Mitchell & Black, 1995: 135) 개념은 관계를 간과하는 프로이트의 정신분석학을 지적한다. 이론과 실제, 연구와 치료, 생물학과 심리학, 프로이트와 페렌치 사이의 조화를 시도한 그의 노력은 치료의 사고와 임상 실제를 확장한다.

볼비의 이론은 아동과 어머니의 유대 관계를 포함하고 있다. 볼비는 유아의 빨기, 미소 짓기, 매달리기, 울기, 따라다니기의 다섯 가지의 본능적 반응이 부모와의 애착을 형성시키는 것으로 본다. 그의 관심은 "정신분석학과 생물학, 인류학, 생태학, 정보 처리라는 학제 간 연구와 유아와 가족에 대한 연구에 커다란 영향"(앞의 책, 136)을 준다.

건트립은 페어베언과 위니콧 두 사람으로부터 분석을 받아 영국의 대상관계이론 그룹 내의 여러 이론을 해설, 조직, 통합하는 역할을 한다. 건트립은 정신분석이 건강한 자기의 성장과 발달에 필요한 대인관계적 매체를 제공하는 대체적 치료로서, 분석가는 대리 부모로서의 역할을 해야 함을 주장한다. 건트립은 피분석자의 자아 개념 가운데 종종 무시되고 버림받는 존재로서 경험되는 "내면아이(the inner child)"(앞의 책, 138) 개념을 확장시킨다.

이상과 같이 클라인 학파는 투사적 동일시 개념을 확장한 데 비해, 영국의 대상관계이론 학파는 각각의 이론가들에 따라 유아와 부모의 관계에 초점을 둔 독자적인 대상관계이론을 전개한다. 두 학파 간의 상세한 이론적 차이는 있지만 대상관계이론은 피분석자의 내적 세계를 이해하기 위해 유아와 부모의 초기 관계에 초점을 둔 '두 사람의 심리학(the two-person psychology)'을 표면화하여 구축한 데 큰 의의가 있다. 또한 이를 토대로 분석 상황에서 피분석자와 분석가의 관계에 관심을 둠으로써 분석가의 역전이를 피분석자를 이해하는 치료적 도구로 격상시킨다.

8장 대상관계 미술치료의 실제

1. 대상관계 미술치료의 과정과 목표

1) 대상관계 미술치료의 과정

대상관계 미술치료는 대상관계이론에 근거한 미술치료로서 크게 세 가지 과정으로 구성된다. 초기의 대상관계 진단, 중기의 관계 중심의 치료, 후기의 통찰 중심의 치료이다.

대상관계 미술치료에서 분석가는 우선적으로 피분석자의 대상관계 병리가 어떠한 분리와 개별화 단계에서 비롯되는 문제인지 진단한다. 또한 이 과정과 연관하여 피분석자의 정신 구조 수준을 파악하고 그에 따른 치료적 함의를 이해한다. 다음으로 분석가는 피분석자에게 대상관계 중심의 치료 과정을 제공한다. 치료의 중기는 분석가가 피분석자와의 실제 관계에서 안아 주기, 공감, 담기, 중간 대상을 제공함으로써 피분석자가 충분히 좋은 치료자와 보듬어 주는 치료 환경을 경험하게 한다. 마지막으로 분석가는 피분석자에게 통찰 중심의 치료 과정을 제공한다. 그럼으로써 피분석자는 초·중기 과정에서 분석가와의 실제 관계를 통해 신뢰를 형성하고, 후기 과정에서는 자신의 대상관계 패턴에 대한 명료화·직면·해석을 통한 통찰은 물론 좋고 나쁜 대상관계 나란히 놓기, 투사적 동일시에서 자기와 대상 명료화하기를 통해 점차 온전한 대상관계를 형성해 나가게 된다. 그 상세한 내용으로 들어가 보자.

(1) 대상관계의 진단

대상관계 미술치료 초기는 진단의 과정으로서 분석가가 피분석자의 대상관계 문제에 대한 평가를 토대로 심리적 특성을 이해하게 된다. 해밀턴은 대상관계 장애는 분리와 개별화의 단계에 따라 배열된 "정신 병리의 연속선"(Hamilton, 1990: 123-126)을 이루고 있음을 설명한다.

대상관계 미술치료에서는 분석가가 피분석자의 대상관계의 발달인 분리와 개별화 과정에 따라 증상을 진단할 수 있고, 그에 따라 대상관계 수준을 파악할 수 있다. 또한 정신분석 미술치료에서 살펴본 것처럼, 피분석자의 정신 구조에 따른 치료적 함의를 대상관계 치료적 맥락에 적용할 수 있다.

대상관계 미술치료에서 피분석자의 정신 수준은 크게 정신증적 수준, 경계선적 수준, 신경증적 수준으로 나뉜다. 대상관계 발달에 기초하면, 정신증적 수준은 자폐와 공생 그리고 분리와 개별화 내에서 부화(분화)와 연습 단계의 발달 및 병리와 연관된다. 경계선적 수준은 분리와 개별화 내의 재접근 단계의 발달 및 병리와 연관된다. 신경증적 수준은 분리와 개별화 과정을 거치고 전체 대상관계를 일정 부분 발달시킨 후의 과정과 연관된다. 따라서 분석가는 분리와 개별화의 정도에 따라 피분석자의 정신 수준 및 병리를 평가할 수 있다.

구체적으로 정신증적 수준으로서 자폐 단계의 문제는 자폐적 정신증, 공생 단계의 문제는 조현병(정신분열증), 연습 단계의 문제는 양극성 정서장애로 진단한다. 이는 모두 정신증적 수준의 정신 병리로서 지지 치료가 적합하다.

경계선적 수준은 재접근 단계의 문제와 연관되어 발생하는 정신 병리로서 구체적으로 반사회성 성격장애, 조현형(분열형) 성격장애, 조현성(분열성) 성격장애, 경계선 성격장애, 자기애성 성격장애가 있다. 이와 같은 경계선적 수준의 정신 병리는 자기와 대상 간의 관계에서 경험하는 심리 내·외적 측면을 드러내는 표현 치료가 적합하다.

신경증적 수준으로서 전체 대상관계가 발달된 이후의 정신 병리로는 히스테리, 강박증, 정상-신경증이 있다. 신경증적 수준은 통찰 중심의 정신분석적 치료가 적합하다. 이 치료적 접근은 프로이트의 정신분석 치료와 유사하다.[1] 이러한 대상관계의 진단과 치료적 함의를 표로 제시하면 다음과 같다.

표 8-1 대상관계의 진단과 치료적 함의

발달 단계	진단	정신 수준	치료적 원리
자폐	자폐적 정신증	정신증적 수준	지지 치료
공생 부화 연습	조현병 양극성 정서장애		
재접근	반사회성 성격장애 조현형 성격장애 조현성 성격장애 경계선 성격장애 자기애성 성격장애	경계선적 수준	표현 치료
전체 대상관계	히스테리 강박증 정상-신경증	신경증적 수준	정신분석 치료

(2) 관계 중심의 치료

대상관계 미술치료에서 분석가는 피분석자의 대상관계 발달과 연관된 정신 수준을 이해한 후 우선적으로 관계 중심의 미술치료를 한다. 이 과정은 분석가

1) 맥윌리엄스의 정신 구조 및 수준에 따른 치료적 함의, 즉 지지 치료, 표현 치료, 정신분석 치료의 구체적인 내용은 앞에서 설명한 '3장 정신분석 미술치료의 실제'의 내용을 참조하기 바란다.

가 피분석자의 정신 병리가 발생된 대상관계 단계와 유사한 발달 환경을 제공하는 것이다. 정신증적 수준의 피분석자에게는 자폐 단계와 공생 단계를, 경계선적 수준의 피분석자에게는 재접근 단계를, 신경증적 수준의 피분석자에게는 온전한 대상관계 단계의 경험을 제공한다. 이 시기에 분석가는 실제 분석 장면에서 피분석자에게 충분히 좋은 치료자의 역할을 함으로써, 치료 공간이 보듬어 주는 환경이 되도록 하는 것이 중요하다. 그 과정에서 공감, 담기, 중간 대상 등의 기법을 적용할 수 있다.

보듬어 주는 환경(the holding environment)은 1960년 위니콧의 개념이다. 위니콧은 유아를 공생 단계에서 신체적으로 안아 주는 것이 얼마나 중요한지 강조한다. 이때 유아가 공생 단계에서 엄마의 팔에 안기는 것 이상으로 엄마의 관심 속에 안기는 것이 필요한데, 이처럼 보듬어 주는 환경은 피분석자가 분석가의 관심 속에 안기는 것 같은 치료 환경을 제공하는 것이다. 이 환경은 분석가가 피분석자에게 "충분하지만 지나치지 않는 보듬어 주기를 제공"(Hamilton, 1990: 193)하는 것의 다름 아니다. 즉 피분석자가 자유 연상이나 예술 작업을 하는 과정에서 분석가는 피분석자의 시간과 공간을 충분히 제공하면서 분석가의 관심이 지나치지 않는 분석 환경을 제공해야 한다.

보듬어 주는 환경에서 제공하는 분석가의 공감(the empathy)은 중요한 치료적 방법이 된다. 공감은 피분석자와 분석가 사이에서 의사소통의 양면적인 도구로서 대상관계 미술치료의 보듬어 주는 측면과 담는 측면에 기여한다. 분석가가 공감하기 위해서 피분석자에 대한 관찰과 자신의 감정에 대한 관찰, 그리고 두 사람의 감정적인 반응 양식을 비교하는 분석가의 노력이 요구된다. 공감은 피분석자에 대한 분석가의 진솔한 심정적 이해이다. 따라서 공감은 분석가가 피분석자에 대한 면밀한 이해와 축적된 관찰을 통해 가능하며, 피분석자의 심리내적 경험을 분석가가 함께 느끼는 것으로 나타난다. 따라서 진정한 공감은 두 사람이 일시적으로 하나인 것 같은 공생 경험을 하도록 이끈다.

담기를 이루는 담는 것(the container)과 담기는 것(the contained)은 비온(Bion, 1962)의 치료적 개념이다. 예컨대, 기분이 좋지 않아 울고 있는 아기에게 어머니가 해 주는 "그래, 우리 아기가 기분이 안 좋구나.", 그리고 화가 난 아이에게 "저런, 화가 났구나. 많이 실망했니?"와 같은 말은 담기 기능을 한다. 이는 아이로 하여금 자신이 이해받는 경험과 자신의 감정을 조절하는 법을 배우게 한다. 이처럼 분석가는 분석 공간에서 피분석자의 감정의 담기를 함으로써, 피분석자는 자신이 이해받는 경험뿐 아니라, 자신의 감정을 조절하는 방법을 배우게 된다. 대상관계 치료에서 분석가가 조용하게 경청하는 것, 조절된 관심을 보여 주는 반응은 담기 기능을 제공하고, 이것은 "피분석자와 분석가 관계의 일부" (Hamilton, 1990: 191)가 된다.

대상관계 미술치료에서 분석가와 피분석자 사이에서 발생하는 투사적 동일시는 피분석자의 중간 대상이나 중간 현상을 발생시킨다. 즉 피분석자와 분석가 사이에서 경험되는 투사와 동일시의 복합적인 기제는 두 사람 간의 의사소통으로서 피분석자의 중간 대상의 형성에 일정한 역할을 한다. 피분석자에게서 내적 현실과 외적 세계를 분리시키면서 동시에 서로 연관되는 개인의 안식처로서 기능하는 중간 대상 및 현상은 미술치료 장면에서 "미술 부분"(이수진, 김민, 2008: 180; Rubin, 1984, 2001)이 된다. 대상관계 미술치료에서 피분석자가 선택한 친숙한 미술 재료와 의미 있는 작품은 중요한 안식처로서 중간 대상이 된다. 또한 피분석자의 유의미한 미술 작업 과정은 중간 현상이 된다. 이처럼 대상관계 미술치료에서는 미술 부분(재료, 작업 과정, 작품)이 피분석자로 하여금 힘든 상황을 견디고 자기 위로 능력을 갖게 하는 안식처로 기능하는 점이 중심적인 특징을 이룬다.

관계 중심의 치료 과정에서는 분석가가 피분석자에게 공감, 담는 것, 중간 대상 등을 경험하게 함으로써 충분히 좋은 치료자가 있는 분석 공간이 보듬어 주는 환경이 되도록 하는 것이 무엇보다 중요하다. 이러한 관계 중심의 치료 과정은 통찰 중심의 치료 과정의 배경이자 전제 조건이 된다.

(3) 통찰 중심의 치료

대상관계 미술치료에서 관계 중심의 치료 과정 이후, 통찰 중심의 치료 과정으로 진행한다. 분석가는 치료의 초기와 중기에는 피분석자의 정신 병리를 대상관계의 발달적 맥락에서 이해함으로써 두 사람 간의 실제 관계를 중심으로 보듬어 주는 역할을 주로 제공한다. 이후 분석가는 치료 후기에는 피분석자의 내·외적 대상관계를 실제 분석 관계와 연결하여 통찰적인 측면을 주로 제공한다. 이러한 치료 과정을 통해 피분석자는 분석가와 분석 환경으로부터 점차 온전한 대상관계 경험을 하면서 왜곡되었던 내적 대상관계를 변화시켜 나가게 된다.

통찰은 피분석자가 자신에 대한 인지적 이해를 넘어서 자기와 대상 사이의 관계의 통합과 분화에서 의식적·무의식적으로 크게 진전을 이룬 상태와 연결된다. 또한 통찰은 피분석자가 다른 사람과의 관계 속에서 자기와 대상 간의 감정적 측면을 새롭고 의미 있는 방식으로 재구성하는 것이다.

피분석자의 통찰 중심의 치료 과정은 명료화·직면·해석을 통한 통찰, 좋고 나쁜 대상관계 나란히 놓기, 투사적 동일시에서 자기와 대상 명료화하기, 그리고 온전한 대상관계 형성과 같은 기법들을 적용할 수 있다.

명료화(clarification)·직면(confrontation)·해석(interpretation)을 통한 통찰은 분석가가 피분석자의 모습에 대해 명료화, 직면, 해석을 적절히 제공함으로써 피분석자로 하여금 자신의 모습에 대한 통찰을 할 수 있도록 촉진하는 기법이다. 명료화는 분석가가 피분석자에게 더 많은 정보를 요구함으로써, 피분석자 스스로 자신의 생각, 감정, 행동 등을 더 깊게 탐색하도록 하는 기법이다. 예컨대, "당신의 감정을 더 얘기해 줄 수 있나요?", "당신은 참 헌신적인 딸이군요."와 같은 피드백을 통해 분석가는 명료화를 제공할 수 있다.

직면은 피분석자로 하여금 자신의 어떠한 측면을 마주 대하게 하는 것이다. 예컨대, "당신이 매우 환하게 웃고 있고, 이번 회기에 '기쁘다'는 단어를 다섯 번이나 사용한 것을 보면, 그 일은 당신에게 매우 기쁜 일인 것 같아요.", 혹은 "당신은 매우 고통스러운 경험을 얘기하면서도 얼굴의 표정은 편하게 보이는군요."와 같이 직면은 피분석자에게 외적 확인을 제공함으로써 자기 성찰을 촉진하게 한다. 미술치료에서 예술 작품은 피분석자의 직면을 더욱 촉진한다. 미술 작품이 갖는 "대상성(objectification)"(Wadeson, 1980: 10)은 피분석자에게 구체적인 시각화를 제공함으로써, 피분석자 자신이 간과해 왔던 어떠한 측면을 마주하도록 한다. 예컨대, 작품이 보여 주는 분노나 슬픔의 색채는 피분석자가 일상생활 가운데에서는 발견하지 못한 자신의 감정을 마주하게 한다. 이러한 작품의 기능은 피분석자로 하여금 좀 더 깊은 치료적 과정으로 이끈다.

해석은 피분석자의 현재 생각이나 감정이나 행동이 이전 것의 '반복'이라는 것을 보여 주는 진술이다. 해석은 흔히 인과 관계를 설명하는 것으로 이해되지만, 해석이 병렬성을 지적할 때에도 효과적이다. 가장 흔한 해석은 피분석자 삶의 두 가지 측면을 나란히 배치하는 것인데, 이를 통해 과거와 현재의 삶의 병렬성을 보여 준다. 예컨대, "당신의 현재 배우자와의 관계는 과거 당신의 부모님과의 관계 경험과 연결되는군요."와 같다. 이러한 해석은 피분석자로 하여금 자신의 삶에 대한 이해와 통합을 촉진한다.

좋고 나쁜 대상관계 나란히 놓기(the juxtaposing good and bad object relations units)는 피분석자의 긍정적인 측면과 부정적인 측면을 나란히 놓는 것으로 통합을 촉진하는 기법이다. 이 기법은 좀 더 상세하게, 첫째, 피분석자의 좋은 자기와 나쁜 자기를 나란히 놓을 수 있고, 둘째, 좋은 대상과 나쁜 대상을 나란히 놓을 수 있으며, 셋째, 좋은 정서와 나쁜 정서를 나란히 놓을 수 있다. 분석가는 피분석자의 모순적 가치와 감정을 통합할 수 있도록 돕기 위해 "때때로….", 또는 "한편으로는…, 또 다른 한편으로는….", "부분으로는…, 또 다른 부분으로는…." 과 같은 언어를 사용할 수 있다.

분열은 피분석자가 자신의 소중한 가치와 감정을 보호하기 위해, 그것과 상반되는 다른 것을 인정하지 않는 심리적 기제이다. 따라서 피분석자가 한 가지 가치나 감정에 있을 때는 다른 가치와 감정의 존재를 가정하지 않는다. 즉 모두 좋거나 모두 나쁘다. 따라서 분석가는 좋고 나쁜 부분을 함께 볼 수 있도록 촉진해야 한다. 예컨대, "당신은 오늘 남편에 대해 부정적인 측면을 얘기하시는군요. 남편에 대한 기대가 큰 만큼 실망하셨을 거예요. 그런데 혹시 지난주 당신이 남편의 긍정적인 측면에 대해 얘기한 것을 기억하시나요? 지난주에는 당신에게 남편이 좋은 대상임을 얘기했죠. 이처럼 당신에게 남편은 때로는 좋은 대상이 되기도 하고 때로는 나쁜 대상이 되기도 합니다. 당신과 남편에게 좋은 부분과 나쁜 부분이 함께 존재하는 것이 우리의 자연스러운 모습입니다. 따라서 당신이 남편에 대해서나 자신에 대해서 좋고 나쁜 부분을 함께 기억할 수 있으면 좋겠습니다."와 같이 촉진할 수 있다.

또한 좋고 나쁜 대상관계 나란히 놓기는 피분석자가 여러 미술 작품을 통합해 보는 과정을 통해 촉진이 가능하다. 예컨대, 자기에 대한 좋고 나쁜 부분, 대상에 대한 좋고 나쁜 부분, 정서에 대한 좋고 나쁜 부분을 함께 작업하거나 한 가지 재료를 통해 (재)구성해 봄으로써 피분석자의 통합이 촉진된다.

투사적 동일시에서 자기와 대상 명료화하기(the clarifying self and object in projective identification)는 피분석자가 분석가에게 투사적 동일시를 하는 과정에서, 자기와 대상을 명료화하도록 촉진하는 기법이다. 해밀턴은 이 기법에 대해 '심리내적 투사적 동일시'와 '대인간 투사적 동일시'는 대개 동시에 발생함을 피력한다. 투사적 동일시에는 불분명한 자기-대상 경계가 포함되기 때문에, 이것을 다루는 기법에는 피분석자를 버리거나 소외시키지 않으면서 경계를 명확히 하는 것이 필요하다.

따라서 이 기법은 담는, 혹은 보듬어 주는 관계의 맥락에서 이루어지는 것이 안전하다. 또한 투사적 동일시에서 자기와 대상 명료화하기는 피분석자가 여러 미술 작품을 분리해 보는 과정을 통해 촉진이 가능하다. 예컨대, 콜라주 작업의 "선택성과 회피성, 분산성과 통일성"(전순영, 2011: 471-472)은 작품의 통합과 분화(분리) 과정을 통해 피분석자의 투사적 동일시에서 자기와 대상의 명료화를 촉진한다.

대상관계 미술치료에서 이상과 같은 치료 과정을 통해, 피분석자의 자기에 대한 개별성과 대상에 대한 항상성을 발달시킨다. 그리고 양자를 통합하여 피분석자의 온전한 대상관계(the whole object relations)를 형성시킨다. 대상관계 미술치료의 초기, 중기, 후기의 치료 과정은 한 연속선상에 있다. 분석가의 정확한 진단은 피분석자의 대상관계 발달을 위한 적합한 환경을 제공함으로써 두 사람 간의 온전한 대상관계를 촉진한다. 두 사람의 온전한 관계는 피분석자로 하여금 자신의 대상관계 패턴을 좀 더 심층적으로 통찰하여, 자기와 대상을 명료화하면서도 자기 내면의 상충된 가치를 통합할 수 있도록 한다.

2) 대상관계 미술치료의 목표

대상관계 미술치료는 피분석자의 "온전한 대상관계의 발달(the developing whole object relations)"(Hamilton, 1990: 107)을 목표로 한다. 온전한 대상관계는 피분석자가 치료적 경험을 통해 자신의 정신 병리와 연관된 대상관계 발달 과정을 재경험함으로써, 점차 자기 정체성이 공고해지는 개별성과 대상에 대한 항상성을 형성해 가는 것을 의미한다. 개별성과 대상 항상성을 형성하는 것은 피분석자가 자기와 타자에 대해, 그리고 자기의 부분과 타자의 부분에 대해 왜곡된 가치와 감정을 가졌던 부분적이고 분열된 대상관계를 온전한 대상관계로 변화시키는 것이다.

우리의 삶은 흑과 백으로 나뉠 수 없다. 전적으로 좋은 것과 전적으로 나쁜 것으로도 나뉠 수 없다. 따라서 자기의 부분과 부분의 통합, 대상의 부분과 부분의 통합, 정서의 좋은 것과 나쁜 것의 통합, 자기와 타자의 통합은 함께 존재할 때 비로소 온전해진다. 이는 클라인의 편집-분열적 위치에서 우울적 위치로의 변화로도 설명되어, 우울적 위치는 "좀 더 안전하고 균형 잡힌 인간다움"(Gomez, 1997/2008: 77)을 이루어 간다.

해밀턴은 온전한 대상관계를 형성하는 능력이 균형 잡고 분별하며 조직화하는 '통합적 자아 기능의 발달'에 기초함을 설명한다. 이는 자아심리학 미술치료의 목표와 대상관계 미술치료의 목표가 연결되는 동시에 전자가 후자의 선결 조건이 되는 부분이기도 하다.

개인의 3세까지의 대상관계 경험은 이후의 삶에서 지속적인 영향을 미친다. 그러나 엄밀히 우리가 살아가는 동안 대상관계의 발달은 계속해서 이루어진다. 우리의 삶의 여러 과정(입학과 졸업, 입직과 퇴직, 결혼, 출산, 이주, 이별과 사별 등)은 낯선 환경에서 새로운 사람과의 만남을 통해 대상관계 성장을 이어 간다. 이때 대상관계의 의미 있는 변화를 가져오는 것은 충분히 좋은 타자와의 지속적인 관계 경험이다.

다른 정신분석 패러다임처럼 대상관계 미술치료 역시 피분석자의 온전한 대상관계 형성을 위해서는 장기간이 요구된다. 피분석자의 심리적 상태와 변화 속도에 따라 다양한 분석 기간이 존재하지만, 대상관계 미술치료로 의미 있는 변화를 가져오기 위해서는 대략 2~5년 이상의 기간이 필요하다. 피분석자의 왜곡된 부분적 대상관계 경험이 수년 혹은 수십 년간 지속되어 온 것으로서 부분적 대상관계에서 온전한 대상관계로의 변화가 장기간 요구되는 것은 당연한 것이기도 하다.

이처럼 장기간 요구되는 대상관계 미술치료 임상에서 분석가의 전문적인 역할은 중요하다. 분석가는 임상에서 피분석자에 대한 심층적인 이해를 토대로 온전한 대상관계의 발달을 위해 적합한 치료 공간을 제공해야 한다. 단기 분석에서도 분석가는 피분석자의 삶 전반에 걸친 대상관계 발달의 깊고 넓은 맥락을 고려한 채 분석에 임해야 한다.

2. 대상관계 분석가의 의미와 역할

이 절에서는 대상관계 분석가의 의미와 전문적인 역할에 대해 살펴본다. 대상관계 미술치료에서는 분석가의 기술적인 측면보다 개인적인 관계 측면이 우선한다. 따라서 치료의 과정에서도 피분석자와 분석가의 관계 중심의 치료 이후, 통찰 중심의 치료 과정이 진행된다. 즉 분석 장면에서 분석가가 공감하고, 담는 것을 통해 보듬어 주는 환경을 제공함으로써, 피분석자는 온전한 대상관계를 경험하고 그 경험을 바탕으로 자신의 왜곡된 대상관계를 변화하여 점차 개별성과 대상 항상성을 형성해 나간다. 이러한 피분석자의 변화 과정에서 중심적인 것이 충분히 좋은 치료자로서의 분석가 역할이고, 그러한 분석가와 피분석자의 관계 경험이다.

"충분히 좋은 치료자(the good-enough therapist)"(Hamilton, 1990: 193)로서의

의미와 역할은 언어적 · 비언어적 의사소통을 통해 피분석자에게 전달된다. 구체적으로 분석가의 "어투나 말의 빈도나 길이, 은유적인 언어, 용어 선택에 들어 있는 미묘한 함축적인 의미, 옷차림, 얼굴 표정, 자세, 심지어 근육의 톤, 눈빛의 반짝거림이나 흐릿함"(앞의 책, 203)을 통해 정서적인 태도와 의사소통을 전달하게 된다. 이러한 분석가의 의사소통은 분석 장면과 분석 장면 밖에서 피분석자에게 전달되는데, 이렇게 전해지는 모든 행동에 대해 분석가가 의식적으로 통제하기는 어렵다. 따라서 분석가는 피분석자의 이야기에 세심하게 귀 기울임으로써 좀 더 조율적이고 전문적인 태도와 역할을 제공하도록 노력해야 한다.

대상관계 치료에서 분석가의 기술적인 측면과 개인적인 측면은 서로 겹친다. 즉 분석가는 한 사람으로서 그/그녀의 개인적인 인격은 분석의 기술적인 측면에 영향을 미친다. 따라서 대상관계 미술치료에서 충분히 좋은 치료자가 되기 위해서는 자신의 개인적 삶에서 온전한 대상관계 경험을 축적해 가는 분석가의 노력이 필요하다. 이러한 분석가의 삶에 대한 노력은 분석에서 전문적인 기술로 빛을 발하게 된다.

구체적으로 분석가와 피분석자의 좋은 관계 경험이 이루어지는 적절한 치료 환경이 주어질 때, 피분석자의 통찰 중심의 치료 과정은 더욱 촉진된다. 대상관계 미술치료에서 관계 중심의 치료 과정은 피분석자의 통합을, 통찰 중심의 치료 과정은 피분석자의 분화를 촉진한다. 이러한 통합과 분화를 통해 피분석자는 자신에 대한 개별성과 대상 항상성을 통한 온전한 대상관계를 발달시켜 갈 수 있다.

대상관계 미술치료는 분석가와 피분석자의 관계 경험을 중심으로 하는 치료인 만큼, 분석 장면에서 분석가가 경험하는 '역전이'는 중요한 주제가 된다. 대상관계 미술치료에서 보통 수준의 공감 능력을 가지고 있는 분석가라면 피분석자로부터 유래된 투사적 동일시가 역전이로 이어지는 '투사적 역동일시(the projective counteridentification)'를 경험할 수 있다. 따라서 분석가는 투사적 역동일시를 자각하고, 이를 피분석자의 내면 세계를 이해하는 기회로 활용하여 좀 더 적확한 치료적 개입을 하도록 노력해야 한다. 이때 개인적으로 자문을 구하거나 전문가로부터 슈퍼비전을 받는 것, 그리고 개인 분석을 받는 것이 유용한 방법이 된다.

대상관계 미술치료에서 나타날 수 있는 분석가의 역전이(투사적 역동일시)에는 "지루함, 평가 절하, 치료적 열성, 피해자-가해자 역할, 분노와 죄책감, 긍정적인 역전이"(Hamilton, 1990: 235-250)가 있다. 분석가의 역전이는 여러 가지 복합적인 요인에서 비롯되지만, 엄밀히 투사적 역동일시로서의 역전이는 피분석자의 심리내적 상태로부터 비롯된다.

구체적으로 피분석자의 정서적 접촉의 부재는 분석 장면에서 분석가의 '지루함'을 발생시킨다. 피분석자의 낮은 자기 존중감과 비인격적인 분위기의 성장 환경은 분석가의 '평가 절하'를 발생시킬 수 있다. 또한 피분석자의 고통스러운 기억하기의 두려움은 분석가에게 과대 자기 및 대상을 투사하게 되고, 이는 분석가의 '치료적 열성'을 발생시키게 된다. 이 외에도 피분석자의 성적 학대 및 신체적, 정신적 학대는 분석가로 하여금 '피해자 혹은 가해자 역할'을 발생시킨다. 피분석자의 극심한 분노는 분석가의 '분노와 죄책감'을 발생시킬 가능성이 높다. 피분석자가 자기-타자의 모호한 경계 문제 혹은 친밀함에 대한 욕구를 분석 장면에서 성적 소망으로 나타내는 것은 분석가에게 '성적 역전이', 즉 피분석자에 대한 분석가의 애정이나 성적 감정을 발생시키게 한다. 이러한 역전이에 대해 분석가는 어떠한 불쾌함 가운데서도 자신을 방어하지 않으면서 내적 감정을 잘 자각함으로써, 역전이를 피분석자의 내적 세계를 이해하는 치료적 도구로 활용하기 위해 노력해야 한다.

대상관계 분석가의 의미와 역할은 위니콧의 충분히 좋은 어머니를 모델로 한다. 충분히 좋은 어머니는 유아에게 보듬어 주는 환경을 제공하는 어머니이다. 따라서 충분히 좋은 어머니(Winnicott, 1953)처럼 분석가는 분석 공간에서 '충분히 좋은 치료자'로서 역할을 하게 된다. 이 분석가는 지나치게 서툰 치료자를 일컫지 않지만, 그렇다고 너무 완벽한 분석가를 일컫지도 않는다. 좀처럼 실수를 하지 않는 지나치게 완벽한 분석가는 자신 스스로나 피분석자에게 과도한 이상화와 평가 절하를 조장할 수 있기 때문이다. 오히려 자신의 실수를 인정하면서 피분석자에게 조율하도록 노력하는 분석가가 충분히 좋은 치료자에 더욱 가깝다.

또한 충분히 좋은 치료자는 피분석자에게 '대리모'가 되지 않도록 해야 한다. 즉 분석가가 피분석자를 신체적으로 안아 주거나 해묵은 감정의 상처를 보상하는 것을 지양해야 한다. 분석가는 분석이 피분석자의 자연스러운 대상관계의 성장 경험이 될 수 있도록 분석 공간을 마련하는 것이 중요하다. 피분석자의 모든 삶과 대상관계의 고통을 함께 감당할 수 있을 것이라는 비현실적인 기대로 분석에 임하는 것은 치료의 구조와 범위를 벗어나는 지름길이다. 또한 이는 정신분석의 윤리를 해치는 것이기도 하다.

따라서 대상관계 분석가는 피분석자에게 지나치지 않은 관심을 가짐으로써, 그/그녀가 자신을 발견하고 온전한 대상관계를 발달시키는 기회를 갖도록 분석 공간을 마련하고, 두 사람의 좋은 관계가 자연스럽게 치료적 맥락을 이루어 갈 수 있도록 하는 것이 최선이다.

3. 대상관계 미술치료의 주요 기법

이 절에서는 대상관계 미술치료의 주요 기법을 소개한다. 주요 기법은 네 가지로 모자화, 소조 활동, 중간 대상(중간 현상) 나타내기, 좋고 나쁜 대상관계 나란히 놓기가 있다. 각 기법은 ① 기법 개요, ② 이론적 기초와 기법 목표, ③ 지시사항, ④ 치료적 개입을 중심으로 설명한다.

1) 모자화

(1) 기법 개요

모자화는 어머니와 아이를 그림으로써 피분석자의 대상관계를 평가하는 투사검사이다. 바바사츠는 모자화를 "표현된 어머니상과 아이상의 관계, 즉 피험자의 마음속에 사는 어머니와 아이의 관계를 읽어 내는 것으로 피험자의 대상관계를 이해하는"(馬場史律, 2005/2012: 24) 기법으로 설명한다.

(2) 이론적 기초와 기법 목표

이 기법의 이론적 기초는 대상관계 미술치료자 길레스피(Gillespie)가 1989년 「모자화에 투사된 대상관계(Object Relations as Observed in Projective Mother-and-Child Drawing)」의 논문 발표 이후 간행한 『투사적인 모자화(*Projective Mother-and-Child Drawing*)』와 『모자화의 투사적 적용(*The Projective Use of Mother-and-Child Drawings*)』이다. 이를 토대로 바바사츠가 집필한 『모자화』를 이론적 기초로 한다.

모자화는 인물화와 가족화 사이에 위치한 투사 검사로서 피분석자의 대상관계를 반영한다. 대상관계이론은 피분석자의 자기와 대상에 대한 내적 세계의 모델로서 대상관계이론을 반영한 투사 검사인 모자화는 어머니상과 아이상이 피분석자의 내적 세계의 자기와 대상을 표상하고, 두 사람 간의 관계를 상징한다.

이 기법의 목표는 피분석자의 "모자화에 어떠한 심리적 세계가 투사되어 있는지, 피분석자는 자신이 그린 모자상을 어떻게 파악하고 있는지를 이해"(앞의 책, 31)하는 것이다. [그림 8-1]은 모자화의 이론적 기초와 투사 검사상의 "위치"(앞의 책, 25)를 나타낸다.

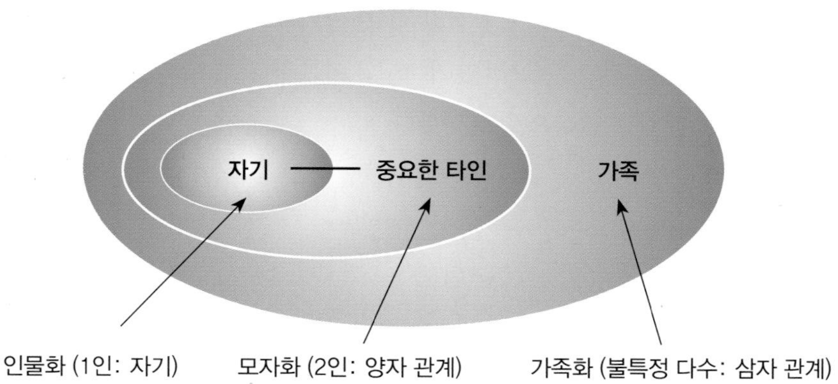

[그림 8-1] 모자화의 이론적 기초

(3) 지시 사항

이 기법의 지시 사항은 분석가가 A4용지를 피분석자 앞에 가로로 제시하고, "어머니와 아이의 그림을 그려 주세요."(앞의 책, 31)라고 말하는 것이다. 지시 후 피분석자의 추가적인 질문이 있을 경우, 분석가는 "어머니와 아이의 그림입니다. 당신이 생각하는 대로 자유롭게 그려 주세요."라고 대답한다. 피분석자가 화지를 세로로 하여 그림을 그리는 경우에도 별다른 주의를 주지 않고 그대로 그리게 한다.

피분석자가 모자화를 완성한 후에 묻게 되는 그림 후의 질문(Post Drawing Inquiry: PDI)은 다음의 일곱 가지 항목이다.

① 당신이 그린 아이의 성별은 무엇입니까?
② 아이는 몇 세입니까?
③ 어머니는 몇 세입니까?
④ 어머니와 아이는 무엇을 하고 있는 중입니까?
⑤ 아이는 무슨 생각을 하고 있습니까?
⑥ 어머니는 무슨 생각을 하고 있습니까?
⑦ 어머니와 아이의 어느 쪽에 친밀감이 느껴집니까?

이상의 모자화의 질문에 대한 대답을 통해 분석가는 피분석자의 내·외적 대상관계 측면을 평가하고 분석하는 데 참고 자료로 사용할 수 있다.

(4) 치료적 개입

모자화 작품 해석의 초점과 치료적 개입은 피분석자의 대상관계를 이해하는 것이다. 모자화는 '모자화의 분석 지표'를 중심 틀로 하여 피분석자의 대상관계 측면을 분석하고, 이를 토대로 분석가는 적절한 치료적 개입을 할 수 있다. 길레스피를 참조하여 바바사츠가 기록한 "모자화의 분석 지표"(馬場史律, 2005/2012: 73)는 다음과 같다.

표 8-2 모자화의 분석 지표

분석 지표	표현형
그림 지표	
(1) 모자화의 종류	인간/동물 · 추상적 표현
(2) 아이상의 수	단수/복수
(3) 형태	전신/반신/얼굴/숨어 있다
(4) 크기	작다/보통/크다
(5) 표정	웃는 얼굴/웃지 않는 얼굴/뒷모습/공백의 얼굴
(6) 신체 접촉	안는다/손을 잡다/아이의 접촉/접촉 없음
(7) 눈 맞춤	모자가 서로 응시하고 있다(모 ↔ 자) 어머니가 아이를 보고 있다(모 → 자) 아이가 어머니를 보고 있다(모 ← 자) 눈 맞춤 없음
PDI 지표	
(8) 아이상의 성별	동성/이성
(9) 연령	수치(단위: 세)
(10) 모자의 행위	자유 기술
(11) 친근감을 느끼는 대상	어머니/아이/서로 느낌/서로 못 느낌 · 미기입
(12) 생각하고 있는 것	어머니도 아이도 상대의 것(모 ⇄ 자) 어머니만이 아이의 것(모 → 자) 아이만이 어머니의 것(모 ← 자) 각각 다른 것

이 표에서 보는 바와 같이, 모자화의 분석 지표는 그림 지표와 그림 그린 후의 질문에 관한 분석 지표로 크게 나뉜다. 전체 12가지 분석 지표에 따라 모자화의 표현 내용을 분석할 수 있다.

대상관계 미술치료에서 모자화는 피분석자의 내적 대상관계를 나타낸다. 내적 대상관계는 크게 두 가지 측면으로 분석할 수 있다. 한 가지는 피분석자의 어머니와의 대상관계, 또는 자녀와의 대상관계처럼 피분석자의 외적 대상관계에 대한 내적 대상관계를 반영한다. 다른 한 가지는 어머니와 아이라는 두 사람으로 표상된 피분석자의 자기 또는 자아 이미지를 반영한다. 예컨대, 피분석자의 "어머니상은 성숙한 자아, 아이상은 내면 아이"(앞의 책, 72)를 반영한다. 이처럼 모자화는 피분석자의 내적 대상관계와 자기 또는 자아 이미지를 평가하고 분석할 수 있는 유용한 기법이 된다.

집단 미술치료에 참여한 성인의 모자화 사례를 살펴보자.

[그림 8-2] 모자화 1

[그림 8-3] 모자화 2

앞서 제시한 두 그림은 신경증적 구조의 30대 여성 O의 두 장의 모자화이다. O는 대인관계 성장을 위한 연속적 집단 미술치료에 참가하여 모자화 1을 그린 일 년 후 모자화 2를 그린다. 모자화 1은 O가 어린 시절 엄마와의 관계에서 경험했던 온전하지 못한 대상관계와 의사소통을 반영한다. 이 작품에서 O는 힘들고 아파하는 엄마를 보면서 어찌할 바를 몰라 당황해하는 자신의 어린 시절의 모습을 나타낸다. 이 작품을 통해 O는 집단원들로 하여금 그림 속 아이의 마음, 즉 자기가 느끼는 감정을 충분히 위로받는 치료적 경험을 한다.

모자화 2는 O가 한 해 후 집단 미술치료에서 그린 작품이다. 집단의 작업 이후 O는 이 작품에 대해 다음과 같이 기록하면서 자신에 대한 통찰을 담아낸다.

작년 집단에서와는 사뭇 다른 분위기의 모자화. 어릴 때 자기 전 머리맡에 있는 책장에서 동화책을 꺼내 오면 엄마가 읽어 주고 잠이 들고는 했습니다. 지난 집단 때는 우는 엄마와 그 엄마에게 어떻게 다가가야 할지 몰라하던 어린아이를 그렸었는데, 시기는 그때와 비슷하지만 이번에 그린 아이는 '이대로 참 좋다' 라고 느끼고 있습니다. 아이는 '하루가 아무 일 없이 무사하고 평온하게 마무리되는 것에 대한 안정감이 참으로 좋다' 고 이야기했고, 그러한 일상적인 안정감이 저에게 참으로 중요하고 소중한 것이라는 것을 알게 되었지요. 이 그림을 그리고서 좋았던 것은 이제는 과거의 같은 시기, 같은 시점을 바라보면서 더 좋은 것을 선택할 수 있게 된 것이었습니다. 정신분석은 단지 과거를 기억하고 끄집어내고 이해하는 것에 그 목적이 있는 것이 아니라, 과거의 경험을 재해석하고 왜곡된 정서적 기억에 대한 교정적 체험을 하는 것이라는 것, 그리고 이 모든 것은 나의 선택에 따른다는 것, 그 배움이 제 삶에 적용되어 가고 있는 한 예를 보여 주고 있는 것 같아서 참 좋았던 작품이었습니다. 오랫동안 씨름 같은 시간을 거치고서 얻어진 편안함, 그 편안함이 담긴 그림이라 더 좋은 것 같네요.

이 작품을 통해 O는 진정한 성장으로의 걸음을 확인한다. 모자화 1과 2는 과거의 비슷한 시기의 자신과 어머니의 관계 모습이다. 모자화 1이 온전한 대상관계 경험을 받지 못하여 심리적으로 고립된 아이로서의 O를 반영한다면, 모자화 2는 충분히 좋은 어머니와의 관계로부터 전능감을 경험하는 듯한 온전한 대상관계에 있는 아이로서의 O를 반영한다.

필자는 모자화 2가 O의 어머니와의 내적 대상관계를 반영하는 동시에, 이 작품은 안정된 결혼 생활이 주는 O의 공생 경험을 반영하고 있음을 분석한다. O는 3년에 걸친 교육과 집단의 자기 성장 과정을 통해 분석가로부터 좋은 타자(대상) 경험을 일차적으로 하게 되고, 더 중요하게는 행복한 결혼 생활을 통해 남편과 진정한 공생 경험을 하게 된 것이다. 따라서 O의 심리적 탄생은 좋은 분석가와의 온전한 대상관계 경험과, 사랑하는 남편과의 안정되고 행복한 결혼 생활이 주는 온전한 대상관계 경험이 복합적으로 이루어 낸 성과이다.

2) 소조 활동

(1) 기법 개요

점토를 통한 소조 활동은 피분석자가 점토의 가소성을 통해 내·외적 대상관계를 발달시켜 나가도록 촉진하는 기법이자 치료적 활동이다.

(2) 이론적 기초와 기법 목표

이 기법의 이론적 기초는 『미술치료의 이론과 실제』의 「제11장 소조 활동에 의한 자폐성 아동의 대상관계 치료 사례」(한국미술치료학회, 1997: 639-654)의 내용을 중심으로 한다. 대상관계 미술치료에서 바라본 점토를 통한 소조 활동의 치료성은 다음과 같다.

> 점토에 의한 활동은 대상관계이론의 핵심이 되는 초기의 내면화된 관계를 새롭게 내다보게 하며, 미술치료 관계에서 안전한 틀을 제공하여 그 안에서 대상의 세계를 연구하고 경험하게 한다. 또한 작품을 통한 구체적인 이미지와 감정 묘사에 의해 내적 세계를 더 쉽게 인식하여 타인과의 건전한 관계 형성뿐만 아니라 확고한 자기상을 창조하도록 도울 수 있다. 또한 자기 존중감이 증진되며 새롭게 자신을 보게 되어 세계 속에서의 자신의 의미를 발견하게 된다. 환자는 내면 세계를 새롭게 보게 되며, 이때 치료자는 깊은 이해와 감정 이입, 해석을 통해 초기 상실과 문제를 보상하는 데 도움을 준다. 이로써 환자는 미술 형태를 통해 대상과의 관계를 조직하게 되는 것이다(한국미술치료학회, 1997: 641).[2]

이 기법의 목표는 피분석자의 대상관계를 발달시키는 것이다. 따라서 분석가는 점토의 가소성을 적극적으로 활용하여 피분석자의 대상관계에 적합한 치료적 개입을 한다. 그 내용은 다음의 세 가지로 적용할 수 있다. 첫째, 피분석자에 따라 자유롭게 점토를 만지고 탐색하는 것 자체가 치료적으로 유용할 수 있다. 둘째, 점토의 통합과 분리를 반복하는 과정에서 개별성과 대상 항상성의 투사적 경험을 하는 것이 유용할 수 있다. 셋째, 사람이나 사물이나 장소에 대한 조형물을 만들어 피분석자의 대상관계와 관련된 정서나 갈등 상황을 다룰 수 있다. 이처럼 피분석자의 대상관계 발달 수준과 관련된 정신 병리에 따라, 그리고 치료 목표에 따라 다양하게 소조 활동을 적용할 수 있다.

---

2) 대상관계이론에서는 자기와 대상의 관계에 대한 측면을 중심적으로 다룸에 따라, '자아상'을 '자기상'으로, '자아 긍정감'을 '자기 존중감'으로 수정하여 인용한다.

(3) 지시 사항

"점토를 통해 자유롭게 당신이 원하는 것을 만들어 보세요. 점토를 물에 담근 채 편히 탐색하거나, 점토를 자유롭게 붙였다 떼었다 하는 활동을 반복할 수 있습니다. 또는 사람, 사물, 장소에 대한 조형물을 만들어 볼 수 있습니다. 사람은 당신 자신과 어머니 같은 의미 있는 타인을 만들 수 있습니다. 자유롭게 소조 활동을 해 보세요."

(4) 치료적 개입

이 기법의 작품 해석의 초점과 치료적 개입은 피분석자가 점토를 탐색하는 방법에 따라 다르다. 피분석자가 점토를 탐색하는 방법은 피분석자의 대상관계의 발달을 반영한다. 이때 작품 해석 및 치료적 개입은 크게 세 가지 원리로 구분할 수 있다.

첫째, 점토를 형태 없이 자유롭게 탐색하면서 촉각적인 감각을 즐기는 피분석자의 경우, 대상에 대한 인식이 필요한 자폐 단계, 혹은 공생 경험이 필요한 공생 단계의 중재가 필요한 경우이다. 이때에는 피분석자가 충분히 점토를 통해 대상을 인식할 수 있도록 하거나, 점토의 촉각적 경험을 통해 충분한 공생 경험을 할 수 있도록 분석가가 촉진하는 것이 중요하다.

둘째, 구체적인 조형물을 만들지는 않지만, 몇 개의 둥근 형태의 덩어리를 만들어 붙였다 떼었다 하는 행동을 반복하는 피분석자에게는 부화 단계 · 연습 단계 · 재접근 단계의 중재가 필요하다. 이 경우 피분석자는 점토의 통합과 분화를 반복하는 활동을 통해 자기에 대한 개별성과 대상에 대한 항상성을 발달시켜 나가게 된다. 따라서 분석가는 피분석자가 몰두하는 미술 활동을 충분히 경험할 수 있도록 분석 공간을 마련하고, 부화 단계 · 연습 단계 · 재접근 단계의 특성을 고려한 치료적 중재를 해야 한다.

셋째, 점토로 자신과 타인의 구체적인 조형물을 만들어 이야기를 구성하는 피분석자에게는 온전한 대상관계의 발달을 위한 중재가 필요하다. 이때 분석가는 피분석자가 구성하는 이야기의 반복 패턴을 확인하고, 그 이야기가 피분석자의 어떠한 대상관계 특성을 나타내는지에 대한 분석 후 치료적으로 중재하는 것이 중요하다. 분석가는 피분석자의 대상관계의 갈등적 상황을 다루고 온전한 대상관계의 발달을 위해 중재를 해야 한다.

3) 중간 대상 나타내기

(1) 기법 개요

중간 대상 나타내기는 피분석자가 중간 대상에 대한 의미 발견과 통찰을 통해 온전한 대상관계 발달을 이루어 갈 수 있도록 촉진하는 기법이다. 구체적으로 분석가는 피분석자로 하여금 심리적 안식처인 중간 대상(중간 현상)을 발견하게 하고, 중간 대상을 통해 어떠한 위안을 경험하는지 통찰하게 하며, 온전한 대상관계의 발달을 위한 효율적인 중간 대상의 활용 방법을 모색하도록 촉진한다.

(2) 이론적 기초와 기법 목표

이 기법은 위니캇의 중간 대상 개념을 이론적 기초로 한다. 중간 대상(중간 현상)은 피분석자에게 “내적인 현실과 외적인 세계를 각각 분리시키면서 동시에 서로 연관되어 있는 상태로 유지시키는 개인을 위한 안식처”(Hamilton, 1990: 100)이다. 피분석자에 따라 이러한 안식처 기능을 하는 것이 담요, 곰 인형, 알코올 등의 실제적인 중간 대상일 수 있고, 노래나 몸짓, 종교 등의 중간 현상일 수도 있다. 피분석자에 따라 중간 대상이나 중간 현상이 개인을 위한 안식처로서 일정 기간 기능할 수 있고, 종교처럼 평생 동안 중요하게 기능할 수 있다. 이처럼 피분석자의 중간 대상(중간 현상)에 대한 의존도는 다양하지만, 궁극적으로 중간 대상 및 현상은 온전한 대상관계 발달을 위해 필요한 과도기적 대상 및 현상으로서 점차 중요도가 감소되어야 한다. 분석가는 이러한 이론적 기초를 토대로 이 기법을 적용할 수 있다.

이 기법의 목표는 피분석자의 중간 대상 및 현상에 대한 탐색으로 그 대상 및 현상의 의미를 통찰한 후, 점진적으로 피분석자가 중간 대상 및 현상에 대한 의존도를 낮추어 갈 수 있도록 하는 데 있다. 이로써 분석가는 피분석자가 온전한 대상관계를 형성시켜 나갈 수 있도록 촉진한다.

(3) 지시 사항

"당신의 생활 중에서 마음의 안식을 갖게 하는 대상이나 현상이 있나요? 개인의 마음의 안식처가 되는 대상이나 현상을 중간 대상 혹은 중간 현상이라고 합니다. 중간 대상 및 현상은 특히 당신이 힘들거나 외로울 때 큰 위안이 될 것입니다. 중간 대상으로는 흔히 아기 곰 인형이나 담요, 성인에게는 술과 같은 것이 있고, 중간 현상으로는 노래나 몸짓, 습관적인 행동, 종교 등이 있습니다. 당신에게 마음의 안식처가 되는 중간 대상이나 중간 현상이 있는지 생각하고, 그것을 자유롭게 예술로 표현해 보시기 바랍니다."

(4) 치료적 개입

이 기법의 작품 해석의 초점과 치료적 개입은 피분석자에게 중간 대상이나 중간 현상이 가지는 의미에 따라 상이하다. 중간 대상 및 현상은 피분석자의 개인을 위한 안식처이다. 따라서 피분석자의 대상관계가 온전하지 못할수록 중간 대상 및 현상에 대한 의존도가 높다. 따라서 분석가는 피분석자의 중간 대상 및 현상과, 피분석자가 그것에 대해 갖는 심리적 의존도를 분석해야 한다. 그 후 분석가는 피분석자의 중간 대상 및 현상을 통한 안식이나 위안을 점차적으로 온전한 대상관계로 변화시켜 나갈 수 있도록 치료적 개입을 해야 한다. 이를 통해 피분석자가 자신의 중간 대상 및 현상의 의미를 이해하고 건강한 방법으로 그 대상 및 현상을 사용해 나갈 수 있도록 촉진해야 한다.

4) 좋고 나쁜 대상관계 나란히 놓기

(1) 기법 개요

좋고 나쁜 대상관계 나란히 놓기는 피분석자의 분열된 측면을 좀 더 온전하게 통합할 수 있도록 촉진하는 기법이다. 이는 피분석자의 온전한 대상관계의 발달을 촉진하기 위한 것이다.

(2) 이론적 기초와 기법 목표

이 기법의 중심적인 이론적 기초는 해밀턴이 대상관계치료 기법으로 제시한 "좋고 나쁜 대상관계 나란히 놓기"(Hamilton, 1990: 222-225)이다. 좋고 나쁜 대상관계 나란히 놓기는 크게 세 가지로 분류할 수 있다. 첫째, 피분석자의 긍정적 정서와 부정적 정서를 나란히 놓는 것, 둘째, 긍정적 자기 표상과 부정적 자기 표상을 나란히 놓는 것, 셋째, 긍정적 대상 표상과 부정적 대상 표상을 나란히 놓는 것이다. 이러한 방법을 통해 피분석자가 긍정적이고 부정적인 정서, 자기 표상, 대상 표상을 나란히 놓기 시작하면, 점차 통합적인 자아 기능을 형성하게 됨으로써 통합적 자기 정체성과 대상 항상성의 발달로 온전한 대상관계를 이루어 갈 수 있다.

이 기법의 목표는 피분석자가 자신의 좋고 나쁜 정서 · 자기 표상 · 대상 표상을 나란히 놓을 수 있는 통합적 기능을 형성함으로써 온전한 대상관계를 발달시켜 나가도록 하는 데 있다.

(3) 지시 사항

"당신은 일상생활 중에서 좋은 때와 나쁜 때를 경험할 것입니다. 좋은 때는 기쁨, 설렘, 기대 등을 느낄 것이고, 나쁜 때는 좌절, 분노, 슬픔, 죄책감, 무력감 등을 느낄 것입니다. 이처럼 당신이 경험하는 좋은 때와 나쁜 때가 언제인지 자유롭게 미술 작업을 해 보시기 바랍니다. 이와 연결하여 좋은 자신과 나쁜 자신의 모습을 표현할 수 있습니다. 또는 좋은 타인과 나쁜 타인의 모습을 표현할 수도 있습니다. 중요한 점은 정서, 자신, 타인의 좋은 것과 나쁜 것을 한 장의 화지에 함께 표현해 보는 것입니다. 이제 당신의 좋은 측면과 나쁜 측면을 함께 표현해 보세요."

(4) 치료적 개입

이 기법의 작품 해석의 초점과 치료적 개입은 피분석자가 자신의 좋은 정서와 나쁜 정서, 좋은 자기 표상과 나쁜 자기 표상, 좋은 대상 표상과 나쁜 대상 표상을 나란히 놓는 통합적 자아 기능을 형성함으로써 온전한 대상관계를 발달시켜 나가도록 분석가가 촉진하는 것이다. 중요한 점은 피분석자가 통합해야 하는 측면은 단순히 좋고 나쁜 감정에 대한 측면이기보다는 피분석자 자신의 모순적인 가치에 대한 측면이다. 피분석자의 좋고 나쁨에 대한 정서, 자기 표상, 대상 표상은 엄밀히 그/그녀 자신이 갖고 있는 극단적인 가치에서 비롯된다. 따라서 분석가는 이 기법을 적용할 때, 피분석자의 좋고 나쁨에 대한 정서, 자기 표상, 대상 표상뿐 아니라 그 정서 · 자기 표상 · 대상 표상을 발생시키는 극단적이고 모순적인 가치에 대해서 통찰하고 통합해 나갈 수 있도록 촉진해야 한다.

9장 자기심리학 미술치료의 이론

1. 자기심리학의 대표자, 하인즈 코헛

하인즈 코헛

자기심리학(Self Psychology)은 비엔나 출신의 시카고 정신분석가인 하인즈 코헛(Heinz Kohut, 1913~1981)이 구축한다. 코헛은 유대인 가정에서 외아들로 태어났으나, 유대인의 관습에 크게 영향을 받지 않는 부모의 영향으로 오스트리아 문화에 동화된 가정 환경에서 성장한다. 미국의 자기심리학 정신분석가 앨런 시겔(Allen M. Siegel)은 코헛을 "귀족적이고 엄격하며 가까이하기 힘든 측면과 따뜻하고 사려 깊은 마음을 동시에 갖고 있는 사람"(Siegel, 1996/2002: 20)으로 기록한다. 여기에는 코헛의 아동기와 청소년기에 가정교사로부터 교육을 받으면서 성장해 온 개인적 환경과, 유대인으로서 고립된 생활을 한 사회적 환경이 복합적으로 작용했을 것이다. 코헛은 1938년 비엔나 대학교에서 의과 대학을 졸업한 후, 유대인이라는 이유로 오스트리아에서 추방되어 영국으로 망명한다. 그는 영국에서 일 년 정도 생활을 한 후, 친구의 권유로 미국 시카고로 이주한다. 1941년부터 시카고 대학 병원에서 정신 신경과 레지던트 생활을 시작한 코헛은 1947년 시카고 의과대학 정신과 조교수가 된다. 다음 해 그는 사회사업가 베티 마이어와 결혼을 하고, 1950년 아들 코마스 오거스트가 출생하는 해에 시카고 정신분석연구소를 졸업한다. 코헛은 1953년 40세에 시카고 정신분석연구소 교수가 되면서 자신의 연구를 심화시켜 나간다.

코헛이 자기심리학을 정립하게 된 대표적인 저작으로는 『자기의 분석(*The Analysis of the Self*)』(Kohut, 1971)과 『자기의 회복(*The Restoration of the Self*)』(Kohut, 1977)이 있다. 코헛은 1965년부터 1973년까지 국제 정신분석학회 부회장을 역임하면서 1966년 「자기애의 형태와 변형」, 1968년 「자기애적 성격장애의 정신분석학적 치료」를 주제로 논문을 발표하고 자기애성 성격장애의 치료를 위한 새로운 정신분석 패러다임을 전개한다. 이후 그는 1971년 『자기의 분석』에서 '이상화 전이'와 '거울 전이'에 대한 이론과 임상적 측면을 설명하면서 자기심리학을 정신분석의 틀 안에 자리매김한다. 이후 집필한 『자기의 회복』에서 그는 프로이트의 정신분석과 자기심리학을 논의하면서 두 가지 패러다임을 동등한 위치에 두고자 한다. 그에게 『자기의 분석』이 자기심리학을 설명하는 저서라면, 『자기의 회복』은 정신분석과 자기심리학이 현대인의 치료를 위해 상호 보완적일 수 있음을 설명한 측면에서 좀 더 넓은 의미의 자기심리학을 설명하는 저작이 된다.

자기심리학의 정립에는 코헛의 개인적 측면과 임상적 측면의 동기를 찾을 수 있다. 개인적인 측면에서 코헛의 '자기 응집성(the cohesiveness of the self)' 개념은 그의 생애 초기 박탈 경험에 대한 보상적 반응으로 보인다. 시겔은 코헛의 주된 박탈로 "제1차 세계대전 기간 중에 겪었던 아버지의 부재 경험"(Siegel, 1996/2002: 28)을 기록한다. 코헛의 아버지는 피아노 연주자로서의 꿈을 가졌으나 전쟁으로 인해 꿈이 좌절되자, 이후 우울한 나날을 보낸다. 또한 사회적 신분상승의 열망을 가진 코헛의 어머니는 사교생활에 몰두한 냉담한 여성으로 아들을 보모와 가정교사에게 주로 맡긴 채 자신의 삶에 집중한다. 이러한 가정적 배경은 코헛으로 하여금 과대 자기를 반영해 주고, 이상적 자기대상의 역할을 해줄 수 있는 부모의 경험을 박탈함으로써 자기 응집성은 삶에서 중요한 주제가 된다.

임상적인 측면에서 코헛은 자기애성 성격장애 피분석자에 대한 분석 경험을 통해 "공감이 진실보다 더 높은 가치를 갖는다"(앞의 책, 32)는 견해로 자기심리학을 창조한다. 코헛은 이론 전기에 프로이트의 정신분석을 충실히 따랐다. 또한 개인적 친분으로 안나 프로이트와 가까이 지냈으며, 하인즈 하르트만과 절친한 친구 사이였다. 그러나 오이디푸스 전이에 대한 해석이 자기애성 성격장애의 치료적 한계에 봉착하자, 그는 분석에서 공감적 태도에 대한 필요성을 실감한다. 코헛은 피분석자의 '자신 안에서 경험하는 것'에 대해 관심을 갖고 그들의 말을 경청함으로써 치료의 진전을 가져온다. 이러한 경험을 통해 코헛은 자기와 자기애를 중심 주제로 한 자기심리학을 주창한다.

코헛 생애의 마지막 십 년은 정신분석학자로서는 만족스럽지만, 한 개인으로서는 불행과 고통이 경험된 기간이다. 1971년 『자기의 분석』 출간 이후, 1978년 시카고에서 열린 제1회 자기심리학 연례 학회는 성황리에 치러진다. 그러나 같은 해 백혈병의 진단을 받은 코헛은 1981년 제4회 연례 학회에서 「공감에 대하여」의 논문을 발표한 이후 병원에서 사망한다. 코헛의 백혈병은 그의 친구 대부분이 모르고 있을 만큼 그는 개인적 관리가 철저한 사람이었다.

이와 같은 코헛의 개인적인 삶 그리고 분석가로서의 삶은 자기심리학에 반영된다. 코헛은 음악에 대한 관심과 20세기 현대 문학에 개방된 태도로 그 시대 사회 분석의 주제들에 관심을 기울이면서 자기심리학을 구축한다. 코헛은 『자기의 회복』에서 인간 경험에 대한 독창적인 통찰을 싣는다. 그에 따르면, 19세기와 20세기 초반의 유럽 예술은 주로 내면의 유아기적 소망과 충동으로 인해 고통을 받고 죄책감에 시달리는 오이디푸스 콤플렉스와 관련된 인간 문제들을 주로 다룬다. 그에 비해 20세기 후반 현대인의 정서적 문제들은 변화한다. 현대인은 '너무 적게 자극을 받은 아이, 불충분하게 반응을 받은 아이, 이상화할 수 있는 어머니와 아버지를 박탈당한 아이가 있으며, 이러한 현대인을 중심 주제로 한 예술은 "무너지고 파편화되고 약화된 아이의 자기와, 깨지기 쉽고 취약하며 공허한 성인의 자기를 모사하고 또 치유하려고 애쓰고 있다"(Kohut, 1977: 286). 코헛은 이의 대표적 사례로 프란츠 카프카(Franz Kafka, 1883~1924)의 소설, 『변신(*Die Verwandlung*)』의 주인공 그레고르 잠자(Gregor Samsa)를 든다.

[그림 9-1] 프란츠 카프카의 『변신』 표지

한 가족의 충실한 일원이고 선량한 시민이었던 그레고르 잠자는 어느 날 아침, 갑자기 자신이 거대한 독벌레로 변해 있는 것을 발견한다. 흉측한 벌레로 변한 잠자와 가족의 관계는 단절되고, 잠자는 깊은 고독 속에 갇힌다. 카프카의 『변신』은 현대인이 언제, 어느 때든 부딪칠 수 있는 절망적인 상황과, 그 상황에 직면한 인간의 모습을 적나라하게 묘사함으로써 인간의 실존 문제를 심도 있게 다룬다.

이처럼 코헛의 관점에서 고통받는 인간은 '인간이 아닌 괴물'처럼 자신의 인간됨의 감각으로부터 끔찍하게 분리되어 있는 "의미 없는 삶을 살아가는 존재"(Mitchell & Black, 1995: 149)이다. 코헛의 이론 중심에는 인간이 자신을 주관적으로 경험하는 자기가 있는데, "자기(self)는 인격의 핵(the core of the personality)이자, 자신의 타고난 특정 행동을 실현하는 주도성의 중심"(앞의 책, 164-165)이다. 초기 발달에서 자기와 연관된 자기 구조, 자기 감정, 자기 인식에 근본적인 문제를 갖는 것이 자기애성 성격장애인데, 코헛은 자기애성 성격장애 피분석자를 과도한 자기애의 관점으로만 바라보는 것을 지나치게 피상적이라고 평가한다. 그에게서 자기애성 성격장애는 건강한 자기와 자기애를 구축하지 못한 존재로서 이들은 건강한 자기애를 발달시켜야 하는 존재이다.

코헛에 따르면, 건강한 자기애가 정상적으로 발달한 사람은 "내적 견고성과 생명력 있는 느낌을 가질 수 있을 뿐만 아니라 재능을 연마하고 목표를 향하여 점진적으로 도달해 가는 능력을 지닌다"(앞의 책, 158). 또한 건강한 자기애를 가진 사람은 실망에 직면해서도 지속적이고 견고한 희망을 유지하고, 성공 앞에서는 솔직한 긍지와 기쁨을 누리는 자존감을 갖는다.

이러한 건강한 자기애를 발달시킬 수 있는 것은 유아의 초기 경험들이다. 코헛은 초기 아동기 세계로부터 생명력과 충만함 그리고 개방성과 개인적인 창의성을 관찰한다. 그것들은 열정이나 의미 없이 살아가는, 자신을 고립시키고 붕괴시키는 취약하고 과장된 자기 이미지로서 살아가는 성인에게서는 찾아볼 수 없는 것들이다. 따라서 코헛은 "유아의 생명력과 건강한 자기 인식에 대해, 그리고 그것이 건강한 성인기까지 보존되기도 하고 혹은 병리적인 자기애로 탈선하기도 하는 발달적 과정"(앞의 책, 159)을 중심 주제로 삼아 자기심리학을 구축한다.

2. 자기심리학의 기본 개념

이 장에서 다루는 자기심리학의 기본 개념은 자기, 나르시시즘(자기애), 자기애성 성격장애, 자기대상 전이로서의 거울 전이 · 이상화 전이 · 쌍둥이 전이, 그리고 공감이다. 자기는 코헛의 자기심리학의 중심이 된 개념으로 그 의미를 설명한다. 또한 나르시시즘과 자기애성 성격장애는 자기심리학의 중심적 대상이 되는 자기애성 성격장애에 대한 설명이다. 자기대상 전이와 공감은 자기심리학 치료와 연관된 개념이다. 이러한 기본 개념에 대해 상세히 들어가 보자.

1) 자기

자기는 정신 심급의 내용이다. 즉 자기는 정신 기관의 하나가 아닌, 정신에 존재한 내용적 구조이다. 자기는 자아와 구별되는 개념으로서 자아가 정신 기구 혹은 기능인 데 비해, 자기는 이러한 정신 기구에 포함된 내용적 구조이다. 코헛은 『자기의 분석』 서문에서 자기를 다음과 같이 설명한다.

> 자기는 정신분석적 상황에서 발생하고 개념화된 것으로서 비교적 낮은 수준, 예컨대 직접적 경험이나 정신분석적 추상 관념과 연관된 정신 기구의 한 가지 내용이다. 따라서 이것은 마음의 기관은 아니지만, 마음 내부의 구조이다. 왜냐하면 (a) 그것은 충동적 에너지가 집중되어 있고, (b) 지속되는 시간의 연속성을 갖고 있기 때문이다. 더욱이 정신의 내용적 구조의 존재로서 자기는 정신적 위치를 갖는다. 특별하고 다양하게 존재하는 자기 표상들은 이드, 자아 그리고 초자아에 존재할 뿐만 아니라, 단일한 마음의 기관 안에서도 현존한다. 예컨대, 상호 모순적인 의식적이고 전의식적인 자기 표상들—즉 과대주의와 열등함—이 나란히 존재하면서 이드와 자아가 이루고 있는 한 연속체 안에서 자아나 그 부분적 위치의 한 영역을 차지할 수 있다. 그런 자기는 대상 표상들과 아주 유사하게 정신 심급의 내용의 하나이지만, 정신의 기관의 하나인 구성 성분은 아니다(Kohut, 1971: xv).

코헛은 자기의 기원을 설명하면서 "핵심 자기(the nuclear self)는 심층적으로 깊게 뿌리박힌 자기대상(자기-대상)의 반응에 의해서 형성된다"(Kohut, 1977: 100)고 기록한다. 즉 자기는 부모나 주 양육자와 같은 의미 있는 타인인 자기대상의 반응으로부터 형성되는데, 부모의 의식적인 칭찬이나 질책과 같은 반응은 핵심 자기의 형성에 기여하지 못한다. 다른 말로 부모의 진심 어린 반응이 자기 형성의 기초가 된다. 이러한 자기는 삶의 초기부터 형성되는데, 구체적으로 유아의 타고난 잠재력과 부모인 자기대상의 기대가 상호 공감적으로 만나는 시점부터 가능하다. 이때 유아의 초보적 자기의 존재가 발생한다. 예컨대, 어머니가 아기를 처음으로 보고, 먹이며, 목욕시키는 과정에서 느끼는 촉각과 시각 등의 감각적 접촉을 하는 순간부터 아기는 자기를 구축해 나가며, 자기의 형성 과정은 그 이후의 삶을 통해 계속적으로 이루어진다.

자기의 형성에 대해서는 코헛이 『자기의 회복』 중 「양극의 자기(The Bipolar Self)」에서 상세히 설명한다. 그는 아이의 경험 세계를 구성하면서 자기가 형성되는 두 가지 기본적인 심리적 기능을 제시한다. 이는 "반영적 자기대상(the mirroring self-object)과 이상적 자기대상(the idealized self-object)"(앞의 책, 171)이다. 코헛에 따르면, 정상적이고 호의적인 환경에서 제공되는 두 가지 자기대상 관계와 경험의 맥락에서 독립적인 자기가 출현한다. 구체적으로 인간의 최초의 자기대상 배열은 두 가지 양상을 갖는데, 한 가지는 주체 지향적 자기대상이고, 다른 한 가지는 대상 지향적 자기대상이다. 이러한 두 가지 자기대상과 관련된 삶의 중요한 두 양상의 경험들이 유아의 핵심 자기의 형성을 촉진한다. 한편으로는 아이의 응집적이고 과대적인 자기가 확립되기 위해 공감적으로 반응해 주는 반영적 자기대상의 관계와 경험이 필요하다. 다른 한편으로는 아이의 응집적이고 이상적인 부모-이마고가 확립되기 위해 융합과 이상화 욕구를 허용해 주는 이상적 자기대상의 관계와 경험이 필요하다. 이와 같은 주체 지향적 자기대상 경험을 통한 응집적이고 과대적인 자기 확립과, 대상 지향적 자기대상 경험을 통한 응집적이고 이상적인 부모-이마고가 확립될 때에야 비로소 두 가지가 통합된 핵심 자기가 형성된다.

그렇다면 핵심 자기는 우리의 삶에서 어떤 모습으로 나타나는가? 코헛은 핵심 자기의 모습에 대해 다음과 같이 기록한다.

> 핵심 자기의 구조는 우리의 몸과 마음이 공간과 시간 안에서의 하나의 단위와 연속체로 존재하는 경험과 통합되는, 우리의 가장 중심적 야망과 이상을 통합하는 주도성과 지각의 중심으로 존재하는 감각의 기초이다(Kohut, 1977: 177).

이러한 핵심 자기는 성격의 중심적인 기초가 된다. 따라서 핵심 자기가 형성된 경우 응집적 자기에 대한 감각을 통해 기쁨을 경험하는 창조적인 삶을 살 수 있다. 이에 비해 핵심 자기가 형성되지 못한 경우 정신분열, 우울, 비극적 삶의 자기장애와 관련된 여러 증상을 발생시킨다.

따라서 핵심 자기가 형성된 삶은 주관적인 자기 실현의 감각, 시간이 흐름에도 불구하고 동일하게 유지되는 잘 통합된 자기의 경험, 다양한 정서적 상태들에 대한 균형 있는 체험을 한다. 이는 인간의 창조성과 내적 일치감, 생존력, 기능적 조화와 연관된다. 코헛은 "자기 실현은 활기차고 확장적인 야망과 이상화된 목적이라는 두 가지 기본 요소를 바탕으로 이루어진다"(Mitchell & Black, 1995: 164)고 말한다. 이것은 일과 과업을 잘 해내는 능력이라기보다는 활기 있고 창의적인 삶을 살아가는 개인적으로 생을 느끼는 능력이다.

이에 비해 자기장애, 즉 자기애성 성격장애 및 자기애성 행동장애의 경우 그 원인에는 주로 "부모의 공감적인 반응의 부재"(Kohut, 1977: 187)가 있다. 코헛은 아이의 반영받고 싶고 이상화 대상을 찾고자 하는 욕구에 부모가 공감적으로 반응해 주지 못할 때 자기장애를 겪게 됨을 설명한다. 이처럼 자기장애를 나타내는 이들은 응집적이고 안정적인 자기 감각을 통해 기쁘고 창조적인 삶을 사는 데 한계가 있다.

2) 나르시시즘

나르시시즘(Narcissism)은 프로이트가 1914년 「나르시시즘 서론」에서 구체화한 개념이다. 그는 1909년 빈에서 열린 정신분석학회에서 '자가성애와 대상애의 중간 단계로 나르시시즘이란 개념의 도입 필요성'을 주장한 이후, 융의 '리비도' 개념 확장과 아들러의 '남성 항거' 개념과 구분할 목적으로 나르시시즘 개념을 설명한다. 프로이트는 나르시시즘은 "모든 살아 있는 생명체가 어느 정도 당연히 보유하고 있는 자기 보존 충동이라는 이기주의를 리비도가 보완해 주는 것"(Freud, 1914b: 73-74)으로 기록한다. 따라서 나르시시즘은 우리가 자신을 사랑하는 것과 대상 사랑의 중간 단계의 자기 보존 충동의 리비도적 발현 양상으로 이해할 수 있다.

프로이트는 이 저서에서 나르시시즘 개념을 '1차 나르시시즘(a primary narcissism)'과 '2차 나르시시즘(a secondary narcissism)'으로 구분한다. 그는 히스테리나 강박증의 신경증과는 달리 조발성 치매(조현병)의 정신증에서 관찰되는 과대 망상적 특징을 발견하면서 나르시시즘 개념을 다음과 같이 1차와 2차로 구분하여 설명한다.

> 과대 망상은 대상 리비도를 희생한 대가로 생겨난 것이다. 외부 세계로부터 철수된 리비도는 자아에게로 방향을 돌려 나르시시즘이라 불릴 수 있는 태도를 발생하게 된다. 〔…〕 대상 리비도 집중의 후퇴로 생겨난 나르시시즘을 잠복해 버린 1차적〔근원적〕인 나르시시즘 위에 많은 다른 영향으로 첨가된 2차적〔부가적〕인 나르시시즘으로 파악하게 된다 (Freud, 1914b: 74–75).

이러한 프로이트의 나르시시즘에 관한 두 가지 세부적인 개념을 아르헨티나 출신의 프랑스 정신분석가 장-다비드 나지오(Juan-David Nasio)는 『정신분석의 근본 개념 7가지(*Enseignement de 7 Concepts Cruciaux de la Psychanalyse*)』(Nasio, 1988/2017: 86)에서 다음과 같은 도식으로 주해한다.

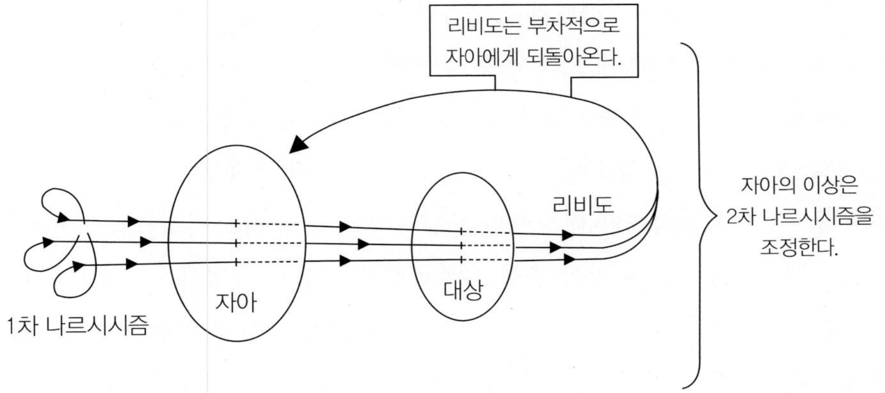

[그림 9-2] 1차 나르시시즘과 2차 나르시시즘

나지오에 따르면, 리비도가 갖는 최초의 만족 양식은 자가성애적인 방식으로 이때 발생하는 각각의 충동들은 그것이 출발한 신체 자체—예컨대 입, 항문, 남근—에서 만족을 찾는다. 1차 나르시시즘은 자아가 구성되어 있지 않을 때의 만족 양식으로서 주로 정신증에서 관찰되는 자기애적 특성이다. 이에 비해 2차 나르시시즘은 자아가 구성된 후에 성립된 일종의 '자아 나르시시즘'으로서 이것이 형성되기 위해서는 두 가지 과정이 수반된다. 하나는 자가성애적으로 움직였던 부분 충동들이 자아라는 하나의 대상 위로 집중하는 움직임이다. 다른 하나는 대상에서 자아로 되돌아온 리비도의 움직임이다. 따라서 2차 나르시시즘은 대상에서 자아로 철수된 나르시시즘으로서 이는 "자아를 타자와의 동일시가 일궈낸 여러 개의 다양한 층으로 이루어진 양파에 비유되는 대상 선택의 역사"(앞의 책, 92)를 보여 준다. 이러한 점에서 2차 나르시시즘인 자아의 나르시시즘은 타자에 대한 동일시의 역사를 포함한다. 따라서 2차 나르시시즘은 신경증과 도착증에서 관찰되는 자기애적 특성이다.

프로이트는 임상 장면을 통해 2차 나르시시즘을 "① 기질병(the organic disease), ② 건강염려증(the hypochondria), ③ 애정 생활(the erotic life of the sexes)"(Freud, 1914b: 82)에서 구체적으로 관찰한다. 즉 신체 내 장기의 통증과 불쾌감으로 고통을 받는 사람은 외부 대상에 대한 관심을 대체로 포기한다. 건강 염려증 역시 신체적으로 괴롭고 고통스러운 느낌에 집중하여 리비도를 자신에게 향하는 점에서 기질병과 유사하다. 애정 생활과 관련해 프로이트는 '유아의 성적 대상 선택이 자신의 만족 경험에서 나온다'는 사실을 발견한다. 프로이트에 따르면, 성적 충동이라는 것은 처음부터 자아 충동의 만족과 결부되어 나타나는 것이고, 나중에서야 그 성적 충동이 자아 충동에서 분화됨을 설명한다. 이는 자가성애와 대상애의 중간 단계로서의 나르시시즘을 개념화하는 동시에, 성적 충동은 자아 충동에서 파생된 것임을 설명하는 것이다. 이와 관련해 프로이트는 "대상 선택으로 나아가는 길에 대한 간략한 개관"(Freud, 1914b: 90)을 통해 사랑 대상 선택에서 나르시시즘 유형과 부모 의존 유형을 구분하여 설명한다.

어느 한 사람의 사랑 대상은 다음과 같이 나타날 수 있다.

(1) 나르시시즘 유형인 경우
- (a) 현재의 자신(그 자신)
- (b) 과거의 자신
- (c) 자신이 바라는 미래의 모습
- (d) 한때 자신의 일부였던 사람

(2) 부모 의존 유형인 경우
- (a) 자신에게 젖이나 밥을 먹여 주는 여자
- (b) 자신을 보호해 주는 남자

그리고 (a)나 (b)의 역할을 대신해 주는 여러 사람

[그림 9-3] 대상 선택으로 나아가는 길에 대한 간략한 개관

프로이트에 따르면, 신경증의 사랑 대상 선택에서 나르시시즘 유형인 경우 현재의 자신, 과거의 자신, 혹은 한때 자신의 일부였던 사람, 그리고 자신이 바라는 미래의 모습을 지닌 사람을 선택한다. 부모 의존 유형의 경우 밥을 먹여 주거나 보호해 주는 방식으로 자신에게 돌봄을 제공해 주는 사람을 사랑의 대상으로 선택한다. 프로이트는 이러한 두 종류의 대상 선택은 자기 자신과, 자신을 돌봐주는 사람이라는 측면에서 모두 근원적으로 나르시시즘의 성향을 갖고 있음을 피력한다. 즉 부모 의존 유형은 나르시시즘 유형에서 파생된 것으로서 자아 리비도에서 대상 리비도가 분화되는 정도에 따라 나르시시즘적 특성이 다양한 변주를 이룬다. 프로이트가 "부모의 사랑이란 결국 부모의 나르시시즘이 대상애로 변모되어 과거 그 속성을 그대로 내보이는 것에 불과한 것이다"(앞의 책, 91)라고 주장한 점도 이러한 이유에서이다.

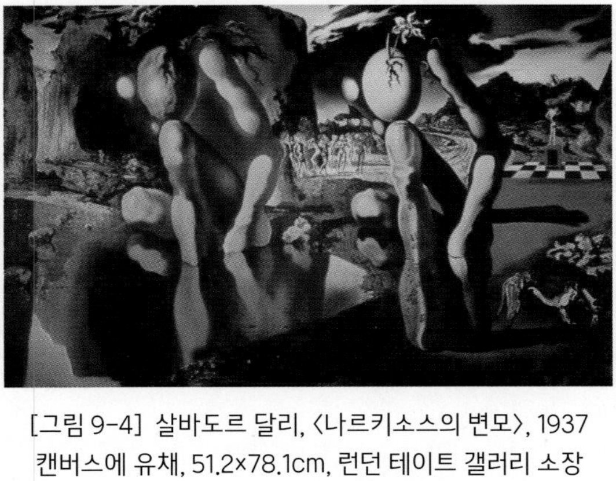

[그림 9-4] 살바도르 달리, 〈나르키소스의 변모〉, 1937
캔버스에 유채, 51.2×78.1cm, 런던 테이트 갤러리 소장

살바도르 달리의 〈나르키소스의 변모〉는 물에 비친 아름다운 미모의 자신을 사랑하는 데 가득 찬 나머지 세상에 등을 돌린 나르키소스(Narcissus)와 그 변모된 모습을 더블 이미지로 보여 주고 있다. 나르키소스와 변모된 모습 뒤로 보이는 죽음의 이미지들은 나르키소스의 파국을 암시하듯, 우리에게 자기애가 갖는 위험성을 보여 주는 듯하다.

3) 자기애성 성격장애

자기애성 성격장애는 자기애적 특성이 두드러지는 정신 장애를 말한다. 코헛은 『자기의 분석』에서 자기애성 성격장애를 정상 상태와 정신증 사이의 도표로 [그림 9−5]와 같이 제시한다.

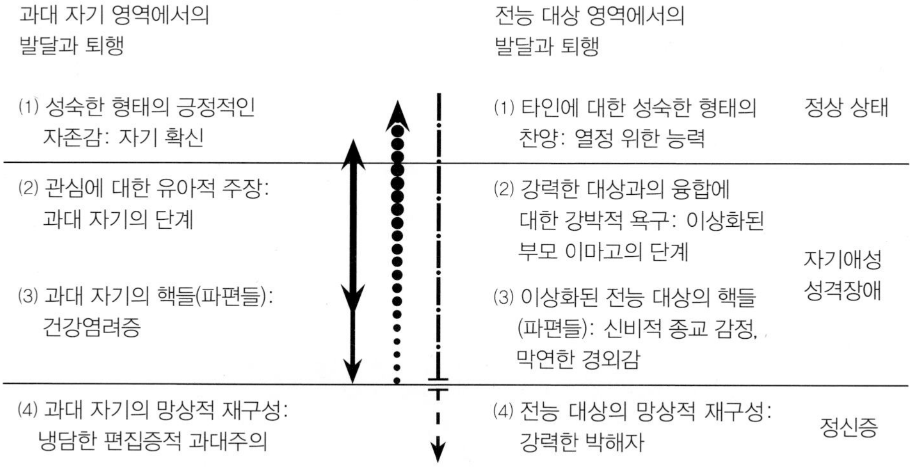

실선으로 연결된 화살표는 자기애성 성격장애의 정신분석 치료에서 나타나는 자기애성 형태의 이동을 가리킨다. 점선으로 된 화살표는 이러한 장애가 치료되는 방향을 가리킨다. 그리고 점선과 실선이 번갈아 나오는 긴 화살표는 정신증적 퇴행으로부터 회복될 수 있는 정도를 보여 주며, 실선이 끊겨 있는 부분은 정신증적 퇴행으로부터 회복될 수 없음을 보여 준다.

[그림 9-5] 자기애성 성격장애의 도표

그림에서 보는 바와 같이, 자기애성 성격장애는 정상 상태와 정신증 사이에 위치한다.[1] 자기애성 성격장애는 자기가 형성되는 두 가지 기본적인 심리적 기능과 연관된다. 즉 반영적 자기대상을 통한 응집적이고 과대적인 자기가 확립되는 것과, 이상적 자기대상을 통한 응집적이고 이상적인 부모-이마고가 확립되는 것과의 관련성이다. 코헛이 제시한 "자기애성 성격장애의 도표"(Kohut, 1971: 9)에서 왼쪽의 과대 자기 영역의 발달과 퇴행은 응집적인 과대 자기의 확립과 연관되고, 오른쪽의 전능한 대상 영역의 발달과 퇴행은 응집적인 이상적 부모-이마고의 확립과 연관된다.

코헛에 따르면, 정상 상태(Normalcy)의 자기는 성숙한 형태의 긍정적인 자존감을 갖는 자기 확신을 가지며, 이상적 자기대상에 대해서는 성숙한 형태의 찬양이 이루어진다. 자기애성 성격장애(Narcissistic Personality Disorders)의 자기는 관심에 대한 유아적 주장이 이루어지거나, 더 퇴행하는 경우 과대 자기의 핵들이 파편화되어 건강염려증을 나타낸다. 또한 이상적 자기대상에 대해서는 강력한 융합에 대한 강박적 욕구가 나타나거나, 더 퇴행하는 경우 이상화된 전능 대상의 핵들이 파편화되고 신비적 종교 감정이나 막연한 경외감에 몰입된다. 정신증(Psychosis) 상태의 자기는 과대 자기에 대한 망상적 재구성을 하고, 냉담한 편집증적 과대주의를 나타낸다. 이 상태는 이상적 자기대상에 대해서도 전능 대상에 대한 망상적 재구성을 하고, 자기대상을 강력한 박해자로 여긴다. 코헛은 발생학적 관점에서 "부모의 성격과 선천적 요소들이 상호작용하여 적절한 발달 시

---

1) 이 책의 '3장 정신분석 미술치료의 실제'에서 '정신분석 진단과 치료 원리'를 설명하는 가운데 여러 성격장애를 살펴본 바 있다. 정신 구조 수준은 정신증적 수준, 경계선적 수준, 신경증적 수준으로 구분한다. 이러한 각 구조와 관련한 장애로서 정신증적 수준에는 자폐적 정신증, 조현병, 양극성 정서장애가 포함된다. 경계선적 수준에는 반사회성 성격장애, 조현형 성격장애, 조현성 성격장애, 경계선 성격장애, 자기애성 성격장애가 포함된다. 신경증적 수준에는 히스테리, 강박증, 정상-신경증이 포함된다. 이러한 분류에 비교하면, 코헛의 자기애성 병리에 관한 분류는 맥윌리엄스의 정신증과 신경증 사이의 자기애성 성격장애라기보다는 정신증적 수준부터 경계선적 수준을 포함하고 신경증적 수준까지 나타나는 자기와 관련된 병리를 광범위하게 포함하고 있다. 이는 코헛이 『자기의 회복』에서 설명하는 1차적 자기 병리가 "정신병, 경계선 상태, 분열성 성격과 편집적 성격, 자기애성 성격장애, 자기애성 행동장애"(Kohut, 1977: 192-193)를 포함한 것으로 뒷받침된다. 따라서 코헛이 제시하는 자기애성 성격장애의 도표는 자기심리학의 독자적인 자기장애의 범주 분류표로 이해해야 한다.

기에 응집적 자기의 핵과 이상화된 자기대상의 핵이 형성되는 과정이 방해받을 때 정신증이 발생한다"(앞의 책, 11)고 설명한다. 또한 그는 정신증적 퇴행이 심각한 경우, 자기심리학 치료를 통해 회복될 수 없음을 피력한다.

여기에서 우리의 관심은 자기애성 성격장애이다. 자기심리학의 분석 실천 장면에서 주요 대상이 되는 자기애성 성격장애는 엄밀히 프로이트의 나르시시즘 개념에 기초할 때, 2차 나르시시즘이 두드러진 상태이다. 이에 비해 정신증적 상태의 나르시시즘은 1차 나르시시즘과 연관된다. 즉 자기애성 성격장애는 세상으로부터 철수되어 자신에게 과도한 관심을 갖지만 그럼에도 대상의 역사를 포함한다. 코헛의 기록에서도 볼 수 있듯이, 자기애성 성격장애는 반응적이거나 이상적이지 못한 부모의 공감 반응의 부재에서 비롯되기 때문이다. 따라서 자기애성 성격장애를 2차 나르시시즘과 연결할 수 있다.

코헛은 자기애성 성격장애의 원인에 대해 "두 번의 기회 박탈"(Kohut, 1977: 190)을 설명한다. 첫 번째는 아이가 반영적 자기대상 경험의 실패 이후 이상화된 자기대상 경험의 실패가 이루어진 경우이다. 이는 아이의 기질적인 특성 및 선천적인 원인에 기초한다. 두 번째는 이상화된 자기대상에 의한 외상적 실패로 자기 발달의 한계 이후, 아이가 보상적 지지를 위해 반영적 자기대상으로 되돌아가려고 시도했을 때 또 다시 실패하는 경우이다. 이는 부모의 성격이나 가족의 분위기 등 환경적인 원인에 기초한다. 코헛은 자기애성 성격장애의 "병인적인 부모의 성격 특징, 가족의 병인적 분위기, 발생학적 요인들과 환자 성격의 특정한 왜곡들 사이의 역동적 관계"(앞의 책, 189-190)를 고려하는 것을 자기심리학 치료의 기본 과제로 삼는다.

코헛은 자기 병리의 분류를 좀 더 상세히 기록한다. 그는 자기장애를 1차적인 장애와 2차적인 장애로 구분한다. 1차적인 장애가 자기심리학에서 다루는 장애라면, 2차적인 장애는 아동기, 청소년, 성인기, 노년기의 삶의 경험들과 연관된 자기의 급성적 · 만성적 반응들(격노, 낙담, 희망)로서 자기심리학 치료의 대상이 아니다. 자기심리학의 주요 대상이 되는 자기의 1차적 장애는 크게 다섯 가지로 "① 정신병(the psychoses), ② 경계선 상태(the borderline states), ③ 분열성 성격과 편집성 성격(the schizoid and the paranoid personalities), ④ 자기애성 성격장애(the narcissistic personality disorders), ⑤ 자기애성 행동장애(the narcissistic behavior disorders)"(Kohut, 1977: 192-193)이다.

코헛은 이 가운데 정신병, 경계선 상태, 분열성 성격과 편집성 성격을 전이 형성의 한계로 자기심리학의 주요 대상으로 삼지 않는 데 비해, 자기애성 성격장애와 자기애성 행동장애를 자기심리학 분석 작업의 중심 대상으로 삼는다. 코헛은 자기애성 성격장애는 "민감성, 건강염려증, 우울증과 같은 내현적 증상들로 나타나는 자기의 일시적 붕괴, 쇠약, 심한 왜곡 등"(앞의 책, 193)을, 자기애성 행동장애는 "성도착, 비행, 또는 중독과 같은 외현적 증상들로 나타나는 자기의 일시적인 붕괴, 쇠약, 심한 왜곡 등"(앞의 책, 193)을 예로 든다.

이러한 자기애성 성격장애의 특성으로 충동 · 기질 · 정서, 자아, 자기 그리고 대상관계와 관련해 다음과 같이 이해할 수 있다. 자기애성 성격은 선천적으로 강한 공격적 '충동'을 갖고 있거나 공격적 자극에 대한 불안을 인내하는 힘이 다소간 결여되어 있다. 이들의 주요 '정동'은 수치심과 질투이다. 수치심은 주로 자기에 대한 무력감, 추함, 무능감을 포함하고 있고, 이들의 비판적 특성은 타자를 파괴하고자 하는 질투심으로 드러난다. 또한 타자의 정동, 태도, 기대를 민감하게 감지하는 '기질'을 지닌 유아들이 자기애성 성격을 갖는다. 자기애성 성격은 자아의 '방어 과정'에서 주로 "이상화와 평가 절하, 완벽주의, 동일시"(McWilliams, 1994: 173-174)를 나타낸다. 자기애성 성격은 자신을 이상화할 때 타자를 평가 절하하거나, 반대로 자신을 평가 절하할 때 타자를 이상화함으로써 자기와 타자 간의 상보적 관계를 맺는다. 이는 완벽주의와 동일시를 나타내는 것과 연관된다. 예컨대, 자기애성 성격장애는 완벽하다고 여기는 연인, 스승, 영웅에 대한 동일시를 통해 자기 존중감의 문제를 다루고, 완벽주의에 대한 추구를 통해 자기와 타자 사이에서 이상화와 평가 절하를 반복한다.

자기애성 성격장애의 '대상관계'는 그들의 타자에 대한 욕구는 깊으나, 사랑의 깊이는 얕다. 이는 그들이 실제 누구인지보다 그들이 충족시키는 기능을 통해 부모로부터 중요한 인물로 여겨진 성장 경험과 연관된다. 이러한 성장 경험을 내면화한 자기애성 성격장애는 타자를 자신의 외부에서 자기 존재를 확인, 감탄, 인정해 주는 대상인 자기대상 혹은 자기애적 연장선으로서만 여기는 대상관계 패턴을 나타낸다. 따라서 이들의 인격에서 '자기'는 양극적 자기로 구축되는데, 한편으로는 전적으로 좋은 과대 자기이나 다른 한편으로는 전적으로 나쁜 자기이다. 즉 자기애성 성격장애는 막연하게 잘못된 느낌, 수치심, 질투, 공허, 불완전한 느낌, 열등감과 관련된 자기로 경험하거나, 이에 대한 보상으로 독선적 태도, 자부심, 방어적인 자기 충족감, 자만심, 우월감을 갖는 자기로 경험하는 것을 반복한다.

컨버그는 전적으로 좋거나 전적으로 나쁜 상태의 반영으로서의 양극적 자기 경험은 자기애성 성격장애의 유일한 자기 경험 방법으로서 그들 내부에는 '이만하면 좋은(good-enough)'의 느낌이 없음을 설명한다. 자기애성 성격장애는 자신의 심리적 허약성에 대해 어느 정도 알고 있는데, 이들은 심리적으로 무너지고, 자기 존중감이나 자기 응집성을 잃거나, 자신이 타자에게 하찮은 존재로 느껴질 것을 두려워한다. 이처럼 자기가 조각날 것 같은 자기 파편화(self fragmentation)의 두려움은 자기애성 성격장애의 건강염려증에 대한 집착과 죽음에 대한 병적 두려움으로 이어진다.

이상과 같이 자기애성 성격장애 피분석자의 여러 특성을 검토할 때, 이들의 자기애는 타자로부터 등을 돌린 형태임에도 불구하고, 자신이 존재하기 위해서 타자의 찬탄이 필요하고 그것에 의존한다. 이러한 점은 참으로 역설적이다. 결국, 자기애성 성격장애의 피분석자는 사랑과 공감이 빠져 있는 공허한 내적 상태를 과도한 자부심과 방어적 태도로 가리는 것이다. 따라서 자기심리학 미술치료에서 분석가는 이러한 자기애성 성격장애 피분석자의 특성을 잘 이해하여, 그들의 외현적 모습에서 드러나는 웅대함과 자기감이 내면적 사랑의 빈자리를 채우는 것임을 알고 치료적 개입을 해야 한다.

4) 자기대상 전이: 거울 전이, 이상화 전이, 쌍둥이 전이

코헛의 자기심리학은 정신분석의 오랜 전통인 전이의 개념을 변화시킨다. 그는 전이를 재개념화한다. 고전적 정신분석에서 전이는 피분석자의 과거 부모와의 경험이나 환상 등을 현재의 분석 상황에서 분석가에게 전치시키는 유아기적 원형의 반복이다. 이에 비해 자기심리학의 전이는 피분석자의 "경험을 조직하고 의미를 구성하고자 하는 보편적인 심리적 갈망"(Mitchell & Black, 1995: 166)이다. 즉 전이는 현재 분석 상황에서 개입된 피분석자의 과거의 잔영이 아니라, 피분석자가 '분석가를 지금 여기에서 경험하는 것'을 나타낸다. 이러한 관점은 피분석자가 분석에서 분석가를 주관적으로 경험하는 것, 자기를 확장시킬 수 있는 대상으로 대하는 것에 대한 타당성을 부여한다. 따라서 자기심리학에서 피분석자는 분석가의 인성과 행동을 자기의 주관적인 경험을 형성하는 의미구조로 동화한다.

이처럼 피분석자의 자기대상으로서 역할을 하는 분석가는 분석에서 크게 세 가지의 전이를 발생시킨다. 세 가지의 전이는 분석가가 피분석자의 자기 구축을 위한 대상을 제공하는 것이다. 이는 분석가가 피분석자의 연장된 자기로 기능하는 것으로서 유아의 건강한 자기와 자기애를 발달시키도록 하는 초기 부모의 역할과 유사하다. 자기대상 전이(the selfobject transference)는 거울 전이, 이상화 전이, 그리고 쌍둥이 전이가 있다.

"거울 전이(the mirroring transference)"(앞의 책, 161)는 마치 위니캇의 보듬어 주는 환경처럼, 분석가가 피분석자의 경험, 지각, 흥분, 실망을 파악하고 반영해 주는 전이이다. 이러한 전이 경험을 통해 피분석자는 자신에 대한 경험을 좀 더 실제적으로 느끼게 될 뿐 아니라, 자기를 내적 실체로서 느낀다.

"이상화 전이(the idealizing transference)"(앞의 책, 161)는 피분석자가 분석가를 완전하고 위대한 사람으로 간주하고, 이 중요하고 완전한 타인과 자신이 연결되어 있다고 느낌으로써 자신을 더 강하고 중요하게 여기는 전이이다.

"타아(他我) 전이 혹은 쌍둥이 전이(the alter ego or twinship transference)"(앞의 책, 161)는 피분석자가 분석가와 같아지려는 열망과 연결되는 개념으로서 이러한 갈망은 외적 모습뿐 아니라 내적인 실체와 연관된 의미에서 분석가와 같아지려고 하는 전이 경험이다. 이 전이의 가장 병리적인 극단에는 피분석자와 분석가가 구별 없이 하나로 합쳐지는 융합 전이(the merger transference)가 있는데, 융합 전이와 쌍둥이 전이는 한 연속선상에 존재한다.

자기대상 전이는 자기애성 성격장애의 치료적 개념이다. "자기애성 성격장애의 도표"(Kohut, 1971: 9)에서 살펴본 바와 같이, 자기가 형성되는 두 가지 기본적인 심리적 기능은 과대 자기가 확립되는 것과 이상적인 부모-이마고가 확립되는 것이다. 이에 기초하면 자기심리학 분석에서 자기애성 성격장애 피분석자의 과대 자기가 치료적으로 활성화되도록 하는 것은 거울 전이이다. 그리고 이상적인 부모-이마고가 치료적으로 활성화되도록 하는 것은 이상화 전이이다.

코헛은 거울 전이와 이상화 전이 개념을 클라인의 내사적 동일시와 투사적 동일시 개념과 연결하여 설명한다. 즉 "거울 전이는 클라인 학파의 내사적 동일시(the introjective identification)라고 일컫는 영역과 겹치고, 이상화 전이는 투사적 동일시(the projective identification)라고 일컫는 영역과 겹친다"(Kohut, 1971: 212-213). 거울 전이와 이상화 전이는 1차 자기애 단계에 이어서 형성되는 2차 자기애적 리비도의 두 가지 기본적 자리를 치료적으로 활성화시킨 형태이다. 자기심리학 분석에서 피분석자의 자기애적 리비도가 과대 자기를 향해 적극적으로 활성화될 때 거울 전이가 주요한 역할을 하고, 이상적 부모-이마고를 향해 적극적으로 활성화될 때 이상화 전이가 주요한 역할을 한다.

코헛은 자기대상 전이 가운데 거울 전이와 이상화 전이를 말러의 분리와 개별화 과정과 비교한다. 말러는 아이가 무(無)대상 상태에서 출발하여 대상과의 상호작용을 통해 분리와 개별화를 이루어 가는 대상관계를 설명한다. 이에 비해 코헛은 전이 안에서 활성화되는 아동기 경험에 대한 관찰을 토대로 자기애와 대상애의 발달 과정뿐만 아니라, 자기애가 두 가지 주요한 흐름(과대 자기와 이상화 부모-이마고)을 따라 발달하는 자기심리학을 설명한다. 따라서 말러가 아이의 행동 관찰에 근거해 분리와 개별화를 설명한다면, 코헛은 "아이의 전이의 활성화에 기초해 내면적 삶을 재구성"(앞의 책, 219)한다.

이처럼 자기심리학 치료 과정에서 발생하는 피분석자의 자기대상 전이는 피분석자의 자기애적 고착의 원인과 증상에 따라 다양한 발달 경로를 갖는다. 중요한 점은 자기대상 전이 가운데 거울 전이와 이상화 전이가 과대 자기와 이상화 부모-이마고와 관련하여 치료적으로 주요한 두 축을 형성하는 점에 있다. 또한 쌍둥이 전이는 응집적인 과대 자기와 응집적인 이상화 부모-이마고를 형성하는 과정에서 피분석자가 취약할 때 완충 지대로 기능을 한다.

5) 공감

코헛은 자기심리학에서 공감을 특권적 위치에 놓는다. 그는 정신분석의 치료에서 '진실보다 공감이 우선한다'고 말한다. 이는 자기애성 성격장애 피분석자의 원인이 개인적인 기질 및 성격 특성과 함께 공감적이지 못한 부모의 병인적 성격이나 가족적 분위기의 역동적 관계에서 비롯되는 것과 연관된다. 코헛은 공감에 대해 다음과 같이 기록한다.

> 정신분석은 지속적으로 내성과 공감의 자료들에 근거를 둔 가장 유일한 과학이다. 〔…〕 공감은 우리가 인간의 내적인 삶에 접근하는 유용한 길일뿐만 아니라, 우리의 관찰의 장을 필수적으로 규정하는 요소이다. 나의 공감의 정의인 대리적 성찰(vicarious introspection)을 알지 않고서는 인간의 내적 삶에 관한 생각, 그리고 복잡한 정신적 상태의 심리학, 즉 인간의 내적인 삶이 어떤 것인지, 우리 자신과 다른 사람들이 무엇을 생각하고 느끼는지에 대해 아는 것은 상상할 수 없다(Kohut, 1977: 303, 306).

이처럼 코헛은 공감을 자기심리학의 주요 치료 개념으로 다룬다. 분석가가 피분석자의 심리 내적 세계를 이해하는 데 필수불가결한 것이 공감이며, 이는 대리적 성찰의 용어와 병용된다. 코헛은 분석 상황에서 분석가가 공감을 본질적인 요소로 하고 있다면, 그것은 심리적인 것 또는 정신적인 것으로 규정할 수 있음을 피력한다. 즉 분석가의 공감을 통해 피분석자는 분석가를 자신의 편에 있는 사람처럼 생각하고, 느끼며, 좀 더 이상적인 사람이 될 수 있는 심리적 상태—자기 인식, 자기 감정, 자기 구조에서 안정되고, 자신만만하며, 활기를 유지할 수 있음—가 가능함을 말한다.

코헛은 후기 저술에서 공감을 두 가지로 세분화한다. 그는 공감을 '사람의 내적 삶에 조율하는 관찰 양식'으로서뿐만 아니라, '사람들 간의 강력한 정서적 결합'으로 설명한다. 그의 이론의 초기에는 공감이 피분석자에 대한 자료 수집 방법의 하나로 여겨진 데 비해, 후기에는 공감이 피분석자와 분석가를 연결시켜 주는 인간 유대의 본질적인 것이 된다.

이처럼 공감은 분석가가 피분석자의 심리적 세계를 조사하는 방식이자, 피분석자와 분석가 간의 강력한 정서적 결합이다. 중요한 점은 인간 유대의 본질적인 것으로서의 공감은 피분석자의 내적 삶을 심층적으로 이해해 나가는 열쇠가 되는 점이다.

공감 개념은 정신분석의 패러다임을 벗어나 현대 심리치료의 한 패러다임인 칼 로저스(Carl Rogers)의 인간 중심 치료(The Person-Centered Therapy)에서도 강조하는 개념이다. 자기심리학과 인간 중심 치료가 공감의 치료적 가치를 강조하는 점에서는 두 학파의 공통점이 있지만, 양자 간에는 중요한 차이가 있다. 자기심리학의 공감이 "구조적 개념"(김영란, 2000: 9)이라면, 인간 중심 치료의 공감은 보다 "과정적 개념"(앞의 논문, 9)이다. 즉 자기심리학에서의 공감은 피분석자가 자기 구조, 즉 정신의 내부 구조를 구축하기 위한 치료적 개념인 데 비해, 인간 중심 치료에서의 공감은 '유기체의 실현화 과정'을 촉진하는 인간 삶의 흐름(flow)과 관계되는 치료적 개념이다. 프로이트 이후의 현대 정신분석에서 공감을 강조하는 유일한 학파는 자기심리학이다. 이처럼 공감은 자기심리학이 다른 현대 정신분석과 차이점을 갖게 하는 핵심 개념으로 위치한다.

3. 자기심리학의 의의

자기심리학은 코헛이 자기애성 성격장애 분석 경험을 바탕으로 주창한 현대 정신분석의 한 패러다임이다. 피분석자의 자기의 구축과 건강한 자기애의 발달을 위한 공감을 강조하는 자기심리학은 한편으로는 자아심리학, 대상관계이론과는 다른 견해를 갖지만, 다른 한편으로는 현대 정신분석의 여타 패러다임을 일정 부분 인정하고 포함하는 맥락 가운데 있다. 그 이유는 코헛이 강조하는 자기의 구축이 피분석자의 자아의 발달 및 대상관계의 형성과 상호 연결되기 때문이다.

자기심리학은 20세기와 그 이후의 개인과 사회에 대한 면밀한 관찰에 기초하여 코헛이 구축한 현대 정신분석이다. 코헛은 19세기와 20세기 초반과는 달리 변화하는 세계에 관심을 갖는데, 이를테면 부모로부터 너무 적게 자극을 받음으로써 외로움을 덜거나 정서적인 공허를 채우기 위해 성적 자극을 추구하는 현대인과 사회에 관심을 기울인다. 코헛은 반영하는 자기대상과 이상화할 수 있는 자기대상을 경험할 수 없는 데서 기인하는 우울함과 무기력함에서 벗어나기 위해 성적 활동에 몰두하는 자기장애의 메커니즘을 이해하고, 이들을 공감하고 치료하는 데 집중한다.

이후 자기심리학은 점차 자기애적 피분석자뿐 아니라 일반인에게도 적용 가능한 현대 정신분석의 한 패러다임으로 확장되어 발달 이론과 대상관계적 측면을 재고한다. 그러한 맥락에서 "조세프 리히텐버그(Joseph Lichtenberg), 프랑크 라흐만과 베아트리체 비브(Frank Lachmann & Beatrice Beebe), 로버트 스톨로로우(Robert Stolorow), 하워드 베이컬(Howard Bacal)"(Mitchell & Black, 1995: 167-168)을 볼 수 있다.

리히텐버그는 '유아의 경험 연구들을 발췌하고 통합'함으로써, 자기심리학과 유아 연구 사이에서 학제 간 교류를 이끌어 낸다.

라흐만과 비브는 어머니와 유아의 상호 통제에 대한 관점을 바탕으로 코헛의 변형적 내재화 개념을 '상호 통제와 자기 통제 및 붕괴, 회복과 고양된 감정적 순간을 포함하는 다양한 경로를 가진 내면화 개념으로 확대'한다.

스톨로로우는 대상관계이론과 접목해 "개인과 고립된 자기보다는 상호 영향력을 갖는 주관성들의 상호 작용이라는 관점을 바탕으로 하여 상호 주관성 이론(the intersubjectivity theory)을 발전"(앞의 책, 167)시킨다.

이들의 관점과는 달리, 베이컬은 자기심리학을 다소 불완전하고 잠정적인 이론으로 간주하는데, 그는 '정신분석학의 혁신은 반쯤은 자기심리학의 도움으로 또 반쯤은 대상관계이론의 도움으로 이루어졌다'는 관점을 갖는다.

현대 정신분석 패러다임 가운데, 코헛을 잇는 정신분석학자들은 환자의 주관적 현실에 공감하는 임상 기법과 자기대상 전이의 개념을 자기심리학의 가장 창조적인 부분으로 간주한다. 즉 자기심리학은 자기, 자기애 그리고 자기대상이라는 개념의 강조와 연결되는데, 자기는 주관적이고 내적인 것으로서 자기심리학은 다른 정신분석 패러다임과는 달리 피분석자의 주관성에 주요한 의의를 둔다.

고전적 정신분석이 객관주의와 합리적 사고에 중심을 두는 데 비해, 자기심리학은 주관주의와 피분석자의 개인적인 의미에 중심을 둔다. 코헛은 자기애를 단순히 유아적인 상태로 보지 않고 개인적 삶의 의미와 창조성의 원천으로 재개념화한다. 이처럼 오늘날의 현대 정신분석가들은 분석가의 해석적 통찰보다는 피분석자가 산출하는 개인적 의미가 더 중요하다고 여긴다. 이러한 맥락에서 자기심리학은 포스트모더니즘의 사고를 반영한다. 개인의 "삶의 의미는 객관적이고 합리적인 조망에서 발견되는 것이 아니라 주관적이고 개인적인 조망에서 발견되는 것"(앞의 책, 169)으로 생의 가치는 삶의 활력과 열정, 그리고 진실성과 연관된다.

포스트모더니즘(postmodernism)은 마르크스주의 거대 서사가 붕괴된 후 포스트모더니티와 작은 서사들을 강조하는 문화 사조이다. 포스트모더니즘 상황은 문화적 · 정치적 · 실존적 파편화 과정과 그 위기, 탈중심화, 의미의 내부 파열, 문화적 위계 질서의 붕괴, 대학의 쇠락, 미디어로 향한 사회경제적 치환 등을 그 예로 든다.

이러한 포스트모더니즘은 자기심리학에서 피분석자의 실존적 측면에 관심을 기울임으로써 개인의 삶의 의미에 치료 초점을 둔다. 따라서 피분석자의 경험에 공감적인 분석가의 역할은 좀 더 여성적인 특성을 띠게 된다. 이로써 자기심리학은 "포스트모던 담론의 중심적 주체인 새롭게 정의된 성 역할과 권위에 대한 논의를 반영"(앞의 책, 169)하고 있다. 즉 남성 중심주의에 반하는 여성과 여성성에 대한 관심을 반영한다.

10장 자기심리학 미술치료의 실제

1. 자기심리학 미술치료의 과정과 목표

자기심리학 미술치료란 코헛의 자기심리학을 이론적 기초로 하는 미술치료이다. 코헛은 『자기의 회복』에서 자기심리학을 프로이트의 정신분석을 보완할 만한 새로운 정신분석 패러다임으로 소개한다. 우리는 코헛의 기록에서 자기심리학을 '정신적 우주의 중심으로 보는 심리학'인 광의의 의미뿐만 아니라 '정신 기구의 한 요소로 보는 심리학'인 협의의 의미도 이해할 수 있다. 이 절에서는 후자에 근거하여 자기심리학에 토대를 둔 미술치료의 과정과 목표에 대해 설명한다.

1) 자기심리학 미술치료의 과정

자기심리학 미술치료의 과정은 초기, 중기, 후기로 진행한다. 자기심리학 미술치료의 초기는 분석가가 자기애성 성격장애와 자기애성 행동장애의 피분석자가 나타내는 증상의 원인과 자기의 내적 구조를 이해하는 과정이다. 중기는 분석가가 피분석자의 자기대상으로서의 역할을 함으로써 피분석자의 내적 구조를 형성하는 두 가지 분열 장벽을 무너뜨리는 과정으로 이루어진다. 이 단계에서는 분석가의 공감적인 해석과 재구성이 이루어져야 피분석자의 저항을 최소화할 수 있다. 후기는 분석가가 피분석자의 변형적 내재화를 통한 건강한 자기 구조 구축을 촉진하는 과정이다. 코헛은 이러한 자기심리학 치료 과정을 피분석자가 "현실감을 얻는 데 대한 칭찬과 확인을 받고, 이차적으로 좌절된 발달 단계를 완성시키며, 피분석자의 성숙한 인격으로의 통합을 허용하는 훈습 과정을 드러내는 것"(Kohut, 1977: 151)으로 서설한다. 이제 상세한 자기심리학 미술치료 과정으로 들어가 보자.

(1) 자기애성 피분석자의 내적 구조 이해

자기심리학 미술치료는 자기애성 성격장애와 자기애성 행동장애를 나타내는 피분석자를 주요 대상으로 한다. 자기애성 성격장애는 "민감성, 건강염려증, 우울증과 같은 내현적 증상들로 나타나는 자기의 일시적 붕괴, 쇠약, 심한 왜곡 등"(Kohut, 1977: 193)을 호소하는 피분석자를 말한다. 자기애성 행동장애는 "성도착, 비행 또는 중독과 같은 외현적 증상들로 나타나는 자기의 일시적인 붕괴, 쇠약, 심한 왜곡 등"(앞의 책, 193)을 호소하는 피분석자를 말한다. 이들은 내현적 증상과 외현적 증상의 차이를 제외하면 자기의 붕괴나 쇠약 또는 심한 왜곡을 나타내는 측면에서 동일하다. 이들은 핵심적으로 자기의 구조 문제를 나타내고 있는 것이다.

코헛은 자기애성 성격장애 및 자기애성 행동장애와 같은 자기장애의 원인을 아동기 "부모의 심각하게 왜곡된 공감적 반응들"(앞의 책, 74)로 설명한다. 아이에게 공감적이지 못한 부모나 자기애적 성격으로 자기 본위적 반응을 제공하는 부모는 자녀의 자기를 안정적으로 확립되게 하지 못한다. 이때 약하고 파편화된 자기 구조를 형성한 아이는 자기 존재의 확인을 위한 시도로서 성감대의 자극을 통해 방어적으로 쾌락을 추구하고, 구순기적 · 항문기적 충동을 나타내거나, 자아가 성적으로 자극된 몸과 연관된 충동적 목표에 노예화될 수 있다. 따라서 자기장애 문제를 갖는 피분석자는 우울, 건강염려증, 성도착, 비행, 중독 등의 증상을 나타내고, 이들은 자기가 파편화되거나 약화되는 것을 막기 위해 신체의 성감대를 중독적으로 사용하는 행동이나 성적 환상을 수반하게 된다.

자기애성 성격장애 및 행동장애의 구체적인 원인은 "두 번의 기회 박탈"(앞의 책, 190)로 설명된다. 두 번의 기회 박탈은 피분석자의 성장 경험에서 기질적 문제가 우세하여 반영적 자기대상 경험의 실패가 발생하는가, 가정 환경적 문제가 우세하여 이상화된 자기대상 경험의 실패가 발생하는가와 연관된다. 따라서 분석가는 자기장애 피분석자의 원인을 이해하기 위해 병인적인 부모의 성격, 가족의 병리적 분위기, 피분석자 성격의 특정한 왜곡들 사이의 역동적 관계를 고려해야 한다.

치료의 초기에서 분석가는 우선적으로 자기장애 피분석자의 요구가 적절한 것들로서 그러한 요구를 있는 그대로 표현하는 것이 중요함을 전해야 한다. 이러한 과정을 통해 피분석자가 자신의 요구를 표현한 후 분석가가 이를 수용하게 되면, 피분석자는 점차적으로 과대 자기의 충동과 환상들을 드러냄으로써 치료과정에 들어간다. 궁극적으로는 분석 이후 피분석자의 과대 자기는 현실 자아의 구조로 통합되고, 자아의 에너지는 좀 더 유용하고 창조적인 방식으로 사용되어야 한다. 그렇기 위해서는 피분석자의 억압, 분열, 부정해 왔던 방어 기제의 만성적 경향이 무너져야 한다.

코헛은 자기장애를 나타내는 피분석자의 특정 방어 구조와 관련된 자기 구조를 설명한다. 이것은 자기애성 성격장애 피분석자의 "자기 구조 내의 수직 분열과 수평 분열"(Kohut, 1971: 185)을 함의한다. 그 도식은 다음과 같다.

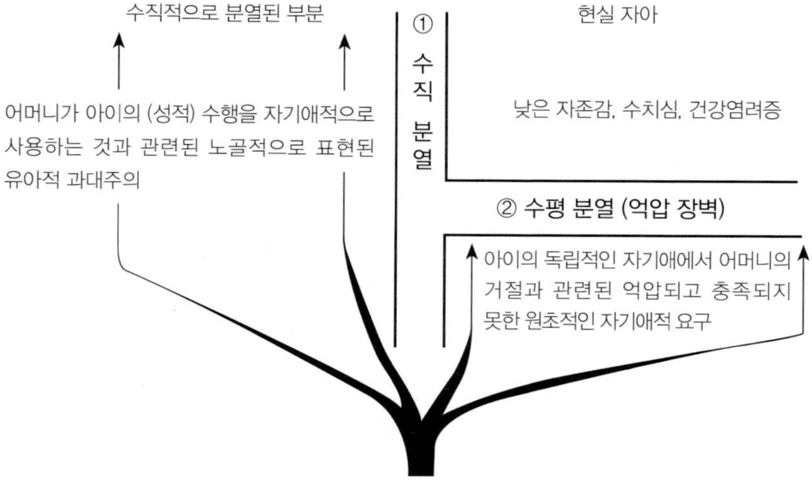

[그림 10-1] 수직 분열과 수평 분열을 중재하는 자기심리학 치료

[그림 10-1]에서 보는 수직 분열과 수평 분열은 자기애성 피분석자의 자기 구조 내의 두 가지 분열인 동시에 치료적으로 중요한 두 가지 계기가 된다.

자기애성 피분석자의 수직 분열은 자기 구조 내에 서로 양립할 수 없는 심리적 태도가 나란히 존재하는 것이다. 수직 분열은 피분석자의 어머니가 아이의 행동이나 성기를 자기애적으로 사용하는 것과 연관된 피분석자의 유아적 과대주의가 이와 상반된 어머니의 거절과 관련된 억압된 원초적인 자기애적 요구와 분열된 것이다. 이는 자기애성 피분석자의 외면적 과대주의가 내면적 수치심, 낮은 자존감과 양립하는 것을 통해서 확인할 수 있다. 따라서 초기의 치료적 노력은 자기장애 피분석자의 수직 장벽을 허물어뜨려 그/그녀가 분열된 요소로 그간 통제하지 못했던 유아적 자기애를 공감하여 점차 조절할 수 있도록 해야 한다.

수직 장벽이 무너져 수직 분열이 통합되면 치료적 과정은 수평 분열의 중재로 향한다. 자기애성 피분석자의 수평 분열은 현실 자아가 과거 어머니의 거절과 관련된 억압되고 충족되지 못한 원초적인 자기애적 요구와 분열된 것이다.

따라서 중기의 치료적 노력은 피분석자의 수평 장벽(억압 장벽)을 허물어뜨려 현실 자아가 수직 분열이 있었던 이전 시기보다 자기애적 에너지를 충분히 제공받음에 따라 낮은 자존감, 수치심 그리고 건강염려증이 감소하거나 제거되도록 촉진하는 것이다. 분석가는 이와 같은 자기장애 피분석자의 자기 구조의 두 가지 분열을 이해하고, 치료적 과정은 수직 분열을 통합한 후 수평 분열을 통합할 수 있도록 전개해야 한다.

(2) 피분석자의 자기대상으로서의 분석가의 개입

자기장애 피분석자의 자기 구조 내에 존재하는 두 가지 분열을 통합하기 위해 분석가는 치료의 중기에 좀 더 본격적인 자기대상 전이를 형성하는 환경을 마련해야 한다. 분석가는 피분석자의 자기대상으로서 역할을 하는 가운데 핵심적으로는 이상화 전이와 거울 전이를 치료적으로 활용하게 된다.

코헛은 이상화 전이와 거울 전이는 "1차 나르시시즘 단계에 이어서 형성되는 자기애적 리비도의 두 개의 기본적 자리를 치료적으로 활성화시킨 형태"(Kohut, 1971: 213)로 설명한다. 피분석자의 두 가지 전이는 동시적으로 형성되거나, 혹은 이상화 전이가 먼저 형성되고 거울 전이가 이후에 형성될 수 있다. 이는 피분석자의 자기 구조의 상태에 따라 상이하게 나타난다. 이때 분석가가 유의할 점은 분석에서 피분석자의 수직 분열은 잘 관찰되는 데 비해, 수평 분열은 종종 확인하기 어려운 점이다. 따라서 피분석자의 자기 구조에 대한 분석가의 주의 깊고 체계적인 정신분석적 조사가 필요하다. 또한 분석가는 피분석자의 성격 안에 항상 수직 분열과 수평 분열이 공존함으로써 그에 따른 이상화 전이와 거울 전이를 치료적으로 잘 활용할 수 있어야 한다.

치료 과정에서 자기애성 피분석자의 분석가에 대한 이상화 전이는 명확하게 드러난다. 이상화 전이는 피분석자의 이상화된 부모상이 분석가에게 치료적으로 활성화되는 것이다. 이 전이는 피분석자의 외상적 고착이 발생하거나, 이상화의 발달이 방해를 받은 과거의 특정 시점과 연관된다. 따라서 분석 과정에서는 피분석자의 자기와 이상화된 부모상이 완전히 융합되었던 시기로 되돌아감으로써 이상화 전이가 활성화되거나, 오이디푸스 시기 이후의 피분석자의 이상화 전이의 활성화로 나타난다. 전자는 '원초적인 이상화 전이', 후자는 '성숙한 이상화 전이'이다. 피분석자의 이상화 전이는 한편으로는 분석가에 대한 관심이

나 사랑에 수반되는 이상화로 나타나고, 다른 한편으로는 피분석자가 자신의 이상화된 초자아를 분석가에게 투사하는 것으로 나타난다.

이상화 전이 형성과 관련된 피분석자의 자기장애 원인은 어린 시절 부모로 인해 외상적 사건을 경험한 것이다. 부모의 부재, 즉 죽음, 이혼, 입원으로 인한 부모의 상실 혹은 정서적 질병으로 생긴 철수와 같은 갑작스러운 사건이 피분석자에게 자기애적 고착을 가져온다. 이처럼 예견되지 않은 부모의 부재는 아이로 하여금 점진적인 좌절을 통한 부모로부터의 자연스러운 분리 기회를 박탈함으로써 자기애적 리비도 집중을 가져온다.

따라서 이상화 전이에 대한 치료적 진전은 분석가로 향한 피분석자의 이상화 자기대상이 형성되고, 분석 과정에서 점진적으로 포기되면서, 그것에 투자되었던 자기애적 리비도가 내재화됨으로써 이루어진다. 이때 피분석자의 자기 구조 안에서 자기애적 에너지는 재분배된다. 그 결과로 나타나는 피분석자의 변화를 코헛은 세 가지로 설명한다. "심리적 중화 구조의 강화와 확장, 이상의 형성과 강화, 자기애적 충동 에너지 사용의 심리적 태도의 변화"(앞의 책, 101)가 그것이다. 즉 피분석자는 자기애적 에너지를 점차 중화하여 좀 더 건강한 방향으로 이상을 추구할 수 있고, 그럼으로써 자기애의 충동적 에너지를 유용하게 사용할 수 있는 고도로 분화된 심리적 태도를 갖게 된다.

이상화 전이 다음이나 동시에 발생하는 거울 전이는 자기애성 피분석자의 과대 자기(the grandiose self)가 치료적으로 활성화되는 것이다. 피분석자의 이상화 부모상과 과대 자기의 형성이 동일한 발달 과정의 양면으로 동시에 발생하듯, 이상화 전이와 거울 전이는 치료 과정에서 피분석자가 분석가에게 투사하는 양면이다. 다만 두 가지 전이가 반드시 동시에 발생하는 것은 아니므로, 이에 대한 분석가의 면밀한 이해가 요구된다.

자기애성 피분석자가 분석가에게 거울 전이를 형성하면 그/그녀의 발달 단계에서 나타나는 과대적 측면이 재생된다. 이는 완전함과 힘을 자신에게만 집중시키고, 모든 불완전한 것은 외부의 탓으로 돌리는 어린아이의 모습과 같다. 피분석자의 과대 자기는 적절히 통합되지 못하여 현실 자아로부터 분열된 것인데,

거울 전이를 통해 피분석자의 과대 자기 측면이 활성화되면 그/그녀의 아동기에서 심각하게 방해받았던 조절 과정이 재개된다.

코헛에 따르면, 과대 자기의 치료적 활성화는 구체적으로 세 가지 형태로 나타난다. "① 과대 자기의 확장을 통한 융합, ② 타아(alter-ego) 전이 또는 쌍둥이 전이 형성, ③ 좁은 의미에서의 거울 전이 형성"(앞의 책, 114)이 그것이다. 첫 번째 형태는 피분석자가 자신의 과대적 요소를 분석가에게 투사하여 융합을 이루는 것인데, 피분석자는 분석가와의 융합으로 확장된 자기를 경험함으로써 좀 더 안전감을 느낀다. 두 번째 형태는 피분석자가 분석가를 제2의 자아나 쌍둥이와 같이 심리 구조가 같거나 비슷한 존재로 여기는 것이다. 이는 첫 번째의 융합 전이에 비해 피분석자의 과대 자기가 덜 원초적인 형태로 주로 피분석자가 꿈과 환상을 통해 나타나는 것이다. 세 번째 형태는 피분석자가 과대 자기를 치료적으로 활성화하는 가장 성숙한 형태의 전이로서 분석가를 독립적인 한 사람으로 여기는 것이다. 이 전이에서 분석가는 피분석자가 필요로 하는 상황에서만 그/그녀를 반영해 주고 자기애적 기쁨에 참여하여 자존감을 높여 주게 된다. 이러한 거울 전이는 피분석자의 과대 자기를 현실적인 방향으로 변화시킬 수 있게 한다.

분석가는 치료 과정에서 이와 같은 세 형태의 전이 공간을 마련함으로써 피분석자의 자기애적 환상과 충동을 점진적으로 통제할 수 있는 능력을 강화시킨다. 이러한 치료 과정을 통해 피분석자는 자신의 충분히 발달되지 못한 심리적 기능을 대신해 주는 분석가가 수용적으로 자신을 바라보고 존중한다고 생각할 때 자신을 좀 더 온전하게 느낌으로써 자기 응집성을 발달시켜 나간다.

이처럼 중기의 분석은 분석가가 피분석자의 자기애적 증상 기저에 있는 불안을 공감적으로 이해해 주는 과정이 된다. 따라서 피분석자는 자신의 고립되거나 부정된 과대 자기 측면을 바라보고 통합함으로써, 과대 자기의 에너지를 성숙한 자아의 부분으로 사용할 수 있게 된다. 거울 전이는 이 과정에서 피분석자 자신의 위대함에 대한 유아적 환상을 드러내고 치료적으로 다룰 수 있는 기회를 갖게 한다.

중기의 치료 과정에서 분석가가 유념할 점은 역전이이다. 역전이를 방지하기 위해 분석가가 자기애성 피분석자의 치료에서 일관되게 유지해야 하는 것은 공감적 태도이다. 중기 이후에 이루어지는 피분석자의 이상화된 부모상과 과대 자기의 환상에 대한 해석에서 분석가의 공감적인 태도는 필수적이다. 분석가의 공감적인 해석과 재구성이 이루어지지 않으면, 피분석자의 저항은 두드러져 행동화로 나타난다. 이때 피분석자의 충동과 환상은 도덕적인 관점에서 다루어지기보다는 현실적인 관점에서 다루어져야 한다. 즉 환자의 충동적인 행동들은 교육적인 언명으로 가르치고 조언해야 할 것이 아닌, 분석가의 따뜻한 태도와 정확한 해석으로 중재되어야 한다.

자기심리학 미술치료에서 분석가의 역전이는 피분석자의 자기대상으로서의 경험이다. 따라서 분석가는 분석 과정에서 활성화되는 전이 경험이 가져오는 역전이에 대해 이해하고, 좀 더 전문적인 치료적 개입을 할 수 있어야 한다.

(3) 피분석자의 변형적 내재화를 통한 자기 구조 구축

자기심리학 미술치료의 후기는 피분석자의 변형적 내재화를 통한 자기 구조 구축 과정으로 이루어진다. 변형적 내재화(the transmuting internalization)는 '피분석자의 자기 구조 구축을 위한 지속적인 자기애의 변화 과정'을 의미한다. 자기심리학 미술치료에서 분석가는 이상화 전이와 거울 전이를 치료적으로 활성화함으로써 점차적으로 피분석자의 자기 구조의 구축을 촉진해야 한다.

코헛에 따르면, 피분석자의 자기대상 전이의 극복 과정이자 자기애의 변화 과정인 변형적 내재화는 "세 가지 요소"(Kohut, 1971: 49)를 포함한다. 첫째, 심리 기구는 변화된 심리 구조의 형성을 위해 준비된다. 즉 정신은 특정 내사를 성숙하게 수용할 수 있도록 준비된다. 둘째, 대상으로부터 리비도 집중을 철수하기에 앞서 내면에 존재하던 대상 이마고의 측면이 해체된다. 이러한 해체는 심리 경제적 측면에서 중요성을 갖는데, 그것은 이른바 "최적의 좌절(optimal frustration)"(앞의 책, 50) 경험이다. 셋째, 효과적인 내재화 과정으로서 심리 구조를 형성하는 변형적 내재화는 대상 이마고가 해체되는 것에 더하여 내사된 대상

이미지들이 탈인격화된 후, 이것이 전체적인 인격의 부분으로 기능하도록 강조점이 이동된다.

변형적 내재화는 분석가가 피분석자에게 보듬어 주는 환경 안에서 일종의 '감당할 수 있을 만한 최적의 좌절'을 경험하게 하는 것이다. 분석 경험을 통해 피분석자는 점진적으로 자기와 대상에 대한 비현실적이고 과장된 이미지를 줄이고, 현실적인 자기와 대상의 모습을 감당하게 된다. 이와 같은 변형적 내재화는 피분석자를 "보듬어 주는 환경"(Mitchell & Balck, 1995: 160)에서 형성 가능하다. 보듬어 주는 환경은 피분석자로 하여금 자기와 대상에 대한 좌절 속에서 절망에 빠트리기보다는 스스로 달랠 수 있게 한다. 또한 변형적 내재화는 한 번의 과정이 아닌 보듬어 주는 환경에서 피분석자가 감당할 수 있을 만한 좌절을 반복적으로 경험함으로써 점차 안정되고 융통성 있는 내적 구조를 형성해 가는 여정이다.

피분석자가 변형적 내재화를 경험하면 구체적으로 다음의 변화를 나타낸다. 피분석자의 "대상 사랑의 증가와 확장(increase and expansion of object love), 그리고 자기애의 점진적이고 통합적인 발달(progressive and integrative developments within the narcissistic realm)"(Kohut, 1971: 296-298)이다. 여기에서 피분석자의 자기애에 대한 점진적이고 통합적인 발달은 주요한 변화 과정인 데 비해, 대상 사랑의 증가와 확장은 선행된 변화(자기애의 발달)에 따른 이차적인 변화 과정이다.

피분석자의 자기애의 점진적이고 통합적인 발달은 구체적으로 세 가지 측면에서 나타난다. 첫째, 피분석자는 이상화된 부모상 안에서 자기애적 구성물을 자아 및 초자아의 기능 안에 통합한다. 이는 피분석자의 이상적 부모-이마고와 관련된 원초적 측면은 점차 포기되고 이상화 측면은 개인의 높은 가치와 기준이 되어 '의미 있는 내적 지도자 혹은 안내자'와 같은 초자아를 형성하게 된다.

둘째, 과대 자기의 영역에서 자기애적 형태의 주요 측면들이 자아의 기능 안에 점진적으로 통합한다. 이는 피분석자의 유아적 과대주의가 성격 안의 긍정적인 자신감이나 성숙한 목표들로 대체되고, 원초적인 리비도는 점차 중화된 모습으로 변화하여 사회적으로 의미 있는 활동을 고취하게 되는 것을 말한다.

셋째, 자기애적 전이의 극복 과정을 통해 사회 문화적으로 가치 있는 성격 요소들, 즉 "공감, 창조성, 유머 그리고 지혜"(앞의 책, 300-328)가 획득된다.

자기애의 통합적인 발달을 함으로써 성취되는 '공감'은 구체적으로 피분석자의 공감 능력의 확장과 세련, 그리고 공감의 심화이다. 피분석자는 분석에서의 원초적 자기애 구조들의 활성화와 그 극복 과정을 통해 이상화 대상과 과대 자기에 대한 공감 능력이 증가하는데, 이상화 대상이 우세한 경우 타자들에 대한 공감 능력이 확장하고, 과대 자기가 우세한 경우 자신에 대한 공감 능력이 확장한다. 이는 자기심리학 치료의 진정한 성취이다.

'창조성'은 피분석자의 과대 자기와 이상화 부모-이마고의 두 가지 영역 모두에서 자기애적 리비도 집중이 활성화되는 것으로 일정 과제를 수행하는 새로운 능력에서부터 뛰어나고 혁신적인 예술적 세계의 발견이나 과학적 이해의 출현에 이르기까지 광범위한 요소를 포함한다. 창조성의 발달은 피분석자가 자기애를 사회적 맥락 안에서 사용할 수 있게 됨을 의미한다.

자기심리학 치료 과정에서 출현하는 피분석자의 진정한 '유머' 능력은 그/그녀의 원초적이고 병인적인 자기애적 리비도 집중의 변형을 보여 주는 하나의 유의미한 신호이다. 이는 피분석자의 가치와 이상이 강화되고, 그/그녀가 자신의 삶에서 새로운 의미를 발견할 수 있는 것과 연결된다.

'지혜'는 인지적이고 정서적인 자리로서 이는 자기장애의 분석에서뿐만 아니라 보편적 인격의 성장과 성취로 도달하는 인간 발달의 절정으로 고려된다. 코헛은 피분석자의 이해와 분석가의 지식이 이루어 내는 분석의 지혜에 대해 피력한다. 즉 분석의 종결에서 나타나는 지혜는 "분석 그 자체가 필연적으로 불완전한 것으로 남는다"(앞의 책, 328)는 사실을 두 사람이 공유하도록 한다. 따라서 피분석자는 분석을 마친다고 해서 모든 것이 해결된 것은 아니며, 일부의 갈등, 억압, 증상 그리고 자기를 과장하거나 유아적으로 이상화하는 경향이 남게 되는 사실을 인정한다. 그럼으로써 자신의 약점이 점차 친숙한 것이 되는 삶의 관용과 평정을 경험하게 된다.

다음으로, 피분석자의 자기애의 발달로부터 이어지는 대상 사랑의 증가와 확장은 세 가지 차원으로 이루어질 수 있다. 첫째, 피분석자의 대상을 사랑하는 능력의 증가는 이전에 억압되었던 피분석자의 대상 리비도가 치료를 통해 자유로워짐으로써 성취된다.

둘째, 피분석자의 이상화 리비도의 유용성이 커짐으로써 대상 추구 형태가 보다 세련되고 정서적으로 심화된다. 즉 피분석자가 사랑에 빠지거나, 인간에 대한 지속적인 사랑을 하거나, 좋아하는 일과 목적에 대한 헌신적 사랑을 할 때, 그 경험은 심화되고 세련된 특성을 지닌다.

셋째, 피분석자의 자기 응집성으로 보다 명확한 한계가 지어진 자기 경험은 그/그녀의 대상 사랑에 대한 증가된 가용성으로 이어진다. 즉 자기의 진정한 이해는 진정한 대상 사랑의 가능성으로 연결된다.

이상에서 살펴본 바와 같이, 변형적 내재화는 자기심리학 미술치료에서 분석가가 자기대상 전이를 통해 촉진해 가는 과정인 동시에 피분석자가 경험하는 자기의 변화 과정이다. 코헛은 분석의 종결의 조건으로 두 가지를 언급한다. 한 가지는 피분석자의 자기 응집력과 견고함을 평가하여 삶에서 자발적인 선택과 행동을 주도하는 실행자가 되는지에 대한 측면이다. 다른 한 가지는 피분석자의 자기대상 전이와 변형적 내재화를 통해 자기 구조의 결함을 보충함으로써 치료를 가져오는 측면이다. 이러한 상황이 이루어지면, 두 사람은 분석의 종결을 결정할 수 있다. 따라서 분석가는 피분석자의 변형적 내재화를 통한 자기 구조 구축을 위해 치료적으로 활성화되는 자기대상 전이의 변화를 잘 이해해야 한다. 그럼으로써 피분석자가 자신의 삶에서 자기애의 통합적인 발달과 대상 사랑의 증가와 확장을 성취할 수 있도록 해야 한다. 코헛의 지혜 개념이 가르쳐 주듯 자기심리학 분석 그 자체는 완전하기보다는 불완전한 것으로서 분석 이후 피분석자가 자기애와 대상애의 과정에서 경험하는 약점을 관용적으로 수용하고 자신의 삶을 가꾸어 나가게 하는 것이다.

2) 자기심리학 미술치료의 목표

자기심리학 미술치료의 과정은 치료 목표의 성취로 인도한다. 자기심리학 미술치료의 목표는 피분석자의 "자기 구조 구축을 통한 건강한 자기애의 발달, 그리고 대상애의 확장"(Kohut, 1971: 296-298)이다. 자기애성 피분석자의 자기 구조의 구축은 그/그녀가 인격의 핵이자 자신의 타고난 특정 행동을 실현하는 주도성의 중심으로 자기를 경험하는 것이다.

구체적으로 피분석자는 자기 인식, 자기 생각, 자기 감정 등 자기에 대한 긍정적인 감각을 갖게 됨으로써 이는 좀 더 건강한 자기애와 대상애로 이어진다. 건강한 자기애는 피분석자가 자신에 대한 "내적인 견고성과 생명력 있는 느낌을 가질 수 있을 뿐만 아니라 재능들을 연마하고 목표를 향해 점진적으로 도달해 가는 능력을 지니는 것"(Matchell & Black, 1995: 158)이다. 또한 실망에 직면해서도 지속적이고 견고하게 희망을 유지할 수 있고, 성공 앞에서는 솔직한 긍지와 기쁨을 누릴 수 있는 자존감을 나타내는 것이다.

코헛은 자기애성 피분석자의 구조적 결함이 활성화되고, 극복되며, 변형적 내재화를 통해 가시적으로 채워지지 않음에도 분석의 종결로 간주될 수 있음을 피력한다. 그는 "진정한 종결은 외부적인 조작에 의해 얻어지는 것이 아니다"(Kohut, 1977: 48)라고 간명히 말한다. 따라서 치료의 목표를 성취함으로써 이르게 되는 종결은 분석가와 피분석자에게 좀 더 유연하고도 포괄적인 형태로 이해해야 한다. 즉 피분석자가 자기 구조 구축을 통한 건강한 자기애의 발달, 그리고 대상애의 확장이 가시적으로 나타나지 않더라도 그/그녀가 이러한 측면들을 삶에서 이루어 낼 수 있는 자기 구조의 내적 변화를 가져오면 분석의 종결은 가능하다. 이는 분석 그 자체가 필연적으로 불완전한 것임을 피력한 코헛의 지혜의 개념과 한 맥락을 이룬다.

또한 분석의 종결의 결정에서 무엇보다 중요한 것은 "피분석자 자신의 평가"(앞의 책, 19)이다. 코헛은 어떤 상황에서는 피분석자의 심리적 상태에 대한 평가가 분석가의 평가보다 더 정확할 수 있음을 논한다. 그는 분석을 종결하고자 하는 피분석자의 소망이 타당한지에 대한 분석가의 탐구 절차가 수반되고, 피분석자의 자기애적 균형을 유지하려는 성격 조직이 발견되면, 피분석자의 평가를 신뢰할 수 있는 정도로 판단한다.

따라서 자기심리학의 치료적 중재는 "자기애적인 사람들이 자기를 과장하지 않거나 다른 사람을 폄하하지 않으면서도 자기를 수용할 수 있도록 도울 수 있다면 이는 정말 어려운 일을 아주 훌륭하게 해낸 것이다"(McWilliams, 1994: 181). 이처럼 자기심리학 미술치료에서 피분석자가 건강한 자기애의 발달을 이루게 되면 타자에 대한 존중감과 사랑의 확장으로 이어진다.

2. 자기심리학 분석가의 의미와 역할

이 절에서는 자기심리학 분석가의 의미와 전문적인 역할에 대해 설명한다. 자기심리학 치료에 임하는 분석가는 분석에서 객관적인 태도를 지니거나 어떤 카리스마를 사용하는 것이기보다는 공감적인 태도를 중심으로 합리적인 통찰력을 지니는 전문성이 요구된다.

코헛은 숙련된 분석가가 부분적인 해석을 통해 직면을 하기보다는 피분석자의 자존감을 존중하면서 적절한 시점에 자기 구조의 변화를 촉진해야 하는 점을 언급한다. 분석가가 진실하고 객관적이며 수용적인 언어로 피분석자의 자기애가 그/그녀의 삶에서 어떤 역할을 하는지 보여 줄 때 분석 과정이 가장 진전된다. 치료 과정에서 피분석자가 자신의 삶의 방식에 대해 이해하고 수용하기까지는 상당한 어려움이 따른다. 이때 분석가의 공감적인 태도는 피분석자의 현실성이 결여된 자기애적 성격을 변화시켜 점진적으로 자신을 통합하고 건강한 자기애를 발달시키게 하는 중심적인 동력이 된다.

따라서 자기심리학 미술치료에서 분석가는 피분석자의 '자기대상'의 역할을 한다. 자기대상으로서의 분석가는 이상화한 부모상으로서의 분석가와 과대적 자기를 비춰 주는 거울과 같은 대상으로서의 분석가가 되는 것이다. 또한 자기대상으로서의 분석가는 한편으로는 피분석자의 대상 표상이 되고, 다른 한편으로는 피분석자의 자기 표상이 되는 것이다. 즉 분석가는 때로는 피분석자의 대상, 때로는 피분석자의 자기로서 역할을 하면서, 분석에서 두 가지의 역할을 토대로 하여 두 사람 간의 관계를 조망하고 중재해야 한다.

이러한 분석가의 역할은 피분석자의 연장된 자기로서 그/그녀의 주관적인 자기 경험에 동참하는 것이다. 그 과정에서 피분석자와 분석가 모두 응집적인 자기를 지니면서 상호 의존하고 존중할 수 있는 동등한 존재임을 피분석자가 경험하게 될 때 분석은 성공적인 종결이 가능하다.

이로써 자기심리학 분석가에게 가장 중요하게 요구되는 것은 공감적인 태도이며, 그러한 태도를 바탕으로 피분석자에게 합리적인 해석을 제공할 수 있는 전문적인 역할이다. 또한 자기애성 피분석자의 자기대상 전이를 견디고 버틸 수 있는 분석가의 인내심이 무엇보다 중요한 요건이 된다.

맥윌리엄스는 자기애성 피분석자와 함께하는 분석가의 필수 덕목으로 "인내심"(McWilliams, 1994: 181)을 든다. 아무리 훌륭한 치료라도 피분석자의 빠른 변화를 가져오는 데 한계가 있고, 그 과정에서 지루함, 무력감 등의 역전이 반응을 분석가가 잘 견디는 것이 무엇보다 중요하기 때문이다. 인내심은 분석가가 인간의 불완전함을 수용하는 것, 그리고 자신이 실수하는 부족한 모습을 피분석자에게 사과하는 것 등을 포함한다.

분석가는 치료 전반의 과정에서 피분석자 내면의 상태를 염두에 두어야 한다. 분석가는 이러한 과정을 통해 피분석자의 내면 세계를 이해하는 좀 더 적확하고도 섬세한 개입을 할 수 있다. 또한 분석가가 자신의 분석 작업에 확신이 들지 않을 때 피분석자에게 직접 물어보는 것도 중요한 방법이 된다. 이것은 좁은 의미에서는 자기심리학 미술치료, 그리고 넓은 의미에서는 인간 삶에 대한 상호 의존성을 보여 줌으로써 피분석자로 하여금 건강한 의존성을 배울 수 있는 기회를 제공한다.

코헛은 "분석 작업의 불완전성(the incompleteness of the analytic work)"(Kohut, 1971: 319)을 피력한다. 성공적인 분석도 완전한 분석이 될 수 없기 때문이다. 엄밀히 완전한 분석이란 없다. 분석가는 분석의 이론과 실제의 간극을 이해해야 한다. 분석 작업의 불완전성은 분석가의 창조성으로도 이어진다. 분석 작업이 갖는 지식의 한계는 분석가 개인의 창조적 해결을 요구하기 때문이다. 따라서 병리적 갈등을 치료적으로 극복한 이후 자신의 삶의 경험을 분석의 자원으로 사용하는 분석가는 창조적인 사람이다. 이러한 측면에서 분석가의 전문적인 역할의 근본이 되는 것은 바로 분석가 자신의 삶이다. 구체적으로는 분석가의 '자기애의 점진적이고 통합적인 발달과 대상애의 증가와 확장'이다. 이는 분석가 자신의 삶에서 공감, 창조성, 유머 그리고 지혜를 실현하고 확장해 가는 것이다. 이러한 분석가의 삶이 바탕이 될 때에야 비로소 그/그녀는 피분석자의 건강한 삶을 진정으로 촉진할 수 있다.

자기심리학 분석가의 의미와 역할은 미국의 사실주의 화가 에드워드 호퍼(Edward Hopper, 1882~1967)의 작품에서 발견할 수 있다. 이 작품은 공연이 끝난 두 희극 배우를 이미지화한 작품으로 호퍼와 그의 아내를 상징하기도 한다. 자기심리학 치료에서 자기대상으로의 분석가는 피분석자와 손을 잡은 연장된 자기로서 그/그녀의 삶의 내적 경험을 반영해 주고 이상적 대상으로서 역할을 해야 한다. 이는 마치 함께 공연을 하는 배우와 같다. 분석가는 피분석자의 응집된 자기 구축을 통한 자기애의 발달과 대상애의 확장을 위해 피분석자를 공감하고

[그림 10-2] 에드워드 호퍼, 〈두 희극 배우〉, 1965
캔버스에 유채, 73.7×101.6cm, 개인 소장

그/그녀의 변형적 내재화를 함께해야 한다. 삶 자체가 자기를 주인공으로 한 일종의 연극이라는 측면에서 분석가는 피분석자의 고독하고 긴장된 삶의 공연을 일부분 함께해야 한다.

자기심리학 미술치료에서 중요한 점은 피분석자의 자기대상으로서의 역할은 분석가뿐 아니라 예술을 통해서도 가능하다는 것이다. 따라서 분석가는 피분석자의 자기대상으로서의 자신뿐 아니라, 피분석자의 자기대상으로서의 예술에 대해 이해하고 적절한 치료적 개입을 할 수 있어야 한다.

3. 자기심리학 미술치료의 주요 기법

이 절에서는 자기심리학 미술치료의 주요 기법을 소개한다. 주요 기법은 네 가지로 자기 표현하기, 나르시시즘, 자기대상으로서의 부모, 삶의 파노라마가 있다. 각 기법은 ① 기법 개요, ② 이론적 기초와 기법 목표, ③ 지시 사항, ④ 치료적 개입을 중심으로 설명하며 구체적인 내용은 다음과 같다.

1) 자기 표현하기

(1) 기법 개요

자기 표현하기는 피분석자가 자신의 진정한 자기(self)를 탐색하게 하는 기법이다. 이 기법은 크게 두 가지로 적용할 수 있는데, 피분석자의 자기에 대한 모습을 예술 작업으로 표현하는 것과, 자기에 대한 모습을 언어로 표현하는 것이다. 이러한 방법은 피분석자의 자기 탐색 수준과 분석 공간의 물리적 환경에 따라 다르게 적용할 수 있다.

(2) 이론적 기초와 기법 목표

이 기법은 코헛이 자기를 "인격의 핵이자, 자신의 타고난 특정 행동을 실현하는 주도성의 중심"(이수진, 김민, 김진숙, 2011: 977; Mitchell & Black, 1995: 164-165)으로 정의한 것에 이론적 기초를 둔다. 즉 피분석자가 자신의 삶을 내적 일체감과 창조성을 경험하면서 살아왔는지 탐색함으로써 현재 자신의 모습을 발견하도록 촉진하는 기법이다.

이 기법의 목표는 피분석자가 진정한 자기(the self)를 탐색하도록 하는 데 있다. 피분석자의 진정한 자기에 대한 질문은 다음과 같이 해 볼 수 있다. '나는 누구인가? 나는 어떻게 살아오고 있는가? 나는 주도적으로 살아가고 있는가? 나의 삶은 행복한가? 나는 삶의 생생한 기쁨을 경험하고 있는가? 나는 활기 있고 창의적인 삶을 만들어 가고 있는가?' 이처럼 피분석자의 자기에 대한 탐색은 사회적으로 적응하면서 살아가는 자아(the ego) 기능의 모습과는 다르다. 따라서 분석가는 피분석자가 주관적인 자기에 대한 감각으로서 생생한 만족감과 행복감을 느끼고 살아가는지 탐색할 수 있도록 분석 공간을 마련해야 한다.

(3) 지시 사항

"평소 자신에 대해 생각을 해 보신 적이 있나요? 자신에 대한 생각은 크게 두 가지로 나뉠 수 있습니다. 첫째는 자신이 사회적으로 어떤 역할을 맡고 잘 적응하면서 생활하고 있는지에 대한 부분입니다. 이것을 자아라고 합니다. 둘째는 자신의 개인적이고 주관적인 삶의 만족감에 대한 부분입니다. 이것을 자기라고 합니다. 따라서 자기에 대한 감각은 당신이 주관적인 만족감과 삶에 대한 생생한 경험, 그리고 행복감을 느끼는 것과 연관됩니다. 이러한 당신의 자기에 대해 탐색하고 미술 작업을 해 보시기 바랍니다."

(4) 치료적 개입

이 기법의 작품 해석의 초점과 치료적 개입은 피분석자가 주관적인 자기에 대해 탐색하고 발견하는 것과 관련된다. 피분석자의 주관적인 자기에 대한 감각은 사회적인 가치나 기준에 따라 자신을 평가하는 것이 아닌, 자신의 삶에 대한 만족감과 기쁨을 경험하는 것이다. 따라서 분석가는 이 기법을 해석하고 치료적 개입을 할 때, 피분석자의 주관적인 자기에 대한 감각(예컨대, 나는 누구인가? 나는 어떻게 살아오고 있는가? 나의 삶은 행복한가? 나는 삶의 생생한 기쁨을 경험하고 있는가? 나는 활기 있고 창의적인 삶을 만들어 가고 있는가? 등)을 질문하고 예술 작업으로 표현할 수 있도록 촉진한다.

자기를 표현한 사례를 살펴보자. [그림 10-3]은 집단 미술치료에서 허약한 자기를 통찰한 40대 여성 S의 자소상이다. 이 작품에 대해 S는 다음과 같이 기록한다.

[그림 10-3] 자기의 성장 단계

마음이 많이 아팠던 작품입니다. 지금도 눈이 뜨겁게 차오르려 하네요. 그래도 이 작품 안의 나는 텅 비어 있지는 않아요. 송편처럼 나를 감싸 주는 모양을 예쁘게 잡아 주고, 그 안에 동그랗게 점토를 묵직하게 뭉쳐 넣어 주었습니다. 그리고 모양을 다듬는 내내 마음에 들지 않았습니다. 그러고는 외부를 뭔가 화려한 색감이 있는 예쁜 색실이나 끈으로 감싸 주고 싶었는데, 재료를 찾지 못하여 티슈를 끈처럼 만들어 감싸 주었어요. 티슈를 꼬는 데 어찌나 손가락이 아프던지요. 사실 손가락은 참을 수 있을 만큼의 아픔이었지만 마음이 많이 아팠습니다. 생각처럼 예쁘게 감싸지질 않고, 다 감고 나니 '내가 너무 너덜너덜한 것에 싸여져 있는 것이 내 마음이 이런 모습이었구나' 생각이 들어 또 슬퍼졌습니다. 어릴 때의 상처가 커서 큰 아픔을 줄 수 있다는 것이, 다 아물었다고 생각했었던 것이 속으로는 그대로 남아 있었다는 것이, 그것을 바로 들여다볼 수 있었다는 것이, 그 감정을 그때로 돌아가 느끼게 될 수 있었던 것을 알게 된 것이 다행스럽고 반가웠습니다. '내가 사람들을 평가 절하했지만, 나를 그만큼 더 아프게 하고 있었구나' 하는 것을 알게 되었어요. 많은 것을 알게 되고, 새삼 여러 사람이 머릿속을 스쳐 지나갔어요. 제일 먼저 집에 가면 '우리 딸을 꼬-옥 안아 주어야 겠다'고, 두 번째로 신랑에게 '꼬-옥 안아 달라고 해야겠다'고, 엄마에게 전화해서 '이런저런 이야기들을 듣고 싶다'고, 아빠에게는 '미안하다는 말이 듣고 싶다'고, 언니와는 '많은 이야기를 나누고 싶다'고…….

이 작품에서 S는 자신에 대한 이상화가 타인에 대한 평가 절하와 이어지고, 타인에 대한 평가 절하는 다름 아닌 자신에 대한 평가 절하의 이면이었음을 통찰한다. 즉 자기는 과거의 상처가 그대로 남아 있는 허약하고 아픈 상태였음을 발견한다. S는 집단에서 평소 이상화한 자신의 모습은 내면의 공허함이나 분노, 허약함 등을 가리기 위한 방어였음을 이해하고, 특히 이러한 내면의 분노나 공허함의 감정을 자녀를 양육하면서 딸에게 부지불식간에 표현하고 있음을 통찰한다. 집단 작업 이후로도 S의 지속적인 자기 통찰은 이어진다.

[그림 10-4]는 S가 집단 이후, 2개월의 시간이 흐른 뒤 표현한 작품이다. S는 다음과 같이 기록한다.

[그림 10-4] 요즘의 나

지난번 여름 집단에서 만들었던 작품입니다. 이 작품을 하면서 많이 아프고 슬픈 경험을 했었지요. 웬만한 작품들은 없애도 마음에 남지 않았는데, 이 작품만은 버리고 싶지가 않더라구요. 저희 집 책장 위에 지금까지 놓여져 있어요. 가끔 바라보면서 그때그때 나에 대한 생각을 하기도 하고 느끼고 그

랬네요. 이제는 나를 감싸고 있던 이상화시켜 준 실들을 풀어내고 있는 중인 듯해요. 화장지를 꼬면서 그렇게 마음이 아프고 실을 만들어 감싸주면서 슬펐는데, 이제 그 실을 풀어내려고 노력하고 있습니다. 풀어 봤는데, 부드럽네요. 아프지도 슬프지도 않고 그냥 부드럽다는 감촉만 느껴졌습니다. 그리고 점토에 싸인 나를 보는데 반가웠어요. '나 여기 있어' 하는 것 같아서 반갑고 '그동안 많이 아팠지?' 위로도 해 주고……. 그렇지만 저 작은 방을 나오기엔 저 방이 아직은 참 편안합니다.

작품의 기록에서 S는 자신을 이상화했던 방어를 조금씩 줄여 내고 있음을 분석할 수 있다. S는 이상화를 벗어난 자기가 편하기도 하고, 여전히 이상화의 방어막 속에 머물고 싶은 욕구도 있음을 인정한다. 이러한 그녀의 양가감정은 참으로 자연스럽고 당연한 과정이다. 그녀의 방어는 허약한 자신을 외부로부터 보호하고 불완전하게나마 자신을 존재할 수 있게 했던 보호막이었기 때문이다.

2) 나르시시즘

(1) 기법 개요

나르시시즘은 피분석자의 자기애에 대한 탐색 및 통찰을 촉진함으로써, 나르시시즘적 특성을 발견하고 건강한 자기애를 촉진시키기 위한 기법이다.

(2) 이론적 기초와 기법 목표

이 기법은 프로이트의「나르시시즘 서론」을 이론적 기초로 한다. 프로이트는 나르시시즘을 자아 구성 이전의 1차 나르시시즘과 자아 구성 이후의 2차 나르시시즘으로 구분한다. 1차 나르시시즘이 주로 정신증에서 관찰되는 것이라면, 2차 나르시시즘은 자아와 대상의 구분이 이루어진 도착증이나 신경증에서 관찰된다. 프로이트는 임상을 통해 2차 나르시시즘이 "기질병, 건강염려증, 애정 생활"(Freud, 1914b: 82)에서 구체적으로 관찰되는 것을 발견한다. 피분석자의 신체 장기의 통증과 불쾌감, 신체적으로 괴롭고 고통스러운 느낌, 그리고 나르시시즘 유형이나 부모 의존 유형으로 나타나는 사랑 대상의 선택은 나르시시즘의 발현인 것이다. 사랑 대상의 선택에서 나르시시즘의 유형은 '현재의 자신, 과거의 자신, 한때 자신의 일부였던 사람, 자신이 바라는 미래의 모습을 지닌 대상'을 사랑한다. 또한 부모 의존 유형은 '자신에게 젖이나 밥을 먹여 주는 여자, 자신을 보호해 주는 남자, 또는 두 역할을 대신해 주는 사람'을 사랑한다.

따라서 이 기법의 목표는 피분석자가 자신의 기질병, 건강염려증, 자기애에서 발생되는 애정 생활에 대한 탐색과 통찰을 통해 나르시시즘적 특성을 발견하고 건강한 자기애를 형성할 수 있도록 촉진하는 것이다.

(3) 지시 사항

"당신의 자기애(나르시시즘)에 대해 생각해 보신 적이 있으신가요? 프로이트에 따르면, 자기애는 우리가 자신을 사랑하는 마음과 타인을 사랑하는 마음의 중간 단계에 있는 자연스러운 충동 과정입니다. 이러한 자기애는 구체적으로 기질병, 건강염려증, 애정 생활 등을 통해 발견할 수 있습니다. 애정 생활은 자기애적 유형과 부모 의존 유형으로 좀 더 구분됩니다. 따라서 당신의 기질병, 건강염려증, 애정 생활 등을 탐색해 보면서 자기애에 대한 미술 작업을 자유롭게 해 보시기 바랍니다."

(4) 치료적 개입

나르시시즘의 작품 해석의 초점과 치료적 개입은 피분석자의 자기애가 주로 어떤 특성으로 발현되는지에 대한 탐색과 통찰을 할 수 있도록 하는 것이다. 따라서 분석가는 피분석자가 발견한 자기애와 자기애적 특성이 갖는 순기능과 역기능을 탐색하게 함으로써 건강한 자기애를 성장시켜 나갈 수 있도록 치료적 개입을 해야 한다.

3) 자기대상으로서의 부모

(1) 기법 개요

자기대상으로서의 부모는 피분석자가 과거 부모와의 관계 경험을 회상함으로써, 피분석자가 자기대상을 어떻게 경험하였는지에 대한 탐색과 통찰을 촉진하는 기법이다.

(2) 이론적 기초와 기법 목표

이 기법의 이론적 기초는 피분석자의 건강한 자기의 발달을 위해 세 가지 종류의 자기대상(selfobject)의 발달적 경험을 필요로 하는 것과 연관된다. 첫째, 아이의 활기와 내적 감각에 반응해 주고 확증해 주는 거울과 같은 반응을 해 주는 부모, 둘째, 아이가 부모를 존경할 수 있고 그러한 부모를 통해 자신이 완벽하고 전능하다고 느끼게 하는 이상적인 부모, 셋째, 아이가 부모와 본질적으로 같다는 느낌을 갖게 하는 부모와의 경험이다. 이러한 자기대상으로서의 부모의 역할은 자기심리학 미술치료에서 분석가가 제공해야 할 "세 가지 전이 형태(거울 전이, 이상화 전이, 쌍둥이 전이)"(Mitchell & Balck, 1995: 161-162)와 연관된다. 따라서 이 기법을 통해, 분석가는 피분석자가 자기대상으로서의 부모를 어떻게 경험했는지에 대한 탐색과 통찰을 촉진할 수 있다.

이 기법의 목표는 피분석자가 자기대상으로서의 부모의 관계 경험을 탐색 및 통찰하는 데 있다. 따라서 분석가는 피분석자가 부모와의 관계에서 세 가지 자기대상으로서 부모의 모습을 탐색할 수 있도록 분석 공간을 마련해야 한다. 즉 분석가는 피분석자에게 거울과 같은 부모, 이상화한 대상으로서의 부모, 쌍둥이 같은 부모에 대한 설명을 제공함으로써 피분석자의 탐색 및 통찰을 촉진해야 한다.

(3) 지시 사항

"평소 당신 자신과 부모의 관계에 대해 생각을 해 보신 적이 있나요? 부모는 당신에게 여러 모습으로 역할을 해 주셨을 것입니다. 그 가운데 특징적인 세 가지 부모의 모습에 대해 살펴볼까 합니다. 첫째는 거울로서의 부모, 둘째는 이상화한 대상으로서의 부모, 셋째는 쌍둥이처럼 같은 모습으로서의 부모에 대한 모습입니다. 이러한 부모는 전문적으로 '자기대상으로서의 부모'라고 합니다. 자기대상으로서의 부모 가운데 거울로서의 부모는 자녀에게 거울처럼 그대로를 반영하고 지지해 주는 모습을 말합니다. 이상화한 대상으로서의 부모는 이상적인 모습을 보여 주는 것을 말합니다. 쌍둥이 같은 모습의 부모는 당신과 부모님이 동일한 모습을 갖는 것을 말합니다. 이러한 세 가지 경험에 대해 탐색해 보시고, 당신은 어떠한 모습의 부모 경험을 자주 하였는지 미술 표현으로 나타내 보시기 바랍니다. 당신의 부모님에 대해 이와 같은 특징적인 모습을 발견할 수 없는 경우, 세 가지 모습과 가까운 모습을 표현해 주시면 됩니다. 이제 당신의 자기대상으로서의 부모에 대한 작업을 시작해 볼까요?"

(4) 치료적 개입

이 기법의 작품 해석 초점과 치료적 개입은 분석가가 피분석자로 하여금 자기대상으로서의 부모를 잘 탐색하고 통찰하도록 촉진하는 데 있다. 분석 환경에서 피분석자가 자신의 부모와의 관계 경험을 세 가지 자기대상으로서 탐색 및 통찰하는 것은 쉽지 않을 수 있다. 따라서 분석가는 피분석자에게 거울과 같은 부모, 이상화한 대상으로서의 부모, 쌍둥이 같은 부모에 대한 설명을 하여 피분석자의 작업을 도울 수 있다. 또한 분석가는 피분석자가 나타낸 부모가 세 가지 자기대상으로서의 부모와 어떤 연관성을 지니는지 그 분석적 의미에 대한 치료적 작업을 할 수 있다. 즉 분석가는 피분석자의 자기장애를 가져온 원인으로서 부모와의 관계 경험을 분석함으로써 치료적 개입을 위한 근거로 삼을 수 있다.

4) 삶의 파노라마

(1) 기법 개요

삶의 파노라마는 피분석자가 자신의 삶을 전체적으로 조명하고 표현함으로써 변형적 내재화를 촉진하기 위한 기법이다.

(2) 이론적 기초 및 기법 목표

삶의 파노라마의 이론적 기초는 자기심리학에서 궁극적인 치료 과정으로 삼는 피분석자의 변형적 내재화 개념에 있다. 자기심리학 미술치료에서 피분석자는 자기 구조 구축을 위한 치료적 과정으로서 주로 거울 전이와 이상화 전이를 경험하게 된다. 이러한 과정을 통해 피분석자는 점차적으로 감당할 수 있을 만한 좌절을 경험함으로써 응집성과 유연성이 있는 자기 구조를 구축할 수 있게 된다. 이러한 과정이 피분석자의 "변형적 내재화"(Mitchell & Black, 1995: 160)이다. 이러한 이론적 기초를 바탕으로 피분석자가 자신의 삶을 전체적으로 회상하고 자신의 변형적 내재화를 표현할 수 있도록 촉진하는 기법이 삶의 파노라마이다.

이러한 변형적 내재화는 피분석자가 분석 과정이나 삶의 과정에 대한 변화를 전체적으로 탐색하고 통찰하는 것으로서 피분석자의 통찰력이 상당히 요구된다. 따라서 분석가는 피분석자가 자신의 치료 과정과 삶의 과정을 회상하는 가운데, 자기로서의 타당화의 경험, 이상적 대상과 연결된 존재로서 자기 확신과 전능감을 느낀 경험을 초점적으로 통찰하고, 그 과정을 통한 자기 변화를 표현할 수 있도록 촉진해야 한다.

(3) 지시 사항

"삶의 파노라마는 당신이 치료 과정과 삶의 과정을 회상해 봄으로써, 당신의 자기 변화 과정, 즉 당신의 성장 과정을 미술작업으로 표현해 보는 것입니다. 구체적으로 자기로서의 타당화의 경험, 이상적 대상과 연결된 존재로서 자기 확신과 전능감을 느낀 경험이 있습니다. 이러한 경험이 축적된 것을 변형적 내재화라고 합니다. 변형적 내재화는 의미 있는 타인(부모, 분석가 등)과의 관계 경험에서 비롯된 자신의 성장 과정을 의미합니다. 이러한 당신의 성장 과정을 미술작업으로 나타내 보시기 바랍니다. 이제 당신의 변형적 내재화 작업인 삶의 파노라마를 시작해 볼까요?"

(4) 치료적 개입

이 기법의 작품 해석 초점과 치료적 개입은 피분석자의 변형적 내재화 과정의 통찰에 있다. 따라서 분석가는 피분석자가 치료 과정과 자신의 삶의 과정을 전체적으로 조명하는 가운데 자기대상 경험을 통한 자기 변화 과정(변형적 내재화)을 탐색하고 통찰할 수 있도록 분석 공간을 마련한다. 분석가는 피분석자가 자기대상 경험을 탐색하고 통찰하는 것뿐 아니라, 두 가지(이상화 전이, 거울 전이) 혹은 세 가지(이상화 전이, 거울 전이, 쌍둥이 전이) 자기대상 경험을 연결 지음으로써 응집성이 있고 유연한 자기 구조의 변화를 가져온 과정을 통찰할 수 있도록 촉진한다.

11장 라캉 정신분석 미술치료의 이론

1. 라캉 정신분석의 대표자, 자크 라캉

자크 라캉

자크 라캉(Jacques Lacan, 1901~1981)은 1900년대 초 파리에서 출생하여 20세기 후반까지 활동한 프랑스의 정신분석가이다. 그는 오를레앙의 전통적인 식초 제조업자의 중산층 상인 가문에서 태어났다. 경제적인 어려움은 없었으나, 엄격한 가톨릭 신앙과 보수적 특성을 갖는 집안에서 성장한 그는 가정 환경에 순응하기보다는 상류 사회로 진출하여 인정받고자 하는 야망이 큰 사람이었다. 그의 천재적인 두뇌와 학문적 열정은 시골 전통을 따르는 집안 분위기에 평범하게 안착하는 것 이상의 삶을 꿈꾸게 하였다. 라캉은 종교 재단에서 운영하는 스타니슬라스 중학교를 졸업하고, 한때 스피노자와 다다이즘(Dadaism)에 심취하기도 하였다.

라캉은 19세에 의학 공부를 시작하여 정신과 의사로서 사회에 진출한다. 그는 생트안느 병원에서 정신 질환과 뇌 전문의인 앙리 클로드의 지도로 정신과 인턴 과정을 수료한 후, 클레랑보의 지도하에 파리 경찰청 정신병원 특별 의무실에서 1년 동안 근무한다. 라캉은 1932년 「인격과 관련된 편집증적 정신병에 대하여(De la psychose paranoïaque dans ses rapports avec la personnalité)」라는 제목으로 의학 박사학위 논문을 발표한다. 이때부터 라캉은 정신분석가가 되기 위해 루돌프 뢰벤슈타인(Rudolph Loewenstein)으로부터 교육 분석을 받기 시작하고 분석은 1932년부터 38년까지 약 6년간 지속된다. 당시 프랑스 정신의학계는 정신분석을 신뢰하지 않아 정신분석학의 수용도 프랑스의 가치관에 맞게 재주조(再鑄造)된 형태였다. 이러한 풍조에서 라캉은 정신의학에 우위를 두는 입장에 반대하여 무의식을 통해 인간의 정신을 체계적으로 보완할 수 있는 정신분석학의 구축에 관심을 기울인다.

라캉은 1936년 체코에서 개최된 국제정신분석협회(International Psychoanalytical Association: IPA) 회의에 참가하여 '거울 단계에 대한 보고서'를 발표함으로써 정신분석가로 출발한다. 당시 IPA 회장인 어니스트 존스에 의해 발표가 중단되면서, 라캉은 발표문도 제출하지 않고 회의장을 떠난다. 이후 그는 1949년 스위스 취리히에서 거울 단계에 대한 논문을 다시 발표하고 그 중요성을 환기시킨 것이 정신분석에의 중요한 학문적 공헌임을 1966년에 출간된 저작 『에크리(*Écrits*)』에서 자평한다.

라캉은 1953년 '프로이트로의 복귀(Return to Freud)'라는 슬로건 아래 철학·인류학·언어학 이론의 성과를 결합하여 프로이트의 정신분석학을 재해석한다. 그는 주체와 세계의 전제 조건으로서 상상계·상징계·실재의 세 가지 범주를 설정하고, 이를 토대로 주체와 타자, 오이디푸스 콤플렉스, 소외와 분리, 욕망, 충동, 성차와 여성성 등의 주요 개념 및 이론을 전개한다. 이로써 그는 정신분석을 치료 패러다임인 동시에 인간을 이해하는 문화·학문적 패러다임이 되도록 하는 터전을 마련한다. 이처럼 여타 현대 정신분석학자들과 다른 라캉의 학문적 독자성은 그의 풍부한 인문학적 지식에서 비롯된다.

자크 라캉을 이해하기 위해서는 그를 둘러싼 학문적 지평을 살펴보아야 한다. 라캉은 20세기 프랑스의 여러 사상사적 배경 가운데 위치한다. 그는 게오르크 빌헬름 프리드리히 헤겔(Georg Wilhelm Friedrich Hegel, 1770~1831), 마르틴 하이데거(Martin Heidegger, 1889~1976), 모리스 메를로퐁티(Maurice Merleau-Ponty, 1908~1961)의 철학적 사상, 클로드 레비스트로스(Claude Lévi-Strauss, 1908~2009)의 인류학, 그리고 페르디낭 드 소쉬르(Ferdinand de Saussure, 1857~1913)의 언어학의 인문학적 지식을 토대로 프로이트의 정신분석을 재해석한다.

구체적으로 라캉은 알렉상드르 코제브(Alexandre Kojève, 1902~1968)가 소개하는 헤겔의 『정신현상학』의 주인과 노예의 변증법 개념을 참조해 정신분석에서 인간 욕망의 변증법적 특성과 상호 주체성 개념을 발전시킨다. 또한 하이데거의 존재의 진리, 즉 존재하는 것이 개시(開示)되는 것은 무(無)가 있기 때문에

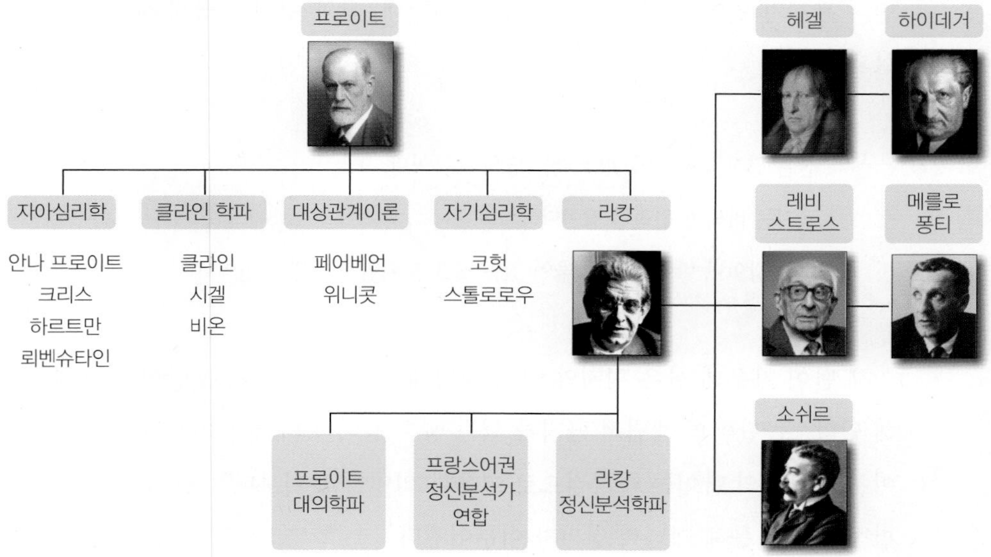

[그림 11-1] 자크 라캉의 학문적 지평[1]

1) 자크 라캉의 학문적 지평은 동아일보 '자크 라깡 탄생 100주년: 욕망을 포기하는 순간 병든다'의 자료와 스테판 미첼(Stephen A. Mitchell)과 마가렛 블랙(Margaret J. Black)의 『프로이트와 그 이후(*Freud and Beyond*)』(Mitchell & Black, 1995)를 참조하여 필자가 자기심리학을 추가한 후 재구성한 것이다.

가능한 것이라는 현존재에 대한 통찰은 라캉의 주체 개념에 녹아들어가 "주체의 소멸과 존재의 무적 본질"(김석, 2007: 72)로 이어진다.

레비스트로스의 구조주의의 인류학은 라캉의 상징계 개념에 영향을 준다. 오이디푸스 콤플렉스 이론의 친부 살해와 근친상간 금지는 친족 관계의 규칙을 형성함에 따라 인간을 자연에서 문명 사회로 이행하도록 한다. 이처럼 레비스트로스가 설명한 친족 관계가 가족 내에서 개인의 위치를 정해 주듯 라캉의 상징계는 주체를 사회적 관계 속에서 위치시키는 초월적 질서이자 물적 토대이다. 따라서 주체는 선험적인 상징적 질서 속에서 배태되고 위치하며 유지된다.

소쉬르의 언어학은 라캉의 정신분석에서 언어와의 관련성 속에서 주체의 구성과 욕망의 연쇄가 발생되는 근거를 마련한다. 소쉬르는 언어의 최소 단위를 기호(sign)로 제시한다. 기호는 기표(시니피앙, signifier)와 기의(시니피에, signified)가 결합하여 구성되고, 다른 기호와의 변별적 관계를 이룬다. 이러한 기호 간의 변별적 관계가 언어의 체계를 형성한다. 예컨대, 산과 평지와 땅의 사전적 어휘를 살펴보자.

> 산은 평지보다 높이 솟아 있는 땅의 부분이다.
>
> 평지는 바닥이 펀펀한 땅이다.
>
> 땅은 강이나 바다와 같이 물이 있는 곳을 제외한 지구의 겉면이다.

세 단어 가운데 산은 평지와 땅의 개념에 기초한다. 평지도 땅의 개념에 기초해 있다. 두 단어의 개념적 근거가 되는 땅은 강이나 바다에 기초하여 정의된다. 이처럼 각각의 단어는 독자적으로 고유한 의미를 갖기보다는 단어 요소 간의 변별적 관계를 통해 개념적 정의가 이루어진다.

라캉은 소쉬르의 구조주의 언어학에서 한 걸음 더 나아가 언어의 최소 단위를 기호가 아닌 기표, 즉 시니피앙으로 본다.

[그림 11-2]에서 보는 바와 같이, 소쉬르는 기의와 기표의 결합으로 하나의 기호가 구성됨을 설명한다. 하나의 기호는 다른 기호와의 변별적 관계를 통해 독특

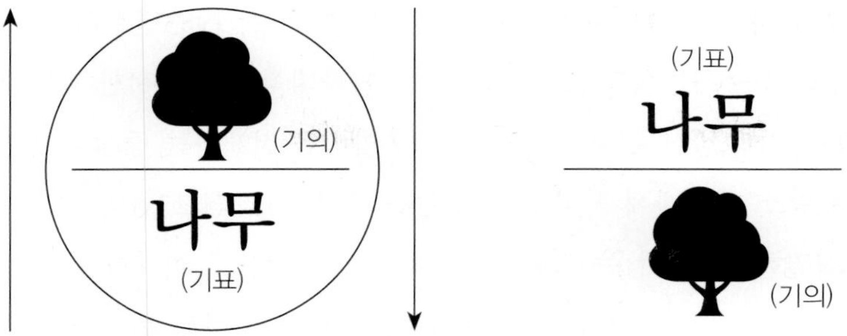

[그림 11-2] 소쉬르의 기호와 라캉의 기호

한 특성을 드러낸다. 라캉은 소쉬르의 기호에서 기표(시니피앙)와 기의(시니피에) 간의 결합을 의미하는 원을 분리시키고, 기표와 기의의 위치를 바꿈으로써 기표(시니피앙)의 우위성을 강조한다. 소쉬르에게서 기의와 기표 사이의 연결선은 라캉에게서는 분리선이 됨으로써 기의는 기표에 영원히 도달할 수 없게 된다. 즉 기표에 도달하려는 기의는 끊임없이 미끄러짐으로써 기표와 기의의 고정적 결합은 성립될 수 없다. 이러한 언어적 특성은 라캉의 상징계 개념에 연결되어 주체의 특성을 설명한다. 주체는 상징계에서 독자적인 고유성과 위치를 갖기보다는 타자와의 연관성 속에서 주체로 구성된다. 즉 대타자와의 담론 가운데 주체는 비로소 주체로 구성되고, 살아가는 동안 대타자의 욕망을 끊임없이 욕망하게 된다.

이처럼 라캉은 철학, 인류학, 언어학 이론을 토대로 프로이트의 정신분석을 재주조하여 정신분석학이 여러 인문학과 학제 간 교류를 할 수 있는 계기를 마련한다. 따라서 라캉의 이론은 자아심리학, 클라인 학파, 대상관계이론, 자기심리학과 함께 현대 정신분석 패러다임의 맥락 가운데 있는 동시에 독자적인 문화·학문적 패러다임이 됨으로써 여타 현대 정신분석과는 다른 위치에 점한다. 라캉은 언어의 상징적 구조를 주체의 물적 토대로 삼지만, 고정되기보다는 생성하고 소멸하는 주체의 모습을 상정하는 점에서 후기 구조주의자로 평가된다.

라캉은 1942년 프랑스 센 강 좌안 오르세 박물관에 면해 있는 릴거리 5번지로 이사를 한 후 개인의 사생활과 직업적 공간이 구분되지 않는 열린 공간에서 활발한 정신분석 임상과 연구 활동을 해 나간다. 그의 공식적인 강의는 1953년부터 생을 마감하는 1981년까지 27년 동안 이루어진다. 1953년부터 성안느 병원, 1964년부터 고등사범학교, 1973년부터는 법과대학에서 실시한 세미나는 글보다는 무의식적인 말에 우위를 두는 라캉의 사상을 전개하는 중심적인 장이 되어 당시의 프랑스 지성계에 적지 않은 영향을 준다. 라캉의 27권의 『세미나』 외에 1966년 집필한 『에크리』는 그의 정신분석을 핵심적으로 이해할 수 있는 유일한 저작이 된다. 라캉은 한때 IPA 소속인 뢰벤슈타인으로부터 분석을 받았으나, 그의 정신분석은 IPA의 체제 안에 머무르기에는 자유롭고 독창적인 면이 많았다. 이에 라캉은 1963년 IPA의 교육법 전문가 명단에서 제명됨에 따라 1964년부터 독자적인 정신분석가의 길을 간다.

라캉을 중심으로 프로이트 대의학파, 프랑스어권 정신분석가 연합, 라캉 정신분석학파의 활동이 이어졌지만, 그의 삶의 후반부는 "계속된 조직과 갈등, 학파의 해체와 설립의 반복, 물질적 · 지적 유산을 둘러싼 분쟁, 제자들의 배반과 이탈 등 파란의 연속"(앞의 책, 40)이었다. 라캉은 '냉소, 오만, 완고함, 전제, 허무, 보수' 등으로 이해되는 정신분석가이다. 이는 인간의 욕망에 대한 문제의식과 욕망의 윤리에 충실한 주체적인 삶에 대한 라캉의 학문적 열정의 또 다른 반영이기도 하다. 라캉은 "나는 집요하다. 〔…〕 나는 사라지고 있다."(앞의 책, 40)고 마지막 말을 남기며 파리의 한 병원에서 생을 마감한다. 이 말에서 마지막 순간까지 지칠 줄 모르는 욕망을 표현하는 그의 면모를 볼 수 있다. 인간에 대한 지속적인 탐구 열정으로 점철된 한 정신분석가의 삶은 우리로 하여금 정신분석을 어떻게 탐구해야 하는지 그 단초를 제공하는 듯하다.

2. 라캉 정신분석의 기본 개념

라캉 정신분석의 기본 개념은 주체와 세계의 전제 조건으로서 상상계 · 상징계 · 실재, 오이디푸스 과정, 욕구 · 요구 · 욕망, 소외와 분리, 증상에 대해 살펴본다. 각 기본 개념에 대한 상세한 내용은 다음과 같다.

1) 상상계, 상징계, 실재(계)

인간의 삶은 구조로부터 출발한다. 주체의 탄생과 삶 이전에 선행된 구조가 있기 때문이다. 삶의 대표적인 구조인 언어는 인간이 태어나서 타자의 담화를 습득해야 하는 선행된 틀이다. 이러한 언어의 구조 그리고 주체와 세계의 전제 조건으로서 라캉은 상징계, 상상계, 실재를 설명한다. 라캉의 사상은 크게 세 가지 개념을 중심축으로 하여 전개되는데, "1930~40년대에는 상상계, 1950~60년대 초까지는 상징계, 1960년대 중반 이후에는 실재가 중심축을 형성한다"(김석, 2010: 112). 하지만 이러한 구분은 단지 이론적 강조점의 차이이고, 실제로는 세 가지 범주가 유기적으로 작용하면서 우리의 정신적, 물질적 삶의 영역을 역동적으로 만든다. 이러한 세 범주의 유기적 작용과 관계를 라캉은 보로메오 매듭으로 설명한다.

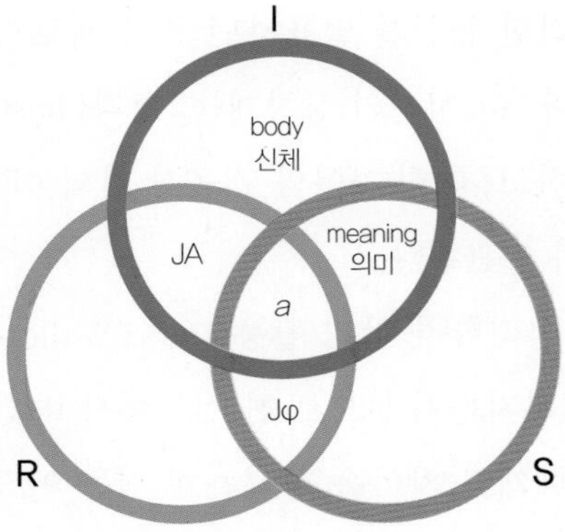

[그림 11-3] 보로메오 매듭: 상상계·상징계·실재

보로메오 매듭은 이탈리아의 귀족인 보로메오(Borromeo) 가문의 문장이었다. 라캉은 실재계(R), 상상계(I), 상징계(S)가 언제나 함께 작용함을 보여 주기 위해 보로메오 매듭을 비유로 사용한다. 이 매듭은 하나가 풀리면 나머지도 같이 풀리기 때문에 세 고리를 완전히 절단하기 전에는 따로 분리할 수 없는 것이 특징이다. 가운데 *a*는 오브제 *a*, JA는 대타자 주이상스, Jφ는 남근적 주이상스를 의미한다(김석, 2010: 150).

보로메오 매듭처럼 상징계 · 상상계 · 실재는 말하는 존재인 인간이 자신과 세계에 대해 말하고 생각할 때 반드시 가정해야 할 최소한의 전제 조건인 동시에 인간 현실의 세 가지 영역이다. 이러한 세 영역은 하나의 고리가 끊어지면 다른 고리도 제대로 기능하지 못함에 따라, 항상 이들의 유기적 상관 관계를 전제하면서, 각 영역에 대해 이해해야 한다.

(1) 상상계

라캉의 상상계(the imaginary)는 이미지를 토대로 하여 구성된 세계이다. 따라서 상상계는 "게슈탈트(理想으로서의 게슈탈트), 자아와 동일시, 유혹과 몰인식, 상호성, 대상, (편집증적) 지식, 공격성"(Glowinski, Marks, & Murphy, 2001/2003: 116)을 포함한다. 라캉은 상상계의 개념적 정교화를 위해 게슈탈트 개념과 동물행동학, 그리고 나르시시즘과 관련한 프로이트의 초기 이론을 참조한다.

라캉의 상상계 개념은 1936년 국제정신분석협회의 연례총회에서 '거울 단계(the mirror stage)'에 관한 논문을 발표하던 중 실체로서 '상상적'이라는 용어를 사용한 데서 출발한다. 이 시기의 상상계는 "착각(illusion), 매혹(fascination), 유혹(seduction)을 내포하고, 특히 자아와 거울상 간의 이자 관계(dual relation)" (Evans, 1996/1998: 175)와 연관된다.

거울 단계는 프랑스 심리학자 앙리 왈롱(Henri Wallon, 1879~1962)이 생후 6~18개월 된 유아와 침팬지를 대상으로 한 실험에서 비롯된 개념이다. 거울 단계는 인간이 이미지를 매개로 자아를 형성하게 되는 인격 발달 과정을 설명한다. 이 실험에서 침팬지는 거울 속 이미지를 빨리 알아보지만 곧 싫증을 내는 반면, 유아는 자신의 이미지에 열광하고 그 이미지가 인격 발달에 결정적인 토대가 되는 것에 왈롱은 주목한다. 라캉은 왈롱의 거울 단계 개념을 차용해 상상계 개념을 설명한다. 상상계는 이미지에 매개되는 인간의 대상 세계를 의미한다. 중요한 점은 인간에게 거울 단계는 심리적 원형(psychological archetype)으로 작용하는 점이다. 즉 거울 단계는 주체의 구성 과정에서 단 한 번의 효과로 끝나는 것이 아니라 삶에서 지속적으로 작용하는 원초적인 구조로 기능한다.

이미지 속에 사로잡힌 아이

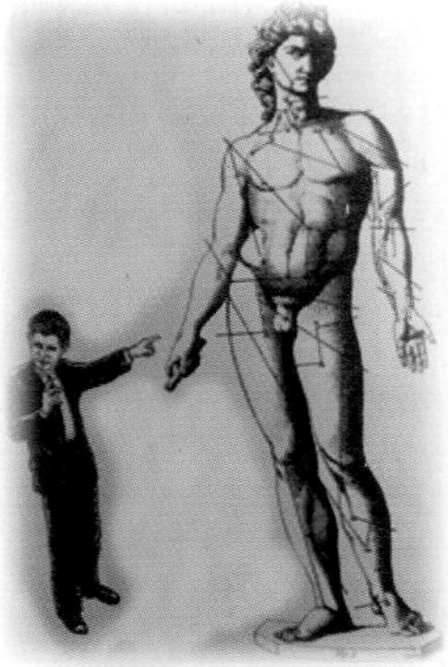

자아가 완전한 통일체처럼 보인다 해도, 그 너머에는 파편화되고 조화롭지 못한 육체가 존재할 뿐이다.

자아의 진실은 세계가 해체되는 것처럼 보이고 자신과 타인의 차이에 근본적인 의문을 품는 상태인 광기 속에서 정확하게 모습을 드러내게 된다.

[그림 11-4] 상상계의 자아와 조각난 몸의 주체

[그림 11-4]의 거울 속의 이미지 속에 사로잡힌 아이처럼, 인간은 유사 자아(類似 自我)와의 동일시를 통해 자신을 인식할 뿐만 아니라 그 이미지를 통해 점차 자아를 형성한다. 이는 "상상계의 자아와 조각난 몸의 주체"(Leader & Groves, 1995/2002: 24, 26, 30)로 이해할 수 있다. 실제 우리의 신체는 파편화되고 조화롭지 못하다. 그러나 이미지 속의 신체는 완전한 통일체처럼 보인다. 이런 측면에서 자아는 "오인(misunderstanding)의 구조"(김석, 2010: 119)이다. 따라서 라캉은 자아를 상상계적 산물로 파악한다. 즉 라캉에게서 자아는 파편화된 주체의 모습을 하나의 통일체처럼 보이게 할 뿐만 아니라, 그러한 이미지를 통해 환경 세계를 자신에게 맞게 구성하는 오인의 구조이다.

따라서 자아의 진실에 대한 발견은 세계가 해체되는 것처럼 보이는 자신과 타자(유사 자아)의 차이에 근본적인 의문을 품는 형태로 출현한다. 오인의 구조로서의 자아는 완전한 통일체처럼 보이는 이미지와 조각난 신체 사이의 간극에서 발생하는 나르시시즘과 공격성을 필연적으로 동반한다. 나르시시즘과 공격성은 상상계의 대표적 산물이다.

나르시시즘은 실제 조각난 몸과 통일된 몸 이미지 사이에서 발생하는 대립과 갈등을 위태롭게 봉합한다. 거울상과 같은 "타자의 이미지를 통한 자아의 형성"(Nasio, 1988/2017: 103), 즉 나르시시즘은 가상적 이미지로서 자신을 완벽하게 구성한다. 이러한 나르시시즘은 환상과 맞닿아 있다. 그러나 환상은 종국에는 자아를 소외의 장소나 "무지의 장소"(앞의 책, 104)가 되도록 이끈다. 이는 인간이 자아를 인식할 때 외부의 타자를 경유하여 자아를 발견하기 때문이다. 따라서 자아는 주체에게 소외의 장소이자 무지의 장소가 된다.

또한 상상적 자아는 대표적으로 공격성을 수반한다. 완벽하고 통일된 이미지에 비해 파편화되고 조각난 몸의 분열의 순간은 주체를 위협함으로써 분열된 주체는 불안에 휩싸이면서 무의식적인 공격성을 드러내기 때문이다.

이처럼 이미지로 매개되어 상상적 안정감과 그것으로부터 비롯된 불안이 양가적으로 공존하는 것이 상상계의 특성이다. 상상계를 가능하게 하는 거울 단계의 나르시시즘적 동일시는 우리에게 안정된 자아를 보장해 주는 것 같지만 사실 자아는 타자로부터 비롯된 허구로서 주체는 본질적으로 분열되어 있음을 가르쳐 준다. 이러한 주체 분열의 순간은 우리로 하여금 자아의 소외를 인식시키면서 역설적으로 주체가 구성되는 최초의 계기를 마련해 준다.

(2) 상징계

상징계(the symbolic)는 언어로 매개되는 세계로서 주체를 구성하고 주체 상호간의 관계를 규정하는 선험적 질서이다. 상징계는 언어학적 영역으로서 삶의 구조이자 법이며 삼자 구조, 타자의 영역, 문화의 영역, 죽음 · 부재 · 결여의 영역(김석, 2010: 129-136; Evans, 1996/1998: 178-181)으로 일컬어진다. 이러한 상징계에서 무의식의 주체가 탄생하고 욕망이 발생한다.

라캉은 세미나를 시작한 1953년 이후부터 상징계를 이론의 중심부에 둔다. 상징계는 『에크리』의 「정신분석에서 말과 언어의 기능과 장」(Lacan, 1966c/2019: 277-378)에서 세 가지 영역을 구성하는 하나의 계(order)가 되면서 인류학적 함의를 포함한다. 레비스트로스는 '인류의 사회적 관계가 친족 관계와 선물 교환

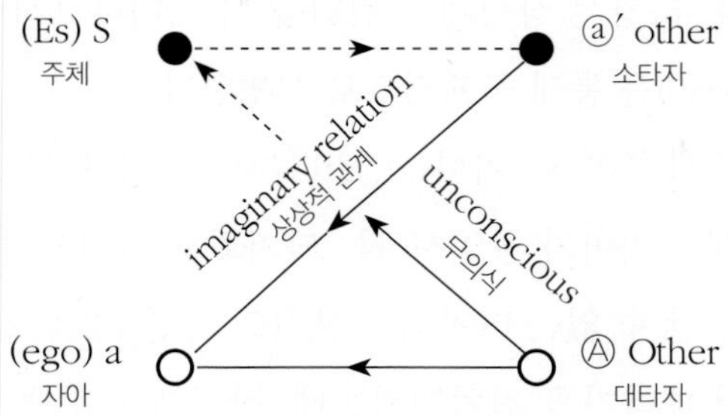

[그림 11-5] L 도식(L SCHEMA)

을 규제하는 법칙에 의해 구조화된다'는 생각을 한다. 이처럼 사회 내 선물 교환의 순환 개념은 라캉의 상징계 개념의 기초가 된다. 라캉은 사회 내에서 교환의 가장 기본적인 형태인 의사소통, 즉 언어를 사회적 구조·법칙·계약의 근본 조건으로 이해함으로써 상징계는 필연적으로 언어학적 영역이 된다.

라캉은 『에크리』의 첫 장을 「〈도둑맞은 편지〉에 관한 세미나」로 시작한다. 에드거 앨런 포(Edgar Allan Poe, 1809~1849)의 단편소설 『도둑맞은 편지(*The Purloined Letter*)』를 인용하여 상징계의 개념과 기능을 설명한 것이다.[2)] 상징계는 언어로서 사회를 구조화하는 동시에 인간 주체의 역할을 규정짓는 선험적인

2) 에드거 앨런 포의 『도둑맞은 편지』의 간단한 줄거리를 살펴보면 다음과 같다. 이 작품은 나와 뒤팽의 대화로 이루어지지만, 그 이야기는 크게 두 장면으로 나뉜다. 첫 번째 장면은 왕과 왕비 그리고 장관을 중심으로 전개되는 이야기이다. 왕비에게 한 편지가 전달되고 왕이 등장하자, 왕비는 아무렇지 않은 듯 편지를 탁자 위에 놓아둔다. 장관은 그 편지가 공개되어서는 안 되는 성질의 편지임을 알아차리고 탁자 위의 편지를 가지고 왕의 뒤를 이어 왕실을 나온다. 눈앞에서 편지를 놓친 왕비는 경찰을 통해 장관의 집을 수색하지만 편지를 찾지 못한다. 두 번째 장면은 경찰과 장관, 그리고 뒤팽을 중심으로 이야기가 전개된다. 장관의 집에서 편지를 찾지 못한 경찰에 비해, 사설탐정 뒤팽은 장관의 집 벽난로 선반 위에 불쏘시개처럼 위장된 편지를 발견하여 찾아온다. 이 소설에서 라캉이 중요하게 다룬 두 가지 주제는 "첫째, 진정한 주체의 역할을 하는 편지의 익명성과, 둘째, 이야기에서 반복되는 주체들 사이의 관계들의 양상"(김서영, 2006: 90)이다. 즉 이야기에서 진정한 주체는 편지의 내용이나 특정 인물이 아닌 인물들 사이에서 옮겨지면서 각 인물의 위치를 변화시키는 편지 자체이다. 이 작품에서 편지의 내용은 밝혀지지 않은 채 편지를 소유한 위치에 따라 인물들은 아무것도 보지 못하는 시선(왕, 경찰), 보지 못하는 사람을 속이고 비밀을 간직하는 시선(왕비, 장관), 비밀을 감춘 사람의 의도를 알아보는 시선(장관, 뒤팽)을 결정한다. 라캉은 이 작품에서 편지의 기능처럼 상징계에서의 언어, 좀 더 구체적으로 시니피앙 기능을 강조한다. 상징계는 그 자체로 하나의 구조가 되며, 시니피앙의 "자동운동"(Lacan, 1966c/2019: 52)은 주체의 위치를 결정짓는다.

법으로서 기능한다. 라캉은 상징계의 원리를 이 세미나에서 "L 도식(L Schema)"(Lacan, 1966b/2006: 40)을 통해 구체적으로 설명한다.

라캉은 'L 도식'에서 주체(S), 자아(a), 소타자(a′), 대타자(A)를 상정한다. 여기에서 소타자는 주체의 자아가 동일시하는 타자화된 이미지이다. 대타자는 "주체가 부정하거나 전취할 수 없는 타자의 근본적인 차원"(김석, 2010: 141)을 말한다. 라캉은 상징계에서 대타자를 위치시키는데, 상징계는 주체를 초월하는 질서이자 주체가 자신을 표현해 줄 기표를 찾는 장소이기 때문이다.

L 도식은 주체(S)와 언어의 장소인 대타자(A)의 직접적 소통이 불가능함을 가르쳐 준다. 그 이유는 상상계의 축인 자아와 타자(a와 a′)에 의해 주체와 대타자가 교란되기 때문이다. 즉 주체와 대타자 사이의 상징적 관계는 자아와 소타자(거울상) 사이의 상상적 관계(imaginary relation)에 의해 막혀 있어 대타자의 담론은 항상 중단되고 전도된 형태로 주체에게 도달한다. 이 과정에서 주체의 무의식(unconscious)이 발생한다.

L 도식은 주체와 대타자 사이의 '상호 주체적 구조'인 동시에 '주체 내적 구조'를 보여 준다. 이는 주체와 대타자 사이의 완전한 소통이 불가능함과 주체의 탈중심화를 의미하는 것이다. 주체는 상징계에서 단지 S로 표시되는 점에만 위치되는 것이 아니라 엄밀히 이 도식의 모든 곳, 즉 주체 · 자아 · 소타자 · 대타자에 위치될 수 있기 때문이다.

라캉은 "무의식은 대타자의 담론이다"(Lacan, 1966b/2006: 689), "무의식은 언어처럼 구조 지어져 있다"(Lacan, 1981: 166-167)는 대표적인 테제를 통해 언어적 질서인 상징계와 무의식의 주체의 관계를 설명한다. L 도식이 보여 주듯 주체의 무의식은 대타자와의 담론 속에서 발생하고, 무의식은 언어의 구조와 같다는 것이다. 즉 "언어가 빈곳을 중심으로 구조 지어져 있듯이 무의식도 결코 채워질 수 없는 틈을 중심으로 구조 지어져 있다"(홍준기, 2002: 87). 언어와 무의식이 채워질 수 없는 빈틈, 즉 빈곳을 중심으로 구조 지어져 있는데, 이 빈곳의 효과로서 주체가 발생한다. 이는 『도둑맞은 편지』에서 편지가 인물들의 위치를 결정짓는 점을 생각하면 잘 이해할 수 있다.

이상과 같이 언어적 질서로서의 상징계는 인간에게 선험적인 질서가 된다. 인간은 독자적인 주체성을 갖기보다는 언어적 구조와 질서 속에 기입되면서 비로소 문명적 존재가 되고 주체가 될 수 있기 때문이다. 엄밀히 언어는 상징적 · 상상적 · 실재적 영역을 모두 포함하지만, 상징적 영역으로서의 언어는 시니피앙(기표)의 영역으로서 어떤 실제적 존재를 지니는 것이 아닌 서로의 차이에 의해 구성된다. 이처럼 인간은 말에 의해 서로의 차이에서 구성되고, 현존과 부재를 경험하는 가운데 주체가 된다. 그리고 그 과정에서 대타자의 욕망을 통해 자신의 욕망을 발생시킨다.

(3) 실재(계)

실재(the real)는 상상계, 상징계와 함께 주체와 세계를 구성하는 세 가지 영역 가운데 하나이며, 라캉 정신분석의 가장 독창적인 개념이기도 하다. 라캉이 1953년에 발표한「정신분석에서 말과 언어의 기능과 장」논문에서 실재는 삼부도식을 구성하는 하나의 질서가 된다. 실재는 라캉이 1966년의『에크리』출간 이후 그의 후기 이론에서 중요성이 커진 개념이다.

실재는 상징계를 넘어서 위치하는, 언어 밖에 있어 상징화에 동화되지 않는 영역이다. 상상계가 이미지로 매개된 대상 세계이고, 상징계가 언어로 구조화된 세계라면, 실재는 상징계에서 결여로 남는 것인 동시에 역설적으로 틈이 없는, 부재가 없는 세계이기도 하다. 라캉은 프로이트가 '심리적 현실'로 여겼던 개념, 즉 성적 충동과 에너지 그리고 환상을 결합시켜 실재 개념을 발전시킨다.

라캉의 실재는 "주체의 의미 세계인 현실로부터 배제한 부분으로 상징화를 벗어나는 모든 영역"(김석, 2007: 237)을 말한다. 예컨대, 주체의 환상, 주체 탄생 시 잃어버린 것, 언어로 표현되지 못한 것, 불가능한 성관계 등이 그것이다. 이처럼 실재는 상징계를 벗어나는 것, 상징계를 넘어서는 것으로서 우리에게 심리적 현실로 경험되는 영역이다. 구체적으로 실재는 정신분석 실천과 관련해 인간의 "불안의 대상, 환각, 내부와 외부, 알 수 없는/합리적인 x"(Evans, 1996/1998: 218-220)로 경험될 수 있다.

실재는 주체의 말이 멈추고 모든 범주가 실패한 불안의 대상이다. 또한 실재는 환각의 형태로 되돌아온 것이다. 예컨대, 정신증에서 나타나는 환각은 상징계에 통합될 수 없는 것으로서 실재가 회귀한 것이다. 실재가 내부인 동시에 외부인 것은 프로이트가 『꿈의 해석』에서 물질적 현실과 심리적 현실을 구분하면서도 애매성을 보인 점을 반영한다. 마치 꿈이 현실로부터 꿈 재료를 선택하여 "완벽한 심리적 현상으로 소원 성취"(Freud, 1900: 122)를 이루어 내듯, 실재는 인간이 외부 현실과 내부 현실 사이에서 분리의 애매성을 갖는 모호한 영역이다. 실재가 알 수 없는/합리적인(unknowable/rational) x인 것은 라캉이 이마누엘 칸트(Immanuel Kant, 1724~1804)와 헤겔의 철학적 개념을 참조하여 실재 개념을 상정한 것에 기초한다. 실재는 상상계와 상징계의 양쪽을 넘어서는 칸트의 물자체와 같은 알 수 없는 x이다. 칸트의 물자체(thing-in-itself)는 모든 현상의 원인이 되는 본질적인 실체이다. 라캉은 칸트의 물자체 개념을 참고해 물(the thing) 개념을 상정하는데, 물은 인간에게 원초적인 상실처럼 여겨지는 이상화된 대상이다. 라캉의 실재는 주체가 상징계로 들어오면서 잃어버린 원초적 대상이 되는 물을 근거 짓는 근본적인 세계가 된다. 또한 실재는 헤겔처럼 합리적인 무엇이다. 이러한 실재는 "균열이 없는 충만한 것으로 절대적인 것"(김석, 2007: 242)이 된다. 상징계가 유한의 영역으로 결여가 발생하는 데 비해, 실재는 무한의 영역으로 결여가 없는 절대적이고 합리적인 영역이 된다.

이상과 같이 실재는 알 수 없는 영역인 동시에 합리적인 영역이기에 주체로 하여금 상징계 너머 불가능한 욕망으로 향하게 하고, 그 과정에서 주체의 주이상스(Jouissance), 증상, 죽음 충동 그리고 승화를 경험하게 한다.

2) 오이디푸스 과정

프로이트의 오이디푸스 콤플렉스 극복 과정은 성적 주체 탄생의 심리적 드라마이다. 라캉은 프로이트의 사고에서 개인의 특수한 가족사적 맥락을 배제하고 상징계의 작용과 연관 지어 오이디푸스 콤플렉스 극복 과정을 설명한다. 그는 오이디푸스 과정을 주체가 상징계의 질서, 즉 언어의 질서로 진입하여 자리매김하는 주체화 과정으로 삼는다.

라캉은 1957~58년 『세미나 5: 무의식의 형성물(*Formations of the Unconscious*)』의 「거세의 논리(The Logic of Castration)」에서 오이디푸스 콤플렉스의 세 순간(The Three Moments of the Oedipus Complex)을 설명한다. 이는 구체적으로 "좌절(frustration), 박탈(privation), 거세(castration)의 순간"(Lacan, 1998: 156)이다. 이 각각의 순간이 일어나는 과정으로 들어가 보자.

라캉이 설명하는 오이디푸스의 세 순간은, 첫째, 어머니와 아이의 상상적 합일의 단계, 둘째, 상상적 아버지의 개입으로 인한 박탈의 단계, 셋째, 아이의 아버지에 대한 동일시로서 상징계의 진입으로 이어지는 주체화 구성의 단계이다. 오이디푸스 콤플렉스 극복의 세 순간을 [그림 11-6]과 같이 나타낼 수 있다.

[그림 11-6]처럼 오이디푸스 과정의 첫 번째 단계는 어머니와 아이가 하나의 존재처럼 상상적 합일을 이루는 단계이다. 이 시기 아이는 자신을 어머니의 결여와 욕망을 채워 주는 존재로 착각한다. 어머니 역시 자신의 결여를 아이를 통해서 채우려 한다. 이때 어머니와 아이 사이의 관계를 맺어 주는 매개는 상상적 남근(팔루스, the phallus)이다. 여기에서 남근은 프로이트가 남근으로 기록한 페니스(penis)와 일별하는 개념이다. 페니스가 생물학적 남근을 의미한다면, 팔루스는

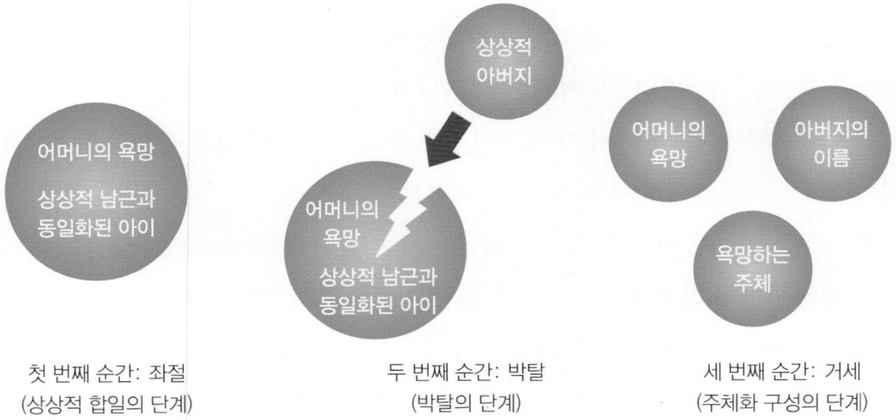

[그림 11-6] 오이디푸스 콤플렉스의 세 순간

주체와 타자 간 욕망의 원인이자 기능 근거로 작용하는 기표로서의 남근이다. 라캉의 남근은 오이디푸스 콤플렉스와 성 차이에서 중심적 역할을 하는 기표이다. 라캉은 『에크리』의 「남근의 의미작용」에서 남근에 대해 다음과 같이 기록한다.

> 환상이 상상의 결과라면 프로이트의 이론에서 남근은 환상이 아니다. 또한 대상이라는 용어가 어떤 관계에 내포된 현실을 지칭한다면 남근은 그 자체로서 (부분적, 내적, 좋은, 나쁜 등등의) 대상도 아니다. 남근은 그것이 상징하는 기관, 즉 페니스나 클리토리스는 더더욱 아니다. 〔…〕 왜냐하면 남근은 시니피앙이기 때문이다. 결국 시니피앙이 시니피앙으로서의 자신의 현존을 통해 시니피에의 효과들을 조건 짓는다고 할 때, 남근은 시니피에의 효과들을 전체적으로 지시하도록 운명 지어진 시니피앙이다(Lacan, 1966c/2019: 806-807).

이처럼 남근은 주체가 결여된 존재임을 일깨워 주는 대표 기표(시니피앙)이다. 오이디푸스의 첫 번째 단계는 아이가 남근, 즉 상상적 남근(팔루스)과 동일시함으로써 자신이 어머니의 결여를 완전히 채워 줄 수 있다고 믿는 시기이다. 이때 어머니와 아이는 남근을 통해 상상적 합일을 이룬다. 그러나 두 사람의 합일은 결여를 감추고 상상적인 방식으로 위태롭게 봉합된 측면에서 불안을 발생시킨다. 아이는 자신이 상상적 남근이 됨으로써 어머니의 결여를 채우는 욕망의 대상이 되고자 하지만, 이내 곧 자신이 완전한 대상이 될 수 없음을 깨닫는다. 아이 자신은 결여된 존재일 뿐만 아니라 어머니의 욕망은 아이 너머의 다른 곳을 향하고 있기 때문이다. 따라서 아이는 좌절과 동시에 상상적 남근과의 동일시에서 벗어나 오이디푸스의 다음 단계로 진입한다.

오이디푸스의 두 번째 단계는 어머니와 아이 사이에 제삼자인 상상적 아버지가 개입하면서 시작된다. 이전 단계에서 다른 곳을 향하던 어머니의 욕망은 궁극적으로 아버지를 향하는데, 바로 남근을 소유한 아버지이다. 남근을 가진 아버지는 어머니와 아이 사이에 개입함으로써 어머니의 욕망의 대상이 되는 동시에 아이가 어머니의 욕망의 대상이 되는 것을 막는다. 이처럼 남근을 가진 아버지는 두 사람에게 욕망의 법을 부여한다. 구체적으로 이 시기에 개입하는 남근을 가진 아버지는 실재의 아버지가 아닌 어머니의 말 속에 등장하는 상상적 아버지이다. 예컨대, 상상적 아버지는 "네가 자꾸만 떼를 쓰면, 아버지에게 혼이 날 거야."와 같이 '어머니의 말 속에서 상상적으로 가정된 아버지'이다. 비록 상상적으로 존재하지만 남근을 소유한 아버지는 어머니의 욕망의 대상이 되고 아이에게 금지와 제한을 명하는 점에서 "상징계의 대리인이자 법의 집행자"(김석, 2010: 138-139)이다. 이 시기의 아이는 박탈로서 자신의 결여를 경험하고 다음 단계로 이동한다.

오이디푸스의 세 번째 단계는 아이가 남근을 소유한 아버지와 자신을 동일시하면서 오이디푸스 콤플렉스를 극복하는 단계이다. 이 시기 아이는 아버지의 남근이 상징계에 속한 것임을 이해하게 되면서 점차 아버지의 법, 즉 상징계의 법을 받아들인다. 상징계의 법을 수용하는 것은 아이가 '남근이 되려는(to be the phallus) 욕망'으로부터 아버지처럼 '남근을 가지려는(to have the phallus) 욕망'으로 변화하는 것으로 나타난다. 남근이 되려는 욕망은 상상적 동일시인 데 비해, 남근을 가지려는 욕망은 상징적인 동일시로서 아이가 자신의 거세를 인정하고 상징계에 자리를 잡는 주체화의 순간이다. 주체화는 아이가 언어로 구조화된 상징계에서 "자신의 이름과 위치를 찾는 것"(앞의 책, 139)이다. 이러한 아이 자신의 이름과 위치 찾기는 아이가 어머니의 욕망의 대상이 되는 상상적 남근과 동일시하는 충동의 장에서 벗어나 '아버지의 이름(Name of the Father)'인 상징적 기표와 동일시하는 욕망의 장으로 진입하는 것이기도 하다. 이와 같이 어머니의 욕망을 아버지의 이름으로 대체함으로써 주체가 출현하는 오이디푸스 콤플렉스 극복 과정을 라캉은 '부성 은유'라 일컫는다. 부성 은유, 즉 아버지의 이름의 은유는 욕망하는 주체가 출현하는 지점이다.

이처럼 라캉의 오이디푸스 과정은 주체를 구성하는 중요한 경험이 된다. 라캉이 설명하는 주체적 실현은 생물학적인 어머니와 아버지의 존재를 필연적으로 가정하지 않는다. 엄밀히 아이는 상상적 합일을 가능하게 하는 어머니의 기능을 하는 존재와, 두 사람 사이의 상상적 합일을 분리시키는 아버지의 기능을 하는 존재를 통해 주체화가 가능하다. 이처럼 주체의 구성은 상상적 합일의 단계, 박탈의 단계, 주체화 구성의 단계를 거쳐 이루어진다. 이는 주체의 결여로서 좌절, 박탈, 거세를 순차적으로 보여 준다. 중요한 점은 주체의 구성 과정이 아이가 어머니의 욕망으로부터 벗어나는 것에서 출발하는 데 있다. 상상적 남근과 동일화된 아이가 어머니의 욕망과 이루는 상상적 합일은 위험천만한 낙원이다. 즉 어머니와 아이의 절대적인 친밀함을 의미하는 합일은 아이에게 구원이 아닌 자신의 존재를 상실하는 무덤이 된다.

라캉은 1956~57년 『세미나 4: 대상관계』에서 아기를 삼키기 위해 입을 벌리고 있는 실재적 어머니를 '악어의 입'으로 비유한다. 이를 18~19세기 스페인의 화가 프란시스코 고야(Francisco Goya, 1746~1828)의 검은 그림 작품 중 하나인 〈사투르누스〉를 통해 잘 이해할 수 있다. 검은 그림(The Black Paintings)은 고야가 72세 되던 해 청각을 상실한 후 은둔 생활을 하면서 1820년부터 1823년까지 귀머거리의 집 내부에 그린 벽화 작품이다. 〈사투르누스〉는 자식에게 지배권을 빼앗

[그림 11-7] 프란시스코 고야, 〈사투르누스〉, 1820~1823
캔버스에 유채, 146x83cm, 프라도 미술관 소장

긴다는 신탁을 들은 로마의 신 사투르누스가 태어난 자식을 차례대로 삼켜서 죽이는 장면을 고야가 흉포하게 재현한 것이다. 이 작품을 통해 우리는 인간의 잔악함과 폭력성을 통찰할 수 있다. 완전한 것 같은 환경을 제공해 줌으로써 아이가 자신으로부터 벗어날 수 없도록 하는 어머니의 욕망은 자식을 삼키는 사투르누스처럼 아이를 "소외"(이수진, 2019: 132-135)시키고 주체화를 방해하는 어머니이다. 주체적 실현의 과정은 이러한 어머니의 욕망에서 벗어나 아이가 아버지의 이름을 받아들임으로써 거세를 인정하고 진정한 자기 존재의 길을 찾는 것이다.

3) 욕구, 요구, 욕망

라캉의 정신분석에서 가장 핵심적인 것이 욕망 개념이다. 라캉은 『에크리』 가운데 「남근의 의미작용」(Lacan, 1966a)에서 욕구, 요구, 욕망을 구분하고 욕망에 대해 설명한다. 이에 대해 상세히 들어가 보자.

욕구(needs)는 인간이 가진 자연적 · 생물학적 본능에 상응하는 개념이다. 욕구는 인간의 신체적인 생존을 위해 충족해야 할 생물학적 필요이다. 이에 욕구는 대상 의존적이다. 예컨대, 목마름과 같은 욕구는 갈증을 해소할 수 있는 물이나 음료를 통해 충족이 가능하다. 인간의 식욕, 수면욕, 생식을 위한 성욕 등은 욕구에 해당한다.

요구(demand)는 인간이 자신의 욕구를 타인에게 언어로 전달하면서 발생하는 것으로 타자의 개입을 조건으로 한다. 예컨대, 아이가 자신의 허기를 채워 달라고 어머니에게 제스처나 말로 요구하는 장면을 떠올릴 수 있다. 이때 아이가 요구하는 것은 젖이라기보다는 젖을 통해 느낄 수 있는 어머니의 절대적인 현존과 사랑이다. 이를 라캉은 "요구 자체는 자신이 요청하는 만족이 아닌 다른 것을 향해 있다. 요구는 현존 또는 부재의 요구이다. 이는 어머니에 대한 원초적 관계가 드러내 주는 것으로, 이 관계는 대타자를 내포하는 것이며, 〔…〕 대타자의 특권은 우리가 사랑이라고 부르는 것을 지시해 준다"(Lacan, 1966c/2019: 807)고 기록한다. 요구는 인간에게서 허용될 수 있는 모든 것을 절대적 사랑으로 바꿈으로써 특수성을 지양한다. 욕구 대상의 특수성은 요구 속에서 보편성, 즉 '완전한 사랑에 대한 요청'으로 변화하기 때문이다. 인간의 요구는 절대적이고 무조건적 사랑에 대한 요구로 현실에서는 궁극적인 만족이 불가능하다.

욕구와 요구의 간극에서 발생하는, 욕구의 충족 이후에도 채워지지 못한 사랑의 갈망으로 남는 잔여가 욕망이다. 라캉은 "욕망(desire)은 충족에의 갈망도 아니고 사랑의 요구도 아니며, 후자로부터 전자의 이탈에서 비롯되는 차이이고, 그것들의 분할 현상 자체이다"(앞의 책, 808)라고 설명한다. 즉 욕망은 욕구와 요구가 분열되면서 불가능한 대상에 대한 갈망으로 남는 것이다. 욕망 역시 언어적 본성에서 비롯됨에 따라 대타자를 상정하는데, "대타자와 주체는 관계의 파트너 서로를 위해 욕구의 주체나 사랑의 대상인 것으로 충분할 수 없고, 다만 욕망의 원인 역할을 해야만 한다"(앞의 책, 808). 이는 욕망이 주체와 대타자 사이에서 변증법적으로 작용하는데, 대타자는 주체의 욕망의 원인임을 보여 주는 라캉의 설명이다.

욕망에 대해 라캉은 「프로이트적 무의식에서의 주체의 전복과 욕망의 변증법(The Subversion of the Subject and Dialectic of Desire in the Freudian Unconscious)」에서 "인간의 욕망은 대타자의 욕망이다(Le désir de l'homme est le désir de l'Autre, The man's desire is the Other's desire)"(Lacan, 1966a: 814, 1966b/2006: 690, 1966c/2019: 960)라는 대표적인 명제를 밝힌다. 이 명제는 구체적으로는 두 가지 의미로 해석할 수 있다. 첫째, '인간은 대타자의 욕망의 대상이 되기를 원한다'는 의미이다. 즉 욕구의 대상이 자연적·물리적 대상인 반면, 욕망의 대상은 대타자의 욕망 자체이다. 특히 인간은 대타자의 성적 욕망의 대상이 되기를 욕망하고, 또한 대타자로부터 인정받기를 욕망한다. 둘째, '인간의 욕망은 대타자의 욕망 속에서 형성된다'는 의미이다. 인간의 욕망은 처음으로 태어나서 만나는 부모 혹은 그 밖의 대타자의 욕망으로부터 비롯될 가능성이 높다. 따라서 어린아이의 욕망은 부모(대타자)의 욕망 속에서 형성된다. 이러한 사실은 주체가 자율적인 존재로 태어나고 욕망하는 것 같지만, 인간의 욕망은 대타자의 욕망에서 비롯됨으로써 출생 이전부터 존재한 대타자(부모)의 욕망에 의해 주체가 "소외되어"(홍준기, 2002: 74) 있음을 보여 준다. 이러한 두 가지 의미는 뫼비우스의 띠처럼 상호 연결된다.

위의 테제에 이어 라캉이 이 논문에서 제시한 완성된 욕망의 그래프는 욕망의 메커니즘을 상세히 보여 준다. "욕망의 그래프"(김석, 2007: 196; Lacan, 1966a: 817)는 라캉이 주체의 욕망과 언어의 관계가 어떻게 작용하는지 위상학적 공간에서 보여 주기 위해 몇 차례에 걸쳐 고안한 것이다. 라캉은 1957~58년 『세미나 5: 무의식의 형성물』에서 처음으로 이 그래프를 소개하고, 1958~59년 『세미나 6: 욕망과 그 해석』 이후 『에크리』의 논문에서 완성된 형태의 그래프를 제시한다.

욕망의 완성된 그래프는 주체의 언어의 이중성을 보여 줌으로써 주체 분열의 논리에 조응한다. 기표(Signifier) → 목소리(Voice)로 표기된 첫 번째 층은

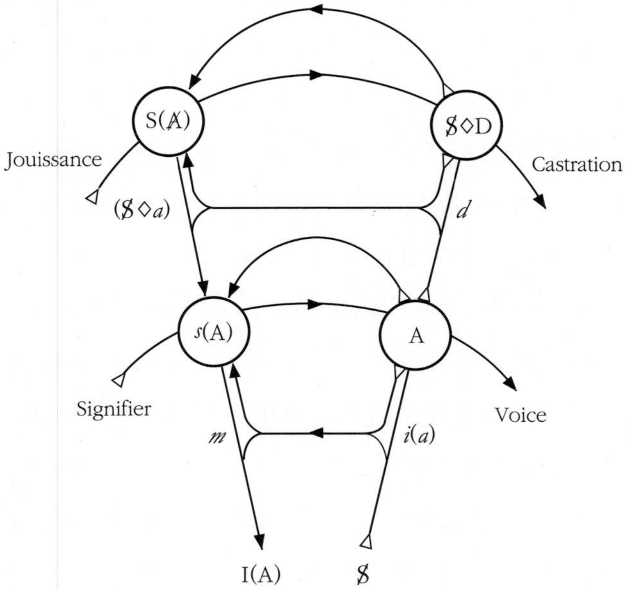

Jouissance(주이상스), S(A̸)(대타자의 결여), \$◇D(대타자에 대한 요구), Castration(거세)
\$◇a(본환상), d(욕망)
Signifier(기표), s(A)(의미), A(대타자), Voice(목소리)
I(A)(자아 이상), m(자아), i(a)(타자), \$(분열된 주체)

[그림 11-8] 욕망의 그래프

주체의 의식이 지배하는 담론의 질서를 나타낸다. 동시에 진행되는 주이상스(Jouissance) → 거세(Castration)로 진행하는 흐름인 두 번째 층은 주체의 무의식이 지배하는 초주체적 담론의 질서를 나타낸다. 라캉에 따르면, 언표 주체는 의식적 담론을, 그리고 언술 행위의 주체는 무의식적 담론을 지배한다. 또한 욕망의 순환과 관련해 첫 번째 층은 상징계와 상상계의 작용을 보여 주는 데 비해, 두 번째 층은 상징계와 실재의 작용을 보여 준다.

욕망의 완성된 그래프를 좀 더 들여다보면, 첫 번째 담론의 층은 주체의 발화에 대한 설명이다. 첫 번째 담론의 층에서 기표와 목소리는 상징계의 등록소로서 작용하여 상징계의 흐름은 주체(Ȣ) → 대타자(A) → 의미(s(A)) → 자아 이상(I(A))의 축으로 진행된다. 이때 상상계의 흐름은 주체(Ȣ) → 타자(i(a)) → 자아(m) → 자아 이상(I(A))의 축으로 미끄러지는 짧은 순환을 나타낸다. 이는 상징계의 작용에서 동시에 수반되는 상상계의 작용을 뜻한다. 주체와 대타자의 사이에서 상상계의 축이 가로막음에 따라 주체는 대타자의 언어를 전도된 형태로만 전달받을 수밖에 없는 것을 'L 도식'을 통해 살펴본 바 있다. 따라서 주체의 메시지는 꽉 찬 말과 함께 의미(s(A)) → 대타자(A) → 의미(s(A))의 형태로 순환이 이루어질 때 진리에 근접한다. 이에 비해 타자(i(a)) → 자아(m)로 미끄러지는 텅 빈 말은 상상적 공간으로 주체의 말과 욕망이 왜곡되는 소외의 장이다.

두 번째 담론의 층은 주이상스(Jouissance) → 거세(Castration)의 벡터로 이루어져 주체의 무의식적 욕망과 주이상스가 대타자의 결여와 연관되어 있음을 보여 준다. 주체, 엄밀히 분열된 주체(Ȣ)의 욕망은 언어와 함께 시작되지만 언어는 욕망의 진리에 궁극적인 답을 줄 수 없다. 이로 인해 주체는 상징계에서만 머물지 않고 언어를 벗어나는 실재의 무의식적 담론의 순환을 한다. 주체가 알고 싶은 메시지는 궁극적으로 대타자의 욕망이다. 이에 주체는 대타자를 향해 요구(Ȣ◇D)를 반복하면서 '당신이 원하는 게 무엇인가(Chè vuoi)?'의 질문과 함께 욕망(d)을 발생시킨다. 그러나 주체는 곧 대타자의 결여(S(Ⱥ))에 직면한다. 대타자의 욕망은 주체에게 알려질 수 없는데, 그 이유는 대타자 역시 상징계에서 거세된 존재이기 때문이다. 이것이 두 번째 담론의 층에서 대타자의 결여(S(Ⱥ))와 대타자에 대한 요구($\$\diamond D$) 사이의 순환으로 나타나는 거세(Castration)의 효과이다. 이 상황에서 주체의 욕망의 추동력이 되는 것은 다름 아닌 환상이다. 주체는 자신과 대타자의 사이에서 '본환상'($\$\diamond a$)을 통해 결여를 충족시킬 수 있다고 믿는 환상 대상 *a*를 놓음으로써 욕망을 지속시킨다. 환상의 대상 *a*는 욕망의 대상이자 원인으로 작용하는 대상이다. 그러나 본질적으로 대상 *a*는 상실의 대상으로서 공백이다. 이에 주체의 환상의 최종적인 탈출구는 거세, 곧 죽음이다. 주체는 죽음 충동을 통해 상징계의 한계인 주이상스(Jouissance)로 향하지만, 본질적으로 주체를 유혹하는 것은 결여 자체로서 주체는 삶 동안 욕망의 변증법적 순환을 멈추지 못한다. 결국 주체는 대타자의 결여에 부딪치며 거세와 주이상스를 반복적으로 체험하게 된다.

이상과 같이 욕망의 그래프의 의미를 살펴보았다. 욕망의 그래프는 주체의 언어가 의식의 층과 무의식의 층으로 분열되는 언어의 이중성을 보여 주는 동시에, 욕망은 언어화한 상징계 내에서 주체가 결여로부터 떠안게 되는 필수불가결한 운명임을 보여 준다. 따라서 주체는 일생 동안 욕망하는 주체가 된다. 즉 주체는 살아가는 동안 끊임없이 대타자의 욕망 속에서 비롯된 욕망을 추구하거나 대타자의 욕망의 대상이 되려고 한다. 욕망의 그래프가 가르쳐 주는 함의는 상징계에서 대타자의 욕망으로부터 벗어날 수 없는 주체가 자신과 대타자의 결여를 인정하고, 궁극적으로는 욕망의 제자리를 찾아가도록 하는 것이다.

4) 소외와 분리

라캉의 정신분석에서 인간의 주체적 삶과 관련한 대표적인 개념이 소외와 분리이다. 라캉은 『세미나 11: 정신분석의 네 가지 근본 개념(*The Four Fundamental Concepts of Psychoanalysis*)』에서 소외와 분리를 설명한다. 그는 언어와의 관련성 속에서 주체를 탐구하는데 주체의 존재, 즉 의미 속에 위치한 주체의 존재를 구체적으로 설명한다.

라캉은 '돈이냐 목숨이냐!' 또는 '자유냐 목숨이냐!'의 비유를 통해 인간이 삶에서 강요된 선택을 할 수밖에 없음을 설명한다. 돈을 선택하면 돈과 목숨을 모두 잃고, 목숨을 선택하면 돈 없는 목숨을 건지게 된다. 동일하게 자유를 선택하면 자유와 목숨을 모두 잃고, 목숨을 선택하면 자유가 없는 목숨을 건지게 된다. 주체의 존재, 의미 아래에 위치한 주체는 존재(Being)를 선택하게 되면 주체는 사라지고 무의미 속으로 떨어지게 된다. 반면, 주체가 의미를 선택하게 되면 의미는 무의미 부분이 잘려 나간 채로 존속하게 된다. 이때 무의미 부분이 바로 주체가 실현될 때 구성되는 무의식이다. 이처럼 주체가 돈이나 자유를 선택하면 주체는 사라진다. 반면, 주체가 목숨을 선택하면 돈이나 자유가 잘려 나간 채 존속하게 된다. 이때 목숨을 건지기 위해 희생된 돈이나 자유는 주체가 실현될 때 구성되는 무의식과 같다.

이 비유는 선재(先在)된 언어의 장에서 주체에게 강요된 선택만이 허락되고, 그럼으로써 주체의 무의식이 발생함을 가르쳐 준다. 즉 의미는 타자의 장에서 출현하기 때문에 주체는 무의미 부분이 잘려진 의미를 선택하게 되는 강요된 선택만이 허락된다. 이러한 대타자의 의미의 강요된 선택은 주체의 무의식이 발생하는 조건이 된다. 여기에서 소외는 주체가 존재를 상실하는 수동적인 경험이라면, 분리는 그 결여를 적극적으로 떠안는 능동적인 경험이다. 소외와 분리의 상세한 설명으로 좀 더 들어가 보자.

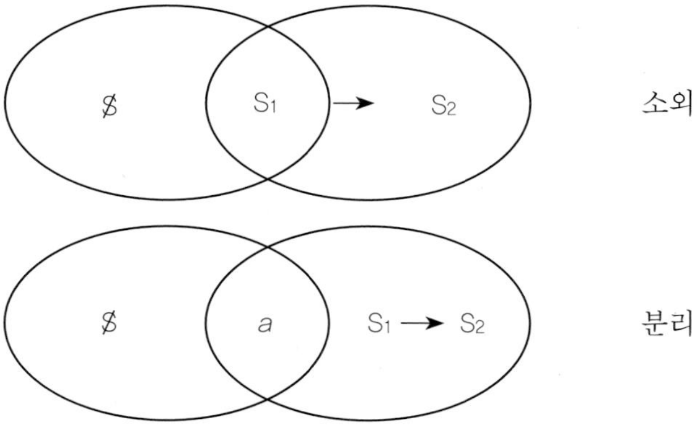

$ (분열된 주체), S_1(제1기표, 최초 기표), S_2(제2기표, 다른 기표), a(대상 a)

[그림 11-9] 소외와 분리

[그림 11-9]는 "소외와 분리의 도식"(홍준기, 2002: 129)이다. 소외(alienation)의 도표는 분열된 주체($) 가 상징계에서 대타자로부터 유래한 무의미한 기표(S_1)와 동일화함으로써 소외가 발생함을 보여 준다. 주체는 이해할 수 없지만 받아들여야만 하는 기표, 즉 타자로부터 유래한 기표에 의해 자신의 존재의 일정 부분이 박탈당하게 된다. 이때 주체가 취할 수 있는 반응은 무의미한 기표와 완전히 동일화함으로써 존재를 상실하거나, 이 무의미한 기표(S_1)에 의미를 부여하기 위해 다른 기표들의 연쇄(S_2)를 참조하는 것이다. 언어는 끝없는 기표들의 연속이므로 의미의 고정은 주어지지 않기 때문에 주체는 진정한 의미에 도달할 수 없다.

분리(separation)는 분열된 주체가 지배 기표(S_1)에 소외되었지만, 이 기표가 제공하는 향유에서 자신이 발달시킨 환상을 통해 심리적으로 살아남는 법을 배우는 것이다. 즉 주체는 환상을 통해 소외에서 분리로 향할 수 있는데, 환상은 주체로 하여금 욕망을 지속시킴으로써 자신을 유지하게 한다. 환상은 주체의 욕망을 조율하는 한계인 동시에 욕망을 무한한 연쇄 속에서 지속시키는 미끼로 작용한다.

이에 분리에서는 본환상 "$\diamond a$"(Lacan, 1973: 209)이 성립되고, 분열된 주체는 대상 *a*를 능동적으로 향유함으로써 분리를 이루어 나간다. 대상 *a*(*object (small) a*)[3]는 주체와 대타자 사이에서 욕망의 대상이자 원인이고 동시에 잉여 향유의 대상이다. 주체는 잉여 향유를 향유함으로써 자신을 소외시켰던 기표와 최소한

---

3) 환상 공식에서 등장하는 대상 *a*는 욕망의 대상이자 원인으로서 주체의 환상의 대상이자 향유의 대상이다. 대상 *a*, 엄밀히 *objet (petit) a* (object (small) *a*)는 라캉의 이론적 변화에 따라 변화하며, 그의 이론의 중심부를 차지하는 개념이다. 대상 *a*, 오브제 아, 타대상 등으로 표기되는 이 용어는 엄밀히 '대상(작은) *a*'로서 '소타자'와 '대상'의 의미를 동시에 갖는다. 1955년 L 도식과 관련하여 처음 소개된 이 개념은 1957~58년 『세미나 5』의 환상 공식($◇a)에서 공식적으로 등장하면서 '욕망의 대상'이 된다. 이후 이 개념은 1960~61년 『세미나 8』의 '아갈마(agalma)', 1963~64년 『세미나 11』의 '욕망의 대상-원인', 1969~70년 『세미나 17』의 '잉여 향유'로 변화하면서 점차 상상적 측면에서 실재적 측면의 의미를 내포하게 된다. 최종적으로 이 개념은 1974~75년 『세미나 22』에서 실재 · 상징계 · 상상계가 모두 교차하는 보로메오 매듭의 중심에 위치하면서, 1975~76년 『세미나 23』에서 생톰(sinthome)과 동일시된다. 대상 *a*에서 *a*의 소문자 이탤릭체 표기는 '대상'의 상상계적 측면을 나타내는 것과, Autre(Other)에서 A와 구분하여 '소타자'를 지시하기 위함이다. 본질적으로 대상 *a*는 상징적 질서에서 "텅 빈 자리(the empty spaces)"(Lacan, 1966b/2006: 327)로서 공백이다. 그 공백의 빈틈에서 주체는 자신을 구성하게 된다.

의 거리를 유지한다. 즉 주체는 환상 속에서 대상 *a*를 주체적으로 향유함으로써 자신이 굴복했던 기표와 안전거리를 유지한다.

소외와 분리에서 오른쪽 기표의 자리는 대타자의 자리이다. 이에 소외는 주체가 대타자의 욕망에 동일화되어 자신의 존재를 상실한 상태라면, 분리는 주체가 대타자의 욕망과 거리를 두어 자신과 대타자 사이에 대상 *a*를 둠으로써 자신의 존재를 되찾는 주체화의 과정이다. 그러나 대상 *a*는 본질적으로 "공백의 빈틈(the gap of an emptiness)"(Lacan, 1966c/2019: 465)이기 때문에 주체는 진정한 자기 존재를 찾기 위해 삶에서 내재한 공백을 인정해야 한다. 그리고 그곳에서부터 주체적 삶의 걸음을 내디뎌야 한다. 라캉의 이론에서 "무, 공백, 결여는 언제나 부정이 아니라 적극적인 가능성으로 이해"(김석, 2008: 67)되기 때문이다.

이러한 라캉의 소외와 분리를 필자는 고야의 작품 〈사투르누스〉(Goya, 1820~1823)와 〈결투〉(Goya, 1820~1823)를 통해 분석한 바 있다(이수진, 2019: 130-133). 앞의 오이디푸스 콤플렉스에서 살펴본 바 있는 〈사투르누스〉는 소외를 가시화하는 듯하다. 주체에게 최초의 대타자는 부모 또는 주 양육자이고, 그들의 언어와 그 언어를 통해 전해지는 삶의 의미와 가치는 주체에게 동일화를 발생시킨다. 이러한 동일화에 자신을 맡김으로써 주체가 존재를 상실한 상태가 소외이다. 마치 사투르누스에게 잡아먹힌 자식처럼, 부모 혹은 대타자로부터 삼켜진 듯 대타자와 융합되어 하나의 존재처럼 살아가거나, 대타자에게 전적으로 의존되어 살아가는 상태, 또는 "정신증(psychosis)"(Fink, 1997a/2002: 336-337)으로 나타나는 주체와 타자의 혼란의 상태가 소외이다.

이러한 소외의 상태에서 주체가 자신의 존재를 되찾기 위해서는 분리를 수행해야 한다. 고야의 〈결투〉는 마치 분리의 과정에 있는 주체의 모습을 우리에게 보여 주는 듯하다. 이 작품은 진흙투성이의 늪에 빠진 채 두 괴물 또는 형제가 서로 치며 싸우는 장면을 나타낸다. 고야는 "카인과 아벨의 형제간의 싸움에서 영감"(Pérez Sánchez, 1979/1990: 130)을 얻어 스페인의 민중이 벌이는 골육상쟁의 어리석음을 이 작품에 반영한다. 우리는 이 작품에서 자신의 욕망을 위해 치열하게 투쟁하는 두 인물을 만날 수 있다. 주체화의 과정으로서의 분리는 이처럼

[그림 11-10] 프란시스코 고야, 〈결투〉, 1820~1823
캔버스에 유채, 123x266cm, 프라도 미술관 소장

주체에게 그지없이 치열한 작업이다.

주체는 자신을 삼켜 버린 소외의 상태에서 벗어나기 위해 분리를 이루어 가야 한다. 주체는 대타자로부터 유래된 기표와, 대타자와, 그리고 본질적으로는 소외된 자신과 치열하게 싸움으로서 분리를 해 나가야 한다. 그렇게 자신과 대타자 사이에 환상 대상 *a*를 둠으로써 자신을 의미화한 동일화에서 벗어나 대타자와 안전거리를 유지하고, 삶의 공백을 인정하면서 그곳에서부터 자신만의 걸음을 내디뎌야 한다. 이것이 라캉이 '옷을 입다', '방어하다', '자신을 위해 필요한 것을 갖추다', '자신을 산출하다'의 의미로도 해석하는 분리이다.

5) 증상

라캉의 정신분석의 특이성은 그가 증상을 새롭게 정의한 것과 관련된다. 라캉은 '신경증적 증상은 무의식의 형성물이고, 갈등하는 욕망 사이의 타협'이라는 프로이트의 견해를 따른다. 그는 한 걸음 더 나아가 정신 증상을 언어학적 개념으로 설명한다. 이는 언어와의 관련성 속에서 무의식을 이해하는 그의 견해와 연결된다. 라캉은 정신분석에서 엄밀히 해소될 수 있는 증상과 해소될 수 없는 증상[4]을 구분한다. 이 두 개념은 증상(symptom)과 생톰(sinthome)으로 개념화된다.

라캉의 증상의 개념 변화를 좀 더 살펴보자. 라캉은 증상을 1953년에는 '기표'로 설명한다. 또한 1955년에는 '의미 작용'으로, 1957년에는 '은유'로, 그리고 1957~58년에는 '메시지'로 설명한다. 이후 1962년부터 언어학적 개념에서 벗어난 증상은 해석이 불가능한 순수한 향유처럼 여겨진다. 이에 라캉은 1975년의 『세미나 23』에서 증상을 생톰으로 정의한다.

라캉은 주체를 고통스럽게 만드는 증상(symptom)이 상당 부분 해소되어야 하고 또 실제로 해소되는 데 비해, 궁극적으로 완전히 해소될 수 없는 증상이 있음을 주장하고 이를 생톰(sinthome)으로 명명한다. 그는 구체적으로 『세미나 23: 생톰(*The Sinthome*)』(Lacan, 2005)에서 실재, 상징계, 상상계 다음의 네 번째 고리로 보로메오 매듭으로서의 생톰을 도입한다. 라캉은 세 가지 질서가 연결되어 있고 그중에 하나가 끊기면 세 고리가 분리되는 특성을 보로메오 가문의 문장(門帳)에서 착안하여 보로메오 매듭을 설명한다. 이것은 실재, 상징계, 상상계의 상호 의존성과 연결성을 나타내는 것이다. 라캉은 이 세미나에서 보로메오 매듭의 해체로 정신병을 예로 들면서 세 가지 질서 다음의 네 번째 고리로 생톰을 설명한다. 생톰은 실재, 상징계, 상상계의 세 가지 질서의 해체를 예방하는 동시에 세 질서의 연결이 끊어진 이후에도 다른 고리들을 붙잡아 주는 기능을 함으로써 주체의 증상을 통한 주체적 실현을 가능하게 한다.

---

4) "라캉의 1975~76년 『세미나 23』의 주제인 'sinthome'에 관해 연구자에 따른 "증상"(김석, 2016: 60; 홍준기, 2013: 211-238), "생톰"(Žižek/이수련 옮김, 1989/2013: 126-132), "병증"(Evans/김종주 외 옮김, 1996/1998: 146-149)의 여러 번역어가 있다. 이 가운데 필자는 'sinthome'을 '증상' 또는 직접적으로 '생톰'으로 기록하고자 한다. 이 용어는 라캉의 증상 개념 변화의 풍부한 의미를 연속선상에서 이해할 수 있게 한다. 또한 정신분석 실천에서도 증상은 이분법적으로 구분할 수 있기보다는 분석 과정을 통해서 분석주체의 병리적인 증상(symptom)과, 자신의 존재 탐구를 위한 무의식적 환상인 증상(sinthome)을 이해할 수 있기 때문이다. 라캉의 정신분석에서 전자는 해소될 수 있는 것이지만, 후자는 분석주체가 분석의 끝에서 동일화하게 되는 것이다. 양자는 주체가 에너지를 투자하는 쾌락적 요소를 지니는 공통점 때문에 증상의 용어로 공유된다. 따라서 라캉의 이론과 분석 실천적 측면에서 두 가지 증상을 연속적인 동시에 실재 · 상징계 · 상상계의 풍부한 의미를 포함하여 이해하고자 '증상'의 용어를 사용한다." 이수진(2018: 73)의 「히스테리 분석의 종결의 의미: 분석가와의 분리와 자신과의 분리」 참조.

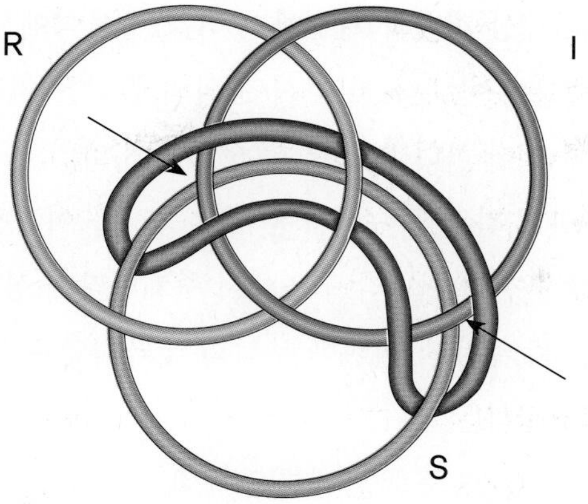

[그림 11-11] 보로메오 매듭으로서의 생톰

이러한 보로메오 매듭으로서의 증상은 [그림 11−11] "생톰(sinthome)의 도식"(Lacan, 2005: 77)을 통해 볼 수 있다. 라캉은 『세미나 23』에서 아일랜드의 작가 제임스 조이스(James Joyce, 1882~1941)를 통해 생톰의 설명을 구체화한다. 조이스는 정신증적 구조이지만 『율리시스(*Ulysses*)』(Joyce, 1922) 같은 작품 글쓰기를 통해 자신을 주체화한 인물이다. 라캉은 'sinthome'의 고어를 사용해 이 단어가 "거룩한 사람(saint homme), 토마스 아퀴나스(saint Thom(as)), 죄(sin), 문학(Littérature, tomes) 등"(홍준기, 2013: 218) 조이스의 삶과 작업에 관한 여러 의미를 함축하고 있음을 설명한다. 라캉은 "조이스의 예술은 생톰이 실재적으로 적합한, 그렇게 특별한 것이다"(Lacan, 2005/2016: 77)라고 기록하면서 조이스를 증상과의 동일화, 즉 증상(생톰)을 통해 증상을 극복한 '윤리적 인물'로 설명한다.

정신증적 구조인 조이스에게 아버지의 이름의 은유로서 가능한 상징계적 지식은 폐제(foreclosure)되어 있다. 조이스에게는 엄밀히 상상계와 실재만이 존재한다. 그의 증상인 실재는 주이상스의 침입이다. 이처럼 상징계적 기능이 부재한 조이스는 자신만의 창조적인 글쓰기를 통해 네 번째의 고리를 도입함으로써 상징계적 지식을 수선한다. 이처럼 증상을 통해 자신의 고유한 정체성을 구현한 점에서 그는 정신증적 구조이지만 주체적 실현을 이룬 윤리적 인물이다.

이 세미나에서 라캉이 강조하는 생톰의 기능은 실재와 상징계와 상상계의 주체적 재결합에 있다. 증상 개념과 관련하여 라캉이 분석에서 초점을 두는 것은 정신의 "구조이지 증상이 아니다. 따라서 분석의 종결은 치료의 측면보다는 구조적 개념으로 받아들여야 한다"(Evans, 1996/1998: 378).

이상과 같이 언어와의 관련성 속에서 주체의 증상을 이해하고, 증상의 치료보다는 정신증 · 도착증 · 신경증의 각 구조에서 주체마다의 상징계와 상상계와 실재의 주체적 재결합, 즉 주체적 실현을 분석의 궁극적인 목표로 삼는 점이 라캉의 정신분석의 특이점이다.

여기에서 해소될 수 없는 증상인 생톰은 주체가 자신의 존재를 탐구하는 무의식적 환상으로 이해해야 한다. 따라서 라캉의 정신분석의 끝에서는 '증상과의 동일화'가 요청되고, 이는 주체가 증상의 실재 속에서 자기 존재의 유일한 지탱물을 인정하고 수용하는 것의 다름 아니다. 이러한 증상, 즉 생톰과의 동일시는 소외와 분리 이후 환상의 횡단을 한 주체가 자신의 이드가 있던 곳, 대상 *a* 기능 너머 충동이 있던 자리, 외상이 있는 자리로 가서 외상적 사건을 스스로 떠맡는, 향유에 대한 책임을 떠맡는 것이다. 이처럼 주체적 재결합의 계기가 되는 증상, 즉 생톰은 라캉의 정신분석에서 삶의 새로운 기회이자 구원이 된다.

3. 라캉 정신분석의 의의

라캉의 정신분석의 의의는 그가 철학 · 인류학 · 언어학 같은 인문학적 배경 위에서 프로이트를 재해석함으로써 정신분석의 외연을 넓힐 뿐만 아니라 정신분석을 진리의 과학인 새로운 학문적 위치로 격상시킨 데 있다. 라캉은 프로이트의 정신분석을 "생물학으로부터 벗어나"(Mitchell & Black, 1995: 204) 언어와의 연관성 속에서 인간의 무의식을 이해하게 함으로써 정신분석의 여러 가능성을 열어 놓는다. 이는 정신분석이 하나의 치료 패러다임을 넘어 철학 · 문화 · 역사 · 예술 · 문학 등의 여러 학문 사이에서 '문화 · 학문적 패러다임'으로서 자리매김할 수 있게 한다. 이러한 라캉의 정신분석의 의의와 특징은 구체적으로 주체, 무의식 그리고 욕망 개념과 연관된다.

첫째, 라캉은 인간을 '주체(the subject)'로 상정하고, 이를 자아와 구분하여 설명한다. 주체는 인간에 대한 탐구와 증상과 삶에 대한 보다 긍정적인 통찰을 가능하게 하는 개념이다. 근대 철학의 출발인 르네 데카르트(René Descartes, 1596~1650)의 '나는 생각한다, 고로 존재한다(Cogito ergo sum)'의 명제를 라캉은 "나는 내가 존재하지 않는 곳에서 생각하며, 따라서 내가 생각하지 않는 곳에 존재한다"(Lacan, 1966c/2019: 618)의 명제로 변용하여, "생각하는 나와 존재하는 나 사이의 불연속 혹은 심연이 자리한다는 것"(김상환, 2006: 54)을 보여 준다. 이처럼 라캉의 주장은 고정된 자아 혹은 자기에 대한 한계를 넘어 덜 실체적이지만, 보다 유동적이고 수용적인 주체의 개념을 상정한다. 이러한 주체는 정신분석 경험에서 그동안 수동적 위치에 있었던 피분석자의 위치를 넘어선다. 즉 분석주체는 정신분석 경험에서 자신을 스스로 분석하는 주체로 자리매김하여 적극적이고 능동적인 역할을 하게 된다. 이는 분석주체의 새로운 위치로의 격상이라기보다는 잃었던 자신의 위치로의 복권(復權)이다.

둘째, 라캉은 주체를 언어 구조의 맥락 속에서 이해한다. 이는 라캉의 대표적 명제인 "무의식은 언어처럼 구조 지어져 있다"(Lacan, 1981: 119)에서 표명된다. 이 명제는 우선적으로는 '무의식과 언어의 구조가 같다'는 것을 의미한다. 즉 언어가 빈곳을 중심으로 구조 지어져 있듯이 무의식도 결코 채워질 수 없는 틈을 중심으로 구조 지어져 있는 것이다. 따라서 주체는 언어와 같은 상징계 속에 위치 지어짐으로써 비로소 주체의 의미가 생성된다. 주체는 기표와 기표 사이의 빈곳 혹은 빈곳을 메우는 여분의 기표이기 때문이다. 따라서 주체는 '언어의 효과'이며 주체의 무의식 역시 언어와 깊은 관련이 있다. 언어와의 관련성 속에 있는 주체는 고정적이고 항존(恒存)적인 주체이기보다는 언어 가운데 끊임없이 생성과 소멸이 반복되는 주체이다.

셋째, 라캉의 또 다른 대표적인 명제는 "인간의 욕망은 대타자의 욕망이다"(Lacan, 1966a: 814)로 볼 수 있다. 이를 통해 라캉은 인간의 욕망에 대한 깊은 통찰을 싣는다. 인간은 삶 가운데 지속되는 욕망 가운데 있는데, 이러한 욕망은 대타자로부터 비롯된 욕망인 동시에 끊임없이 대타자에 대한 욕망의 대상이 되고자 하는 욕망이다. 따라서 주체는 이러한 욕망에 대한 통찰을 통해 자신의 욕망에 대한 제자리를 잡을 수 있도록 노력해야 한다. 이는 소외에서 분리로의 이행인 주체적 실현의 길이다.

이상과 같이 라캉의 정신분석의 의의는 인간이 주체로서 자신의 삶을 살아가는 모습을 가르쳐 준다. 즉 대타자와의 관계 속에서 끊임없이 욕망하는, 그리고 욕망할 수밖에 없는 주체는 자신의 운명을 좀 더 온전히 끌어안아야 하며, 그 과정으로 자신의 좀 더 진실한 목소리에 귀를 기울여야 한다. 그러기 위해서는 대타자의 담화 안에서 자신을 이해할 수 있어야 한다. 삶 가운데 언어를 통해 체현되는 무의식을 만날 때에야 비로소 주체는 자신도, 대타자도 각각의 주체로서 조우할 수 있게 된다. 이처럼 철학적인 관점에서 주체를 바라보고, 주체화된 삶을 살아갈 수 있도록 촉진하는 측면에서 라캉의 정신분석의 독자적인 의의와 가치가 있다.

12장 라캉 정신분석 미술치료의 실제

1. 라캉 정신분석 미술치료의 과정과 목표

라캉 정신분석 미술치료는 라캉의 정신분석을 토대로 한 미술치료이다. 이 절에서는 치료 과정과 목표를 상세히 살펴본다. 라캉 정신분석 미술치료는 크게 세 가지 과정으로 구분한다. 초기의 주체의 정신 구조 진단, 중기의 소외에서 분리로의 이행, 후기 환상의 횡단 너머 증상과의 동일화이다. 이 내용으로 상세히 들어가 보자.

1) 라캉 정신분석 미술치료의 과정

라캉 정신분석 미술치료가 다른 치료와 갖는 중요한 차이점은 구조적 진단법이다. 구조적 진단법은 분석주체의 정신 구조를 정신증, 도착증, 신경증으로 구분하고, 이를 치료 목표와 분석가의 전이적 태도를 설정하는 중심적 근거로 삼는다. 라캉주의 분석가들은 '결정적 기간의 가설(critical period hypothesis)'을 채택하는데, 출생 후 처음 몇 년 동안을 주체의 정신 구조가 결정되는 중요한 기간으로 여긴다. 결정적 기간이 얼마나 지속되는지 분명하지는 않더라도 그 기간이 지난 후에는 분석주체의 정신 구조가 변할 수 없음을 피력한다. 라캉의 정신증, 도착증, 신경증에 관한 질병 기술학은 증상의 집합이 아닌 구조로 간주함으로써 "연속선상의 차원적 체계라기보다는 오히려 불연속적인 범주 분류 체계"(Evans, 1996/1998: 73)로 이해해야 한다. 이에 세 가지 구조는 상호 배제적이다. 따라서 라캉 정신분석 미술치료에서 세 가지 정신 구조는 구분되고, 어떤 치료도 정신증을 도착증이나 신경증으로 변화시킬 수 없다. 라캉의 정신분석 관점에서는 정신증적 주체, 도착증적 주체, 신경증적 주체가 있고, 치료는 이들이 각 구조에서 증상(생톰)을 통해 상징계, 상상계, 실재의 재결합을 이루어 가는 주체적 실현이다. 이러한 주체화의 과정에 소외에서 분리로의 이행, 환상의 횡단, 증상과의 동일화가 있다.

(1) 주체의 정신 구조 진단

라캉 정신분석 미술치료의 초기에는 분석가가 분석주체의 정신 구조를 진단해야 한다. 분석주체의 정신 구조를 진단하는 구조적 진단법은 그/그녀의 존재 방식이자, 병리 현상이 되는 동시에 삶을 살아가는 실존적 방식을 이해하는 틀이 된다. 라캉은 언어와의 관련성 속에서 주체를 이해함에 따라, 분석주체의 정신 구조도 주체가 언어(대타자)와 맺는 관계에 따라 결정한다. 구체적으로 구조적 진단법은 분석주체가 오이디푸스 과정을 경험하면서 아버지의 이름과 맺는 관계에 따라 결정된다.

구조적 진단법은 분석주체가 상징적 아버지의 기능과 맺는 관계로서 오이디푸스 콤플렉스의 은유(부성 은유)의 결과에 따라 결정된다. 따라서 분석주체가 오이디푸스 콤플렉스를 극복하는 것은 상징계 안에서 자신의 위치를 찾고 이름을 갖는 정체성을 획득하는 것이다. 여기에는 유아가 출생 후 어머니와의 이자 관계(the dual relation) 너머 아버지가 개입하는 삼자 관계(the triad relation)에서야 비로소 주체로 자리매김될 수 있다는 라캉의 전제가 있다.

구체적으로 정신증(psychosis)은 '아버지의 이름(Name-of-the-father, Nom-du-Père)'에 대한 폐제(foreclosure, 廢除), 도착증(perversion)은 부인(disavowal, 否認), 신경증(neurosis)은 억압(repression, 抑壓)의 메커니즘이 작동한다. 이러한 세 가지 "정신 구조와 주체화의 과정"(Fink, 1997a/2002: 337)을 연결하면 다음과 같이 이해할 수 있다.

정신병 ⇒ **소외** ⇒ 도착증
도착증 ⇒ **분리** ⇒ 신경증
신경증 ⇒ **환상의 횡단** ⇒ 신경증을 넘어서

[그림 12-1] 정신 구조와 주체화의 과정

브루스 핑크(Bruce Fink)는 『라캉과 정신의학(*A Clinical Introduction to Lacanian Psychoanalysis: Theory and Technique*)』에서 주체화를 구성하는 세 가지 계기를 소외, 분리, 환상의 횡단으로 명기한다. 그리고 이 개념들을 세 가지의 정신 구조와 연결하여 설명한다.

정신증이 발병한 정신병과 도착증의 차이는 소외이고, 도착증과 신경증의 차이는 분리이다. 따라서 주체와 대타자 사이에서 소외가 발생하지 않은 상태가 정신증이고, 소외가 발생하여 이를 극복하면 도착증이 된다. 같은 맥락에서 주체와 대타자 사이에서 소외 이후 분리가 발생하지 않으면 도착증이 되고, 분리를 극복하면 신경증이 된다. 소외와 분리를 극복한 신경증은 환상의 횡단 이후 신경증을 넘어서 거세의 저편으로 인도될 수 있다.

이제 각 구조를 소외와 분리 도식에 연결하여 이해해 보자. "주체의 정신 구조"(Fink, 1997a/2002: 337)에서 보는 바와 같이, 정신증은 오이디푸스 과정에서 주체가 아버지의 이름, 즉 상징적 아버지의 기능을 폐제함으로써 어머니의 욕망에 삼켜져 어머니와 하나가 된 구조이다. 정신증의 하위 구조로는 조현병과 편집증이 대표적이고 그 외에 조울증이 있다. 이러한 정신증적 주체는 타자와의 관계에서 '소외'를 극복하지 못한 상태이다. 소외를 거치지 않음에 따라 정신증

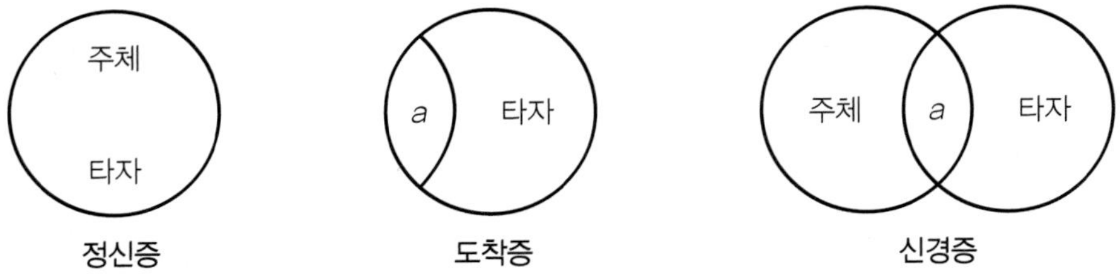

[그림 12-2] 주체의 정신 구조

적 주체는 대타자가 허용하는 상징적 질서의 현실과 상상을 구분할 수 없고, 이에 따른 대표적인 증상으로 환각과 망상을 나타낸다. 그리고 언어의 혼란으로 해체된 언어와 신조어를 사용한다. 이들은 아버지의 기능 자체를 폐제함으로써 상징계가 상상계를 덧쓰는 데 실패하여 생물학적 충동의 장이 언어의 장으로 대체되는 은유가 결여된 것이다.

정신증적 주체에 대한 치료에서 상징계는 보충될 수 있을 뿐이다. 따라서 분석가는 정신증적 주체가 타자와 최소한의 경계(境界) 및 거리를 유지하면서 자아를 보충하도록 분석 공간을 마련해야 한다. 이는 아버지의 이름의 폐제에 따른 정신증적 주체의 "공백을 보충(supplementing)"(Fink, 2007: 254; Lacan, 1966b/2006: 484)하는 것의 다름 아니다.

도착증은 오이디푸스 과정에서 주체가 상징적 아버지의 기능을 부인함으로써 발생한다. 구체적으로 도착증적 주체는 "아버지의 거세 위협과 관련된 관념"(Fink, 1997a/2002: 292)이 의식에서 부인된 경우이다. 따라서 도착증적 주체는 어머니의 거세와 자신의 거세를 인정하지 못한다. 도착증의 하위 구조로는 페티시즘(fetishism), 노출증(exhibitionism), 관음증(voyeurism), 사디즘(sadism), 마조히즘(masochism)이 있다. 라플랑슈와 퐁탈리스는 도착증(성도착증)에 관해 다음과 같이 정리한다.

> 성기의 삽입을 통해 오르가슴을 얻는 것을 목표로 하는, 이성과의 성교로 정의되는 '정상적인' 성행위에 비해 일탈된 행위. 다른 성적 대상[동성애, 아동애(pedophile), 수간 등]

> 이나 다른 신체 부위(가령 항문 성교)를 통해 오르가슴에 도달할 때, 그리고 오르가슴이 어떤 비본질적인 조건—이 자체만으로 성적인 쾌락을 가져올 수 있는—에 절대적으로 종속되어 있을 때(물품 음란증, 의상 도착증, 관음증과 노출증, 가학-피학증) 일반적으로 도착증이 있다고 말한다. 좀 더 넓은 의미에서 성적인 쾌락의 획득에서 그러한 비정형적인 수단을 동반하는 성 심리 행위 전체를 성도착이라고 한다(Laplanche & Pontalis, 1967/2005: 115).

이처럼 도착증은 프로이트가 『성욕에 관한 세 편의 에세이』에서 성도착으로 설명한 '성적 대상' 또는 '성적 목표'의 일탈과 관련된 여러 행위를 일컫는다. 라캉은 프로이트의 견해에서 한 걸음 더 나아가 도착증을 행위나 증상이 아닌 주체의 정신 구조로 보는 것이다.

도착증적 주체는 자신이 대타자를 충족시킬 수 있는 대상에 스스로를 동일시하면서 어머니(대타자)의 거세 현실을 부인한다. [그림 12-2]의 도식처럼 도착증적 주체는 자신을 대상 *a*로 환원하여 그 지위로 전락함으로써 철저히 타자의 요구의 도구가 된다.

라캉은 이와 같은 도착증의 특성을 『에크리』, 「칸트와 사드(Kant and Sade)」에서 신경증 환자의 환상 공식을 뒤집은 도착 공식($a \diamond \$$)(Lacan, 1966c/2019: 907)을 제시한다. 도착증의 이러한 측면은 "상징화가 부재하거나 실패"(Fink, 1997a/2002: 310)함으로 인해 그/그녀가 부권적 기능을 지탱하기 위한 전략을 취하는 것이다. 즉 타자로 하여금 법을 공표하도록 만들거나, 아니면 자신이 법의 자리에 위치하고자 한다. 도착증적 주체가 상징적 법을 만들고자 하는 노력은 자신의 주이상스(Jouissance)에 한계를 부과하려는 노력과 맞닿아 있다. 도착증적 주체는 자신이 대상이 되어 타자에게 주이상스(충동의 만족)를 경험하게 함으로써 역설적으로 자신의 주이상스에 한계를 부과하고 자신의 불안을 해소한다. 이러한 점에서 구조로서의 도착증인 노출증, 관음증, 사디즘, 마조히즘의 행위의 목표에는 타자의 주이상스 만족 이면의 불안이 깃들어 있다. 이러한 도착증적 주체의 행위에는 "나는 내 거세를 완성하기 위해서 그 짓을 한다. 나는 타

자가 존재하도록 만들기 위해서, 법을 선언하기 위해서 그 짓을 하는 거야"(앞의 책, 332)의 속내가 있다. 궁극적으로 도착증적 주체는 자신의 주이상스를 금지하는 거세 자체를 무대화하는 데서 쾌락을 얻는데, 이러한 노력은 바로 분리를 수행하고자 하는 노력이다.

도착증에 대한 치료에서는 분석가가 분석주체로 하여금 자신의 무의식을 대면할 수 있도록 촉구해야 한다. 즉 분석주체가 어머니와의 관계에서 아버지를 위한 자리를 만들 수 있도록, 어머니의 욕망에 이름을 붙일 수 있도록 "요구를 욕망으로 변형"(앞의 책, 346)시켜야 한다. 부재하거나 실패한 아버지의 기능을 마련할 수 있도록 언어화하고 이름 붙이는 상징화 자체가 도착증적 주체로 하여금 분리를 향하도록 한다. 따라서 분석가는 이러한 분석 공간을 마련해야 한다.

신경증은 오이디푸스 과정에서 주체의 소외와 분리가 이루어지고, 아버지의 이름에 대한 억압이 나타나는 경우이다. 이들은 상징계에서 언어의 기본 구조를 습득하고 자신의 사고에 대한 의심의 지배를 받는다. 즉 정신증이 자신의 환각이나 망상을 현실에 근거하지 않고 확신한다면, 신경증은 자신의 감각이나 생각을 현실에 근거하여 의심해 본다. 이러한 "현실감의 상실(a loss of reality)"(Freud, 1924: 183)은 정신증의 대표적인 특징이자, 정신증과 신경증을 구분하는 중심적인 근거가 된다. 따라서 신경증은 환상을 통해 쾌락에 도달하는 성향이 강하고, 충동과 연관된 표상은 주로 억압한다. 억압된 것은 프로이트가 기록한 말실수, 실수 행위, 꿈, 증상의 형태로 주체의 삶에 회귀한다. 프로이트는 신경증의 하위 증상으로 히스테리, 강박증, 공포증을 설명하는 데 비해, 라캉은 신경증을 정신 구조로 여김에 따라 신경증의 대표적인 하위 구조로 히스테리와 강박증을 설명한다. 이러한 히스테리와 강박증에 대해 핑크는 "병인학적 고찰"(Fink, 1997a/2002: 279)로 비교하고, 다음과 같은 "도식"(앞의 책, 209, 211)을 제시한다.

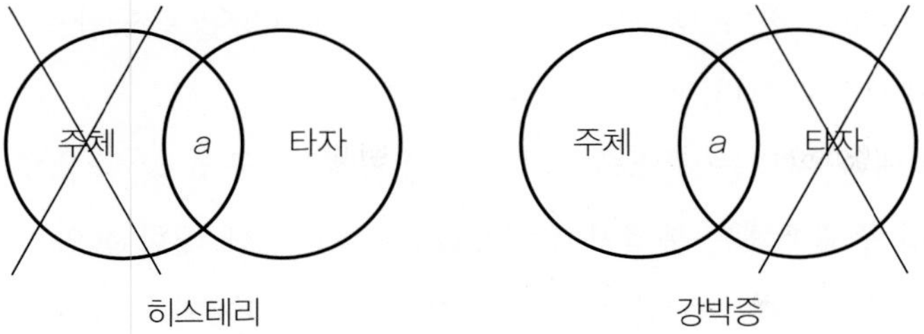

[그림 12-3] 히스테리와 강박증의 도식

표 12-1 히스테리와 강박증의 비교

	의문	주요 관련 성감대	성욕에 대한 태도	존재에 대한 전략	분리 극복의 전략	욕망 형태	본환상
히스테리	남자인가 여자인가?	구순	혐오감	타자의 욕망의 원인 되기	타자를 보완하기	불만족	$a \Diamond \not{A}$
강박증	죽었는가 살았는가?	항문	죄의식	사유 속에 있기	주체를 보완하기	불가능	$S \Diamond a$

〈표 12-1〉에서 보는 바와 같이 히스테리는 자신의 정체성을 발견하기 위해 '남자인가 여자인가?' 질문을 던지는 주체이다. 이들의 주요 성감대는 입 또는 입술과 관련된 것이고, 성욕에 대한 주된 태도는 혐오감이다. 이들의 존재 전략은 대타자의 욕망의 원인이 됨으로써 대타자의 욕망을 통해 자신의 욕망을 탐구하고, 대타자를 보완하는 형태로 분리를 극복하고자 한다. 그러나 이들은 주로 불만족한 욕망으로 욕망을 지연시키면서 본환상($a \Diamond \not{A}$)을 전개시켜 나간다. 히스테리가 보여 주는 대타자의 결여는 역설적이게도 그/그녀의 욕망 탐구의 전략이 된다.

강박증은 자신이 '죽었는가 살았는가?'의 질문을 통해 존재를 탐구한다. 이들의 주요 성감대는 항문이고, 성욕에 대한 주된 태도는 죄의식이다. 강박증의 존재 전략은 주로 사유 속에 있음으로 대타자를 무화(無化) 또는 중화시킴으로써 주체를 보완하고자 한다. 이들은 불가능한 형태의 욕망을 탐구함으로써 본환상 (S◇a)을 전개시켜 나간다.

신경증에 대한 치료는 히스테리와 강박증의 하위 구조 및 증상에 따라 다르다. 히스테리 주체에게는 분석가가 그/그녀의 대타자에 대한 욕망 탐구의 질문을 되돌려 주어야 한다. 즉 '남자인가 여자인가?', '대타자가 나에게 원하는 것은 무엇인가?' 질문을 던지는 히스테리 주체에게 분석가는 대답을 해 주는 것이 아닌 대타자의 욕망에 질문을 던지는 그/그녀의 욕망 자체를 들여다볼 수 있도록 '무의미'와 '모호함'을 전해 주어야 한다. 이러한 대답만이 히스테리 주체가 자신의 욕망을 탐구하기 위해 대타자를 경유하는 자신의 모습 그대로를 마주할 수 있게 한다.

강박증 주체에게 분석가는 그/그녀가 대타자의 욕망을 대면하게끔 해야 한다. 이것은 타자를 무화하면서 사유 속에 머묾으로써 주체를 보완하는 강박증자의 환상을 깨트리는 방법이 된다. 강박증 주체에게는 지속적으로 대타자의 존재와 욕망을 일깨워 줌으로써 그/그녀가 자신만의 환상을 지속시키지 못하도록 해야 한다.

이상과 같이 살펴본 정신증적 주체, 도착증적 주체, 신경증적 주체의 특성과 치료적 함의는 정신분석 미술치료의 초기에 분석가가 취해야 할 전이적 위치와 의미를 가르쳐 준다. 분석가는 정신증적 주체에게는 소외를 향하도록 자아를 보충할 수 있는 방향으로 분석을 진행해야 한다. 또한 분석가는 도착증적 주체에게는 분리를 향하도록 그/그녀의 요구를 욕망으로 변형시켜야 한다. 신경증적 주체에게 분석가는 그/그녀가 자신의 욕망 탐구 방법을 제대로 대면하게 함으로써 환상의 횡단을 이루어 갈 수 있도록 촉진해야 한다.

(2) 소외에서 분리로의 이행

라캉 정신분석 미술치료 중기에서는 분석가가 분석주체의 소외에서 분리로의 이행을 촉진해야 한다. 여기에서 소외와 분리는 두 가지 의미를 갖는다. 한 측면으로는 분석주체의 정신 구조를 고려할 때 정신증적 주체가 주체화를 이루어 갈 수 있는 소외, 그리고 도착증적 주체가 주체화를 이루어 갈 수 있는 분리의 의미이다. 다른 한 측면으로는 신경증적 주체가 자신의 존재 탐구를 위해 욕망의 변증법에서 극복해야 할 소외에서 분리로의 이행의 의미이다. 이러한 소외와 분리의 의미는 앞의 기본 개념에서 살펴본 내용을 토대로 한다. 이 절에서는 분석 실제에서 분석주체의 소외에서 분리로의 이행을 촉진할 수 있는 분석가의 개입 과정에 대해 구체적으로 살펴본다.

라캉 정신분석 미술치료에서 분석주체는 예술에 대한 투사와 분석가에 대한 전이를 형성하면서 소외에서 분리로의 이행을 촉진할 수 있다. 분석주체의 예술에 대한 투사는 주로 그/그녀의 상상적 이자 관계에서의 자기 발견을 촉진한다. 또한 분석주체의 분석가에 대한 전이는 그/그녀의 상징적 삼자 관계에서의 자기 발견을 촉진한다. 여기에서 분석가는 분석주체의 대타자로, 예술은 분석주체의 "대상 *a*"(Lacan, 1973: 112)로서 기능한다. 좀 더 상세한 치료 과정으로 들어가 보자.

라캉의 정신분석 치료에서 분석주체의 분석가에 대한 전이는 분석가의 "경청하기와 듣기(Listening and Hearing), 질문하기"(Fink, 2007: 1-35)로부터 출발한다. 분석주체의 말과 말하기에 대한 분석가의 경청하기와 듣기 그리고 질문하기는 치료 기간 전반은 물론 초·중기 단계에서 중요하게 적용되는 치료의 원리이자 방법이다. 경청하기와 듣기는 분석주체의 말을 분석가 자신과 연관시키는 방식이나 자기 본위로 듣는 상상적 방식이 아닌 '자유롭게 떠도는 주의력(the free-floating attention)' 또는 "고르게 떠도는 주의력(the evenly-suspended attention)"(Freud, 1912: 111)으로 아무것도 가정하지 않은 채 듣는 것이다. 이는 분석주체의 자유 연상에 조응하는 분석가의 자유 연상이기도 하다. 프로이트의 제자인 오스트리아 분석가 테오도르 라이크(Theodor Reik)는 고르게 떠도는 주의력을 "제3의 귀로 듣는 것"(Lacan, 1966b/2006: 394)으로 설명한다. 분석가의 이러한 듣기의 방식은 분석주체로 하여금 그간 들여다보지 못했던 분산된 기억과 삶의 조각들을 탐색하게 하고, 자신의 욕망에 대한 질문을 스스로 할 수 있는 기회를 제공한다.

다음으로 분석주체의 전이 형성은 분석가의 "구두점 찍기(Punctuating)"(Fink, 2007: 36-46)로 좀 더 심화될 수 있다. 즉 분석가는 분석 담론에서 분석주체의 말을 반복해 주거나, 특별한 단어나 구절과 같은 무의식적인 언어를 부각시킴으로써, 그것들의 다의성(polysemy)을 보여 주는 구두점 찍기를 한다. 이러한 방법은 분석주체로 하여금 자신이 간과하거나 무심코 지나쳤던 무의식적인 언어를 인식하게 함으로써, 자신의 무의식을 발견하도록 촉진한다.

라캉 정신분석은 분석주체의 실재와의 만남을 겨냥한다. 실재는 동일한 주제, 사건, 개념 등으로 돌아가 분석주체로 하여금 그 주위를 끊임없이 맴돌게 하는 어떤 것이다. 또한 분석주체의 말로 표현되지 못한 채 남아 있는 본질적인 집착에 이르도록 하는 어떤 것이다. 이러한 실재와의 만남, 엄밀히 실재와의 조우(遭遇)를 촉진하는 분석적 방법이 "해석하기(Interpreting)"(Fink, 2007: 74-100)이다. 라캉에 따르면, 분석주체의 진실은 항상 다른 곳에 있기 때문에 해석의 목표는 분석주체의 "실재를 적중시키는 것(Interpretation aims to hit the real)"(앞의 책, 77)이 된다. 따라서 라캉의 정신분석에서 분석가는 "신탁의 말(oracular speech)"(Fink, 1997a/2002: 88)과 같은 모호한 말로 해석을 제시한다. 이러한 해석은 분석주체로 하여금 자신의 무의식을 더욱 탐구하도록 이끌기 때문이다. 이와 같은 라캉의 분석은 분석주체로 하여금 언어화되지 않았던 트라우마적 사건을 스스로 탐색하고 언어화하게 함으로써 점진적으로 실재를 유출시킨다. 이로써 분석주체는 그/그녀의 욕망을 고착시킨 어떤 것을 스스로 언어화함에 따라 다시금 욕망을 발생시키게 된다. 이러한 작업을 촉진하는 것이 해석하기이다.

해석하기는 오스트리아의 분석가 리처드 스터바(Richard Sterba)의 1934년 용어로는 경험하는 자아(the experiencing ego)와 함께 관찰하는 자아(the observing ego)를 활성화하는 것이다. 즉 분석주체는 자신의 경험에 이어 경험하는 자신을 객관적으로 탐색하고 관찰함으로써 자신의 모습을 좀 더 발견할 수 있게 된다.

이러한 치료의 과정은 분석주체의 분석가에 대한 "전이와 전이의 전복"(Dor, 1994/2005: 105-116)을 가능하게 한다. 라캉은 『에크리』에서 전이를 다음과 같이 설명한다.

> 주체에게 전이는 하나도 실재적인 것이 아니다. 단지 전이는 분석적 변증법이 지체되는 시점에 주체가 자신의 대상들을 만들어 내는 지속적 양식들의 등장일 뿐이다. 그렇다면 전이를 해석한다는 것은 무엇일까? 그것은 단지 이 죽은 지점의 공백을 미끼로 메운다는 것이다. 그러나 이 미끼는 유용한데, 비록 그것이 속임수일지라도 다시 도약시키기 때문이다(Lacan, 1966c/2019: 260).

라캉은 전이가 피분석자의 '무의식이 현실화되는 장소이자 대상관계'라는 고전적인 정의에서 더 나아가 전이를 분석주체와 분석가 사이에서 '분석적 변증법이 전개되는 장소'로 본다. 그러므로 분석적인 담화 가운데 분석주체의 주체화의 진보가 이루어질 수 있도록 분석 공간을 마련하는 '분석가의 중립성'이 중요하다. 이것은 분석가가 좋은 일을 하려는, 또는 치료하려는 욕망을 내려놓는 것이다. 엄밀히 분석가는 '텅 빈 스크린'과 같은 모습으로 분석주체의 환상이나 상상적 각본을 충족시켜 주는 동일화에서 벗어나야 한다. 이는 분석주체의 언어가 전개하는 상상적 것에 집중하기보다는 실재를 겨냥하여 그/그녀의 무의식을 드러낼 수 있도록 하는 분석가의 역할을 의미한다.

정신분석 치료에서 분석가는 상호 주체적인 관계에서 분석주체의 욕망의 원인은 대타자(분석가)가 아닌 분석주체 자신에게 있음을 깨닫게 해야 한다. 전이의 형성과 전이의 전복은 분석주체로 하여금 초기에는 안다고 가정된 주체로서 중요하게 인식되었던 분석가가 후기에는 외면되는 대타자가 되어야 하는 것을 보여 준다. 엄밀히 안다고 가정된 주체는 분석가가 아니라 분석주체의 무의식이다. 따라서 전이의 전복 이후 외면되는 분석가는 분석에서 그 의미와 역할을 폄하하는 것이라기보다는, 분석의 진정한 주체권이 분석주체에게 있음에 따라 철저하게 대타자로서 존재해야 하는 분석가의 역할을 강조하는 것이다. 이처럼 전이의 형성으로부터 전이의 사랑 이후 이루어지는 전이의 전복은 분석주체로 하여금 분석가와의 전이를 통해 소외에서 분리로의 이행을 가능하게 한다. 이때 분석주체의 분리를 구체화할 수 있는 것이 대상 a로서의 예술이다.

대상 a로서의 예술은 라캉의 미술치료에서 예술의 의미와 기능을 나타낸다.

대상 *a*로서의 예술은 분석주체의 예술 작업과 작품이 그/그녀의 욕망의 원인이자 대상으로서 "환상의 창, 스크린, 증상, 대상 *a*, 분석가 담화"(이수진, 2013a: 638)가 되는 것을 말한다. 이에 미술치료 과정에서 분석주체는 대상 *a*로서 기능하는 예술을 통해 상상적 이자 관계의 자기 발견 이후 상징적 삼자 관계의 자기 발견이 가능해짐으로써 소외에서 분리로 이행할 수 있다.

(3) 환상의 횡단 너머 증상과의 동일화

라캉 정신분석 미술치료 후기에서는 분석가가 소외에서 분리로의 이행을 한 분석주체로 하여금 환상의 횡단 그리고 증상과의 동일화를 통해 주체적 실현을 이어 가도록 촉진해야 한다. 환상의 횡단은 분석주체가 대타자와의 사이에서 욕망과 관련한 새로운 위치를 떠맡는 것을 의미한다. 핑크는 환상의 횡단을 다음의 도식을 통해 설명한다.

$$\curvearrowright$$
$$\$ \diamond a$$

[그림 12-4] 환상의 횡단

> 〔환상의 횡단〕 이 추가적 분리는 〔주체가〕 자신의 〔욕망의〕 원인이 되려는, 원인의 자리에서 주체로서 존재하려는 주체의 시간에서 역설적인 움직임에 있다. 외래적 원인, 주체를 세계로 데리고 온 저 타자적 욕망은 어떤 의미에서 내면화되고, 책임져지고, 떠맡아지고, 주체화되고, '자기 자신의 것'이 된다. 〔…〕 환상의 횡단은 주체가 외상을 주체화하는, 외상적 사건을 스스로 떠맡은, 그 향유에 대한 책임을 떠맡는 과정이다(Fink, 1997b/2010: 127).

이처럼 환상의 횡단은 분석주체가 자신의 욕망의 원인이자 대상인 대상 *a*의 자리, 본질적으로는 상실의 자리, 공백의 자리로 가는 것이다. 이것은 분석주체가 자신의 외상의 원인의 자리로 감으로써 그 외상적 사건을 스스로 떠맡고 책임을 지는 것이다.

환상의 횡단은 분석주체로 하여금 보로메오 매듭으로서의 증상, 즉 생톰(sinthome)과의 동일화를 가능하게 한다. 이러한 증상(생톰)과의 동일화는 분석주체가 증상의 실재 속에서 자기 존재의 유일한 지탱물을 인정하는 것이다. 또한 자신의 "병리적 특수성 속에서 존재의 일관성을 부여하는 어떤 요소를 인정"(Žižek, 1989/2013: 132)하는 것이기도 하다.

이처럼 라캉 정신분석 미술치료는 분석주체가 소외에서 분리로 향하고, 분리 너머 환상의 횡단을 통해 대상 *a*의 자리에 도달할 것을 촉구한다. 대상 *a*의 자리는 이드가 있던 곳이고, 충동이 있는 곳이며, 분석주체가 외상적 사건을 스스로 떠맡는, 향유에 대한 책임을 떠맡는 자리이다. 이에 환상의 횡단은 분석주체가 대상 *a*의 자리로 가는 것을 의미한다. 그리고 환상의 횡단 너머의 증상과의 동일화는 분석주체가 증상을 통해 실재와 상징계와 상상계의 주체적 재결합을 이루어 내는 것이다.

증상과의 동일화는 주체가 대타자의 지식으로부터 벗어나 주체적 고유성에 도달하는 과정으로서 주체의 증상을 통한 증상의 극복을 가능하게 한다. 이러한 증상과의 동일화는 주체가 도달해야 할 "주체적 궁핍"(김석, 2013: 85)을 향한다. 주체적 궁핍은 개인적 소멸을 통해 존재의 무(無)적 본성을 드러내면서, 그곳에서 상징적 질서의 재구조화를 가능하게 하는 점에서 적극적인 행동이다. 즉 상징계와 자신의 결여를 인정하고 그곳에서부터 자신만의 새로운 가능성을 찾는 적극적인 행동이다. 따라서 증상과의 동일화는 분석주체가 순수 욕망에 따라 행동하는 정신분석의 윤리로 향하는 이름이기도 하다.

이처럼 분석주체가 자신의 증상을 통해 궁극적으로 자신에 대한 진실 탐구를 하고, 존재를 제시할 수 있는 것이 라캉 정신분석 미술치료의 독자적인 지점이다. 라캉 정신분석 미술치료는 단순한 증상의 치유를 목표로 하기보다는 주체적 실현, 즉 주체화를 통해 주체가 자신과 삶에 대한 진실을 마주하도록 한다. 따라서 분석가는 분석주체의 주체화를 위한 분석 공간을 마련하고 정신분석의 윤리를 실천하는 대타자가 되는 것이 중요하다.

2) 라캉 정신분석 미술치료의 목표

라캉 정신분석 미술치료의 목표는 분석주체의 주체적 실현이다. 이러한 주체적 실현은 "주체가 상실 속에서 실현되는, 즉 이 상실 속에서 자기가 대타자 속에서 생산한 결여를 통해 죽음 충동이라는 이름을 부여한 경로를 따라 무의식적인 것으로 출현"(Lacan, 1966c/2019: 994)하는 것이다. 이러한 주체화 과정은 분석주체의 소외에서 분리로의 이행 이후 환상의 횡단에서 이어지는 증상과의 동일화로 이루어진다. 다른 말로 하면 소외와 분리, 환상의 횡단, 증상과의 동일화는 주체화의 서로 다른 양태이자 부분 과정이 된다.

주체화를 위해 분석가는 분석주체가 '자신의 욕망에 대해 진실을 말할 수 있도록' 분석 공간을 마련해야 한다. 라캉 정신분석에서 분석의 목표와 분석의 종결은 엄밀한 의미에서 차이가 있다. 분석의 목표는 분석주체가 자신의 욕망에 대해 진실을 말할 수 있게 되는 것이고, 분석의 종결은 이러한 치료가 논리적인 종점에 도달할 때 가능하다.

나지오는 분석의 종결과 관련해 분석주체의 두 번의 분리를 설명한다. 두 번의 분리는 분석주체의 "분석가와의 분리와 자신과의 분리"(Nasio, 1990: 77-79)를 말한다. 분석주체의 분석가와의 분리는 분석이 종결되는 시점에 이루어지는 분리이다. 그리고 분석주체의 자신과의 분리는 분석의 종결 이후에 일어나는 '자신의 일부와의 절연'으로서, 이것은 그/그녀가 '분석가를 찾아가야겠다'고 생각한 때부터 언제까지인지 알 수 없는 '자기 분리가 등록되는 지점'과 관련된다. 자신과의 분리는 한 번으로 끝나는 것이 아니라 분석주체가 삶에서 조금씩 느리게 경험하는 지속되는 분리이다. 이러한 두 번의 분리와 관련해 나지오는 "분석 기간의 도식"(Nasio, 1990: 101)을 설명한다.

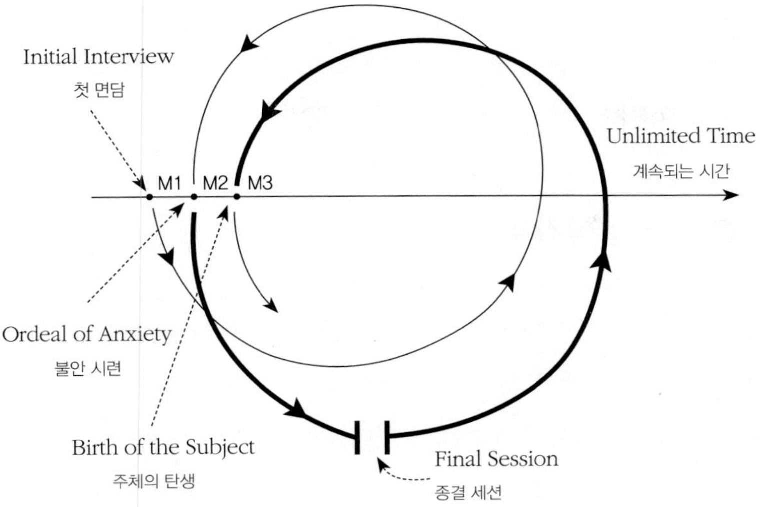

[그림 12-5] 분석 기간의 도식

분석 기간의 도식에서는 나선형으로 연결되는 두 바퀴의 순환을 발견할 수 있다. 이는 두 영역의 치료 시간을 설명한다. 한 가지는 연대기적 시간으로 실제적인 분석과 관련되는 시간이고, 다른 한 가지는 분석주체의 심리적인 논리와 연관되는 시간이다. 이 두 가지 영역은 서로의 움직임을 보완한다. 구체적으로 분석 치료는 첫 면담(M1), 불안 시련(M2), 주체의 탄생(M3)의 세 가지 특징적인 순간으로 연결된다. 분석주체는 첫 면담 이후, 분석을 통한 환상의 횡단 이후 분석을 종결한다. 환상의 횡단으로 나타나는 불안 시련은 분석의 종결 이후 분석주체의 삶에서 이루어지는 주체의 탄생으로 이어진다. 분석이 종결된 후 분석주체의 삶에서 실현되는 주체의 탄생은 여러 번의 자기 분리를 통해 가능하며, 이것은 마침내 그/그녀가 한 순간도 떠난 적이 없던 주체로의 회귀를 의미한다.

라캉적 관점의 분석의 종결은 증상이 사라지는 것이 아니며, 증상을 치유하는 것도 아니다. 그 이유는 라캉의 치료의 종결은 분석주체의 구조적 관점에서 이해되어야 하기 때문이다. 따라서 궁극적인 치료 목표는 분석주체의 정신증, 도착증, 신경증의 각 구조에서 실재, 상징계, 상상계의 재결합을 통한 주체화이다. 이는 자아의 강화, 현실에의 적응, 그리고 행복을 분석의 목표로 삼는 다른 치료와의 사이에서 라캉의 정신분석이 갖는 독창성이기도 하다. 요컨대 라캉의 관점에서 분석의 목표는 본질적으로 치료 과정이라기보다는 분석주체의 '진실 탐구'에 있다.

2. 라캉 정신분석가의 의미와 역할

이 절에서는 라캉 정신분석가의 의미와 전문적인 역할에 대해 살펴본다. 라캉 정신분석 미술치료에서 분석가는 "안다고 가정된 주체(the subject who is supposed to know)"(Lacan, 1973: 230)가 된다. 이는 분석에서 분석가가 분석주체와 상호 주체적 관계로 존재하면서 그/그녀의 주체적 실현을 위한 전이 공간을 마련하는 대타자가 되는 것을 의미한다.

프랑스의 라캉주의 분석가인 조엘 도르(Joël Dor)는 『프로이트 · 라캉 정신분석 임상(*Clinique Psychanalytique*)』에서 안다고 가정된 주체에 대해 주해한다. 그에 따르면, 분석가는 분석의 시작이나 분석이 진행될 때 지배자의 위치를 점하고 있지만, 그럼에도 분석에서 분석의 수행자는 바로 분석주체로서 분석가는 "전이 자체"(Dor, 1994/2005: 16)임을 강조한다.

따라서 분석가는 정신분석적 교리나 지식으로 분석주체를 분류, 진단, 처방하는 지배자가 아닌, 분석주체가 무의식을 탐구하는 데 전이의 효과를 이용할 수 있도록 분석 공간을 제공하는 대타자가 되어야 한다. 또한 분석가는 분석에서 전이 사랑을 넘어서면 궁극적으로는 '낯선 사람'이 되어야 한다. 이는 분석가가 분석의 끝에서 분석주체로 하여금 지속적인 존경을 받는 동일화의 대상이 아닌 넘어서고 외면되어야 하는 대타자임을 설명하는 것이다.

"분석주체의 삶의 진실은 그/그녀에게 있다"(이수진, 2013a: 149). 그렇기 때문에 분석주체가 자신의 삶에 대한 진실 탐구로서 실재 · 상징계 · 상상계의 재결합을 통한 주체화를 이루어 나갈 수 있도록, 분석가는 분석공간을 마련해야 한다. 이러한 분석가의 역할이 분석주체가 삶을 선택하고, 결정하고, 책임지는 가운데 자신만의 고유한 생(生)의 길을 찾아갈 수 있도록 한다. 분석가는 분석주체의 주체화의 여정에 동행한 과정적 동반자이자 전이의 장소로서 대타자임을 명심해야 한다.

나지오는 『카우치에 누운 분석가』에서 분석가의 전문적인 능력은 "개인 분석 경험, 정신분석의 근본 문헌에 대한 오랜 기간의 공부, 그리고 분석에 대한 슈퍼비전을 10~20년간 받는 것"(Nasio, 2009/2012: 40-41)이라고 설명한다. 한 걸음 더 나아가 그는 "분석가의 인성의 중요성"(앞의 책, 46)을 강조하는데, 분석가에게 중요한 것은 정신분석 학파의 기준이 아니라 좋은 사람됨, 즉 한 사람으로서 좋은 인격을 갖추는 것임을 피력한다.

따라서 라캉 정신분석가는 개인 분석을 통해 분석가와의 분리와 자신과의 분리를 경험함으로써 자신의 주체화를 이루어 가는 성찰적인 노력을 지속하는 사람인 동시에 정신분석의 전문성을 축적해 가는 사람이어야 한다.

3. 라캉 정신분석 미술치료의 주요 기법

이 절에서는 라캉 정신분석 미술치료의 주요 기법을 설명한다. 주요 기법은 다섯 가지로 라캉 정신분석의 기본 개념을 기초로 한 주체 표현하기, 나의 환상, 작품 관람하기, 나의 욕망, 증상의 의미 발견하기이다. 각 기법은 ① 기법 개요, ② 이론적 기초와 기법 목표, ③ 지시 사항, ④ 치료적 개입을 중심으로 설명하며 구체적인 내용은 다음과 같다.

1) 주체 표현하기

(1) 기법 개요

라캉 정신분석 미술치료에서 주체 표현하기는 분석주체의 상상적 측면보다는 상징적 측면과 실재적 측면에 초점을 둔 자기 탐색과 통찰의 기법이다.

(2) 이론적 기초와 기법 목표

주체 표현하기의 이론적 기초는 라캉 정신분석의 분열된 주체 발견에 있다. 라캉은 주체(subject)와 자아(ego)를 구분하는데, 자아가 상상적 산물인 반면, 주체는 상징적 산물이다. 따라서 주체 표현하기는 분석주체로 하여금 오인의 구조인 상상적 자아와 상징적 주체 사이의 차이를 발견하고, 자신의 진정한 모습을 찾아가도록 촉진하는 것이다.

이 기법은 엄밀히 분열된 주체(S̸)의 발견을 목표로 한다. 분석주체의 분열된 모습은 의식과 무의식의 분열, 언어와 행동의 분열 등으로 나타날 수 있다. 이에 분석주체가 일상생활에서 착오, 실수, 우연, 꿈, 증상 등으로 나타나는 자신의 무의식을 탐색하고 통찰하여 상상적 자아를 넘어선 주체로 향할 수 있도록 하는 것이 이 기법의 목표이다.

(3) 지시 사항

"일상생활 중에서 자신이 의도했던 것과는 다른, 또는 혼란한 모습을 경험했던 적이 있나요? 그러한 모습은 분열된 주체로서 좀 더 본질적인 우리의 모습입니다. 이처럼 일상 중에서 당신이 의도했던 모습(자아)과 다르게 나타났던 모습(주체)을 표현해 보세요."

(4) 치료적 개입

이 기법의 해석 및 치료적 초점은 분석주체가 분열된 모습으로서의 자신을 이해하고 수용하는 데 있다. 분석주체가 삶 가운데 '나는 어떤 모습이어야 한다'와 같은 당위는 그/그녀의 진정한 모습이라기보다는 상상적 자아일 가능성이 높다. 이에 분석주체의 당위가 강하거나 이상이 높을수록 그에 충족되지 못한 모습이 일상 중에 자주 나타날 수 있다. 이는 "우연, 망각, 실수, 착오, 꿈, 백일몽, 환상"(Freud, 1900, 1901) 등을 통해 나타난다. 따라서 분석주체가 이 기법을 통해 분열된 주체를 발견하고, 자신의 모습을 있는 그대로 이해하며 수용할 수 있도록 분석가가 개입해야 한다. 또한 분석가는 분석주체가 오인의 구조인 상상적 자아를 넘어 상징적 주체로 이행하여 자기 발견을 할 수 있도록 치료 공간을 제공해야 한다.

2) 나의 환상

(1) 기법 개요

이 기법은 라캉 정신분석 미술치료에서 분석주체가 자신의 환상의 의미를 통찰하고 '환상의 횡단(환상 가로지르기)'을 이루도록 촉진하기 위한 것이다.

(2) 이론적 기초와 기법 목표

이 기법의 이론적 기초는 라캉의 '환상의 횡단'이다. 환상의 횡단은 분석주체가 주체화의 과정에서 소외와 분리 이후 대상 *a*의 자리로 가는 것이다. 환상의 횡단은 "언어로서의 타자, 욕망으로서의 타자와 관련하여 새로운 위치를 주체가 떠맡는 것을 내포한다. 〔…〕 환상의 횡단은 주체가 외상을 주체화하는, 외상적 사건을 스스로 떠맡는, 그 향유에 대한 책임을 떠맡는 과정이다"(Fink, 1997b/2010: 127).

환상은 주체의 욕망의 무대이자 자신의 욕망을 지속적으로 유지시켜 나가는 미끼로 작용한다. 따라서 분석주체는 주체화 과정에서 자신의 환상에 대한 진정한 의미를 발견하고, 그 환상을 횡단할 수 있어야 한다. 이는 분석주체가 자신의 외상적 사건과 삶의 책임을 떠맡는 과정의 다름 아니다. 라캉 정신분석 미술치료에서 분석주체는 환상의 의미 발견과 횡단을 통해 자신의 욕망의 제자리 잡기를 이루어 가야 한다. 이 기법은 분석주체의 주체화의 부분 과정으로서의 환상의 횡단을 촉진하기 위한 목표를 갖는다.

(3) 지시 사항

"당신은 일상 중에서 어떤 가능성이 없는 헛된 생각이나 공상을 가져 본 적이 있나요? 그러한 공상이나 백일몽 등으로 나타나는 당신의 환상을 자유롭게 표현해 보시기 바랍니다. 작품의 형태는 자유입니다."

(4) 치료적 개입

이 기법의 해석 및 치료적 초점은 분석주체가 자신의 환상의 의미를 찾고, 환상의 횡단을 할 수 있도록 하는 것이다. 환상은 분석주체의 욕망의 무대이자 욕망을 지속시킬 수 있도록 하는 것이다. 환상은 분석주체의 삶에서 그/그녀가 자신을 보호하는 방어 기제이기도 하다. 따라서 분석주체는 이러한 자신의 환상에 머무르는 것이 아니라, 그 환상을 횡단함으로써 자신의 삶을 온전히 끌어안고 책임질 수 있어야 한다. 이에 분석가는 분석주체의 환상의 표현을 통해 환상의 의미를 발견하고, 환상을 횡단할 수 있도록 촉진해야 한다.

3) 작품 관람하기

(1) 기법 개요

라캉 정신분석 미술치료에서 작품 관람하기, 좀 더 상세히 예술 작품과 거리두기 · 작품 관람하기 · 미적거리 찾기는 분석주체의 '대상 *a*'와의 거리 두기를 통해 주체화를 촉진하기 위한 기법이다.

(2) 이론적 기초와 기법 목표

이 기법의 이론적 기초는 라캉의 예술 이론에 기초한 "대상 *a*로서의 응시" (Lacan, 1973: 67-119)이고, 라캉의 정신분석에서 소외에서 분리로 향하는 주체화이다. 라캉의 예술 이론의 특징은 예술 작품이 '독자적 텍스트'로서 예술가를 해석하는 점과, 그 과정을 통해 예술가는 작품을 바라보는 전일적 주체에서 예술로부터 보이는 텅 빈 주체로 위치 짓게 되는 점이다. 따라서 라캉의 관점에서 예술은 욕망의 대상이자 원인인 대상 *a*를 가시화함으로써 주체가 대상 *a*와의 거리두기를 통해 주체화를 할 수 있도록 독려한다.

이는 라캉 정신분석 미술치료에서 분석주체의 예술에 대한 투사 과정이 ① 예술 행위와 ② 작품에 대한 거리 두기로 나뉘는 것을 통해 볼 수 있다. 따라서 대상 *a*로서의 작품 관람하기[작품에 대한 거리 두기, 작품 관람하기, 그리고 최적의 거리인 미적거리 찾기(이수진, 2013a: 192-193)]는 분석주체가 자신의 작품으로부터 보이는 주체가 되어 진정한 자기의 모습을 발견할 수 있도록 촉진한다.

이 기법의 목표는 분석주체가 욕망의 대상이자 원인인 대상 *a*로부터 거리를 두고, 삶의 미적거리를 찾아가도록 함으로써, 타자와의 욕망의 변증법에서 소외되는 것이 아닌 분리를 해 나가도록 촉진하는 것이다.

(3) 지시 사항

"당신의 작품과 거리를 두어 볼까요? 당신이 작품을 보고 있네요. 어떤 생각을 하고, 어떤 감정을 느끼게 되나요? 작품이 당신에게 말을 건네는 것은 무엇일까요? 이제는 당신이 작품으로부터 보이고 있네요. 마지막으로, 당신이 작품과 가장 아름다울 수 있는 거리를 선택해 볼까요? 이처럼 당신과 작품의 미적거리가 당신에게 전해 주는 메시지는 무엇일까요?"

(4) 치료적 개입

이 기법의 해석 및 치료적 초점은 분석주체가 예술 작품을 바라보지만, 동시에 보이는 구조가 될 수 있음을 발견하는 것이다. 즉 분석주체가 예술 작품을 보고, 예술 작품으로부터 보이며, 이를 통해 가장 아름다운 거리를 찾도록 하는 것이다. 이처럼 분석주체가 작품과 적절한 거리를 둠으로써 자신의 진정한 모습을 발견하도록 하는 것이다.

이 기법은 라캉 정신분석 미술치료에서 예술은 "스타일, 인간이 말을 건네는 사람, 대상 *a*, 증상"(홍준기, 2002: 84; 2009: 237-238)이 될 수 있는 것에 기초한다. 분석주체가 예술 작품과 미적거리를 찾듯이, 욕망의 대상이자 원인인 대상 *a*, 더 나아가 자신의 증상과도 미적거리를 찾아갈 수 있도록 촉진하는 것이다. 이와 같은 과정은 분석주체의 주체화를 위한 과정이 된다.

4) 나의 욕망

(1) 기법 개요

라캉 정신분석 미술치료에서 나의 욕망은 분석주체의 욕망에 대한 발견과 그 욕망에 대한 제자리 잡기를 촉진하기 위한 기법이다.

(2) 이론적 기초와 기법 목표

이 기법에 대한 이론적 기초는 라캉의 욕망의 변증법이다. 라캉의 정신분석에서 핵심적인 명제는 "인간의 욕망은 대타자의 욕망이다"(Lacan, 1966a: 814)로서, 이는 주체와 대타자 사이의 욕망의 변증법을 설명하는 것이다. 인간의 욕망은 대타자의 욕망 속에서 형성되고, 동시에 인간은 대타자의 욕망의 대상이 되기를 원한다. 따라서 라캉 정신분석 미술치료에서는 분석주체로 하여금 자신을 존재하게 했던 의미 있는 대타자와의 욕망의 변증법 가운데 자신의 욕망은 무엇이었는지 질문할 시간을 갖게 한다. 즉 분석주체가 '나의 욕망은 무엇인가?', '나의 욕망은 누구의 욕망 속에서 형성되었는가?', '나는 누구의 욕망의 대상이 되기를 원하는가?', '나의 욕망에 대한 진정한 제자리 잡기는 무엇인가?' 등에 대한 질문을 스스로 던지고, 그에 대한 예술 작업을 할 수 있도록 한다.

이 기법의 목표는 분석주체가 자신의 욕망을 발견하고, 그 욕망에 대한 제자리를 찾아 나갈 수 있도록 촉진하는 데 있다. 이를 위해 우선적으로는 분석주체가 자신의 욕망에 대해 탐색하고 미술 작업으로 표현하도록 한다. 분석주체가 자신의 욕망을 발견하면, 그 욕망이 대타자와의 변증법 가운데 있음을 통찰하도록 촉진한다. 즉 분석주체의 욕망이 대타자(부모, 형제, 배우자, 친구, 스승, 이웃, 분석가 등)의 욕망 속에서 형성되고, 대타자의 욕망의 대상이 되기를 바라는 욕망이라는 것을 깨닫도록 한다. 그 이후 분석주체가 자신의 욕망에 대해 제자리를 찾아 나갈 수 있도록 촉진하는 데 이 기법의 목적이 있다.

(3) 지시 사항

"일상생활 중에서 당신을 사로잡는 것은 무엇인가요? 즉 당신의 삶의 목표나 바람은 무엇인가요? 그것을 자유롭게 표현해 보세요. 당신의 삶에서 중요한 무엇, 즉 욕망(desire)에 대해 표현해 보세요. 욕망은 당신의 자연적 · 생물학적 충동에 상응하는 욕구(needs)가 아니고, 완벽한 사랑에 대한 요구(demand)도 아닙니다. 욕망은 요구에서 욕구를 뺌으로써 생기는 차이입니다. 즉 욕망은 만족을 향한 식욕도, 사랑의 시험도 아닌, 사랑에 대한 요구로부터 비롯되어 생물학적 만족을 한 이후에도 계속 사라지지 않고 남는 그 무엇입니다. 지금 당신의 욕망은 무엇입니까? 그것을 찾아보세요. 그리고 자유롭게 예술 작업으로 표현해 보세요."

(4) 치료적 개입

이 기법의 해석 및 치료적 초점은 분석주체가 작품 완성 후, '인간의 욕망은 대타자의 욕망이다'를 깨닫는 것이다. 즉 작품 완성 후에 분석가는 "일상생활 중에서 당신을 사로잡는 게 무엇입니까?", "당신의 욕망이라고 믿어 온 돈, 명예, 사랑 등은 당신의 욕망이 아닙니다. 오히려 그 욕망은 당신의 부모, 연인 등의 대타자로부터 비롯된 욕망일 가능성이 높습니다.", "당신이 발견한 그 욕망은 당신으로 하여금 누구의 욕망의 대상이 되기를 원하는 것과 관련되나요?" 또한 "지금 당신의 욕망이 대타자인 누구의 욕망 속에서 형성되었는지 생각해 보세요."라고 말함으로써, 분석주체가 자신의 욕망을 좀 더 깊게 탐색하고, 욕망에 대한 제자리를 찾아갈 수 있도록 한다. 결국 분석주체의 욕망이 자신의 욕망이었다기보다는 대타자로부터 비롯된 욕망이고, 대타자의 욕망의 대상이 되기를 바라는 것과 연결되어 있음을 깨닫게 한다.

욕망에 대한 사례를 살펴보자. 다음은 멕시코의 여류 화가 프리다 칼로(Frida Kahlo, 1907~1954)의 작품이다.

[그림 12-6] 프리다 칼로, 〈내 마음 속의 디에고〉
1943, 캔버스에 유채, 76x61cm
하케스와 나타샤 첼만 소장

모든 것의 시작인 디에고
건설자, 디에고
나의 아이, 디에고
나의 약혼자, 디에고
화가, 디에고
나의 남편, 디에고
나의 친구, 디에고
나의 어머니, 디에고
나의 아버지, 디에고
나의 아들, 디에고
나, 디에고
우주, 디에고
합일 속의 다양성
그런데 왜 나는 나의 디에고라고 하는 걸까?
그는 결코 내 것이 될 수 없을 것이다.
오직 그 자신에 속할 뿐이다.
(Le Clézio, 1993/2008: 242)

이 작품은 프리다가 세상 앞에서, 혹은 디에고 앞에서 하나의 흐트러짐 없이 자신을 완벽하게 가꾸고 싶어 하는 그녀의 욕망을 나타낸 작품이다. 이 작품에서 프리다가 입은 테우안테펙의 멕시코 전통 의상은 그녀가 디에고의 사랑을 바라고 동시에 세상에 나가기 위해 무장하는 투구와 같다. 이 자화상은 디에고와 재결합 후, 그를 사랑하는 프리다의 마음을 그대로 반영한 작품이다. 그즈음 쓴 일기에서 프리다는 디에고에 대한 사랑을 기록한다. 이 글에서 그녀의 욕망이 발견된다.

이 작품과 그 시기의 일기에서 그녀의 소외된 욕망을 볼 수 있다. 프리다는 디에고와의 결혼 생활 중에서나 이혼 시기, 이혼 후에도 끊임없이 디에고의 욕망의 대상이 되기를 바란다. 그녀가 즐겨 입던 테우안테펙은 디에고의 사랑을 받는 상징적인 의상이다. 또한 테우안테펙은 궁극적으로 디에고와의 사랑이 완전할 수 없음을 드러내는 틈이자, 그런 만큼 디에고의 사랑을 갈망하는 환상처럼 기능한다. 마치 프리다가 테우안테펙을 입는 순간 디에고의 완전한 사랑을 받는 것과 같은……. 테우안테펙은 프리다의 욕망을 조율하는 한계인 동시에 욕망을 무한한 연쇄 속에서 지속시키는 미끼처럼 작용한다.

이처럼 프리다의 삶의 중심에는 언제나 디에고가 자리하고 있다. 이를 반영하듯 그녀의 일기에서 디에고는 남편이자, 아이이고, 친구이며, 부모가 된다. 또한 디에고는 프리다 자신이자 우주가 된다. 프리다의 전부처럼 여겨지는 디에고는 종국에는 프리다에게 소외된 욕망을 발생시키는 대타자가 된다. 결혼 생활 동안 프리다가 경험한 외로움과 우울 등의 고통과 증상은 이를 잘 반영한다. 프리다의 욕망에 대한 통찰은 '그런데 왜 나는 나의 디에고라고 하는 걸까?'에서 비롯된다. 이 시기 프리다는 디에고가 결코 자신의 것이 될 수 없음을 인정하고 오직 그 자신에게 속할 뿐임을 깨닫는다. 이로써 프리다는 대타자(디에고)와의 사이에서 소외된 욕망으로부터 거리 두기가 가능해진다.

5) 증상의 의미 발견하기

(1) 기법 개요

라캉 정신분석 미술치료에서 증상의 의미 찾기는 분석주체로 하여금 증상에 대한 의미 발견과 '증상을 통한 증상의 극복'을 촉진하기 위한 기법이다.

(2) 이론적 기초와 기법 목표

이 기법의 이론적 기초는 라캉이 『세미나 23: 생톰』에서 기술한 증상의 진정한 의미 발견에 있다. 라캉은 이 저작에서 주체의 삶에서 완전히 해소될 수 없는 증상을 생톰(The Sinthome)으로 정의한다. 이러한 생톰의 의미는 주체로 하여금 고통 속으로 몰아넣었던 증상을 통해 증상을 발생시킨 대타자의 소외적 요소를 극복하고, 증상과의 동일화, 즉 분석의 끝에서 "증상을 통한 증상의 극복"(Dor, 1994/2005: 44-50)을 촉구한다.

이른바 라캉은 인간의 존재 방식, 병리 현상, 그리고 실존적 방식(대타자의 욕망과 주체의 관계, 대타자와의 관계에서 발생하는 결여와 이 결여를 메우는 방식)에 따라 주체의 정신 구조를 정신병, 도착증, 신경증으로 구분한다. 또한 라캉에게 예술은 스타일, 말을 건네는 사람, 대상 *a* 그리고 증상이다. 이처럼 라캉은 현대 사회에서 증상에 대한 재발견을 가능하게 하는데, 그가 말하는 해소되지 않는 증상인 생톰은 치료되어야 할 대상이 아닌, 분석주체가 삶 동안 함께해야 할 대상으로서 그/그녀의 삶의 현현체이다. 따라서 라캉 정신분석 미술치료는 분석주체의 증상에 대한 의미를 달리한다. 증상(생톰)은 분석주체가 삶에서 자신의 모습을 있는 그대로 발견하고, 진실을 탐구하는 계기이자 기회가 된다. 따라서 라캉 정신분석 미술치료에서 분석주체는 진정한 증상의 의미를 발견함으로써 증상을 통한 증상의 극복이 가능하게 되는 것이다.

이 기법의 목표는 분석주체의 증상에 대한 의미 발견을 통한 증상과의 동일화, 즉 증상을 통한 증상의 극복을 이루어 내는 것이다. 이러한 목표를 위해 분석가는 분석주체가 자신의 증상, 즉 해소할 수 있는 증상과 해소할 수 없는 생톰에 대한 이해를 할 수 있도록 촉진해야 한다. 또한 분석가는 분석주체로 하여금 자신의 증상을 통해 신체적 · 정신적 관심과 돌봄의 기회를 갖게 할 뿐만 아니라, 생톰을 통해 자신의 실존을 발견하고 자신만의 스타일로 고유한 주체성을 찾아갈 수 있도록 촉진해야 한다.

(3) 지시 사항

"현재 당신이 해결하고 싶은 문제는 무엇입니까? 혹은 당신의 증상은 무엇입니까? 당신의 증상을 표현해 보세요. 증상은 엄밀히 해소될 수 있는 증상과 해소될 수 없는 증상(생톰)이 있습니다. 이러한 당신의 증상 혹은 생톰을 표현해 보고, 그 의미를 발견해 보시기 바랍니다. 이제 당신의 증상과 그 증상에 대한 의미를 미술 작업으로 표현해 볼까요?"

(4) 치료적 개입

이 기법의 해석 및 치료적 초점은 분석주체의 작품 완성 후, 분석가가 다음과 같은 질문을 순서대로 하면서 이루어진다. "당신이 표현한 증상은 무엇입니까?",

“그 증상을 통해 당신의 삶에서 고통스러웠던 것은 무엇입니까?”, “증상을 통해 고통스러웠던 점은 당신에게 어떤 메시지(가르침)를 주었나요?”, “증상을 통한 그 메시지의 의미는 무엇일까요?”, “증상은 당신이 그동안 돌보고 보듬어 주지 못했던 신체적 · 정신적 상처를 돌아보고 보듬게 합니다. 우리는 현대에서 살아가는 한 증상(생톰)을 가질 수밖에 없습니다. 증상은 곧 인간의 존재 방식이자 실존이기도 하니까요. 궁극적으로 우리가 살아가는 모습은 증상을 가질 수밖에 없기에 남은 과제는 증상을 어떻게 마주하는가, 즉 증상을 통해 증상을 어떻게 극복해 나가는가에 대한 것입니다.”와 같은 분석 과정을 통해 분석가는 분석주체의 통찰을 촉진할 수 있다. 즉 분석주체로 하여금 자신의 증상의 의미를 깨닫고 증상을 통한 증상의 극복, 즉 주체화를 위한 새로운 삶의 걸음을 내딛게 할 수 있다.

이러한 증상과의 동일화의 예로 프리다의 삶을 연결할 수 있다. 그녀는 몸의 증상을 통해 자신의 욕망을 탐구한다. 또한 자신의 욕망을 탐구하는 과정에서 몸의 증상을 넘어서 치유에 이른다. 이는 “증상을 개인 심리학과 사회 심리학의 경계에서 주체적 고유성에 도달하는 과정이자 계기”(이수진, 2015: 121)로 삼는 것을 의미한다. 프리다의 삶은 자신을 고통 속으로 몰아넣었던 증상을 통해 대타자의 소외적 요소를 극복하는, 증상을 통한 증상의 극복을 우리에게 보여 준다.

III부
정신분석 미술치료 가이드

13장 정신분석 미술치료의 이론과 실제 가이드

III부에서는 정신분석 미술치료의 이론과 실제에 대한 논의점을 다룬다. 이러한 논의는 정신분석의 이론과 실제에서 발생하는 논쟁점들을 살펴보아 그 개념들을 명료히 함으로써 정신분석 미술치료에 대한 가이드를 제공하기 위한 것이다. 또한 I부와 II부에서 살펴본 고전 및 현대 정신분석 미술치료를 연결하여 한 연속선상에서 논의함으로써 여러 임상가 및 연구자가 좀 더 분석적이고도 통합적인 시각을 갖도록 하기 위함이다. 상세한 내용으로 들어가 보자.

13장 정신분석 미술치료의 이론과 실제 가이드

1. 정신분석 미술치료의 이론 가이드

정신분석 미술치료의 이론에서는 정신분석과 정신역동, 정신분석 · 분석 심리학 · 개인 심리학, 자아 · 자기 · 주체, 프로이트의 예술론과 라캉의 예술론, 그리고 프로이트의 승화와 라캉의 승화에 대해 논의함으로써 가이드를 제공한다.

1) 정신분석과 정신역동

정신분석과 정신역동은 자주 혼용되지만, 엄밀히 구분되어야 하는 개념이다. 정신분석(the psycho-analysis)은 프로이트가 1923년 『두 편의 백과사전 논문』에서 기록한 정의에 기초한다. 프로이트는 다음과 같이 설명한다.

> 정신분석학은 ① 어떤 다른 방식으로는 접근이 거의 불가능한 정신적 과정의 탐구 절차에 대한 이름이고, ② (조사 방법에 기초하여) 신경증 질환을 치료하기 위한 방법의 이

름이며, ③ 새로운 과학 분야 속으로 점차적으로 축적되고 있는, 그러한 노선을 따라서 획득된 심리학적 정보 집합의 이름이다(Freud, 1923a: 235).

프로이트의 정신분석 정의에 기초하여 라플랑슈와 퐁탈리스는 정신분석의 개념을 좀 더 보충하여 정리한다. "첫째, 정신분석은 어떤 주체의 말, 행동, 상상적 산물의 무의식적인 의미 작용을 밝히는 데 본질이 있는 조사 방법이고, 둘째, 정신분석은 그러한 조사를 토대로 저항, 전이, 욕망에 대한 검토된 해석을 특징으로 하는 정신치료 방법이며, 셋째, 정신분석은 정신분석인 조사와 치료 방법이 가져온 자료들이 체계화된, 심리학적이고 정신 병리적인 이론의 총체" (Laplanche & Pontalis, 1967/2005: 416)이다. 이러한 정의에 기초하면, 정신분석학은 무의식을 탐구하는 방법이고, 치료 방법이며, 양자가 체계화된 심리학적이고 정신 병리학적인 이론의 총체이다. 따라서 정신분석은 무의식을 통해 인간의 정신 과정을 탐구하고 치료하는 학문이다.

이에 비해 정신역동(the psycho-dynamic)은 프로이트가 1923년『자아와 이드』에서 이드·자아·초자아를 정의할 때에 무의식의 역동성을 설명하는 '역동'의 의미에서 비롯된 개념이다. 프로이트는 이 저작에서 "서술적 의미로는 두 종류의 무의식이 있으나, 역동적 의미로는 하나의 무의식만 있다"(Freud, 1923b: 15)고 기록하는 데 역동의 용어를 사용한다. 이러한 프로이트의 용어가 국내외 정신분석 치료에서 피분석자의 정신 과정에서 끊임없이 변화하는 무의식적 측면을 강조하기 위해 '정신역동'이라는 용어가 좀 더 강조되어 사용된 것이다. 또한 자아의 기능을 강조하는 자아심리학에서는 이드, 자아, 초자아의 상호 갈등과 타협 가능성을 중요하게 여김에 따라 자아심리학 치료를 정신역동 치료로 이해하게 된다.

이처럼 정신역동은 인간의 무의식의 상호작용적 측면을 강조하는 개념의 용어이다. 즉 무의식의 탐구 방법, 치료 방법, 그리고 양자가 총체화된 이론의 정신분석 개념에서 무의식의 역동성을 강조하는 용어가 정신역동 개념이 된다. 이 관점에서 엄밀히 정신역동은 정신분석의 부분 개념으로 이해할 수 있다. 이러한 측면은 프로이트의 정신분석 역사가 제1기는 심리적 외상 이론의 시기, 제2기는 무의식 · 전의식 · 의식을 정의한 지형학설 시기, 제3기는 이드 · 자아 · 초자아를 정의한 구조론 시기로 구분되는 것을 통해서도 뒷받침된다. 즉 고전 정신분석의 제3기인 구조론 시기에서 강조한 무의식의 역동적 측면이 현대 정신분석에서 광범위하게 통용된 용어가 정신역동 치료이다.

따라서 정신분석을 정신역동과 같은 개념으로 사용하는 것은 정신분석을 국소화하는 것뿐만 아니라, 그 개념에 대한 오인 가능성을 발생시킨다. 이에 여러 전문가는 정신분석 개념을 기초로 한 후, 이드 · 자아 · 초자아의 상호작용에서 무의식의 역동성을 강조하는 자아심리학 중심의 이론과 실제에서 정신역동의 개념을 사용함으로써, 두 개념의 의미를 좀 더 명확히 하고 정신분석의 이론과 실제를 운용할 필요가 있다.

2) 정신분석, 분석 심리학, 개인 심리학

정신분석과 분석 심리학과 개인 심리학은 각기 다른 치료적 접근으로 구분되는 학파이다. 프로이트는 정신분석의 역사에서 1896년 '정신분석'이라는 용어를 처음으로 소개한 후, 평생 동안 정신분석을 과학, 즉 학문으로 자리매김하기 위해 노력한다.

정신분석의 초기 역사에서 무의식을 탐구하기 위해 프로이트를 찾은 여러 학자 가운데 대표적인 두 사람으로 스위스의 정신의학자 카를 구스타프 융(Carl Gustav Jung)과 오스트리아의 의사 알프레트 아들러(Alfred Adler)가 있다. 프로이트가 평생 동안 발전시킨 학문이 정신분석인 데 비해, 융이 주창한 학문은 분석 심리학(Analytical Psychology)이고, 아들러가 발전시킨 치료 학문은 개인 심리학(Individual Psychology)이다.

프로이트가 정신분석을 표명하고 1900년 『꿈의 해석』, 1905년 『성욕에 관한 세 편의 에세이』 등을 집필한 이후, 융은 프로이트의 꿈에 관한 이론을 접하면서 그의 신봉자가 된다. 1906년 당시 서른한 살인 융은 쉰 살이 된 프로이트의 생일을 축하하고자 자신이 편집한 『진단적 연상 연구』 한 부를 서신으로 보내면서 두 사람의 인연은 시작된다. 프로이트에게 빈 출신이 아니고, 젊으며, 무엇보다도 유대인이 아닌 융은 정신분석을 함께 연구하고 발전시키기에 중요한 파트너로 여겨진다. 이후 두 사람의 서신과 만남이 이어지면서 융은 한동안 프로이트에게 최고의 정신분석적 파트너이자 후계자가 된다.

두 사람은 1909년 미국 클라크 대학의 그랜빌 스탠리 홀(Granville Stanley Hall)로부터 강의 초청을 받아 영미권에서 정신분석을 소개하고 발전시킨다. 그러나 무의식에 대한 관점을 달리한 두 사람은 정신분석적 이견을 좁히지 못하고, 1914년 융이 정신분석학회를 탈퇴하면서 결별한다.

이후 융은 분석 심리학을 창시한다. 융은 프로이트가 무의식의 중심에 성(性)적 측면을 강조하는 것에 견해를 달리한다. 그는 프로이트와의 결별 이후 분석 심리학을 통해 개인 무의식과 집단 무의식을 설명한다. 융의 무의식 개념은 프로이트의 무의식에 대한 관점보다 좀 더 광범위하고 포괄적이다. 그는 무의식에 접근하는 꿈과 콤플렉스에 초점을 맞추면서도, 종교적 · 문화적 · 사회적 사고에서 개인의 정신을 설명한다. 융의 분석 심리학은 페르소나, 개성화, 원형과 같은 기본 개념으로 구성되고, 분석 심리학에서의 정신 병리는 개인의 페르소나와 개성화한 자기의 간극이 클 때 발생한다. 융은 '반대 측면들은 모든 정신생활을 위한 뿌리 깊고 불가결한 전제 조건이다'라고 설명하면서 개인과 세계를 이원론적인 관점에서 바라본다. 융은 선과 악, 빛과 어둠, 긍정적인 것과 부정적인 것의 쌍을 이룬 반대 측면들을 가정하고, 인간의 삶에 있어서 이러한 양극적 측면들을 조화롭게 통합해 가는 "자기 실현"(Douglas, 2005/2007: 159)을 이루어 나가는 것을 건강한 삶으로 본다.

프로이트와 아들러의 인연은 1906년부터 1911년까지 이루어진다. 두 사람의 인연은 아들러가 1906년 11월 「신경증의 심리적 근거」에 관한 논문을 발표한 후, 프로이트가 그에게 찬사를 보내면서 이어진다. 그 후 아들러가 정신분석의 수요 모임에 참석하면서 한동안 프로이트의 정신분석적 동맹자가 된다. 정신분석의 초기 역사에서 아들러는 프로이트와 정신분석적 관심 일부는 동의하지만, 그는 신경증 환자의 기질적 불완전성을 보상하는 '기관 열등성'을 강조한다. 아들러는 "유아기의 트라우마는 기관의 열등성과 연결될 때만 의미가 있다" (Gay, 2006/2011: 416)고 주장함으로써 개인의 신체 기관의 불안정성이 증상의 원인이 되어 개인의 열등성을 초월하는 측면으로의 사회 심리학 경향성을 띠게 된다. 이에 두 사람은 정신분석의 "조직적 요구, 무의식적 갈등, 기질상의 불화, 이론의 충돌"(앞의 책, 422)이 발생함에 따라, 아들러가 1911년 정신분석학회를 탈퇴하면서 프로이트와 결별한다. 그 후 아들러는 개인 심리학을 주창한다. 개인 심리학의 기본 개념으로는 개인의 생활 양식, 가족 구조, 초기 회상, 기본적 오류 등이 있다. 개인 심리학의 치료 목표는 개인이 자신의 열등성을 감소시키고 자원을 활용한 생활 양식을 변화시킴으로써, 좀 더 "사회적 관심이 있는 개인으로 성장"(Mosak, 2005/2007: 74-138)하는 것을 지향한다.

프로이트가 정신분석의 역사를 써 나가는 가운데 아들러와 융과 맺은 한시적 인연에는 프로이트와 두 사람 간의 개인적인 성격과 정신분석적 이견이 주요 원인이 되지만, 정신분석 공동체 내의 정치 또한 그들 간의 불화를 일으키는 데 큰 몫을 차지한다. 이들은 인간의 정신 과정의 탐구라는 같은 연구 관심에서 출발하였으나, 개인의 개성화를 추구하는 융의 분석 심리학과, 사회적 관심이 있는 개인으로서의 성장을 지향하는 아들러의 개인 심리학은 엄밀한 의미에서 정신분석과는 다른 탐구와 치료 패러다임으로 이해된다.

3) 자아, 자기, 주체

자아, 자기, 주체는 정신분석에서 개인을 나타내는 개념이지만, 엄밀하게는 매우 큰 의미의 차이를 갖는다. 자아(the ego)는 자아심리학 치료에서 강조하는 것처럼, 개인의 기능적 측면을 강조하는 개념이다. 즉 자아는 프로이트가 1923년 『자아와 이드』에서 "자아의 기능적 중요성은 운동의 통제성을 띠고 있다는 사실에서 드러난다. 자아는 이드와의 관계에서 말 등에 타고 있는 사람과 같은데, 이 사람은 자기보다 더 힘 센 말을 제어해야 한다"(Freud, 1923b: 25)고 설명한 것이다. 이처럼 자아는 수정된 이드로서 이드, 초자아, 외부 현실 사이의 상호 갈등과 충돌 가능성에서 각각의 요구 중재와 통제를 함으로써 조화롭게 균형 잡고 건강한 한 인격체로서 살아가도록 기능하는 심급이다. 프로이트가 1933년 『새로운 정신분석 강의』에서 외부 세계, 초자아 그리고 이드의 세 주인을 섬기는 자아로 표현한 것도 이러한 의미에서이다. 이처럼 자아는 육체적 표면에 정신적 투사가 이루어짐으로써 타자와 구분된 '나'라고 이해되는 심급으로서, 이것은 이성과 상식을 대변하고 외부 세계와 내적 세계를 중재하는 데에서 개인적 동시에 사회적 측면의 정신 기능을 포함한다.

자기(the self)는 개인이 '나'라고 생각하는, 즉 자신에 대해 갖는 의식적이고 무의식적인 내적 표상, 즉 내적인 이미지이다. 이러한 자기는 개인의 삶에서 내적인 생명력과 견고성을 가지고, 재능을 연마하여 삶의 이상과 목표로 향할 수 있게 한다. 또한 실망과 좌절에 직면해서도 희망을 유지할 수 있는 자기 존중감을 갖도록 한다.

이에 자아가 자신에 대한 지각, 인지, 정서, 행동을 통합하고 균형을 잡는 정신 기능을 포함하는 개인적이고도 사회적인 개념이라면, 자기는 자신에 대한 의식적, 무의식적 정신적 표상으로서 개인적인 개념이다. 따라서 자아에 비해 자기는 항상 주관성을 내포한다.

주체(the subject)는 라캉의 정신분석 치료에서 인간과 피분석자를 일컫는 개념이다. 라캉은 철학, 인류학, 언어학의 기초 위에서 정신분석을 정초함으로써 인간을 주체로 표명한다.

주체 개념은 라캉의 정신분석의 초기부터 사용되어 그의 이론에서 중심적 용어가 된다. 라캉이 사용하는 주체는 엄밀히 세 가지 의미로 이해할 수 있다. 첫째, 주체는 "순수의식적인 주체"(Evans, 1996/1998: 370)로서 이드를 지칭하는 그것(Es)에 상응한다. 둘째, 주체는 상호적인 주체로서 '스스로를 타자와 동등하게 인식하는 그런 주체'이다. 셋째, 주체는 개인적인 주체로서 '자기 확인적 행위로 구성되는 주체, 즉 "스스로에 대한 단언"(Lacan, 1966c/2019: 239)을 하는 주체이다. 즉 라캉의 주체는 무의식을 드러내는 비인격적인 순수한 주체이다. 또한 주체는 타자의 형식 자체를 도입함으로써 타자와 동등한 관계에서 인식되는 상호적인 주체이다. 마지막으로 단언의 주체는 비인격적인 주체와 상호적인 주체와는 분리되는 개인의 심리적 탄생과 연관된 주체이다. 라캉이 정신분석에서 강조하는 주체는 세 번째의 주체이다.

이러한 라캉의 주체 개념에는 '무의식적 주체'의 의미가 내포되어 있다. 라캉은 1953년 이후 상징계를 강조하면서 자아와 주체를 구분하는데, 자아는 상상적 산물인 반면, 주체는 상징적 산물이다. 따라서 그는 정신분석의 과정과 목표에서 상상계의 자아를 넘어 상징계의 주체로 향할 것을 피력한다. 또한 이러한 주체는 말하는 존재로서 상정됨에 따라 주체 분열의 논리에 따라 설명된다. 즉 말하는 데에서 의식적인 언표 주체와 무의식적인 언표 행위의 주체가 분열되는 것을 라캉은 빗금친 주체($)로 표현한다. 따라서 무의식의 주체를 드러내기 위해서는 언표(의식적인 말)보다 언표 행위(무의식적인 말)에 더 관심을 기울어야 한다.

이상과 같이 자아, 자기, 주체는 다른 개념으로서 이러한 개념적 차이가 자아심리학, 자기심리학, 라캉의 정신분석을 구분하는 근거가 되기도 한다. 따라서 정신분석 미술치료에 임하는 연구자와 분석가는 이러한 개념적 구분을 명확히 이해해야 한다.

4) 프로이트의 예술론과 라캉의 예술론

프로이트의 예술론은 1910년 『레오나르도 다 빈치의 유년의 기억』에서 출발한다. 그는 다 빈치의 작품을 분석하면서 자신의 정신분석적 해석 방법론을 병리적 전기론으로 설명한다. 병리적 전기론(Pathography)은 다음을 의미한다.

> 병리적 전기론은 정신분석학적 예술 해석의 기본적 방법론으로 널리 사용되어 왔다. 병리적 전기론이란 작가에게서, 예컨대 오이디푸스 콤플렉스, 거세 공포, 외상적 분리 체험, 갈등, 충동의 고착과 같은 병리적 체험을 찾아, 이것들과의 연관성 속에서 작품을 해

석하는 방법을 말한다. 더 구체적으로 말하면 이러한 해석론은 예술 작품에서 발견되는 특정 이미지나 내용을 작가의 체험과 직접 연결해 작품을 해석하는 방법을 말한다(홍준기, 2009: 234).

이러한 프로이트의 예술론으로 볼 수 있는 병리적 전기론은 여러 작가나 예술가의 삶과 작품을 정신분석적으로 이해하는 방법을 제시한다. 그러나 병리적 전기론은 일종의 "응용 정신분석학"(앞의 논문, 234)으로서 예술의 본질을 개인의 심리적 체험으로 환원하여 예술을 정신분석학을 입증하는 수단으로 사용하는 한계를 지닌다.

이러한 프로이트의 예술론의 한계를 극복하는 것이 라캉의 예술론이다. 라캉은 『세미나 11: 정신분석의 네 가지 근본 개념』에서 「대상 *a*로서의 응시에 관하여」를 설명하는 가운데 그의 예술론을 "응시와 재현 주체의 변증법 도식"(Lacan, 1973: 91, 106)을 통해 전개한다.

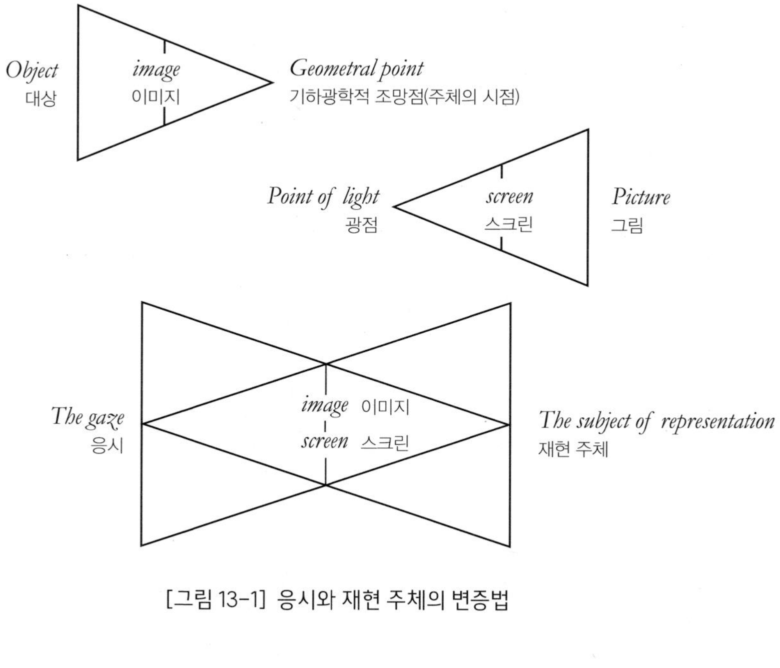

[그림 13-1] 응시와 재현 주체의 변증법

라캉은 '선과 빛'의 장에서 위의 두 삼각형을, 그리고 '그림이란 무엇인가'의 장에서 아래의 겹쳐진 삼각형을 제시한다. 위의 두 삼각형에서 왼쪽은 '원근법적 구조'를, 오른쪽은 '전도된 원근법적 구조'를 나타낸다. 원근법적 구조는 주체가 대상을 바라볼 때 이미지가 매개되어 '주체를 위치시키는 것'과 연관되고, 전도된 원근법적 구조는 '나 자신을 그림으로 만드는 것'과 연관된다.

원근법적 구조에서는 주체가 대상을 바라볼 때, '주체의 시점 → 이미지 → 대상'의 삼각형 구조를 형성한다. 그러나 전도된 원근법적 구조에서는 '광점 → 스크린 → 그림'의 삼각형 구조를 형성하는데, 이 그림 속에 주체가 위치하게 된다. 이 두 삼각형이 현실의 영역에서는 겹쳐지는데, 이때 이미지와 스크린은 하나가 되고 재현 주체는 대상으로부터 응시된다.

이에 대해 라캉은 '시관적 장에서 응시가 바깥에 있으며 나는 응시된다는 것을, 즉 나는 그림이 된다는 것'을 강조하고, "나를 근본적으로 결정짓는 것은 바깥에 있는 응시이다"(Lacan, 1973: 106)라고 기록한다. 이처럼 응시(the gaze)와 재현 주체(the subject of representation)의 변증법으로 구성되는 것이 "라캉 예술론의 중심적인 구조"(이수진, 2019: 128-130)이다.

이러한 구조는 '주체가 자신을 주체로 파악하도록 만드는 기능'을 '그림'으로 설명해 준다. 즉 그림의 기능은 응시와 관련되는데, 그림은 관람자에게 볼거리를 제공하는 동시에 관람자가 마치 무기를 버리듯 응시되도록 권유하기 때문이다. 이러한 응시를 보여 주는 그림의 기능과 관련해 라캉은 "가시적인 장에서 대상 *a*는 응시이다"(Lacan, 1973: 105)라고 기록한다. 이로써 응시의 체현물로서의 그림은 대상 *a*의 기능을 할 수 있다. 다시 말하면 대상 *a*가 가시화된 것이 응시이고, 이러한 응시를 보여 주는 기능을 하는 것이 이미지-스크린으로서의 그림이다.

라캉의 정신분석에서 대상 *a*는 주체와 타자의 변증법에서 욕망의 대상이자 원인으로 작용하는 것으로서 본질적으로는 상실된 대상인 빈자리이자 공백이다. 따라서 그림은 공백인 대상 *a*를 응시로서 가시화하여 보여 줌으로써 주체의 포기를 부추기는 동시에 영혼을 고양시킨다. 이것이 라캉의 예술론의 핵심적 의미이다. 라캉의 예술론은 응시와 재현 주체의 변증법으로 예술가와 관람자가 예술 작품을 볼 뿐만 아니라, 예술 작품으로부터 예술가와 관람자가 응시되는 원리를 가르쳐 준다. 이때 예술 작품은 독자적인 텍스트가 되어 예술가와 관람자에게 말을 건넴으로써 주체화를 가능하게 하는 대상이 된다.

이처럼 라캉의 예술론에서 예술 작품은 예술가의 삶과 분리된 독자적인 텍스트가 된다. 즉 예술 작품은 일종의 '객관적인 텍스트'가 되어, 예술가와 관람자로부터 해석되는 대상이 되는 동시에 해석자(예술가와 관람자)가 예술 작품에 의해 해석되기도 한다. 이러한 라캉의 예술론은 "이론 정신분석학"(홍준기, 2009: 234)이 된다.

따라서 정신분석과 예술을 탐구하는 여러 연구자가 프로이트의 예술론과 라캉의 예술론이 지니는 이점과 한계를 좀 더 명확히 이해한 채 연구를 이어 갈 필요가 있다.

5) 프로이트의 승화와 라캉의 승화

프로이트는 1915년 「충동과 그 운명」의 논문에서 충동의 변화 과정으로 "반대 방향으로의 전환, 주체 자신으로의 전환, 억압, 승화"(Freud, 1915a: 126)를 설명한다. 신체적인 것에서 출발하여 정신적인 것에 이르는 심리적 대표자로서의 충동은 신체의 한 기관이나 부분에서 발생하여, 압력을 행사하며, 대상의 변화를 추구함으로써, 만족에 도달하고자 하는 목표를 갖는다. 이러한 충동의 대상을 변화시켜 사회적이고 윤리적인 가치를 갖는 목표로 만족을 실현하는 것이 승화이다.

프로이트는 승화를 다음과 같이 기록한다. "충동이 겪을 수 있는 가장 중요한 운명이 승화인 듯하다. 여기서 대상과 목표 둘 다 변화되며, 따라서 원래는 성적인 충동이었던 것이 더 이상 성적인 것이 아니라 더 고차적인 사회적 또는 윤리적 가치를 갖는 어떤 성과에서 만족을 찾는다"(Freud, 1923a: 256). 이처럼 충동이 사회적으로 가치 있는 대상으로 나타나고 비성적인 새로운 목표를 향하는 것이 승화로서 그 대표적인 예로는 예술 활동과 지적 탐구가 있다. 좀 더 넓은 의미로는 예술, 문화, 종교, 과학, 직업 활동이 모두 승화의 예가 된다.

라캉은 승화의 개념을 1959~60년의 『세미나 7: 정신분석의 윤리』에서 설명한다. 그는 '승화의 작업은 항상 윤리적이고, 문화적이며, 사회적 가치를 지닌다'는 프로이트의 관점을 인정하면서 특히 승화에서 '사회적 인정'의 요소를 중시한다. 라캉의 승화 개념은 욕망과 연관된 환상의 구조에서 주체가 환상 대상에 대한 위치의 변화를 갖는 것이다.

구체적으로 라캉은 『세미나 7』에서 「승화의 문제」를 설명하는데 대상(the object)과 원초적인 상실을 상징하는 이상화된 대상인 물(the thing, das Ding)을 견준다. 라캉의 물은 칸트의 '물자체(thing-in-itself)'에 상응하는 개념으로서 상징계를 넘어서 실재와 관련된 도달 불가능한 숭고한 대상이다. 물은 실제로 잃어버린 대상이라기보다는 언어적 작용에서 경험하는 상실의 효과 때문에 갈망을 야기하는 대상이다. 따라서 물은 실재에 속하는 것으로, 실재의 대상인 물에 도달하려는 것은 상징계의 주체에게는 불가능한 임무이다. 엄밀히 욕망의 대상은 현실에서 찾을 수 있는 대상이 아니기에 욕망은 궁극적으로 물을 향할 수밖에 없다. 라캉의 승화 개념은 이러한 물과 관련을 맺는다.

라캉은 "승화가 충동의 목표와는 다른 충동의 만족을 제공하는 것으로서 〔…〕 이것은 정확하게 대상과 구별되는 한에서 물과 관련을 맺음으로써 단순히 본능이 아닌 충동의 참된 본질을 드러낸다"(Lacan, 1986: 111)고 기록한다. 즉 라캉의 승화는 대상이 물의 지위로 고양됨으로써 주체가 욕망과 관련된 환상의 구조에서 대상에 대한 위치를 변화시키는 것이다. 따라서 라캉의 승화에서는 충동의 만족을 추구하는 대상이나 목표가 중요한 것이 아니라, 그것에 대한 주체의 태도가 중요하다.

이처럼 평범한 대상에 물의 지위를 부여하는 것으로서의 라캉의 승화는 "윤리, 사랑, 예술"(김석, 2010: 163-171)에서 그 전형을 찾는다. 라캉이 말하는 윤리는 주체가 욕망의 법에 충실한 순수 행위와 의지를 갖는 것이다. 이러한 윤리는 주체가 죽음 충동을 현실에서 실현하는 욕망의 우회로로서의 승화를 발생시키기 때문이다. 또한 유럽에서 12~13세기에 성행했던 기사들의 '궁정풍 사랑'은 평범한 여인인 대상을 레이디라는 물의 지위로 고양시킨 후 이상적인 사랑을 추구하는 데서 승화의 한 예가 된다. 마지막으로 예술은 주체로 하여금 대상을 물의 지위로 올리고 그것으로부터 발생되는 응시를 통해 실재와의 만남을 체험하도록 하는 측면에서 승화의 전형이 된다.

이러한 관점에서 볼 때, 라캉의 승화 개념은 프로이트의 승화 개념을 계승하면서도 상당한 부분에서 "차이점"(Evans, 1996/1998: 207-208)을 지닌다.

첫째, 도착증에 대한 이해에서 두 학자는 이견을 갖는다. 프로이트는 도착증을 사회적으로 바람직한 형태로의 승화로 보지 않는다. 이에 비해 라캉은 언어와의 관계에서 도착증을 하나의 구조로 봄에 따라, 도착증의 대상에 대한 물의 지위 부여를 인정한다.

둘째, 프로이트는 완전한 승화가 특별히 세련된 문화인들에게 가능하다고 믿는 반면, 라캉은 개인의 완전한 승화란 불가능함을 주장한다.

셋째, 프로이트의 승화는 비성적인 대상으로 충동의 방향을 바꾸는 것이라면, 라캉의 승화는 대상의 변화가 아닌 환상의 구조에서의 주체의 위치 변화이다. 따라서 프로이트의 승화는 대상의 변화를 가져온다면, 라캉의 승화는 대상의 숭고한 특성, 즉 대상의 본질의 변화를 추구한다.

넷째, 프로이트와 라캉 모두 승화의 전형을 예술로 보는데, 라캉은 프로이트의 의견에 동조하면서 승화를 죽음 충동과 연결시킴으로써 그 개념을 보다 정교화한다. 라캉의 "무에서의 창조(On creation *ex nihilo*)"(Lacan, 1986: 115)는 물의 지위로 고양된 숭고한 대상이 궁극적으로는 죽음과 연관된 위험성을 내포하고 있음을 설명해 준다.

이에 여러 연구자 및 임상가는 프로이트와 라캉의 승화의 개념적 차이를 이해한 후 정신분석 미술치료에서 승화를 적용할 필요가 있다.

2. 정신분석 미술치료의 실제 가이드

정신분석 미술치료의 임상적 관점에서는 지지 치료와 통찰 치료, 증상 초점 치료와 역동 초점 치료, 자아 동조적 상태와 자아 이조적 상태, 증상을 통한 일차 이득과 이차 이득, 지적 통찰과 정서적 통찰, 역전이와 투사적 동일시, 정신분석 미술치료 패러다임의 비교와 포스트모더니즘 벡터, 그리고 개인 치료 · 집단 치료 · 가족 치료에 대해 논의함으로써 가이드를 제공하고자 한다.

1) 지지 치료와 통찰 치료

정신분석 치료에 대해 맥윌리엄스를 참고해 지지 치료(the supportive therapy), 표현 치료(the expressive therapy), 노출 치료(the uncovering therapy)로 살펴본 바 있다. 즉 정신분석은 피분석자의 정신 구조에 기초하여 분석가는 상이한 치료적 원리를 적용함으로써 정신증 구조의 피분석자는 지지 치료, 도착증 구조의 피분석자는 표현 치료, 신경증 구조의 피분석자는 노출 치료(프로이트의 정신분석 치료)를 할 수 있다. 이러한 정신분석 치료는 좀 더 포괄적인 의미로 지지 치료와 통찰 치료로 구분할 수 있다. 지지 치료는 분석가가 피분석자를 수용하고 주로 자아 기능적 측면을 강화함으로써 지지적 태도를 취하는 중재로서 맥윌리엄스의 지지 치료와 표현 치료를 부분적으로 포함한다. 통찰 치료는 분석가가 피분석자에게 주로 통찰적인 태도를 취하는 중재로서 맥윌리엄스의 표현 치료와 노출 치료를 부분적으로 포함한다.

지지 치료는 수치심, 죄의식, 외부의 압력과 관련된 불안과 방어 기제를 분석에서 다룸으로써 피분석자의 자아를 강화하고 현실에의 적응을 목표로 하는 치료이다. 이 접근은 피분석자가 표현하지 못했던 생각과 감정들을 분석에서 표현하도록 분석가가 촉진하는 것이 중요하다. 이에 피분석자의 자아 기능을 강화하는 데 분석가의 지지적 태도가 긴요한 역할을 하게 된다. 지지 치료의 위험은 피분석자의 지나친 퇴행으로 인해 분석가에 대한 의존도가 높아짐에 따라 분석 기간이 장기화되는 점이다.

통찰 치료는 피분석자의 무의식적 갈등을 해석함으로써 그/그녀의 생각, 감정, 행동, 대인관계 등에 대한 통찰을 얻는 것을 목표로 하는 치료이다. 통찰 치료에서 주로 사용되는 기법은 꿈의 해석, 전이와 대상관계에 대한 분석이 중심을 이루지만 직면, 명료화, 공감적 확인 등 분석가의 좀 덜 개입적인 방법이 병용되기도 한다.

이상과 같은 지지 치료와 통찰 치료는 정신증 · 도착증 · 신경증적 구조의 피분석자에게 적용 가능하다. 그러나 좀 더 구체적으로는 피분석자의 정신 구조에 기초한 후 자아 기능의 강도, 대상관계의 특징, 자기의 구조, 분석의 목표 등을 고려하여 주로 정신증 구조의 피분석자에게는 지지 치료를, 도착증 구조의 피분석자와 신경증 구조의 피분석자에게는 지지 치료와 통찰 치료를 병용하는 것이 바람직하다.

2) 증상 초점 치료와 역동 초점 치료

정신분석 치료 초점은 크게 증상 초점과 역동 초점으로 구분한다. 미국의 대상관계이론가이자 임상가인 마이클 스타터(Michael Stadter)는 『대상관계 단기치료(*Object Relations Brief Therapy*)』(Stadter, 1996)에서 증상과 역동의 이중 초점에 대해 설명한다. 대상관계 치료가 아니더라도 넓은 의미에서 정신분석 치료는 증상 초점 치료와 역동 초점 치료로 구분할 수 있다.

스타터는 단기 치료와 장기 치료에서 피분석자의 "주요 증상, 특정한 심리내적 갈등, 발달상의 어려움, 자기에 대한 부적응적 신념, 본질적인 해석의 주제, 끊임없이 반복되는 대인관계 딜레마, 부적응적 기능 패턴"(Stadter, 1996: 110)을 토대로 분석가의 치료적 훈련과 경험 그리고 다른 변수들에 따라 치료 초점이 결정됨을 설명한다. 따라서 분석가는 피분석자의 "정신과 병력, 정신역동적 개인력, 대인관계의 역사, 현재 치료 외적인 상태, 치료자와의 관계, 심리 검사"(앞의 책, 139)를 종합적으로 고려하여 적확한 사례 개념화를 통해 치료 초점을 선택할 수 있어야 한다. 즉 분석가의 전문적 훈련과 경험, 피분석자의 주호소 문제, 그리고 치료 기간에 따라 증상 초점 치료와 역동 초점 치료를 결정할 수 있다.

스타터에 따르면, 좀 더 엄밀한 의미에서 분석가는 단기 치료로 증상 초점 치료를 하여도 피분석자의 증상의 역동적 측면에 대한 이해가 반드시 이루어져야 한다. 예컨대, 도벽 증상이 있는 청소년 피분석자가 있다고 가정하자. 피분석자의 문제와 부모의 주 호소에 따라 치료 초점을 청소년의 도벽 증상을 줄이거나 제거하는 데 둔다면 이는 증상 초점 치료이다. 그러나 증상 초점 치료를 진행하여도 분석가는 청소년의 도벽 증상의 정신역동적 측면을 이해한 후 치료적 중재를 해야 한다. 즉 청소년의 도벽 증상에는 어머니와의 불안정한 대상관계 혹은 파편화된 자기 구조 문제가 존재할 가능성이 있다. 따라서 분석가는 피분석자의 도벽 증상은 물론 그 증상의 원인이 될 수 있는 피분석자의 정신 구조 및 심리적 역동을 고려한 이중 초점의 치료적 중재를 해야 한다.

일반적으로 단기 치료는 증상 초점 치료일 가능성이 높다. 그에 비해 2~5년 이상이 되는 장기 치료는 증상 초점 치료를 포함한 역동 초점 치료가 대부분이다. 정신분석 미술치료는 엄밀한 의미에서 증상 초점 치료를 포함한 역동 초점 치료로 진행되어야 한다. 즉 이중 초점 치료가 되어야 한다. 이러한 정신분석 미술치료에 비해, 행동주의 미술치료 혹은 합리적 정서적 행동 미술치료와 같은 이론적 접근의 차이를 갖는 치료 외에도 증상 초점 중심의 치료는 여러 측면에서 한계를 갖는다. 구체적으로 증상 초점 치료는 "수용 공간의 제한, 흥분시키는 대상 경험적 치료, 퇴행의 부적절한 담기, 종결기에 드러나는 역동적 자료, 피상적일 수 있는 치료, 훈습 및 새로운 변화의 지지를 위한 제한적 기회"(앞의 책, 20-27)와 같은 치료적인 한계들을 내포한다.

국내외 미술치료 현황을 살펴보면 단기 미술치료의 증상 초점 치료가 상당히 많은 부분을 차지하고 있는 실정이다. 이러한 미술치료는 엄밀한 의미에서 피분석자의 증상과 삶의 유의미한 변화보다는 일시적인 미술치료 경험을 통해 피분석자의 자기 탐색 기회를 제한적으로 마련한 데 그치는 것이 사실이다. 따라서 증상 초점과 역동 초점을 아우르는 정신분석 미술치료로서 좀 더 전문적인 중재가 이루어져야 한다.

3) 자아 동조적 상태와 자아 이조적 상태

정신분석 임상에서 피분석자의 정신적 상태와 관련한 개념으로 자아 동조적 상태와 자아 이조적 상태가 있다. 자아 동조적(ego-syntonic) 상태는 피분석자의 "자아가 수용할 수 있는, 다시 말하면 자아의 통일성과 요구와 양립할 수 있는 충동과 표상을 가리키는 용어"(Laplanche & Pontalis, 1967/2005: 360)이다. 따라서 자아 동조적인 피분석자는 자신의 생각, 감정, 행동 그리고 증상에 대한 자각을 하지 못한 채 불안과 불편함을 느끼지 않는다. 이들은 자신의 증상에서 나타나는 편향적인 행동을 적합한 것으로 보고, 주로 자신의 문제의 원인을 타인이나 환경의 탓으로 여김(투사)에 따라 스스로 변화하기보다는 타인을 변화시키려 한다.

이에 비해 자아 이조적(ego-dystonic) 상태는 피분석자가 자신의 생각, 감정, 행동 그리고 증상에 대한 자각으로 불안과 불편함을 느끼는 상태이다. 주로 자아 이조적 상태를 나타내는 신경증자는 자신의 증상에 대해 불편함을 느끼고, 증상의 원인을 자신으로 여김에 따라 스스로 변화하고자 한다.

이처럼 자신의 증상과 상태에 대한 자각이 없는 자아 동조적 상태는 주로 정신증 구조와 도착증 구조의 피분석자에게서, 자신의 증상과 상태에 대한 자각이 있는 자아 이조적 상태는 주로 신경증 구조의 피분석자에게서 자주 관찰된다. 또는 성격장애를 나타내는 경계선적 수준과 신경증적 수준의 피분석자의 경우, 정신분석 치료의 초기에는 자신에 대한 병식(insight)이 없는 자아 동조적 상태를 주로 나타내는 데 비해 치료가 진전되면서 자신에 대한 자각이 이루어지는 자아 이조적 상태로 변화한다. 이처럼 자아 동조적 상태와 자아 이조적 상태는 피분석자의 자기 자각 상태로서 증상에 대한 불편함, 자신의 심리적 상태에 대한 객관적 관찰 및 통제 능력과 연관된다. 분석가는 이러한 피분석자의 자기 자각과 통제 상태를 이해하고 정신분석 치료에 임해야 한다.

4) 증상을 통한 일차 이득과 이차 이득

정신분석 임상에서 분석가가 가장 어려움을 겪는 부분은 피분석자의 전이 형성 이후 나타나는 저항에 직면할 때이다. 저항은 정신분석 치료 중에 나타나는 피분석자의 "무의식에 도달하는 것에 반대하는 모든 말과 행동"(Laplanche & Pontalis, 1967/2005: 388)으로서 치료를 방해하는 총체적인 의미를 갖는다. 따라서 피분석자는 치료에서 의식적으로는 자신의 증상을 해소하고 성장을 바라지만, 변화를 두려워하거나, 무의식적 갈등에 직면하는 것이 두렵거나, 현재까지 유지해 왔던 무의식적 욕구의 충족 방법을 유지시키려고 하는 등의 이유로 저항을 나타낸다. 따라서 저항은 피분석자의 증상의 유지와 자기 성장의 방해를 가져온다. 이러한 피분석자의 의식과 무의식의 불일치는 증상을 통한 일차 이득과 이차 이득이 발생하는 것과 연관된다.

프로이트는 도라에 대한 「히스테리 사례분석」(Freud, 1905a)과 『정신분석 강의』 중 「스물네 번째 강의: 일상적인 신경 질환」(Freud, 1917c)에서 증상의 '일차 이득'과 '이차 이득'을 설명한다. 그는 증상의 일차 이득으로 "많은 신경증 환자가 매번 갈등에 직면할 때마다 질병(증상)으로 도피함으로써 〔…〕 일종의 내부적인 질병에 의한 이득이 자아에게 주어진다"(Freud, 1917c: 382-383)고 기록한다. 또한 그는 '질병은 일종의 자기 보존 충동 같은 것을 나타낸다. 또 질병과 정신의 다른 부분들 사이에는 일종의 공조 체계가 형성된다. 그래서 질병은 이차적 기능을 획득하게 되고, 자신의 위상을 더욱 강화시킨다'고 설명한다. 이처럼 "신경증자가 정신적 갈등의 상황에서 갈등을 회피하고 증상으로 도피하는 것이 일차 이득이고, 증상을 통해 부가적으로 얻게 되는 정신적 혹은 환경적 이득이 이차 이득이다"(이수진, 2018: 58).

이처럼 피분석자는 증상을 통해 무의식적 갈등의 욕구를 신체(히스테리)나 관념(강박증), 또는 외부 대상(공포증)으로 전환함으로써 심리적 고통을 피할 수 있다. 이것이 일차 이득이다. 또한 피분석자는 증상을 통해 자신이 불편한 사람이나 환경을 회피하고, 그럼으로써 갈등 상황과 거리를 둔다. 더 나아가 증상을 통해 타인의 관심과 돌봄을 제공받을 수도 있다. 이처럼 증상의 일차 이득과 공조 체제가 형성된 부차적인 이득이 이차 이득이다. 문제는 이러한 일차 이득과 이차 이득이 피분석자의 증상의 유지와 악화를 가져오게 되는 점이다. 증상을 통해 이득을 얻는 피분석자의 역설적인 상황은 정신분석 임상 장면에서 생각보다 자주 발견된다. 여기에는 피분석자의 증상 해결에 대한 양가적인 태도가 있기 때문이다.

특히 정신분석 임상 장면에서 욕망의 지연으로 증상의 반복과 유지를 나타내는 히스테리 피분석자를 자주 만날 수 있는데, 이때 분석가는 라캉 정신분석 미술치료와 같은 통찰 중심적 접근을 통해 피분석자를 좀 더 심층적으로 분석하여 그/그녀가 자신의 진실을 마주하도록 전이 공간을 마련하는 것이 유용하다. 즉 피분석자가 자신을 제대로 마주하고 이해함으로써 진정한 치료의 방향으로 나갈 수 있도록 해야 한다.

5) 지적 통찰과 정서적 통찰

정신분석의 목표는 프로이트의 "Where id was, there ego shall be(Wo Es war, soll Ich werden)"(Freud, 1933a: 80)의 명제로부터 출발하여 피분석자가 자아의 최선의 심리적 조건을 세우는 것이다. 이는 현대 정신분석에서 자아의 강화, 온전한 대상관계의 발달, 자기 구조 구축을 통한 자기애와 대상애의 확장, 주체적 실현으로 분화함을 이 책에서 이해하였다. 이는 정신분석이 주체로 하여금 자신의 무의식과의 만남을 통해 이전보다 자신과 타자를 위해 좀 더 건강하고 행복한 삶을 사는 것과 연결된다. 이러한 과정 가운데 지적 통찰과 정서적 통찰이 있다.

지적 통찰(the intellectual insight)은 정신분석의 지식을 통해 자신의 무의식의 정신 과정을 지적으로 이해하는 것이다. 정서적 통찰(the emotional insight)은 자신의 무의식의 정신 과정을 지적으로 이해하는 것뿐만 아니라, 개인 분석과 전이적 경험의 대인관계를 통해 무의식적 정신 과정을 탐구함으로써 변화하고 성장하는 정신분석적 삶을 사는 것이다. 따라서 정서적 통찰은 지식을 넘어선 지혜가 되고, 진정한 의미에서 자신과 삶에 대한 진실 탐구가 된다.

정신 과정의 탐구는 지적 통찰만으로 가능하다. 그러나 정신 과정의 탐구를 포함한 치료와 성장은 지적 통찰에 기초한 정서적 통찰이 반드시 수반되어야 한다. 피분석자, 분석가, 또는 한 개인인 주체가 자신의 삶에 대한 반성 없이 지적 통찰만을 추구하거나 정신분석의 지식을 무기로 삼는다면 정신분석을 올바르게 실천하는 것이 아니다. 이는 자신은 물론 타자와 사회의 건강한 삶을 방해할 뿐만 아니라, 막대한 문제와 지장을 초래한다.

따라서 정신분석을 탐구하고, 특히 분석가와 전문가가 되고자 하는 이들은 반드시 개인 분석과 슈퍼비전, 그리고 자신의 삶에 대한 지속적인 성장 노력을 통해 지적 통찰과 정서적 통찰을 병행해야 한다. 이것이 바로 주체와 대타자의 욕망의 변증법에서 순수 욕망으로 향해 가는 "정신분석의 윤리"(Lacan, 1986)를 실천하는 길이다.

6) 역전이와 투사적 동일시

정신분석 임상에서 분석가가 가장 주의하고 지양해야 할 것은 역전이이다. 역전이는 정신분석 치료에서 피분석자가 분석가에게 형성하는 전이에 반대되는 개념이다.

역전이(the counter-transference)는 "피분석자에 대한, 특히 피분석자의 전이에 대한 분석가의 무의식적 반응의 총체"(Laplanche & Pontalis, 1967/2005: 252)이다. 예컨대, 분석가가 자신의 무의식적 충동에서 비롯된 특정한 감정적 반응과 행동을 피분석자에게 나타내게 되면 이것은 역전이이다. 분석가가 특별히 어떤 피분석자에게 긍정적인 관심이 커지거나 혹은 이와 반대로 어떤 피분석자에게 부정적인 감정과 태도가 두드러지게 나타나면 역전이로 볼 수 있다. 이러한 역전이는 고전 정신분석에서는 분석가가 반드시 지양해야 할 것으로 여겨진다.

그러나 현대 정신분석에서는 역전이를 좀 더 세분화하여 이해함으로써 이에 대한 태도를 달리한다. 분석 장면에서 피분석자의 전이에 대한 분석가의 무의식적 반응의 총체가 역전이인데, 이러한 역전이를 엄밀히 두 가지로 구분한다. 현대 정신분석에서는 분석가의 심리적 원인으로 발생한 역전이가 있고, 클라인이 개념화한 피분석자가 분석가에게 투사함으로써 나타나는 투사적 동일시가 있다.

투사적 동일시(the projective identification)는 "주체가 자기 자신의 전부 내지는 일부를 대상의 내부에 삽입해 그를 해치고 소유하고 통제하는 환상으로 나타나는 기제"(앞의 책, 489)를 말한다. 이처럼 투사적 동일시는 분석가가 피분석자의 전이에 대한 무의식적인 반응을 나타내는 측면에서는 역전이처럼 경험되지만, 그 원인이 피분석자의 전부 내지는 일부의 심리적 특성이 분석가의 내부에 삽입해 분석가가 무의식적 반응을 나타내는 측면에서 역전이와는 다르다.

전자의 역전이는 분석가가 자신을 통찰하고 분석 장면에서 지양해야 할 것이라면, 후자의 역전이(투사적 동일시)는 분석가가 피분석자의 심리적 상태를 이해할 수 있는 치료적 경험이자 분석적으로 유용한 자료가 된다.

옥덴은 투사적 동일시를 피분석자의 "방어 양태, 의사소통 양식, 대상관계 방식, 심리적 변화를 위한 길"(Ogden, 1979: 371)로서 기능함을 설명한다. 이처럼 투사적 동일시는 피분석자가 자신을 보호하고자 하는 방어인 동시에 분석가와의 의사소통 양식으로서 그 자체가 대상관계 방식이 된다. 또한 피분석자는 자신의 심리적 상태를 분석가에게 삽입한 후 분석가가 그것을 조절하는 방식을 다시 동일시함으로써 자신의 심리적 변화의 길을 모색할 수 있게 된다.

따라서 역전이와 투사적 동일시의 의미에 기초하여, 분석가는 분석 장면에서 경험되는 자신의 심리적 경험이 자신의 문제로부터 비롯된 역전이인지, 피분석자의 심리적 상태가 전달된 투사적 동일시인지 잘 판단할 수 있어야 한다. 또한 자신의 무의식적 반응이 피분석자의 투사적 동일시라면 그것이 방어 양태, 의사소통 양식, 대상관계 방식, 심리적 변화를 위한 길 가운데 어떤 기능적 측면을 갖는지 이해하고, 그에 따른 적절한 치료적 중재를 해야 한다.

7) 정신분석 미술치료 패러다임의 비교와 포스트모더니즘 벡터

이 책에서 정신분석 미술치료의 여러 패러다임을 살펴보았다. 고전 정신분석으로 프로이트의 정신분석을 고찰하고, 그에 기초한 정신분석 미술치료를 설명하였다. 또한 현대 정신분석으로 자아심리학, 대상관계이론, 자기심리학, 라캉의 정신분석을 중심으로 고찰하고, 그에 기초한 정신분석 미술치료의 여러 패러다임을 설명하였다.

이러한 여러 정신분석 미술치료 패러다임은 각 패러다임에 따라 상이한 기본 개념, 치료 목표, 분석가의 의미와 역할, 예술의 의미와 미술치료 적용 기법을 갖고 있다. 동시에 여러 정신분석 미술치료 패러다임은 임상 실제 측면에서 정신분석 미술치료의 절충적 접근 혹은 통합적 접근으로 한 연결선상에서 이루어질 수 있는 가능성을 내포한다. 이에 정신분석 미술치료 패러다임의 차이와 의의를 종합적으로 논의한다.[1]

고전 및 현대 정신분석 미술치료의 차이는 기본 개념, 치료 목표, 분석가의 의미와 역할, 그리고 예술의 의미와 미술치료 적용 기법을 중심으로 살펴보면 다음과 같다.

프로이트는 정신분석을 제1기 심리적 외상 이론의 시기, 제2기 지형학설 시기, 제3기 구조론의 시기를 통해 이론을 진일보시켜 나간다. 즉 프로이트의 정신분석은 무의식, 꿈의 해석, 오이디푸스 콤플렉스, 승화, 반복, 충동, 전이의 기본 개념들을 설명한다. 이러한 기본 개념들은 정신분석 미술치료에서 피분석자의 심리적 측면을 이해하는 주요 근간이 되고, 분석가가 좀 더 적확한 치료를 제공할 수 있는 단초를 제공한다. 정신분석 미술치료의 실제는 시작 단계, 투사와 전이의 발달과 훈습, 전이의 해소와 종결로 치료 과정이 이루어지고, 치료 목표는 피분석자의 자아의 최선의 심리적 조건을 세우는 것이다. 예술의 의미는 반복

1) 정신분석 미술치료 패러다임의 차이와 의의에 대한 논의는 이 책의 전체적인 내용과 필자의 「고전-현대 정신분석 패러다임 고찰이 정신분석적 미술치료에 주는 시사점」(이수진 외, 2011) 연구를 기초로 한다.

을 보여 주는 투사의 대상이고, 주요 미술치료 기법으로는 자유 연상화, 꿈 그림, 충동 표현하기, 반복 패턴 발견하기, 인격 구조 표현하기가 있다. 이러한 치료를 위해 분석가는 개인 분석을 토대로 정신분석의 전문적인 지식을 축적해 나가는 것은 물론 끊임없는 삶의 성찰을 통해 자기 성장을 이루어 나가야 한다.

현대 정신분석은 프로이트의 고전 정신분석의 유산으로부터 출발한다. 대부분의 현대 정신분석가는 인간의 마음의 복잡성, 무의식적 정신 과정의 중요성, 주관적 경험에 대한 지속적 탐색 필요성에 동의한다. 동시에 현대 정신분석은 매우 복잡하고 다양하여, "응집성 있는 사고체계라기보다는 상이한 이론과 지식들이 복잡한 관계 속에 공존하는 복합체"(Mitchell & Black, 1995: 206-207)로 보는 것이 더 정확하다. 즉 고전 정신분석에서 배태된 20세기의 현대 정신분석은 프로이트의 기본 개념들을 어떻게 선택, 수용, 수정하는가에 따라 인간에 대한 이해와 강조점, 치료적 목표 및 접근 방법 등 그 입장을 달리한다. 구체적으로 피분석자의 이드 대 자아, 정신 장애의 원인을 피분석자의 환상 대 부모의 부적절한 양육 중 어느 부분에 좀 더 강조점을 두는가에 따라 학파적인 성향이 결정된다.

현대 정신분석의 공통된 합의점은 대인 상호 관계적 측면에 대한 관심이다. 프로이트의 고전 정신분석에서는 인간을 충동에 의해 지배되는 개인으로 보고, 욕구 만족, 충동 발산, 긴장이나 불안 감소 등의 개인 내적 심리 과정을 중시한 데 비해, 현대 정신분석은 타자와의 관계 형성 및 심리적 교류를 인간의 근본적 욕구로 전제한다. 따라서 현대 정신분석은 임상의 실제적 측면에서 피분석자(분석주체)와 분석가의 관계를 중요하게 다룬다. 이러한 현대 정신분석 패러다임으로서 자아심리학, 대상관계이론, 자기심리학, 라캉의 정신분석 각각의 관점에 따른 미술치료적 차이점들을 살펴보면 다음과 같다.

자아심리학은 이드, 초자아와 관련한 자아의 발달, 방어 체계의 발달, 발달 단계에 따른 자아 기능의 확립과 공고화, 정신적 발달 과정에 영향을 미치는 환경적 요소 및 아동과 부모의 초기 관계를 주요 관심으로 한다. 따라서 자아심리학 미술치료 과정은 불안 분석과 치료적 동맹 형성, 방어 작업과 자아의 재구조화, 치료로서의 미술 작업으로 이루어지고, 치료 목표는 피분석자의 자아 기능의 강화에 둔다. 자아심리학 분석가의 의미와 역할은 유사 부모와 같은 분석가이다. 예술의 의미는 불안과 방어의 투사 대상이고, 주요 미술치료 기법으로는 초기 기억 그림, 사회적인 나와 개인적인 나, 불안 통찰하기, 방어 기제 발견하기가 있다.

대상관계이론은 클라인과 위니콧을 중심으로 하여 분리와 개별화와 여러 심리적 기제를 살펴볼 수 있다. 대상관계이론의 기본 개념으로는 편집–분열적 위치와 우울적 위치, 투사적 동일시, 분열, 이상화와 평가 절하, 중간 대상, 그리고 온전한 대상관계가 있다. 대상관계 미술치료의 과정은 대상관계 진단, 관계 중심의 치료, 통찰 중심의 치료로 이루어지고, 치료 목표는 피분석자의 온전한 대상관계의 발달이다. 분석가는 충분히 좋은 치료자로서의 의미와 역할을 갖는다. 예술의 의미는 중간 대상이고, 주요 미술치료 기법으로는 모자화, 소조 활동, 중간 대상 나타내기, 좋고 나쁜 대상관계 나란히 놓기가 있다.

자기심리학은 현상학적 배경의 정신분석으로서 코헛의 자기 개념에 기초하여 나르시시즘, 자기애성 성격장애, 자기대상 전이, 그리고 공감이 기본 개념을 이룬다. 자기심리학 미술치료의 과정은 자기애성 피분석자의 내적 구조 이해, 피분석자의 자기대상으로서의 분석가의 개입, 피분석자의 변형적 내재화를 통한 자기 구조 구축으로 이루어진다. 치료 목표는 피분석자의 자기 구조 구축을 통한 건강한 자기애의 발달과 대상애의 확장이다. 분석가는 피분석자의 자기대상으로서의 의미와 역할을 갖는다. 예술의 의미는 자기대상이고, 주요 미술치료 기법으로는 자기 표현하기, 나르시시즘, 자기대상으로서의 부모, 삶의 파노라마가 있다.

라캉 정신분석은 상상계 · 상징계 · 실재, 오이디푸스 과정, 욕구 · 요구 · 욕망, 소외와 분리, 증상을 기본 개념으로 한다. 라캉 정신분석 미술치료 과정은 주체의 정신 구조 진단, 소외에서 분리로의 이행, 환상의 횡단 너머 증상과의 동일화로 구성된다. 치료 목표는 분석주체의 소외와 분리, 환상의 횡단, 증상과의 동일화를 통한 주체적 실현, 즉 주체화이다. 분석가는 안다고 가정된 주체로서의 의미와 역할을 갖는다. 예술의 의미는 대상 *a*이고, 주요 미술치료의 기법은 주체 표현하기, 나의 환상, 작품 관람하기, 나의 욕망, 증상의 의미 발견하기가 있다.

표 13-1 정신분석 미술치료 패러다임의 비교

	고전 정신분석	현대 정신분석			
	정신분석 미술치료	자아심리학 미술치료	대상관계 미술치료	자기심리학 미술치료	라캉 정신분석 미술치료
대표 학자	지그문트 프로이트	안나 프로이트	멜라니 클라인 도널드 위니콧	하인즈 코헛	자크 라캉
기본 개념	꿈의 해석 1, 2차 정신 기구 충동 오이디푸스 과정 승화 반복 전이	원시적 방어과정 성숙한 방어과정	분리와 개별화 투사적 동일시 분열 이상화와 평가 절하 중간 대상	자기 나르시시즘 자기애성 성격장애 자기대상 전이 공감	상상계 · 상징계 · 실재 오이디푸스 과정 욕망 소외와 분리 증상
치료 과정	ⓐ 시작 단계 ⓑ 투사와 전이의 발달과 훈습 ⓒ 전이의 해소와 종결	ⓐ 불안 분석과 치료적 동맹 형성 ⓑ 방어 작업과 자아의 재구조화 ⓒ 치료로서의 미술	ⓐ 대상관계 진단 ⓑ 관계 중심 치료 ⓒ 통찰 중심 치료	ⓐ 자기애성 피분석자 내적 구조 이해 ⓑ 자기대상의 분석가 개입 ⓒ 변형적 내재화 통한 자기 구조 구축	ⓐ 주체 정신 구조 진단 ⓑ 소외에서 분리로의 이행 ⓒ 환상의 횡단 너머 증상과의 동일화
치료 목표	자아의 최선의 심리적 조건 세우기	자아 기능의 확립과 공고화	온전한 대상관계의 발달	자기 구조 구축을 통한 자기애 발달과 대상애 확장	주체적 실현 (소외와 분리 환상의 횡단 증상과 동일화)
분석가 의미와 역할	진실에 대한 사랑을 갖는 분석가	유사 부모와 같은 치료자	충분히 좋은 치료자	피분석자의 자기대상	안다고 가정된 주체
예술의 의미	투사의 대상	불안과 방어의 투사 대상	중간 대상	자기대상	대상 *a*
미술치료 적용 기법	① 자유 연상화 ② 꿈 그림 ③ 충동 표현하기 ④ 반복 패턴 발견하기 ⑤ 인격 구조 표현하기	① 초기 기억 그림 ② 사회적인 나 개인적인 나 ③ 불안 통찰하기 ④ 방어 기제 발견하기	① 모자화 ② 소조 활동 ③ 중간 대상 나타내기 ④ 좋고 나쁜 대상관계 나란히 놓기	① 자기 표현 ② 나르시시즘 ③ 자기대상의 부모 ④ 삶의 파노라마	① 주체 표현하기 ② 나의 환상 ③ 작품 관람하기 ④ 나의 욕망 ⑤ 증상의 의미 발견하기

이상과 같은 정신분석 미술치료의 여러 패러다임은 상호간의 합의점과 차이점을 변증법적으로 마련하면서 독자적인 정신분석 미술치료의 의의를 지닌다.

첫째, 고전 정신분석과 그로부터 배태된 현대 정신분석의 여러 패러다임은 정신분석 미술치료로 하여금 증상 초점 치료로부터 역동 초점 치료로의 이행을 독려한다.

앞서 정신분석 미술치료의 실제 가이드에서 스타터(1996)의 증상 초점 치료와 역동 초점 치료를 살펴본 바 있다. 정신분석 치료는 단기 치료에서도 피분석자의 역동적 측면을 바탕으로 하여 증상적 측면에 초점을 두는 치료를 진행해야 한다. 스타터에 따르면, 단기 치료는 피분석자의 삶의 변화 과정의 일부분으로서 그/그녀에 따라 연쇄적인 단기 치료(the serial brief therapy) 에피소드를 포함할 수 있다. 이러한 관점은 고전 및 현대 정신분석 미술치료의 다양한 치료 목표들로 뒷받침된다. 즉 자아 기능의 공고화, 온전한 대상관계 발달, 자기 구조 구축을 통한 건강한 자기애의 발달과 대상애의 확장, 그리고 주체적 실현은 엄밀히 피분석자의 단기간의 증상 해결이라기보다는 치료를 삶의 부분 과정으로 이해하여 근본적인 심리 역동 구조를 변화시킬 수 있는 각각의 기회를 제공한다. 따라서 정신분석 미술치료는 피분석자에 대한 보다 심층적인 이해와 치료적 변화를 가능하게 한다.

둘째, 고전 및 현대 정신분석 미술치료의 여러 패러다임은 정신분석 미술치료의 이론적 · 임상적 기초 자료를 마련할 뿐만 아니라, 다양하고 보다 전문화한 분석가의 의미와 역할을 제공한다.

분석가(정신분석 미술치료자)는 현대 정신분석 치료의 여러 패러다임 가운데 가장 좋은 이론과 방법론을 선택하여 자기 자신의 것, 즉 자신의 스타일로서 정신분석 미술치료를 수행할 수 있다. 구체적으로, 분석가 자신이 피분석자의 자아 기능을 공고화하는 데 대한 관심으로 유사 부모의 역할에 좀 더 맞는지(자아심리학), 피분석자의 온전한 대상관계를 형성하는 데 대한 관심으로 충분히 좋은 치료자로서의 역할에 좀 더 맞는지(대상관계이론) 생각할 수 있다. 또한 피분석자의 응집성 있는 자기 구조 구축에 대한 관심으로 자기대상으로서의 역할에 좀 더 맞는지(자기심리학), 분석주체의 주체적 실현에 대한 관심으로 안다고 가정된 주체로서의 역할에 좀 더 맞는지(라캉 정신분석) 판단할 수 있다.

이처럼 여러 정신분석 미술치료 패러다임에 따라 구분되는 분석가의 의미와 역할은 좀 더 전문적인 정신분석 미술치료의 이론적 체계화와 임상적 전문화를 마련함으로써 분석가의 전문적인 성장과 자기다운 삶을 가능하게 한다.

셋째, 고전 정신분석 미술치료로부터 현대 정신분석 미술치료에 이르는 패러다임의 변화는 분석가와 피분석자로 하여금 19~21세기 시대적 담론을 수렴하게 한다. 특히 자아심리학으로부터 라캉의 정신분석에 이르는 현대 정신분석 미술치료의 흐름은 포스트모더니즘 벡터를 반영한다.

고전 정신분석은 19세기의 인과론, 결정론, 진화론, 항상성 이론 등의 자연 과학적인 시대를 배경으로 하여 분석가와 피분석자 간의 중립적 관계를 강조하고 역전이를 분석가가 지양해야 하는 것으로 여긴다. 이에 비해 현대 정신분석은 역전이의 개념을 확장하여 투사적 동일시로 이해함으로써 이는 피분석자의 심리적 세계를 이해하는 중요한 치료적 기제로 삼는다. 이처럼 현대 정신분석은 고전 정신분석의 한계를 보완하는 가운데, 자아심리학 미술치료는 유사 부모, 대상관계 미술치료는 충분히 좋은 치료자, 자기심리학 미술치료는 자기대상, 라캉 정신분석 미술치료는 안다고 가정된 주체로서의 분석가가 전이 환경을 제공한다. 그럼으로써 패러다임에 따라 상이한 분석가의 의미와 역할이 요구된다. 이러한 점은 자아심리학 치료로부터 라캉의 정신분석으로 갈수록 "단일한 자기로부터의 탈중심화 · 주체성의 확산 · 경험의 맥락화"(Mitchell & Black, 1995: 102-111)를 가져온다. 또한 이는 정신분석에서 미시적 담론의 중요성 인식, 새로운 통찰력이 가져온 조각난 주체 혹은 분열된 주체에 대한 관심, 삶에 대한 대답이 아닌 물음 제기의 포스트모더니즘 벡터와 맞물려 분석 상황은 수직적 구조에서 수평적 구조로 변화한다. 따라서 미술치료에서 피분석자의 주체화로서 그 위치가 승격되고, 예술의 의미와 역할 범위는 보다 확장된다. 더 나아가 이러한 벡터는 정신분석 미술치료로서 좀 더 시대적 담론을 수렴한 미술치료를 가능하게 한다. 이상의 정신분석 미술치료 패러다임을 〈표 13-1〉과 같이 비교하여 정리한다.

최근에는 현대 정신분석의 여러 패러다임을 분석적으로 이해하는 동시에 통합적으로 실천하는 흐름에 있다. 이는 각 주체인 인간을, 그리고 그/그녀 삶을 단 하나의 이론과 실천만으로 이해할 수 없기 때문이다. 정신분석학의 최근 동향은 "종교"(정경훈, 2015), "신경과학"(정경훈, 2018), 4차 산업, 그리고 글로벌화와의 연관성을 모색하고 있다. 따라서 분석가는 시대적 담론과 변화를 수용한 바탕 위에서 정신분석 미술치료의 패러다임에 따른 차이와 의의를 이해하고, 자신만의 고유한 길을 찾아 분석에 임할 때 진정한 전문가가 될 수 있다.

8) 개인 치료, 집단 치료, 가족 치료

정신분석 미술치료를 대상에 따라 유형별로 구분하면 개인 치료와 집단 치료와 가족 치료로 나뉜다. 이는 정신분석 미술치료의 임상 실제가 개인은 물론 집단과 가족을 대상으로 하여 이루어지기 때문이다. 개인 치료는 프로이트의 원리 및 현대 정신분석이 진행되는 전통적인 정신분석 환경에서 주로 이루어진다. 그에 비해 집단과 가족을 대상으로 하는 치료는 정신역동 치료(the psychodynamic therapy)와 심리치료(the psychotherapy) 환경에서 주로 이루어진다. 이처럼 개인, 집단, 가족의 무의식을 중심으로 한 정신 과정을 탐구하고 치료하는 측면에서 각 치료는 한 맥락에 있고, 임상이 적용되는 환경적 측면에서 변주를 이룬다. 따라서 각 대상에 따른 유형별 치료에서 분석가가 유념해야 할 이론 및 임상의 원리를 이해하면 다음과 같다.

(1) 개인 치료의 이론과 임상 원리

개인 치료에서는 분석가가 피분석자에 대한 정신 구조와 증상을 진단한 후 분석의 목표를 설정할 때 피분석자에 대한 생애 주기의 이해가 기초되어야 한다. 즉 분석가는 피분석자가 아동, 청소년, 성인 그리고 노인의 삶의 주기에 따라 변화하는 인격 발달의 특성을 이해한 기초 위에서 피분석자의 신경증 · 도착증 · 정신증의 정신 구조와 불안 · 우울 등의 증상을 진단한 후, 분석적 위치와 전이적 태도를 결정해야 한다.

이 책에서 살펴본 것처럼, 정신분석 목표는 학파에 따라 자아의 최선의 심리적 조건 세우기(프로이트 정신분석), 자아 기능의 확립과 공고화(자아심리학), 온전한 대상관계의 발달(대상관계이론), 자기 구조 구축을 통한 자기애의 발달과 대상애의 확장(자기심리학), 주체적 실현(라캉의 정신분석)으로 다양하게 나뉜다. 이러한 분석의 목표는 피분석자가 어떤 정신 구조에서, 어떠한 증상을 호소하는가와 연관된다. 또한 동일한 정신 구조와 증상에 따른 분석의 목표를 설정하여도 아동, 청소년, 성인, 노인의 피분석자에 대한 분석의 실제는 다르게 적용되어야 한다. 이를 위해 분석가는 피분석자의 생애 주기에 따른 심리 사회적 발달 과업을 이해해야 한다.

표 13-2 개인의 생애 주기에 따른 발달 이해

생애 주기	피아제의 인지	프로이트의 성 충동 조직화	말러의 분리와 개별화	에릭슨의 정체성 이론	로웬펠드의 미술 표현
유아기	감각 운동기	구순기	자폐 공생 분리와 개별화 부화 연습	신뢰 대 불신	
초기 아동기	전조작기	항문기	재접근	자율성 대 의심	난화기
아동기		남근기	개별성과 대상 항상성	솔선 대 죄의식	전도식기
학령기	구체적 조작기	잠재기		근면 대 열등	도식기 또래집단기 의사실기
청소년기	형식적 조작기	성기기		정체감 대 역할 혼미	결정기 청소년기
성인기				친밀 대 고립	
중년기				생산 대 자기 침체	
노년기				통합 대 절망	

개인의 생애 주기에 따른 이해를 위해서는 독일 출신의 미국 정신분석가 에릭 에릭슨(Erik Erikson)의 1968년 정체성 이론이 유용한 참조 체계가 된다.

〈표 13-2〉 개인의 생애 주기에 따른 발달 이해에서 보는 바와 같이, 에릭슨의 정체성 이론은 프로이트의 성 충동의 조직화와 말러의 분리와 개별화의 연장선상에 있다. 인간의 심리가 "인지, 정서, 행동의 복합체"(Corsini, 2005/2007: 8-14)로 기능하는 점에 기초하면, 정신분석 치료에서 개인의 생애 주기에 따라 고려해 보아야 할 측면은 인지 · 정서 · 행동과 연관된 성 충동, 분리와 개별화, 그리고 정체성이다. 이에 정신분석 미술치료 실제에서 개인의 생애 주기에 따른 발달로서 검토해야 할 이론적 체계는 장 피아제(Jean Piaget, 1954)의 인지 발달, 프로이트의 성 충동의 조직화(Freud, 1905b), 말러 등에 의한 분리와 개별화(Mahler et al., 1975), 에릭슨(Erik Erikson, 1968)의 정체성 이론, 그리고 빅터 로웬펠드(Viktor Lowenfeld, 1960)의 미술 표현 발달이 있다.[2] 이와 같은 여러 이론의 맥락 가운데 에릭슨의 정체성 이론을 좀 더 살펴보자.

인간은 유아기(출생~1세)에 구순기의 성 충동과 분리와 개별화 과정으로 대상관계 발달에서 자폐와 공생 단계를 경험한다. 그 이후 자기와 대상의 분리와 개별화가 발생하는 부화와 연습 단계를 거친다. 이때의 공생 경험은 타자와 세상에 대한 신뢰감을 형성하는 데 중심적인 기초가 된다.

초기 아동기(1~3세)에는 배변 훈련을 통해 항문을 중심으로 한 성 충동이 조직화된다. 신체의 긴장과 이완으로 이루어지는 배변 활동의 자기 조절은 초기 아동으로 하여금 대상과의 관계에서 좋고 나쁨을 인식하고 표현하는 것뿐만 아니라 자율성을 나타내는 정체감의 발달로 이어진다. 이러한 자율성이 충분히 허용되지 못하는 양육 환경에서 자란 초기 아동은 수치심과 의심을 느끼게 된다.

---

2) 개인의 생애 주기에 따른 발달 이해에서 삶의 주기에 따른 피아제의 인지 발달과 로웬펠드의 미술 표현 발달은 이 책에서 깊게 다루지 않는다. 인간 발달에 따른 심층적인 논의는 다소간 심리-교육적 접근 및 논의가 될 수 있음에 따라, 이 내용은 참고문헌을 제시하는 것으로 대신한다. 이 내용에 대한 논의는 루빈이 편저한 『미술치료의 접근: 이론과 기법(*Approaches to Art Therapy: Theory & Technique*)』(Rubin, 2001: 226-228)을, 미술표현 발달은 『인간을 위한 미술교육(*Creative and Mental Growth*)』(Lowenfeld & Brittain, 1960)을 참고할 수 있다.

아동기(3~5세)의 성 충동은 아동이 자신의 몸, 특히 남근을 중심적으로 자기를 탐색하는 남근기의 특성이 나타난다. 이 시기에 오이디푸스 콤플렉스 극복을 통한 성적 주체로의 탄생이 이루어지는데, 남아와 여아 모두 아버지와 어머니 사이의 삼자 관계에서 사랑과 미움을 경험하면서 자신의 성적 위치를 깨닫고 초자아를 형성하게 된다. 분리와 개별화 과정은 3세 이전까지의 재접근 단계를 거쳐 형성된 대상관계가 이후의 삶에서 지속적인 영향을 미친다. 아동은 자신에 대한 개별성과 대상에 대한 항상성이 통합된 경우에는 온전한 대상관계를 형성한다. 이 시기 아동의 정체성은 또래 관계에서 주도성(솔선)을 갖거나 그와 반대로 공격적 충동 및 표현에 대한 죄의식을 느끼는 것으로 나타난다.

학령기(6~12세)의 성 충동은 자가성애 단계의 구순, 항문, 남근을 중심으로 한 부분 충동이 잠재화되면서 점차 대상성애 단계로 변화한다. 학령기의 발달 과제는 여러 기술을 습득하고 자신의 과업을 완성해 나갈 수 있는 근면성을 성취하는가 하면, 부모의 과보호나 또래 집단과의 비교식 양육은 열등감을 발생시키게 된다.

청소년기(12~20세)에는 주로 이성을 사랑 대상으로 선택하면서 대상성애가 나타나고, 부분 충동이 통합되어 성 충동과 해부학적 성이 일치된다. 청소년기는 자기 정체감을 확립하는 것이 주요 과업이며, 자신에 대한 이해를 바탕으로 삶의 목적과 가치에 따른 미래 계획을 세운다. 이 시기에 자기 정체감을 형성하지 못할 경우 자기 역할에 대한 혼미로 문제 행동이나 정신 장애를 나타낼 수 있다.

성인기, 중년기, 노년기의 성 충동은 대상성애의 단계가 중심을 이루지만 개인에 따라 자가성애 단계의 부분 충동이 두드러지는 특성을 나타낼 수 있다. 특히 개인에 따른 구순기, 항문기, 남근기의 고착은 이후 삶의 성격, 직업, 생활에서 지속적인 영향을 미치는 원형으로 작용한다. 분리와 개별화 과정은 이후의 삶에서도 입학과 졸업, 입직과 퇴직, 이별과 사별 등으로 개인의 삶에 따라 지속적으로 변화하고 축적된다. 성인기, 중년기, 노년기의 정체감은 삶의 주기에 따라 다음과 같이 변화한다.

성인기(20~40세)에는 결혼과 직업 및 사회 활동으로 타인과 친밀감을 이루는 것이 정체감 형성에서 중요하다. 이러한 친밀감을 성취하지 못하는 경우 사회로부터 고립이나 소외가 발생한다. 중년기(40~65세)에는 점차 확장되는 가족의 형태와 직업으로 생산성을 나타내는가 하면, 그렇지 못한 경우 자기 침체에 빠지게 된다. 노년기(65세 이상)에는 일생 동안의 삶의 단계별 성취를 회고하여 의미 있고 성공적인 삶과 좌절 및 고통스러운 삶의 경험 모두를 수용하는 통합을 이루지만, 그렇지 못한 경우 절망감을 느낀다.

이상과 같은 개인의 생애 주기에 따른 정체성 변화는 분석가로 하여금 피분석자의 인생 주기에 대한 인식은 물론 현재와 미래의 단계와 위기를 탐색할 수 있도록 한다. 따라서 분석가의 전문적이고도 실제적인 분석을 가능하게 한다. 예컨대, 라캉 정신분석 미술치료에서 신경증 구조의 불안을 호소하는 청소년과 성인의 주체적 실현은 다르게 적용되어야 한다. 자기 정체감을 형성해야 하는 청소년의 주체화는 부모와의 관계에서 발생하는 소외로부터 분리로의 이행이 이루어지는 과정의 중재가 이루어져야 한다. 친밀감 형성이 주요 주제가 되는 성인의 주체화는 가정, 직업, 사회 환경에서 비롯되는 소외와 분리 외에도 환상이나 증상으로 드러나는 피분석자의 욕망에 대한 분석적 작업이 이루어져야 한다.

맥윌리엄스는 전통적 정신분석 치료의 목표로 "증상 경감, 통찰, 주체의식, 정체성, 자존감, 감정의 자각과 조절, 자아 강도 및 자기 통합성, 사랑 · 일 · 그리고 성숙한 의존성, 즐거움과 평정"(McWilliams, 1999: 12-25)을 제시한다. 이처럼 개인이 분석의 목표로 삼는 것은 다양화될 수 있다. 또한 분석 경험 이후의 삶의 위기로 인해 다시 분석 장면을 찾는 피분석자도 있다. 따라서 분석가는 개인 피분석자의 정신 구조, 증상, 생애 주기, 분석에 대한 기대와 목표, 그리고 그/그녀를 둘러싼 삶의 환경과 사건을 고려한 채 전문적인 분석을 할 수 있어야 한다.[3]

3) 필자의 정신분석 개인 미술치료 관련 사례로는 「참자기를 찾아가는 여대생에 대한 통합적 미술치료 사례연구」(이수진, 이근매, 2010), 그리고 「히스테리자의 여성성의 길에 대한 임상 가능성 탐색: 히스테리 문법 너머 사랑으로」(이수진, 2015b)가 있다. 앞선 연구는 신경증 구조의 우울을 경험하는 여대생을 대상관계이론으로 사례 개념화하여 통합적 미술치료 중재를 함으로써 참자기에 대한 탐색과 통찰이 이루어진 단기 치료 사례이다. 이후 연구는 신경증 구조의 히스테리 증상을 나타내는 성인에 대한 분석 경험을 라캉의 이론으로 재해석함으로써 타자의 욕망을 욕망하는 히스테리자의 특성을 밝힌 연구이다.

(2) 집단 치료의 이론과 임상 원리

집단 치료의 이론과 임상은 미국의 실존주의 정신과 의사 어빈 데이비드 얄롬(Irvin David Yalom)이 제시하는 치료적 요인을 주요 원리로 삼을 수 있다. 그는 집단 심리치료를 위해 11가지 치료적 요인(the therapeutic factors), 즉 "희망 심어 주기, 보편성, 정보 전달, 이타주의, 초기 가족의 교정적 재현, 사회화 기술의 발달, 모방 행동, 대인관계 학습, 집단 응집력, 정화, 그리고 실존적 요인"(Yalom, 2005/2008: 20)을 설명한다. 이러한 치료적 요인들은 임의적 구분에 기초한 것으로서 집단 치료 실제에서는 치료적 요인들이 상호적으로 발생한다. 또한 이 요인들은 심리치료에서의 치료적 양식이 되는 인지, 정서, 행동(사회성)의 심리적 요소를 부분적으로 내포하고 있다.

희망 심어 주기(instillation of hope)는 치료 자체가 각 집단원에게 희망을 심어 주고 그것을 유지하는 중요한 요인이다. 보편성(university)은 집단에서 집단원 개인이 경험하는 문제, 생각, 충동, 불안 등이 나누어지면서 이는 자신에게만 경험되는 것이 아닌 인간 보편의 것임을 이해하는 데서 오는 치료적 요인이다. 정보 전달(imparting information)은 집단 내에서 집단 지도자와 집단원들이 제공하는 제안, 충고, 또는 직접적인 지도가 치료적 기능을 갖는 것이다. 이타주의(altruism)는 집단 치료 과정에서 집단원들이 주고받는 지지, 위로, 조언, 통찰을 제공하는 가운데 경험하게 되는 치료적 요인이다.

다음의 치료적 요인들은 집단의 구조로부터 비롯되고 경험되는 것이다. 초기 가족의 교정적 재현(corrective recapitulation of the primary family group)은 집단이 가족과 유사한 측면과 기능을 갖는 데서 근거한다. 주로 집단 지도자는 부모와 같은 인물로 전이된다면, 집단원들 사이에서는 형제와 동료 같은 전이가 발생한다. 그 외에도 집단 관계에서 발생하는 투사와 전이는 각 집단원으로 하여금 집단이 가족을 재현하는 것으로 경험하게 한다. 따라서 집단원이 가족 내에서 발생했던 문제를 집단에서 재현함으로써 교정적 치료 경험을 가능하게 한다. 사회화 기술의 발달(development of socializing techniques)과 대인관계 학습(interpersonal learning)은 집단이 기본적인 사회적 기술과 대인관계 방식을 가르치고 배울 수 있는 장으로서 기능을 함으로써 발생하는 치료적 요인이다. 모방행동(imitative behavior)은 집단원이 이상화하는 집단 지도자나 다른 집단원을 모방함으로써 경험하는 치료적 요인이다. 집단 응집력(group cohesiveness)은 집단원들이 상호 의존함에 따라 친밀감을 나누고, 그 가운데 "신뢰–자기 개방–공감–수용–신뢰"(앞의 책, 77)를 경험하는 치료적 요인이다. 정화(catharsis)는 집단의 치료적 작업으로 집단원들이 자신의 감정을 소산함으로써 얻는 치료적 요인이다. 이것은 프로이트의 『히스테리 연구』(Breuer & Freud, 1893–1895)를 이론적 기초로 한다. 실존적 요인(existential factors)은 인간의 본질적인 실존적 주제인 "죽음, 자유, 고립, 무의미성"(Yalom, 1980)을 집단에서 공유하는 가운데 얻게 되는 치료적 요인이다.

집단 치료에서는 이상과 같은 치료적 요인들이 상호적으로 작용함에 따라 치료의 효과를 가져온다. 집단의 구성은 주로 한 명의 집단 지도자가 대략 6~12명의 집단 구성원들을 치료하는 것이 기본적이다. 개인 치료의 한 회기가 50분으로 이루어지는 데 비해, 집단 치료의 한 회기는 "80분 내지 90분"(Yalom, 2005/2008: 303)으로 정하는 것을 경험적 지혜로 본다. 집단 구성원의 참가 여부에 따라 집단은 개방 집단과 폐쇄 집단으로 구분할 수 있다. 폐쇄 집단은 집단이 시작되고 2, 3회기가 지난 후 새로운 집단 구성원을 더 받아들이지 않고 미리 정한 회기만큼의 집단이 진행되는 것이다. 이에 비해 개방 집단은 일정 규모의 인원을 보충하여 유지하면서 집단을 진행해 나가는 방법으로 주로 병원과 같은 환경에서 채택한다.

집단 지도자는 효율적인 집단을 위해 집단의 목표와 원칙을 정하고, 이러한 집단 규칙을 집단 구성 이전의 준비 면담이나 혹은 집단의 첫 회기에 집단 구성원들에게 전할 필요가 있다. 얄롬이 제시하는 "집단 규칙"(앞의 책, 318-319)의 내용은 다음과 같다.

1. 피분석자들을 정보를 가진 협력자로 참가시킨다. 그들에게 병리와 어떻게 치료가 되는지에 관한 대인관계에 기초가 되는 개념적 윤곽을 제시한다.
2. 치료 집단이 어떻게 대인관계 문제를 다루고 고쳐 나가는지를 설명한다.
3. 어떻게 하는 것이 최선을 다해 집단에 참가하는 것인지, 집단 치료의 효과를 최대화할 수 있는지에 대한 지침을 제공한다.
4. 집단 치료 중에 있을 수 있는, 특히 초기 모임의 좌절이나 실망에 관해 미리 예견하도록 한다.
5. 치료 기간에 대한 지침을 제공한다. 집단에 출석하는 것에 대한 계약을 한다.
6. 집단 치료에 대한 신뢰를 심어 준다. 효과에 대한 기대를 높인다.
7. 비밀 보장과 집단 내 하위 집단 구성에 대한 기본 규칙을 세운다.

[그림 13-2] 준비 면담 및 첫 면담에서 제시하는 집단 규칙

이상과 같은 집단 규칙을 토대로 집단 지도자는 치료를 진행한다. 일반적으로 집단 치료 과정은 "시작 단계 → 전환 단계 → 작업 단계 → 종결 단계"(Corey & Corey, 1997)로 진행된다. 이러한 과정에서 집단 구성원은 자신의 어려움과 증상을 말하는 가운데 개인 치료와는 달리 집단 치료에서는 지도자뿐만 아니라 다른 집단 구성원들과의 관계에서 지적 통찰과 정서적 통찰 작업을 함으로써 치료적 경험을 한다.[4]

(3) 가족 치료의 이론과 임상 원리

가족 치료의 이론과 임상의 대표적인 원리는 가족 생활 주기의 이해이다. 가족 치료자인 베티 카터(Betty Carter)와 모니카 맥골드릭(Monica McGoldrick)이 개념화한 가족 생활 주기(the family life cycle)는 "가족들이 태어나고 떠나고 발달하

---

4) 필자의 정신분석 집단 미술치료 사례로는 「노인 우울에 대한 정신분석적 통합예술치료 집단사례연구와 그 의미: 영화치료와 미술치료를 중심으로」(이수진, 손상준, 박성옥, 정경훈, 2017)가 있다. 이 사례는 신경증적 수준 또는 경계선적 수준에서 우울 증상을 나타내는 노인을 대상으로 미술치료와 영화치료를 접목한 통합예술치료 중재를 한 단기 치료 사례이다. 이 연구는 우리 사회의 노인 우울을 위해서는 여러 정신분석 학파 가운데 대상관계이론의 중재가 효과적임을 밝힌다. 즉 우울을 경험하는 노인에게 영화치료는 '잠정 공간', 미술치료는 '중간 대상'이 되어 줌으로써 통합적 예술치료 중재는 '충분히 좋은 치료자'가 있는 '보듬어 주는 환경'으로서의 치료적 의미와 사회적 의미를 구명한다.

는 것을 지원하는 관계 체계의 확장, 수축 및 재조정의 과정"(Nichols, 2011/2011: 123)을 의미한다. 개인의 생애 주기에 따른 발달 과업과 변화가 있듯 가족 역시 생활 주기에 따른 변화를 갖는다. 이처럼 변화하는 가족 생활 주기에서 가족은 그 변화를 받아들이고 관계를 재조정하는 노력이 필요하다. 가족 생활 주기의 단계에 따른 원칙과 변화는 다음과 같다.

카터와 맥골드릭(Carter & McGoldrick)은 1999년 가족 생활 주기를 "여섯 단계로 구분"(앞의 책, 107)하여 설명한다. ① 원가족을 떠나 새로운 가족을 구성하기 전 단계, ② 결혼을 통해 새로운 가족을 이룬 단계, ③ 어린 자녀가 있는 가족 단계, ④ 청소년 자녀를 둔 가족 단계, ⑤ 자녀를 떠나보내는 단계, 그리고 ⑥ 노년의 가족 단계이다. 이러한 가족의 각 단계는 주요한 원칙이 있고, 가족은 원칙에 따른 이차적인 변화를 수용해야 한다.

가정을 떠난 미혼의 성인 단계에서는 원가족으로부터 분리되고, 일을 통해 경제적인 독립을 이룸으로써 자신의 책임을 받아들여야 한다. 결혼 가족을 이룬 새로운 부부 단계에서는 새로운 가족 체계[5]를 이룸에 따라 원가족과 분리한 부부 체계의 형성을 위해 노력해야 한다. 어린 자녀가 있는 가족 단계에서는 부부 체계에서 새 구성원을 수용함에 따라 자녀 양육, 경제, 가사 업무를 위해 부부는 연합해야 하고, 조부모를 포함한 대가족의 관계를 재조정해야 한다. 청소년 자녀를 둔 가족 단계에서는 자녀의 독립과 조부모의 약함에 따른 가족 경계의 융통성과 변화를 수용해야 한다. 자녀를 떠나보내는 단계에서는 자녀를 독립시킴으로써 확장되었던 가족 관계가 두 사람의 관계로 변화하는 부부 체계의 재타협을 이루어야 한다. 노년의 가족 단계에서는 세대 간의 역할 변화를 수용함으로써 배우자와 형제의 죽음을 마주하고 자신의 죽음을 준비하는 지혜롭고 통합된 노년의 삶을 이루어야 한다.

---

5) 체계(system)란 가족을 일컫는 표현이다. 하나의 체계로서의 가족은 독립된 구조와 기능을 갖는다. 가족은 일반적으로 부부 하위 체계, 부모-자녀 하위 체계, 형제 하위 체계의 세 가지 하위 체계를 포함하여 하나의 구조를 이룬다.

표 13-3 가족 생활 주기의 단계

가족 생활 주기의 단계	전환기의 정서적 과정: 주요 원칙	발달적으로 수행되어야 할 가족 지위의 이차적인 변화
가정을 떠남: 미혼의 젊은 성인	자신에 대한 정서적 · 경제적 책임을 받아들임	a. 관계에서 자신을 분화 b. 친밀한 동료 관계의 발전 c. 일과 경제적인 독립에서 자신을 확립
결혼 가족을 이룸: 새로운 부부	새로운 체계에 헌신	a. 부부 체계의 형성 b. 배우자에 의해 생긴 대가족과 친구 관계의 재조정
어린 자녀가 있는 가족	체계에 새 구성원을 수용	a. 부부 체계 안에 자녀를 받아들이기 위해 적응 b. 자녀 양육, 경제, 가사 업무를 위해 연합 c. 부모와 조부모의 역할을 위해 대가족의 관계 재조정
청소년 자녀를 둔 가족	자녀의 독립과 조부모의 노약함을 지지하기 위해 가족 경계의 융통성 증가	a. 청소년 자녀가 체계 안과 밖으로 출입할 것을 허용하는 부모-자녀 관계로 변화 b. 중년 부부와 직업 문제에 다시 초점을 둠 c. 노인 세대를 돌보는 변화를 시작
자녀를 떠나보내기	가족 체계로부터 나가고 들어오는 것을 수용	a. 두 사람의 부부 체계를 재타협 b. 성인 자녀와의 관계를 성인 대 성인의 관계로 발전 c. 사돈과 손주로 인해 생긴 관계의 재조정 d. 부모/조부모의 장애와 사망에 대처
노년의 가족	세대 간의 역할 변화 수용	a. 생리적으로 약해지는 단계에서 자신/부부의 기능과 관심의 유지: 가족과 사회 내의 새로운 역할 탐색 b. 중간 세대가 좀 더 중심적인 역할을 하도록 지지 c. 노인의 지혜와 경험을 존중: 지나치게 관여하지 않으면서 노인 세대를 지지 d. 배우자 · 형제 · 친구의 죽음을 다루며 자신의 죽음 준비

이처럼 가족 생활 주기는 분석가(가족 치료자)로 하여금 가족의 변화를 이해하게 함으로써 가족 치료의 이론과 임상의 중심적인 원리를 설명한다. 따라서 분석가는 가족이 호소하는 문제를 가족 생활 주기의 맥락 가운데 평가함으로써 효과적인 치료 목표를 세우고 중재해야 한다. 가족 치료에서 가족에 대한 전반적인 심리 평가는 가계도를 통해 이루어진다.

가계도(genogram)는 가족의 문제와 증상을 가시적인 형식으로 외재화하는 이점을 지님으로써 가족 치료에 유용한 자료가 된다. 이 외에도 가족 치료자는 가족 규칙, 가족 구조와 과정, 자기 분화, 경계, 가족 신화, 가족 투사 과정, 삼각 관계, 다세대 전달 과정, 부모화(parentification), 희생양과 같은 가족 치료의 개념과 원리에 대한 이해가 뒷받침되어야 전문적인 치료를 할 수 있다.[6]

이상과 같이 개인 치료, 집단 치료, 가족 치료는 그 자체의 독자적인 원리와 치료적 의미를 지님에 따라 분석가는 한 사람으로서의 좋은 사람됨을 바탕으로, 각 유형별 치료의 이론과 임상에 대한 전문적인 지식 위에서 분석에 임해야 한다.

---

6) 필자의 정신분석 가족 미술치료 관련의 사례로는 「청소년의 주체화를 위한 자크 라캉의 정신분석적 미술치료 사례연구」(이수진, 2013b)가 있다. 이 사례는 신경증 구조에서 불안을 나타내는 청소년의 주체화와 관련된 개인 치료 사례이다. 이 사례는 청소년 자녀를 둔 가족 단계에서 자녀의 독립과 연관된 가족 경계의 융통성과 변화를 수용하는 부모의 양육 태도가 청소년의 주체적 실현을 촉진하게 되는 가족 생활 주기의 원리가 적용된 사례이다.

부록

부록 A 지그문트 프로이트 전집 국역본 목록

부록 B 자크 라캉의 『세미나』 목록

부록 C 자크 라캉의 『에크리』 구성 목록

부록 D 인격의 구조 관계

부록 E The Structural Relation of Mental Personality

부록 F 욕망의 그래프

부록 A. 지그문트 프로이트 전집 국역본 목록

1권 정신분석 강의
무의식, 꿈, 불안, 상징, 성도착, 유아 성욕 등 정신분석의 핵심 내용을 쉽고 평이한 문체로 서술하고 있는 프로이트 이론의 백미

2권 새로운 정신분석 강의
『정신분석 강의』 이후 새로운 연구 성과를 반영하고, 프로이트의 원숙한 세계를 보여 주는 책

3권 히스테리 연구
정신분석이 배태된 출발 지점을 보여 주는 이정표적인 작품

4권 꿈의 해석
프로이트의 작품 가운데 가장 중요한 책, 무의식의 존재를 드러냄으로써 우리 정신생활의 또 다른 모습을 보여 주는 꿈의 세계

5권 일상생활의 정신 병리학
일상생활의 다양한 실수와 착오 행위 속에서 발견되는 무의식의 흔적

6권 농담과 무의식의 관계
정신분석적 규명을 통해 새롭게 드러나는 농담의 본질과 역할

7권 성욕에 관한 세 편의 에세이
『꿈의 해석』 이후 정신분석학에서 가장 중요하고도 독창적인 작품으로 평가받는 『성욕에 관한 세 편의 에세이』를 포함한 성에 관한 다수의 논문

8권 꼬마 한스와 도라
유아기의 성적 발달 과정과 은폐된 무의식적 충동을 밝혀내는 두 가지 사례 연구

9권 늑대 인간
강박 신경증, 편집증, 유아기 신경증, 여자 동성애 등에 관한 네 가지 사례 연구

10권 정신 병리학의 문제들
프로이트 사상의 역사적 발전 과정을 보여 주는 정신 병리학의 여러 문제에 관한 논문들

11권 정신분석학의 근본 개념
『쾌락 원칙을 넘어서』와 『자아와 이드』를 포함한 정신분석학의 이론적 구성에 기여하는 논문들

12권 문명 속의 불만
문명과 본능의 대립 구도하에서 사회의 여러 제도를 고찰하는 논문들

13권 종교의 기원
정신분석을 통해 드러나는 종교의 기원에 관한 태곳적 진실

14권 예술, 문학, 정신분석
셰익스피어, 레오나르도 다 빈치, 미켈란젤로, 괴테, 입센 그리고 도스토예프스키 등 거장들의 인격과 작품 속에 나타난 환상과 몽상

15권 정신분석학 개요
정신분석 운동의 역사와 프로이트 자신의 학문적 생애에 관한 논문들

* 별권: 정신분석의 탄생
끝이 있는 분석과 끝이 없는 분석

정신분석사전

부록 B. 자크 라캉의 『세미나』 목록

『세미나 1』	1953-4	프로이트의 기술론
『세미나 2』	1954-5	프로이트 이론과 정신분석 기술에서의 자아
『세미나 3』	1955-6	정신병
『세미나 4』	1956-7	대상관계와 프로이트의 구조들
『세미나 5』	1957-8	무의식의 형성물
『세미나 6』	1958-9	욕망과 그 해석
『세미나 7』	1959-60	정신분석의 윤리
『세미나 8』	1960-1	전이
『세미나 9』	1961-2	동일시
『세미나 10』	1962-3	불안
『세미나 11』	1963-4	정신분석의 네 가지 근본 개념
『세미나 12』	1964-5	정신분석의 주요한 문제들
『세미나 13』	1965-6	정신분석의 대상
『세미나 14』	1966-7	환상의 논리
『세미나 15』	1967-8	정신분석적 행위
『세미나 16』	1968-9	대타자에서 소타자로
『세미나 17』	1969-70	정신분석의 이면
『세미나 18』	1970-1	유사하지 않은 담론에 대하여
『세미나 19』	1971-2	혹은 더 나쁘거나
『세미나 20』	1972-3	앙코르
『세미나 21』	1973-4	속지 않는 자들이 헤맨다
『세미나 22』	1974-5	R.S.I.(실재계 · 상징계 · 상상계)
『세미나 23』	1975-6	생톰(Le Sinthome)
『세미나 24』	1976-7	*L'insu que sait de l'une-bévue s'ale à mourre*[1]
『세미나 25』	1977-8	종결의 순간
『세미나 26』	1978-9	위상학과 시간
『세미나 27』	1979-80	와해

1) 『세미나 24』의 제목은 라캉이 프랑스어 발음의 동일성에 기반하여 고안한 순수 기표(시니피앙)로 번역어를 제시하지 않는다. 'L'insu que sait de l'une-bévue'는 프랑스어이고, 's'ale à mourre'는 발음에 따라 적은 순수 기표이다. 이 제목은 프랑스어 발음상 '무의식의 실패, 그것은 사랑이다(죽음이다)'와 비슷하게 들린다.

부록 C. 자크 라캉의 『에크리』 구성 목록

1부	이 모음집을 열며 「도둑맞은 편지」에 관한 세미나
2부	나의 이전 글들에 대해 '현실 원리'를 넘어서 나 기능의 형성자로서의 거울 단계 정신분석에서의 공격성 범죄학에서의 정신분석의 기능에 관한 이론적 입문 심리적 인과성에 관한 강연
3부	논리적 시간과 선취된 확실성의 단언 전이에 대한 소견
4부	마침내 문제가 된 주체에 대해 정신분석에서의 말과 언어의 기능과 장 표준 치료의 변형태들 어떤 의도에 관해 프로이트의「부인」에 관한 이폴리트의 논평에 대한 소개 프로이트의「부인」에 관한 이폴리트의 논평에 대한 응답 프로이트적 물 또는 정신분석에서 프로이트로의 복귀의 의미 정신분석과 정신분석의 교육 1956년의 정신분석의 상황과 정신분석가의 양성 무의식에서의 문자의 심급 또는 프로이트 이후의 이성
5부	정신병의 모든 가능한 치료에 전제가 되는 한 가지 문제에 대해 치료를 이끌기와 그 권력의 원리들 라가쉬의 발표문:「정신분석과 퍼스낼리티의 구조」에 대한 논평 남근의 의미작용 존스를 추념하며: 그의 상징성 이론에 대해 사후 구성된 어떤 철자교본 여성 섹슈얼리티 학회를 위한 지침들
6부	지드의 청춘기 또는 문자와 욕망 사드와 함께 칸트를
7부	프로이트적 무의식에서의 주체의 전복과 욕망의 변증법 무의식의 위치 프로이트의 '충동'과 정신분석가의 욕망에 관해 과학과 진리

부록 D. 인격의 구조 관계 (Sigmund Freud, 1933)

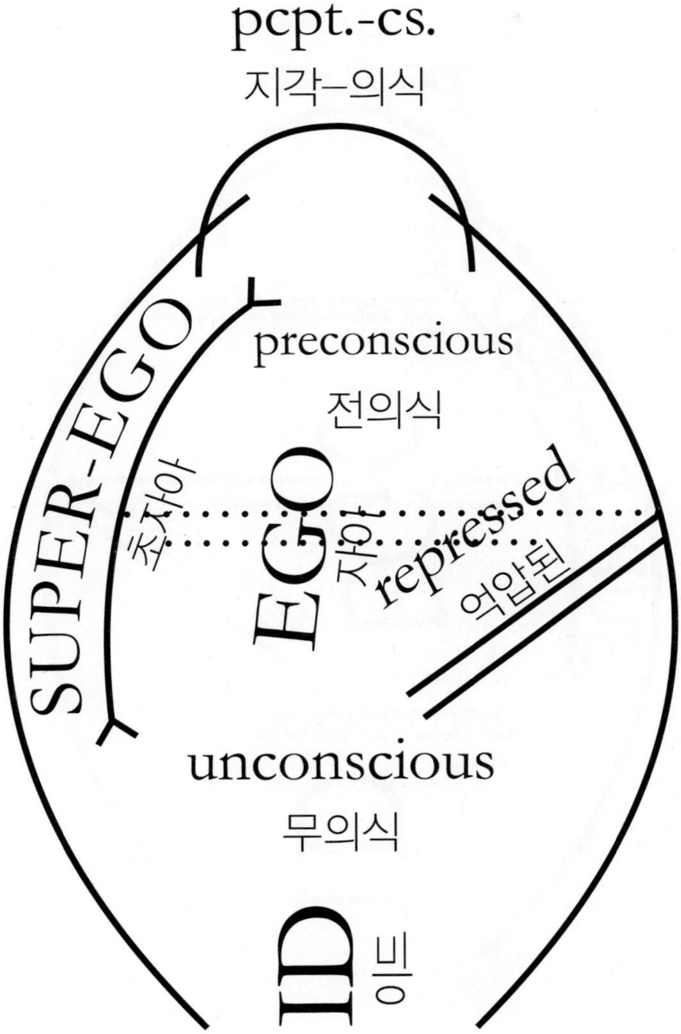

부록 E. The Structural Relation of Mental Personality (Sigmund Freud, 1933)

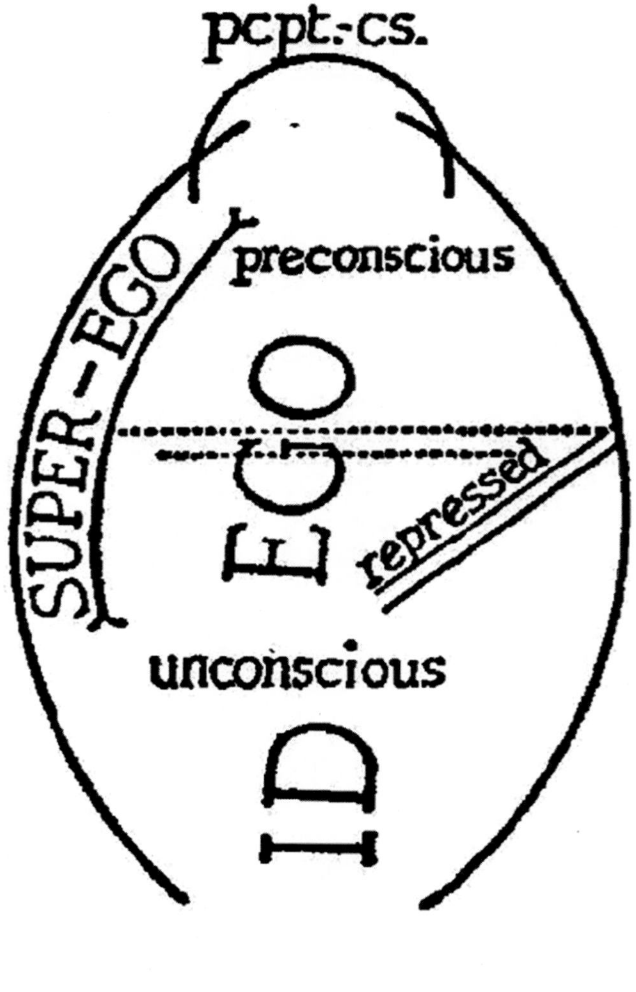

부록 F. 욕망의 그래프 (Jacques Lacan, 1966)

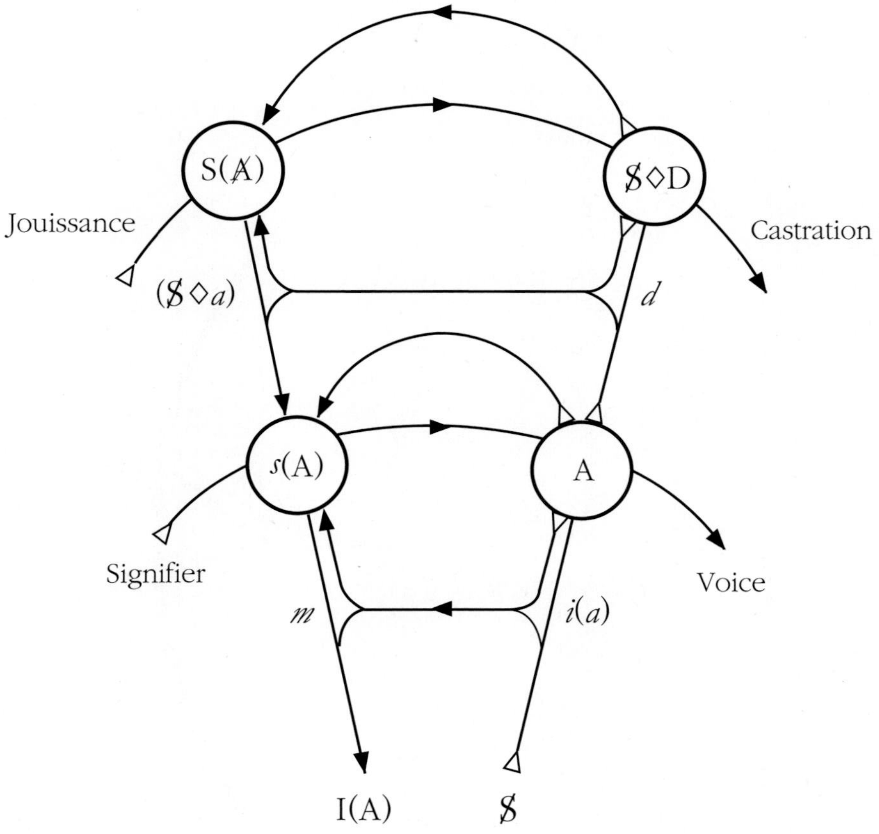

Jouissance(주이상스), S(Ⱥ)(대타자의 결여), $◇D(대타자에 대한 요구), Castration(거세)
$◇*a*(본환상), *d*(욕망)
Signifier(기표), *s*(A)(의미), A(대타자), Voice(목소리)
I(A)(자아 이상), *m*(자아), *i*(*a*)(타자), $(분열된 주체)

• 참고문헌 •

권석만(2003). 현대 이상심리학. 서울: 학지사.

기선완(2006). 정신장애의 발생. 민성길 외 편. 최신정신의학(제5판). 서울: 일조각.

김상환(2006). 데카르트, 프로이트, 라깡: 어떤 평행관계. 현대정신분석, 8(2), 37-66.

김서영(2006). 라캉 읽기. 서울: 은행나무.

김서영(2009). 미완의 혁명: 프로이트의 복귀를 위하여. 현대정신분석, 11(2), 49-66.

김서영(2014). 내 무의식의 방: 프로이트와 융으로 분석한 100가지 꿈 이야기. 서울: 책세상.

김석(2007). 에크리: 라캉으로 이끄는 마법의 문자들. 경기: 살림.

김석(2008). 소외와 분리: 욕망의 윤리가 발생하는 두 가지 결정적 순간. 현대정신분석, 10(2), 55-76.

김석(2010). 프로이트 & 라캉: 무의식에로의 초대. 경기: 김영사.

김석(2013). 선의 윤리와 순수 욕망의 윤리: 크레온과 안티고네를 중심으로. 미학 · 예술학 연구, 38, 69-100.

김석(2016). 주체화와 정신분석의 윤리. 2016년 한국라깡과현대정신분석학회 후기학술대회 자료집: 정신분석과 윤리, 59-70.

김영란(2000). 공감에 대한 정신분석적 이해. 人間理解, 21, 1-22.

동아일보(2001. 3. 14.). 자끄 라깡 탄생 100주년: 욕망을 포기하는 순간 병든다. http://

www.donga.com. (2007. 7. 3. 인출).

서승원(1999). **뭉크**. 서울: 서문당.

양익준(감독)(2009) 〈똥파리〉. 한국: 몰 필름 제작, 진진 배급.

이무석(2003). **정신분석에로의 초대**(개정판). 서울: 이유.

이수진(2013a). 자크 라캉(Jacques Lacan)의 이론에 기초한 정신분석적 미술치료 연구. 순천향대학교 대학원 박사학위논문.

이수진(2013b). 청소년의 주체화를 위한 자크 라캉의 정신분석적 미술치료 사례연구. **미래청소년학회지, 10**(2), 27-45.

이수진(2015a). 욕망, 몸의 증상 그리고 치유-라캉의 관점에서 본 프리다 칼로의 삶. 몸문화연구소 편. **몸, 소통, 치유**. 서울: 쿠북(건국대학교 출판부).

이수진(2015b). 히스테리자의 여성성의 길에 대한 임상 가능성 탐색: 히스테리 문법 너머 사랑으로. **현대정신분석, 17**(2), 9-45.

이수진(2018). 히스테리 분석의 종결의 의미: 분석가와의 분리와 자신과의 분리. **현대정신분석, 20**(2), 47-91.

이수진(2019). 예술 작품 감상을 통한 주체화 과정으로서의 프란시스코 고야의 검은 그림 분석 연구: 자크 라캉의 예술론을 중심으로. **예술심리치료연구, 15**(1), 123-145.

이수진, 김민(2008). 라깡(Lacan)의 주체이론이 미술치료에 주는 시사점. **미술치료연구, 15**(1), 169-194.

이수진, 김민, 김진숙(2011). 고전-현대 정신분석 패러다임 고찰이 정신분석적 미술치료에 주는 시사점: 핵심 개념, 치료 목표, 치료자의 역할, 미술치료 적용 기법을 중심으로. **미술치료연구, 18**(4), 963-993.

이수진, 손상준, 박성옥, 정경훈(2017). 노인 우울에 대한 정신분석적 통합예술치료 집단사례연구와 그 의미: 영화치료와 미술치료를 중심으로. **예술심리치료연구, 13**(2), 129-158.

이수진, 이근매(2010). 참자기를 찾아가는 여대생에 대한 통합적 미술치료 사례연구. **예술심리치료연구, 6**(1), 201-225.

이택광(2010). **인문 좌파를 위한 이론 가이드**. 경기: 글항아리.

전순영(2011). **미술치료의 치유 요인과 매체**. 서울: 하나의학사.

정경훈(2015). 정신분석학이 유식에서 배우다. **현대정신분석, 17**(2), 151-158.

정경훈(2018). 신경과학과 정신분석 마주쳐 읽기 I : 욕망, 충동, 신경전달물질/호르몬을 중심으로. **비평과 이론**, 23(3), 113-132.

정문규(1989). **샤갈**. 서울: 서문당.

최외선, 이근매, 김갑숙, 최선남, 이미옥(2006). **마음을 나누는 미술치료**. 서울: 학지사.

한국미술치료학회(1997). **미술치료의 이론과 실제**. 대구: 동아문화사.

홍상수(감독)(2000). 〈오! 수정〉. 한국: 미라신코리아.

홍상수(감독)(2010a). 〈옥희의 영화〉. 한국: ㈜영화제작전원사.

홍상수(감독)(2010b). 〈하하하〉. 한국: ㈜영화제작전원사.

홍준기(2002). 자끄 라깡, 프로이트로의 복귀: 프로이트 · 라깡 정신분석학 이론과 임상. 홍준기, 김상환 외 편. **라깡의 재탄생**. 경기: 창작과 비평사.

홍준기(2009). 르네 마르리트 회화 분석: 라깡 예술론의 관점에서. **철학과 현상학 연구**, **40**, 231-267.

홍준기(2013). 조이스의 증상(sinthome): 라깡의 정신병 임상과 조이스 증상의 윤리성. **현대정신분석**, 15(1), 211-238.

Arlow, J. A. (2005). **정신분석**[*Psychoanalysis*]. In R. J. Corsini & D. Wedding (Eds.), 김정희 옮김(2007). **현대 심리치료**(제7판). 서울: 박영사.

Beres, D. (1960). Perception, Imagination and Reality. *International Journal of Psychoanalysis, 41*, 327-334.

Berman, P. S. (1997). *Case Conceptualization and Treatment Planning*. 이윤주 옮김(2007). **사례개념화: 원리와 실제**. 서울: 학지사.

Bion, W. R. (1962). *Learning from Experience*. London: Heinemann.

Breuer, J., & Freud, S. (1893-1895). Studies on Hysteria. In J. Strachey (Ed. & Trans.) (1955). *The Standard Edition of the Complete Psychological Works of Sigmund Freud*.[1] Vol. 2. London: Vintage Books. (The Hogarth Press and the Institute of Psychoanalysis).[2]

Corey, M. S., & Corey, G. (1997). *Groups: Process and Practice* (5th ed.). 김명권, 김창대, 박애선, 전종국, 천성문 옮김(2001). **집단상담 과정과 실제**. 서울: 시그마프레스.

1) *The Standard Edition of the Complete Psychological Works of Sigmund Freud*는 이하 *SE*로 기록함.

2) 이후 The Hogarth Press and the Institute of Psychoanalysis 생략함.

Corsini, R. J. (2005). **서론**[*Introduction*]. In R. J. Corsini & D. Wedding (Eds.), 김정희 옮김(2007). **현대 심리치료(제7판)**. 서울: 박영사.

Della Selva, P. C. (1996). *Intensive Short-Term Dynamic Psychotherapy: Theory and Technique.* New York: John Wiley & Sons, Inc.

Dor, J. (1994). *Clnique Psychanalytique.* 홍준기 옮김(2005). **프로이트 · 라깡 정신분석임상**. 서울: 아난케.

Douglas, C. (2005). **분석적 심리치료**[*Analytical Psychotherapy*]. In R. J. Corsini & D. Wedding (Eds.), 김정희 옮김(2007). **현대 심리치료(제7판)**. 서울: 박영사.

Erikson, E. (1968). *Identity: Youth and Crisis.* New York: W. W. Norton & Company.

Evans, D. (1996). *An Introductory Dictionary of Lacanian Psychoanalysis.* 김종주 외 옮김(1998). **라깡 정신분석 사전**. 경기: 인간사랑.

Fink, B. (1997a). *A Clinical Introduction to Lacanian Psychoanalysis: Theory and Technique.* 맹정현 옮김(2002). **라캉과 정신의학**. 서울: 민음사.

Fink, B. (1997b). *The Lacanian Subject: Between Language and Jouissance.* 이성민 옮김(2010). **라캉의 주체**. 서울: 도서출판 b.

Fink, B. (2007). *Fundamentals of Psychoanalytic Technique: A Lacanian Approach for Practitioners.* New York: W. W. Norton & Company.

Frances, A. (2013). *Essentials of Psychiatric Diagnosis: Responding to the Challenge of DSM-5.* 박원영, 민경준, 전덕인, 윤보현, 김문두, 우영섭 옮김(2014). **정신의학적 진단의 핵심: DSM-5의 변화와 쟁점에 대한 대응**. 서울: 시그마프레스.

Freud, A. (1936). *The Ego and the Mechanisms of Defence.* 김건종 옮김(2015). **자아와 방어 기제**. 경기: 열린책들.

Freud, S. (1896). Further Remarks on the Neuro-Psychoses of Defence. In J. Strachey (Ed. & Trans.) (1962). *SE*, Vol. 3. London: Vintage Books.

Freud, S. (1900). The Interpretation of Dreams. In J. Strachey (Ed. & Trans.) (1953). *SE*, Vol. 4-5. London: Vintage Books.

Freud, S. (1901). The Psychopathology of Everyday Life. In J. Strachey (Ed. & Trans.) (1960). *SE*, Vol. 6. London: Vintage Books.

Freud, S. (1905a). Fragment of an Analysis of a Case of Hysteria. In J. Strachey (Ed. & Trans.) (1953). *SE*, Vol. 7. London: Vintage Books.

Freud, S. (1905b). Three Essays on The Theory of Sexuality. In J. Strachey (Ed. & Trans.) (1953). *SE*, Vol. 7. London: Vintage Books.

Freud, S. (1909a). Analysis of a Phobia in a Five-Year-Old Boy. In J. Strachey (Ed. & Trans.) (1955). *SE*, Vol. 10. London: Vintage Books.

Freud, S. (1909b). **다섯 살배기 꼬마 한스의 공포증 분석**[*Analysis of a Phobia in a Five-Year-Old Boy*]. 김재혁, 권세훈 옮김(1997). **꼬마 한스와 도라**. 경기: 열린책들.

Freud, S. (1909c). Notes Upon a Case of Obsessional Neurosis. In J. Strachey (Ed. & Trans.) (1955). *SE*, Vol. 10. London: Vintage Books.

Freud, S. (1909d). **쥐 인간-강박 신경증에 관하여**[*Notes Upon a Case of Obsessional Neurosis*]. 김명희 옮김(1996). **늑대 인간**. 경기: 열린책들.

Freud, S. (1910). **레오나르도 다 빈치의 유년의 기억**[*Leonardo Da Vinci and a Memory of His Childhood*]. 정장진 옮김(1996). **예술, 문학, 정신분석**. 경기: 열린책들.

Freud, S. (1911). Psycho-Analytic Notes on an Autobiographical Account of a Case of Paranoia. In J. Strachey (Ed. & Trans.) (1958). *SE*, Vol. 12. London: Vintage Books.

Freud, S. (1912). The Dynamics of Transference. In J. Strachey (Ed. & Trans.) (1958). *SE*, Vol. 12. London: Vintage Books.

Freud, S. (1913). Totem and Taboo. In J. Strachey (Ed. & Trans.) (1958). *SE*, Vol. 13. London: Vintage Books.

Freud, S. (1914a). Remembering, Repeating and Working-Through. In J. Strachey (Ed. & Trans.) (1958). *SE*, Vol. 12. London: Vintage Books.

Freud, S. (1914b). On Narcissism: An Introduction. In J. Strachey (Ed. & Trans.) (1957). *SE*, Vol. 14. London: Vintage Books.

Freud, S. (1915a). Instincts and Their Vicissitudes. In J. Strachey (Ed. & Trans.) (1957). *SE*, Vol. 14. London: Vintage Books.

Freud, S. (1915b). Repression. In J. Strachey (Ed. & Trans.) (1957). *SE*, Vol. 14. London: Vintage Books.

Freud, S. (1915c). The Unconscious. In J. Strachey (Ed. & Trans.) (1957). *SE*, Vol. 14. London: Vintage Books.

Freud, S. (1917a). A Metapsychological Supplement to the Theory of Dreams. In J.

Strachey (Ed. & Trans.) (1957). *SE*, Vol. 14. London: Vintage Books.

Freud, S. (1917b). Mourning and Melancholia. In J. Strachey (Ed. & Trans.) (1957). *SE*, Vol. 14. London: Vintage Books.

Freud, S. (1917c). Introductory Lectures on Psycho-Analysis. In J. Strachey (Ed. & Trans.) (1963). *SE*, Vol. 15-16. London: Vintage Books.

Freud, S. (1918). From the History of an Infantile Neurosis. In J. Strachey (Ed. & Trans.) (1958). *SE*, Vol. 14. London: Vintage Books.

Freud, S. (1920). Beyond the Pleasure Principle. In J. Strachey (Ed. & Trans.) (1955). *SE*, Vol. 18. London: Vintage Books.

Freud, S. (1921a). Group Psychology and the Analysis of the Ego. In J. Strachey (Ed. & Trans.) (1955). *SE*, Vol. 18. London: Vintage Books.

Freud, S. (1921b). **집단 심리학과 자아 분석**[*Group Psychology and the Analysis of the Ego*]. 김석희 옮김(1997). **문명 속의 불만**. 경기: 열린책들.

Freud, S. (1923a). Two Encyclopaedia Articles. In J. Strachey (Ed. & Trans.) (1955). *SE*, Vol. 18. London: Vintage Books.

Freud, S. (1923b). The Ego and the Id. In J. Strachey (Ed. & Trans.) (1961). *SE*, Vol. 19. London: Vintage Books.

Freud, S. (1924). The Loss of Reality in Neurosis and Psychosis. In J. Strachey (Ed. & Trans.) (1961). *SE*, Vol. 19. London: Vintage Books.

Freud, S. (1925). **나의 이력서**[*An Autobiographical Study*]. 박성수, 한승완 옮김(1997). **정신분석학 개요**. 경기: 열린책들.

Freud, S. (1926). Inhibition, Symptoms and Anxiety. In J. Strachey (Ed. & Trans.) (1959). *SE*, Vol. 20. London: Vintage Books.

Freud, S. (1930). Civilization and Its Discontents. In J. Strachey (Ed. & Trans.) (1961). *SE*, Vol. 21. London: Vintage Books.

Freud, S. (1933a). New Introductory Lectures on Psycho-Analysis. In J. Strachey (Ed. & Trans.) (1961). *SE*, Vol. 22. London: Vintage Books.

Freud, S. (1933b). **새로운 정신분석 강의**[*New Introductory Lectures on Psycho-Analysis*]. 임홍빈, 홍혜경 옮김(1996). **새로운 정신분석 강의**. 경기: 열린책들.

Freud, S. (1937a). Analysis Terminable and Interminable. In J. Strachey (Ed. & Trans.)

(1964). *SE*, Vol. 23. London: Vintage Books.

Freud, S. (1937b). 끝이 있는 분석과 끝이 없는 분석[*Analysis Terminable and Interminable*]. 임진수 옮김(2005). 끝이 있는 분석과 끝이 없는 분석. 경기: 열린책들.

Freud, S. (1940a). On Outline of Psycho-Analysis. In J. Strachey (Ed. & Trans.) (1964). *SE*, Vol. 23. London: Vintage Books.

Freud, S. (1940b). Splitting of the Ego in the Process of Defence. In J. Strachey (Ed. & Trans.) (1964). *SE*, Vol. 23. London: Vintage Books.

Gay, P. (2006). *Freud: A Life for Our Time*. 정영목 옮김(2011). 프로이트 I: 정신의 지도를 그리다. 서울: 교양인.

Glowinski, H., Marks, Z., & Murphy, S. (2001). *A Compendium of Lacanain Terms*. 김종주 옮김(2003). 라깡 정신분석의 핵심용어. 서울: 하나의학사.

Gomez, L. (1997). *An Introduction to Object Relations*. 김창대, 김진숙, 이지연, 유성경 옮김(2008). 대상관계이론 입문. 서울: 학지사.

Hamilton, N. G. (1990). *Self and Others: Object Relations Theory in Practice*. New York: A Jason Aronson Book.

Huston, J. (Director). (1962). *Freud: The Secret Passion*. USA: Universal Film.

Joyce, J. (1922). *Ulysses*. Oxford: Oxford University Press.

Kernberg, O. F. (1980). *Internal World and External Reality*. New York: Basic Books.

Kohut, H. (1971). *The Analysis of the Self*. Chicago & London: The University of Chicago Press.

Kohut, H. (1977). *The Restoration of the Self*. Chicago & London: The University of Chicago Press.

Kramer, E. (1993). *Art as Therapy with Children* (2nd ed.). Chicago: Magnolia Street Publishers.

Kramer, E. (2000). *Art as Therapy*. In L. A. Gerity (Ed.). (2000). Philadelphia: Jessica Kingsley Publishers.

Lacan, J. (1966a). *Écrits*. Paris: Éditions du Seuil.

Lacan, J. (1966b). *Écrits*. In B. Fink. (Trans.) (2006). New York: W. W. Norton & Company.

Lacan, J. (1966c). *Écrits*. 홍준기, 이종영, 조형준, 김대진 옮김(2019). 에크리. 서울: 새물결.

Lacan, J. (1973). *The Seminar of Jacques Lacan, Book XI: The Four Fundamental Concepts of Psychoanalysis, 1963-1964.* In J.-A. Miller (Ed.). A. Sheridan (Trans.) (1998). New York: W. W. Norton & Company.

Lacan, J. (1981). *The Seminar of Jacques Lacan, Book III: The Psychoses, 1955-1956.* In J.-A. Miller (Ed.). In R. Grigg (Trans.) (1993). New York: W. W. Norton & Company.

Lacan, J. (1986). *The Seminar of Jacques Lacan, Book VII: The Ethics of Psychoanalysis, 1959-1960.* In J.-A. Miller (Ed.). In D. Porter (Trans.) (1992). New York: W. W. Norton & Company.

Lacan, J. (1998). *The Seminar of Jacques Lacan, Book V: Formations of the Unconscious, 1957-1958.* In J.-A. Miller (Ed.). In R. Grigg (Trans.) (2017). Cambridge: Polity Press.

Lacan, J. (2005). *The Seminar of Jacques Lacan, Book XXIII: The Sinthome, 1975-1976.* In J.-A. Miller (Ed.). In A. R. Price (Trans.) (2016). Cambridge: Polity Press.

Landgarten, H. B. (1987). *Family Art Psychotherapy.* 김진숙 옮김(2004). **가족미술심리치료**. 서울: 학지사.

Laplanche, J., & Pontalis, J. B. (1967). *Vocabulaire de la Psychanalyse.* 임진수 옮김(2005). **정신분석사전**. 경기: 열린책들.

Leader, D., & Groves, J. (1995). *Introducing: Lacan.* 이수명 옮김(2002). **하룻밤의 지식여행: 라캉**. 경기: 김영사.

Le Clézio, J.-M. G. (1993). *Frida Kahlo & Diego Rivera.* 백선희 옮김(2008). **프리다 칼로 & 디에고 리베라**(개정판). 서울: 다빈치.

Lowenfeld, V., & Brittain, W. L. (1960). *Creative and Mental Growth.* 서울교육대학교 미술교육연구회 옮김(1998). **인간을 위한 미술교육**. 서울: 미진사.

Mahler, M., Pine, F., & Bergman, A. (1975). *The Psychological Birth of the Human Infant.* New York: Basic Books.

McGoldrick, M., Gerson, R., & Shellenberger, S. (1999). *Genograms: Assessment and Intervention.* 이영분, 김유숙, 정혜정 옮김(2005). **가계도: 사정과 개입**. 서울: 학지사.

McWilliams, N. (1994). *Psychoanalytic Diagnosis: Understanding Personality Structure in the Clinical Process.* New York: The Guilford Press.

McWilliams, N. (1999). *Psychoanalytic Case Formulation.* New York: The Guilford Press.

Mitchell, S. A., & Black, M. J. (1995). *Freud and Beyond.* New York: Basis Books.

Mosac, H. H. (2005). **Adler의 심리치료**[*Adlerian Psychotherapy*]. In R. J. Corsini, & D. Wedding (Eds.). 김정희 옮김(2007). **현대 심리치료(제7판)**. 서울: 박영사.

Naumburg, M. (1958). Art Therapy: Its Scope and Function. In E. F. Hammer (Ed.). *The Clinical Application of Projective Drawings.* Springfield, IL: Charles C. Thomas.

Nasio, J. -D. (1988). *Enseignement de 7 Concepts Cruciaux de la Psychanalyse.* 표원경 옮김(2017). **정신분석의 근본 개념 7가지**. 경기: 한동네.

Nasio, J. -D. (1990). *Hysteria from Freud to Lacan: The Splendid Child of Psychoanalysis.* S. Fairfield (Ed. & Trans.) (1998). New York: The Other Press.

Nasio, J. -D. (2009). *Un Psychanalyste sur le Divan.* 임말희 옮김(2012). **카우치에 누운 정신분석가**. 서울: 눈.

Nichols, M. P. (2011). *The Essentials of Family Therapy* (5th ed.). 김영애, 김정택, 심혜숙, 제석봉 옮김(2011). **가족치료: 핵심 개념과 실제 적용(제5판)**. 서울: 시그마프레스.

Ogden, T. H. (1979). On Projective Identification. *International Journal of Psycho-Analysis, 60,* 357-373.

Pérez Sánchez, A. E. (1979). *Goya.* 정진국 옮김(1990). **GOYA**. 경기: 열화당.

Piaget, J. (1954). *The Origins of Intelligence in Children.* New York: International Universities Press.

Rubin, J. A. (1984). *The Art of Art Therapy.* New York: Brunner/Mazel Publishers.

Rubin, J. A. (2001). *Approaches to Art Therapy: Theory and Technique* (2nd ed.). Philadelphia: Brunner-Routledge.

Siegel, A. M. (1996). *Heinz Kohut and Psychology of the Self.* 권명수 옮김(2002). **하인즈 코헛과 자기심리학**. 서울: 한국심리치료연구소.

Stadter, M. (1996). *Object Relations Brief Therapy: The Therapeutic Relationship in Short-Term Work.* New Jersey: Jason Aronson.

Ulman, E. (2001). *Variations on a Freudian Theme: Three Art Therapy Theorists. Approaches to Art Therapy: Theory and Technique* (2nd ed.). In J. A. Rubin.

Philadelphia: Brunner-Routledge.

Wadeson, H. (1980). *Art Psychotherapy.* New York: John Wiley & Sons, Inc.

Winnicott, D. W. (1953). Transitional Objects and Transitional Phenomena: A Study of the Not-Me Possession. *International Journal of Psycho-Analysis, 34,* 89-97.

Winnicott, D. W. (1971). *Therapeutic Consultations in Child psychiatry.* 이재훈 옮김 (1998). **그림놀이를 통한 어린이 심리치료**. 서울: 한국심리치료연구소.

Yalom, I. D. (1980). *Existential Psychotherapy.* New York. Basic Books.

Yalom, I. D., & Leszcz, M. (2005). *The Theory and Practice of Group Psychotherapy* (5th ed.). 최해림, 장성숙 옮김(2008). **집단정신치료의 이론과 실제**(제5판). 서울: 하나의학사.

Žižek, S. (1989). *The Sublime Object of Ideology.* 이수련 옮김(2013). **이데올로기의 숭고한 대상**. 서울: 새물결.

馬場史律 (2005). *Mother and Child Drawings.* 이근매, 최외선 옮김(2012). **모자화**. 서울: 시그마프레스.

찾아보기

인명

내용

저자 소개

이수진 *Soo-Jin Lee*

아주대학교 대학원에서 의료인문정신분석 전공 학생들을 가르치고 있다. 정신분석전문가(한국정신분석협회, KPA)와 미술치료전문가(한국미술치료학회, KATA) 자격을 취득하여 정신분석 실천을 하고 있다. 한국현대정신분석학회(KSCP) 편집이사와 분석가양성스쿨 운영위원으로 적극적인 활동 중이다. 프로이트와 라캉에 대한 주요한 관심과 현대 정신분석에 대한 폭넓은 시선으로 연구와 분석 실천에 몰두하고 있다. 연구와 저서로는「히스테리 분석의 종결의 의미: 분석가와의 분리와 자신과의 분리」(2018)와「예술 작품 감상을 통한 주체화 과정으로서의 프란시스코 고야의 검은 그림 분석 연구」(2019), 그리고『몸, 소통, 치유』(공저, 2015, 건국대학교 출판부) 등 다수가 있다. 주체적 실현을 화두로 하여 개인과 사회에 대한 정신분석 탐구를 이어 감으로써 우리 사회의 정신 건강과 치유 그리고 관련 전문가 교육 및 양성을 위해 노력 중이다.

정신분석 미술치료
프로이트부터 라캉까지

An Introduction to the Psychoanalytic Art Therapy from Freud to Lacan

2020년　4월　10일　1판　1쇄　인쇄
2020년　4월　20일　1판　1쇄　발행

지은이 • 이수진
펴낸이 • 김진환
펴낸곳 • ㈜학지사
04031 서울특별시 마포구 양화로 15길 20 마인드월드빌딩
대표전화 • 02-330-5114　　팩스 • 02-324-2345
등록번호 • 제313-2006-000265호

홈페이지 • http://www.hakjisa.co.kr
페이스북 • https://www.facebook.com/hakjisa

ISBN 978-89-997-2098-7 93180

정가 25,000원

이 도서의 국립중앙도서관 출판시도서목록(CIP)은 서지정보유통지원시스템 홈페이지(http://seoji.nl.go.kr)와 국가자료공동목록시스템(http://www.nl.go.kr/kolisnet)에서 이용하실 수 있습니다.
(CIP 제어번호: CIP2020012944)